管 理 学

傅夏仙 编著

浙江大學出版社

内容简介

本教材全面、系统地介绍管理学的发展历史和基本理论，并以管理学的基本职能为脉络，构建了一个较为完整的理论框架。具体内容包括：管理环境、组织目标的管理和制定、决策、计划、组织、人员配备、领导、沟通、激励、控制、变革和创新管理等。本教材注重理论联系实际，在每一章后面都附有具体的案例或一些生动的材料，以便读者理解管理学的基本原理并掌握相应的方法。

本教材内容全面，通俗易懂，既适合于各大专院校管理类专业与非管理类专业的在校学生及成人教育、远程教育的学生，也适合于其他对管理知识感兴趣的各行各业的相关人士。

图书在版编目（CIP）数据

管理学／傅夏仙编著．—杭州：浙江大学出版社，2007.7
ISBN 978-7-308-05392-1（2016.12 重印）

Ⅰ.管… Ⅱ.傅… Ⅲ.管理学—高等学校—教材 Ⅳ.C93

中国版本图书馆 CIP 数据核字（2007）第 092608 号

管 理 学
傅夏仙 编著

责任编辑 何 瑜 严少洁
封面设计 刘依群
出版发行 浙江大学出版社
（杭州市天目山路 148 号 邮政编码 310007）
（网址：http://www.zjupress.com）
排　　版 杭州中大图文设计有限公司
印　　刷 临安市曙光印务有限公司
开　　本 787mm×960mm 1/16
印　　张 26.5
字　　数 476 千
版 印 次 2007 年 7 月第 1 版 2016 年 12 月第 14 次印刷
书　　号 ISBN 978-7-308-05392-1
定　　价 37.00 元

序　言

管理是与人类社会的生产和公共生活相伴而生的活动，随着社会共同劳动的规模日益扩大，劳动分工协作的日益精细化，社会化大生产的日趋复杂，它在人们社会生活中的作用也日益显著。因此，科学、民主和高效的管理早已经成为人类社会发展和文明进步的重要途径，成为社会运行和职业分工的专门领域。

人们在生产和生活的过程中，为了能更有效地实现组织目标或个人愿望，通过各种途径去探索、总结和学习管理的经验，这一切促使管理学的理论和实践不断发展。近些年来，随着我国改革开放的不断深入，国民经济的快速发展，越来越多的跨国公司到中国来投资经营，它们全新的经营理念和方式不断改变着我们周围的环境；而日益增多的中国企业走出国门去开拓国外的市场，它们也学到很多新的经营理念和方式，大家在相互竞争和合作的氛围中不断丰富管理学的经典理论，共同推动这一学科向前发展。

管理学作为一门运用多种领域的知识和方法研究、分析和论述管理的科学，为人们提供了一套比较完整的有关组织管理的理论和方法。正是由于其广泛的指导性，管理学日益成为一门普及性的科学。无论个人还是组织，无论出于什么样的动机和目的，越来越多的人拿起管理学的教科书开始阅读和学习。

目前，市场上管理学的教材很多，有国外原版翻译过来的，也有国内的学者编写的，各种版本的教材在研究的视角和内容的难易及侧重点方面各有不同。笔者长期从事管理学的教学及相关培训工作，所传授的对象有在校的本科生，也有在职的远程和成教学生，有政府部门的公务员，也有在企事业单位工作的管理人员。从编写的目的来看，我们希望读者通过阅读本书不仅能了解西方管理学的发展演变过程，同时也能了解中国自己的一些管理成就；希望读者不仅能掌握管理学的最基本的理论，同时也能了解管理学的最新发展；当然，最主要的是希望阅读者在掌握一定管理理论的前提下，能运用管理学的基本方法从事具体的管理工作。

本书共分 13 章。第一章介绍管理的含义，阐述管理者在组织中的分类以及各自的职责角色，描述一个合格的管理者应具备的基本素质，阐述管理学的学科特点和研究方法。第二章系统分析西方从古代到现代的管理思想的演变和发展，各个时期的主要观点及评论；分析中国古代、近代主要的管理思想以及新中国成立后管理思想的发展变迁，在此基础上，提出管理思想发展的新趋势。第三章对管理环境进行系统分析，并提出管理环境的分析方法。第四章阐述组织目标的特点，分析目标管理的步骤以及制定和运用目标的技巧。第五章介绍决策的类型和方法，分析其过程及影响因素。第六章阐述制订计划的目的和过程，介绍计划的制订方法。第七章阐述主要的组织理论，分析权力的配置过程，介绍组织结构的设计原则及基本形式。第八章分析人员配备的任务、程序和原则，对人力资源规划、招聘、培训和绩效考核的主要内容进行归纳。第九章分析领导影响力的主要来源，论述领导者的素质及角色理论、领导行为理论、领导权变理论，同时对学习型组织及其领导模式进行探讨。第十章分析沟通的含义及过程，并对人际沟通中的障碍和组织沟通中的类型与方式进行探讨。第十一章在分析动机理论的基础上，阐述激励的过程及其主要的理论，并探讨基本的技巧。第十二章阐述控制的过程和焦点，并对控制的基本方法进行分析。第十三章分析组织变革的原理和动力、阻力，阐述管理变革的类型和方法，创新和管理创新的动因与步骤。为了便于学习，每章都附有案例和一些小材料，有的案例已作了一定的修改。

目　录

第一章
管理、管理者和管理学

【内容提要】

本章着重介绍管理的含义及其职能，在对管理者进行基本分类的基础上，阐述管理者的角色理论和行为理论，并提出管理者应具备的素质及培养途径。同时，也分析管理学的学科特征和研究方法。

【本章重点】

1. 管理的含义及职能。
2. 管理者的分类。
3. 管理者角色理论。
4. 管理者应具备的素质及培养途径。
5. 管理学的学科特点。

第一节　管理的含义及职能

一、管理的定义

管理是人类社会协作和共同劳动的产物。在原始社会，社会分工的形成、发展和社会公共生活的要求，使得人类社会产生了简单的管理活动。随着生产力的发展和社会进步，劳动和社会分工逐步细化，其协作程度也不断加深，社会政治经济结构随之日益复杂，这就使得生产和社会管理的要求不断提高，管理逐渐与其他社会活动相分离，成为专门的社会活动。到了资本主义阶段，科学技术和生产力得到迅速发展，社会分工和生产的社会化达到前所未有的规模，社会经济政治结构高度分化。在此背景下，管理活动逐步趋向于专业化、科学化、高效化和民主化，并广泛渗透到社会生活的各个领域和各个方面。

不过，尽管人类社会的管理活动具有悠久的历史，管理活动在今天的社会中已经成为人类实践活动的重要而专门的组成部分，但在管理学的研究中，迄今为止，人们对于管理的含义并没有形成公认的、权威性的统一看法。在很长时间里，学者们从不同的角度阐述自己对管理的理解。下面是几种具有代表性的定义：

(1)管理是由计划、组织、指挥、协调及控制等职能为要素组成的活动过程。

这是由法国实业家、现代管理理论的创始人法约尔提出来的。这一定义强调管理的过程，表示管理者发挥的职能或从事的主要活动。后来者在这一定义的基础上，对管理的职能稍作变化，提出第二种看法。

(2)管理是通过计划工作、组织工作、领导工作和控制工作的诸过程来协调所有的资源，以便达到既定的目标。

这一定义中对管理基本职能的概括，即计划、组织、领导和控制得到更多的认同。

(3)管理就是决策。

这是1978年诺贝尔经济学奖获得者赫伯特·西蒙提出的。这一定义强调管理的决策作用。他通过对决策过程的四阶段分析，即：①调查情况，分析形势，搜集信息，找出制定决策的理由；②制订可能的行动方案，以应付面临的形势；③在各种可能解决问题的行动方案中进行抉择，确定比较满意的方案，付诸实施；④了解、检查过去所选择方案的执行情况，作出评价，形成新的决策。认为决策过程是任何管理工作解决问题时所必经的过程。

(4)管理是指同别人一起，或通过别人使活动完成得更有效的过程。

在罗宾斯对管理的这个定义中，过程的含义表示管理者发挥的职能或从事的主要活动。这些职能可以概括地称为计划、组织、领导和控制。

(5)管理就是谋求剩余。

所谓的剩余也就是产出大于投入的部分。这一定义强调管理的目的。

(6)管理就是领导。

该定义的出发点是，任何组织中的一切有目的活动都是在不同层次的领导者的领导下进行的，组织活动的有效性取决于领导者的有效性。所以说，管理就是领导。

(7)管理是为组织提供指导、领导权并决定如何利用组织资源去实现目标的活动。

这是彼得·德鲁克的观点。德鲁克认为，管理就是界定企业的使命，并激励和组织人力资源去实现这个使命。界定使命是企业家的任务，而激励与组织人力资源是领导力的范畴，两者的结合就是管理。

此外，还有人从人际关系和人的行为出发，提出管理就是协调人际关系，激发人的积极性，以达到共同目标的一种活动；有人则从管理的自然属性出发，指出管理是一种以绩效责任为基础的专业职能；有人从系统论原理出发，指出管理就是根据一个系统所固有的客观规律，施加影响于这个系统，从而使这个系统呈现一种新状态的过程。

以上这些关于管理的定义，是研究者从各自的研究角度出发得出来的，这一方面反映出这一学科的宽泛性，另一方面也反映了管理科学的不成熟性。为了反映管理的本质，而不仅是某一方面的特性，作为现代管理学中的管理定义，可以认为，管理是管理者在一定的环境和条件下，为了实现特定目标，动员和运用有效资源而进行的计划、组织、领导和控制等社会活动。

管理的这一定义包含如下的内涵。

（一）管理是由管理者进行的活动

管理者是在管理过程中组织、指挥、领导和控制其他社会成员活动和行为的人们，因此，管理是管理者进行的活动。在现代社会，管理者呈现出多样性的特点，包括国家的统治者、政府的领导者和管理人员，生产资料的所有者以及他们以各种形式委托的代理人和经理人，也包括各种非政府的公共组织的领导者和管理者。管理者可以是以个人形式存在的领导者和管理者，也可以是以集体形式出现的决策者和领导者。

（二）管理是在一定的环境和条件下进行的

管理的环境和条件，主要是指管理者面临的内外部环境和条件。所谓外部环境和条件，主要是指管理者所掌握的组织和成员所面对的自然环境和社会环境。一般来说，管理的环境和条件的构成要素是多方面的。这其中，自然环境的主要构成要素有经济发展水平、自然资源状况、气候和地理状况等；社会环境的主要构成要素则有特定的社会文化、制度、法律、政策和心理等。所谓内部环境和条件，是指管理者所管理的组织内部的状况，包括组织性质、组织制度、人员状况、组织技术水平、组织文化等。

（三）管理的目的是为了实现特定的目标

管理的目标是管理活动的出发点和归宿，因此，管理活动应该是围绕着管理的目标而进行和展开的。就此而言，管理本质上就是为了有效地实现管理目标而进行的活动。由于管理的环境、条件、类型、性质、层次、对象以及时间跨度考虑的不同，在现实生活中，具体的管理活动会有不同的目标。尽管如此，为了实现特定的目标却是一切管理活动的共性。

（四）管理需要动员和配置有效资源

特定管理目标的实现，需要有效资源的支撑，这就要求管理者在可能的范围内动员和配置有效资源，以保证管理目标的实现。管理所需要的有效资源既包括人力、物力、财力、组织等方面的资源，也包括机会、时间、信息等方面的资源。对于管理者来说，围绕管理目标的实现而合理动员和配置有效资源，是达到有效管理的重要途径。

（五）管理具有基本的职能

这些基本的职能包括计划、组织、领导和控制等。在实际管理活动中，尽管具体的管理活动在其性质、组织环境和条件、管理的有效资源、管理的层次和目标等方面千差万别，但是，管理的这些基本职能却是一切管理活动共同具有的。同时，在管理实践中，管理会有各种各样具体复杂的职能，但是，这些职能也不过是这些基本职能的进一步具体化。

（六）管理是一种社会实践活动

在社会实践的意义上，一方面，管理是人们事先拟订计划和目标并经过组织和活动实施的自觉行为，因此，管理是管理者有目的和有意识的活动，是其主观作用于客观的活动；另一方面，管理要通过被管理者的活动来有效地实现管理的目标，因此，管理的主要作用对象是被管理者，同时，管理者要对被管理者的工作后果负责，管理的工作成效要以被管理者实现的工作成效来检验。

二、管理的职能

管理的职能是指管理者在管理过程中的各种基本活动及其功能。管理的各项职能，总体上是为管理的目标服务的。尽管人们在理论分析的意义上，可以将管理职能划分归类，但是在实际管理活动中，管理的各项职能在内容上是相互交叉、紧密相关的，并且往往要求管理者同时实施。

在管理活动和管理学研究发展的不同阶段，人们对于管理基本职能的确定和划分也具有不同的看法，最早系统并明确分析管理职能的是法国工业家亨利·法约尔。20 世纪初叶，他提出，所有的管理者都履行五种管理职能：计划、组织、指挥、协调、控制，即人们通常所说的“五职能说”。到了 20 世纪 50 年代中期，加利福尼亚大学洛杉矶分校的两位教授哈罗德·孔茨和西里尔·奥唐奈采用计划、组织、人事、领导和控制五种职能作为管理教科书的基本框架。时至今日，最普及的管理学教科书都按照管理职能来组织内容，不过这五个职能已经精简为四个基本职能：计划、组织、领导和控制。

（一）计划职能

计划就是确定组织未来发展目标以及实现目标的方式。计划意味着为未来的组织业绩界定目标和决定为实现上述目标所需完成的任务和运用的资源。

计划职能的特点有：预先性，即预先确定和筹划管理目标及其实现方案；预测性，即对管理目标和各分支目标、实现目标的条件和资源、实现目标的途径和方式的预先测算和估算；评价性，即对所确定的目标和行动方案的评价和比较分析；选择性，即在不同的目标和可能方案之间进行选择；调整性，即随着管理实践的展开和进行，根据管理条件和环境的变化以及行动后果，对原有计划进行调整。

计划职能是管理活动的首要职能，它是管理活动的起点，是确定管理目标的首要步骤，也是实现管理目标，使得管理由此岸到达彼岸的桥梁。因此，计划职能对于管理活动具有至关重要的作用。

（二）组织职能

组织职能是管理者按照组织的特点和原则，通过组织设计，构建有效的组织结构，合理配置各种管理资源并使之有效运行，以实现管理目标的活动。由于组织是管理的前提和载体，因此，组织职能是管理活动得以顺利进行的必要环节。

组织职能具有合理性、有序性和规范性。合理性，即按照管理目标和任务的要求，并且从实际条件和环境出发，构建管理组织；有序性，即按照组织设计和管理过程的流程要求，组织各种管理要素；规范性，即组织的构建和运行，必须形成和实施特定的规则和制度。

组织职能是一个动态的过程，也就是说，对于管理者来说，组织职能不是一劳永逸的活动。随着管理条件和环境的变化，组织结构和规则制度等必须相应地进行变革和调整。因此，管理者必须承担组织改革甚至再组织的职能。

（三）领导职能

领导职能就是管理者按照管理目标和任务，运用法定的管理权力，主导和影响被管理者，使之为了管理目标的实现而贡献力量和积极行动的活动。如果说计划和组织为管理者准备了活动的平台，那么领导就是管理者的主要管理操作活动。同时，由于领导主要是管理者运用法定权力对被管理者实施影响，这就决定领导职能的基本内容包括激励、沟通、协调、奖励、处罚和示范等。

提供科学的领导正日益成为十分重要的管理职能。领导职能的一般特点主要有：

(1)合法权力性。即领导职能必须依靠管理权力才能得到实施。

(2)主导性。即按照组织目标和任务的要求，有效地主导组织的运行，贯彻落实各项政策。

(3)决断性。即领导过程中应该准确分析和判断错综复杂的实际生活现象，进行正确方案的选择和决断。

(4)公正性。即按照社会和组织公认的公正标准，公平处理各项管理事务。

(5)协调性。协调管理过程中的各要素、各环节、各种关系和矛盾，是领导的日常基本活动，因而使得协调成为领导活动的突出特征。

(6)规范性。领导权力必须在法定的范围内，按照特定规则运行，这是领导职能实施的前提。另一方面，社会公共道德也是一种规范，因此，领导的规范性同时也包含遵循社会公共道德的含义在内。

(四)控制职能

控制是管理者按照组织目标和计划的要求，对组织和社会的运行状况进行检查、监督和调节的活动。它意味着对员工的活动进行监督，判定组织是否正朝着既定的目标健康地向前发展，并在必要的时候及时采取矫正措施。管理者必须确保组织正在逐渐实现目标。目前，倾向于授权和强调员工信任的趋势已经促使许多企业不再重视自上而下的控制，而是更重视训练员工进行监督和自我矫正能力的培养。

作为对管理运行情况的检测和调整，控制职能与计划职能有密切的联系。首先，人们常常把控制看做是特定阶段管理过程的起点和终点。因此，控制具有特定的标准性，而这种标准性常常与计划和目标在本质上具有一致性。其次，控制具有事后反馈性的特点。控制往往是通过对前一时期管理状况的回顾和有关信息的反馈，来校正和调整管理运行过程与方向。不过，控制和调节的结果往往是下一时期管理的起点。因此，控制是不同管理阶段的连接点。再次，控制是发现问题、分析问题和解决问题的过程。控制的目的是为了保证管理按照既定计划和目标运行，而这一目的是在发现、分析和解决问题中实现的。

控制职能是管理过程的监视器和调节器，它对于管理过程的顺利进行具有重要的保证作用；另一方面，控制职能是管理过程的不同阶段的连接点，因此，它又是管理过程的重要链条(见图 1-1)。

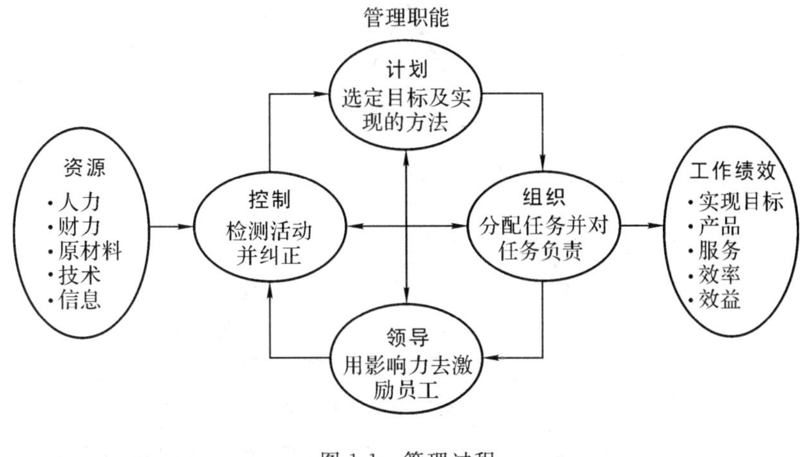

图 1-1 管理过程

第二节 管理者及其理论

一、管理者

在任何一个组织中,无论这一组织是营利性的还是非营利性的,组织中的人都可以根据其在组织中的不同工作岗位和工作性质分为两类:操作者和管理者。

所谓操作者,是指在组织中直接从事某项工作或任务,不具有监督其他人工作职责的人。例如,纺织厂的挡车工,汽车制造厂的装配工,麦当劳店中烹制汉堡包的厨师。

管理者是在一个组织中工作并负责指挥别人活动的人。如企业的厂长、公司的经理、学校里的系主任等。管理者除了指挥别人完成某项具体工作以外,也可能担任某项具体的工作。比如,一些公司的销售经理,除了监督以及激励其下属完成某一销售额以外,自身也可能承担一部分具体的销售业务。

二、管理者的分类

按管理者在组织中的地位,可以划分为:基层管理者、中层管理者和高层管理者(见图 1-2)。

(1)基层管理者是直接负责产品与服务生产的管理人员。他们是管理阶

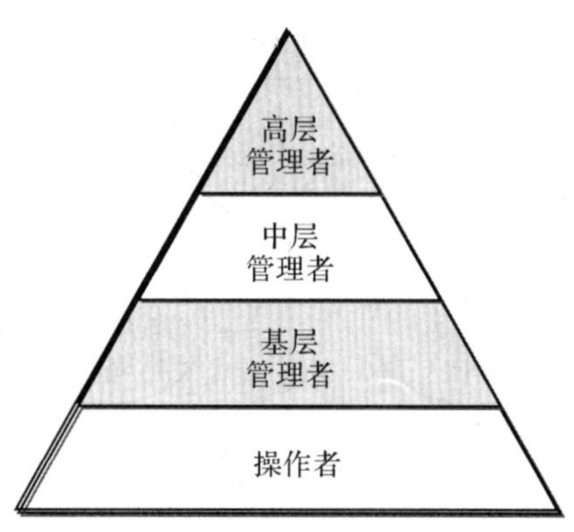

图 1-2 组织中的人员分布

层的第一或第二个层次，常常具有主管、直线经理、部门主管或办公室主任的职位，主要对非管理人员负责。他们主要关心的是实现高效生产、提供技术援助和激励下属过程中对规则和程序的应用情况。适用于这一层次上的时间范围一般较短，因此它特别强调日常目标的实现。

(2)中层管理者位于组织的中间层次，负责业务单位和重要部门的活动。如部门主管、分部经理、质量控制经理、研究实验室主任等。典型的中层管理者下面还常常有 2～3 层管理人员，主要负责实施高层管理者制定的总体战略和政策，一般关心较短一段时间的问题，需要与组织中的同事建立良好的关系，并鼓励团队合作和解决冲突。

(3)高层管理者处于组织管理中的最高位置，需要对整个组织负责。他们一般具有如下的职位或称呼：总裁、董事长、执行董事、首席执行官和执行副总裁等。他们的职责主要是负责确定组织的目标、制定实现既定目标的战略和监督与解释外部环境状况以及就影响整个组织的问题进行决策。他们需要面向更长期的未来考虑问题，需要关心一般环境发展趋势和组织总体的成功。在高层管理者的所有责任中，最重要的责任是沟通组织的共同远景、塑造公司文化和培育有助于公司跟上快速变化的企业家精神。同时，高层管理者还必须培育、了解和运用每个员工的独特知识、技能和能力。

三、管理者角色

(一)亨利·明茨伯格的管理者角色理论

1. 主要内容

20 世纪 60 年代初期，通过对 5 名总经理的工作进行一项仔细的研究后，明茨伯格提出一个管理者究竟在做什么的分类纲要。

明茨伯格的结论是，管理者扮演着10种不同的、但却是高度相关的角色。从概念上看，可以把10种角色分成三类：信息型（通过信息进行管理）、人际型（通过人员实施管理）和决策型（通过行动实施管理）（见表1-1）。其中，管理者的每种角色都代表他们为最终完成计划、组织、领导和控制职能所从事的活动。尽管有必要把管理者的工作的构成要素区分开来，以便理解管理者的不同角色和活动，但事实上管理者的工作在实践中不可能作为一套独立的部分来进行，所有的角色都会发生变动。

表1-1 10种管理者角色

类型	角色	活 动
信息型	监督者	寻找和接受信息，扫描杂志和报告，保持人际关系
	传播者	把信息传递给其他组织成员，发放备忘录和报告，打电话
	代言人	通过演讲、报告和备忘录的形式把信息转移到组织外部
人际型	领 袖	完成仪式和象征性的职责，如问候参观者、签署法律文件
	领导者	指导和激励下属，培训、建议和与下属沟通
	联络者	保持组织内部与外部的信息渠道，利用邮件、电话和会议
决策型	企业家	实施改进方案，识别新的思想，把计划、责任授予他人
	混乱处理者	在争论或危机期间采取矫正行动，解决下属之间的冲突和适应环境危机
	资源分配者	决定谁得到资源，计划安排、预算和重点
	谈判者	在工会契约、销售、购买、预算等的谈判中代表部门，代表部门利益

资料来源：Adapted from Henry Mintzberg, The Nature of Managerial Work(New York: Harper & Row, 1973), 92－93; and Henry Mintzberg, Managerial Work: Analysis from Observation, Management Science 18(1971), B97－B110.

信息型角色描述的是旨在保持和开发信息网络所展开的活动。总经理大约把75%的时间花费在与他人交谈上。监督者角色包括从许多来源寻找当前的信息。管理者需要来自他人的信息，需要浏览书面材料以便获得充分的信息。传播者角色和代言人角色则正好相反。管理者需要把当前的信息传递给其他可以运用这些信息的人，包括组织内部和组织外部的人。在把权力授予低层员工的趋势下，许多管理者可以共享更多的信息。

人际型角色主要是与他人的关系。领袖角色包括为部门或整个组织从事仪式性的、象征性的活动。此时，管理者作为单位的负责人，以自己的正式管理能力代表着组织。如经理向员工赠送奖品就是领袖角色。领导者角色包括与下属的关系、激励、沟通和影响等。联络者角色则与组织内部或外部的信息来源的开发有关。

决策型角色一般与管理者必须进行选择和采取行动的事件有关，它常常需要概念技能和人际技能的支持。其中，企业家角色包括努力创造变革。管理者持续不断地考虑未来、分析如何实现既定的目标。为此，管理者不仅需要弄清楚问题的所在，而且还要不断探求可以矫正所存在问题的改进方案。混乱处理者角色包括解决下属之间的冲突或管理者所在部门与其他部门之间的矛盾。资源分配者角色与为实现预期的目标应该如何分配人员、时间、设备、预算和其他资源的决策有关。此时，管理者必须判定应该对哪些项目进行预算分配，应该把哪些顾客的抱怨当作急需解决的重点，以及如何花费自己的时间等。谈判者角色包括正式的谈判和讨价还价活动，以便使管理者的责任单位实现预期的结果。例如，管理者与他人会面并正式进行谈判——与供应商商谈延迟交货的问题。

2. 基本评价

从实践看，大量的后续研究试图检验明茨伯格的角色理论的有效性，这些研究涉及不同的组织和这些组织的不同管理层次。结果研究证据一般都支持这样一种观点，即无论何种类型的组织和在组织的哪个层次上，管理者都扮演着相似的角色。不过，管理者角色的侧重点随组织的等级层次而变化，特别是传播者、领袖、谈判者、联络者和发言者角色，对于高层管理者要比低层管理者更重要。相反，领导者角色对于低层管理者，要比中高层管理者更重要。

从理论上来说，明茨伯格的管理者角色理论也并不是对传统的职能理论，即管理的四项基本职能——计划、组织、领导和控制的替代。这是因为：

(1)传统的职能方法仍然代表着将管理者的工作概念化的最有效的方式。经典的职能理论提供一种清晰和界限明确的方法，使我们对管理者从事的成千种活动和用以实现组织目标的各种技术进行明确的分类。

(2)虽然明茨伯格可以给出更详细的和仔细斟酌过的管理角色分类方案，但是这些角色实质上与四种职能是一致的。明茨伯格提出的许多角色，基本上可以归入一个或几个职能中。比如，资源分配角色就是计划的一个部分，企业家角色也属于计划职能；所有人际关系的三种角色都是领导职能的组成部分；而其他大多数角色也与四个职能中的一个或多个相吻合。

(3)明茨伯格观察的经理们花费时间搞公共关系和筹集资金这一事实，虽然证实明茨伯格观察方法的精确性，但也表明并非管理者从事的每一件事情，都必须是管理者工作的基本组成部分。事实上，所有的管理者都从事一些不纯属管理性的工作。

(二)弗雷德·卢森斯的管理者行为理论

1. 主要内容

弗雷德·卢森斯和他的副手从稍微不同的角度考察管理者的行为。他们提出这样一个问题：在组织中提升最快的管理者与在组织中成绩最佳的管理者是否从事同样的活动。

卢森斯和他的副手研究了450位管理者，结果发现，这些管理者都从事以下四种活动：

(1)传统管理。决策、计划和控制。

(2)沟通。交流例行信息和处理文书工作。

(3)人力资源管理。激励、惩戒、调解冲突、人员配备和培训。

(4)网络联系。社交活动、政治活动和与外界交往。

研究表明，“平均”意义上的管理者花费32％的时间从事传统管理活动，29％的时间从事沟通活动，20％的时间从事人力资源管理活动，19％的时间从事网络联系活动(见图1-3)。但是，不同的管理者花在这四项活动上的时间和精力显著不同(见图1-4)。特别是成功的管理者(用在组织中晋升的速度作为标志)在对各种活动的强调重点上，与有效的管理者(用工作成绩的数量和质量以及下级对其满意和承诺的程度作为标志)显著不同之处在于：维护网络联系对管理者的成功相对贡献最大，从事人力资源管理活动的相对贡献最小。而在有效的管理中，沟通的相对贡献最大，维护网络联系的贡献最小。

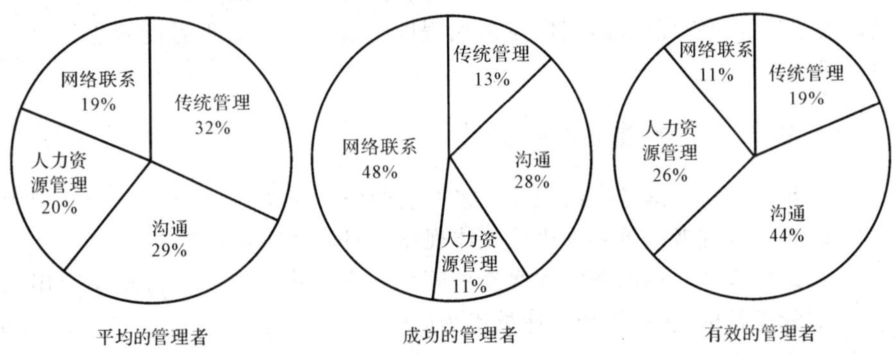

图1-3　平均的、成功的和有效的管理者每种活动的时间分布

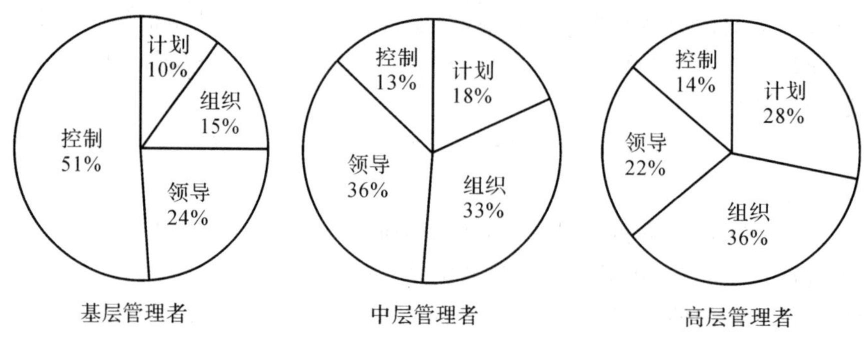

图 1-4 处于组织不同层次的管理者每种职能的时间分布

2. 基本评价

这项研究提供了关于管理者知识的一项新的研究成果。它表明:尽管从平均意义上来说,管理者在传统管理、沟通、人力资源管理和网络联系这四项活动中的每一项,大约花费20%~30%的时间。但成功的管理者与有效的管理者强调的重点不一样。事实上,他们几乎是相反的。这项研究成果为管理者提供一条晋升的途径,同时它也对晋升是基于绩效的传统假设提出挑战。它表明社交和施展政治技巧对于在组织中获得更快的提升起着重要作用。

第三节 管理者的素质及培养

管理者作为组织中指挥他人活动的人,在管理工作中充当多种角色,履行多种职能。尽管由于组织的规模大小、管理者所处的位置不同,在管理职能的履行上会有不同。但有一点是肯定的,那就是作为管理者都需要有坚实的知识背景和基本的管理职能,它们在很大程度上决定一个管理者能否进行有效的管理。

一、管理者在管理活动中的地位

(1)组织战略的确定。组织在未来发展的中长期规划、远景规划决定组织的发展方向,管理者的重要作用首先体现在战略的制定和实施上。

(2)组织管理目标的制定和实施。管理者在工作中必须明确地制定出工作目标、管理目标,积极引导全体员工为同一目标奋斗。

(3)组织重要人才的选拔、培育。人才是组织最宝贵的资源,管理者必须将人才的选拔和培育,特别是重要人才、关键岗位人才的选拔和培育作为组织管理的重要内容来落实,建立一支优秀的人才队伍。

(4)组织管理体系的建立。在明确组织的发展方向和目标以后，管理者必须建立起一套符合本组织发展的管理体系，支撑组织的有效运行。

(5)组织的变革实施。组织生存的环境和面对的挑战不是一成不变，特别是进入信息时代后，各种事物可说是瞬息万变。面对变化的外部环境，组织必须适时地作出变革的决定，让组织的发展跟上社会的变化。

(6)组织对外社会形象的建立。管理者必须在社会形象上下工夫，建立积极的社会形象。

(7)其他重大问题的决策。其他关系到组织发展重大问题的决策。

二、管理者应具备的素质

一个人的素质包括一个人的品德、知识水平和能力三大方面。品德是推动个人行动的主观力量，决定着一个人工作的愿望和干劲。知识和能力代表一个人的智能水平，它决定着一个人实际的工作能力。素质是决定一个人为谁干、为何干和能干得怎么样的内在基础。管理者应具备什么样的素质，一直是管理学家们关注的重点之一。“科学管理之父”泰罗曾具体说明一位“全面”的工长应具备的九种品质，法约尔也从身体、智力、道德、知识和经验等方面提出作为一名管理者应具备的素质。尽管在某个组织环境下能导致成功的素质，在另一个组织环境下可能不能导致成功，而且一个人的素质是由多方面的品质组合而成，特定品质的重要性会受到其他品质及其组合方式的影响，但现有的研究确实表明，某些品质与管理的成功有密切的关系。以下是根据各方面的研究总结出来的关于管理者基本素质的一个大致描述。

(一)品德

品德体现一个人的世界观、人生观、价值观、道德观和法制观念，它指导着人们对现实的态度和行为方式。作为一名管理者，应具有正确的道德观和世界观、高尚的道德情操和修养、良好的职业道德和信誉。

同时，强烈的管理意愿也是作为一名管理者不可或缺的素质。现代行为科学研究认为，缺乏管理欲的人是不可能有所作为的。因此，管理愿望是决定一个人能否学会并运用管理基本技能的主要因素。一个人只有树立起一定的理想，有强烈的事业心和责任感，才会有干劲，勇挑重担，渴望在管理岗位上有所作为、有所贡献。

此外，由于管理工作的特殊性，作为一名管理者，除了要有强烈的管理意愿外，还要有良好的精神素质，即要具有创新精神、实干精神、合作精神和奉献精神。面对复杂多变的管理环境，管理人员要有创新精神，勇于开发新产品、开拓新市场，引进新技术、起用新人，采用新的管理方式，要敢于冒风险，没有一定的承受风险的心理素质，是不适合从事管理工作的；在组织发展过程中，往往会遇到各种意想不到的困难，会遇到强大的竞争对手，甚至遭受挫折和失败，这就要求管理者具有百折不挠的拼搏精神和吃苦耐劳的实干精神；管理者的工作依赖于他人的努力程度，管理者要有与人合作共事的精神，善于团结群众、依靠群众；同时管理者要有一种服务于社会、造福于人民的奉献精神，对事业执著追求，不惜牺牲个人利益。

（二）知识

知识是提高管理水平和管理艺术的基础与源泉。如同医生和工程师一样，管理者工作要求管理者掌握专业知识。一名管理者必须知道如何处理问题和履行职责，必须熟悉所管理的业务领域如生产、销售、财务、会计、技术等领域。管理者必须具有管理方面的知识，如怎样进行计划、组织、控制、指挥、激励和协调。他们还必须有经营环境的知识，如社会、文化、政治和伦理等。同时，由于管理是一门综合性的科学，涉及的学科知识很广。一般说来，作为管理者应掌握以下知识：

（1）政治、法律方面的知识，以便把握组织发展方向。要掌握所在国家执政党的路线、方针、政策以及国家的有关法令、条例和规定。

（2）经济学和管理学知识，懂得按经济规律办事，了解当今管理理论的发展情况，掌握基本的管理理论和方法。

（3）心理学、社会学方面的知识，善于协调人与人之间的关系，以及调动员工的积极性。

（4）工程技术方面的知识，如计算机及其应用、本行业科研及技术发展情况等。无论管理什么行业，都得有一定的本专业的基础知识。

（三）实际能力

所谓能力，是指管理者把各种管理理论与业务知识应用于实践、进行具体管理、解决实际问题的本领。能力与知识是相互联系、互相依赖的，基本理论和专业知识的不断积累与丰富，有助于潜能的开发和实际才能的提高；而实际能力的增长与发展，又能促进管理者对基本理论知识的学习消化和具体应用。管理者必须具有解决问题和决策的技能，具有处理各种事情、观念和人的问题以及适应环境等方面的技能。尤其是与上述要求有关的交流（听和讲）、读、写、创造性、敏感性、注意力和使用各种方法的技能。

关于管理者应具备的基本能力，管理学家提出各种观点。卡兹（Robert

L. Katz)认为，管理者应具有三种基本的管理技能：概念技能、人际技能和技术技能。

概念技能是把组织作为一个整体进行考察和考虑各个构成部分之间关系的认知能力，它包括管理者的思维、信息处理和计划能力，包括对某个部门如何适合整个组织和组织如何适合所在产业、社区与广泛的经营和社会环境的认知能力，体现了用广泛而长远的眼光进行战略思维的能力。虽然所有的管理者都需要概念技能，但概念技能却对高层管理者具有更特别的重要性。他们必须感知环境和广泛的、观念模式中的重要要素。当管理者在组织中不断升迁的时候，他们必须开发自己的概念技能，否则他们的升迁机会就会受到限制。一个优秀的工程师可能在技术问题上会有卓越的表现，但如果不进行战略思考的话，就不可能在高层领导岗位上表现出杰出的业绩。高层管理者的许多责任，如决策、资源分配和创新，都要求管理者采取更广泛的观点来考虑问题。

人际技能是管理者与他人一起工作和作为一名小组成员而有效工作的能力，具体表现为管理者与他人的关系，其中包括激励、帮助、协调、领导、沟通和解决冲突的能力。具有人际技能的管理者可以促使组织建立一种良好的组织氛围，鼓励下属积极参与。人际技能是一个人以合适的方式与人沟通的能力。由于管理是一种群体性的工作，因此对于管理者来说，表达能力、协调能力和激励能力都是非常重要的。

技术技能就是对特定任务的业绩及其效能的理解，它包括方法、技巧的掌握和拥有与工程、制造或财务等有关的设备。同时，技术技能也包括专业化的知识、分析能力和对用来解决某一特定学科领域中的问题的工具和技巧的熟练运用。技术技能与一个人所从事的工作有关。例如编制计算机程序、撰写财务报告、分析市场统计数据、起草法律文件、设计图纸等。对于管理者来说，就是要掌握和运用各种管理技术，并普遍熟悉和了解本部门及其他组织有关部门所从事的技术项目。管理技术中包括决策技术、计划技术、诊断技术、组织设计技术和评价技术等。技术技能通常通过学校专业教育或组织内部的在职培训获得。一般来说，在较低的组织层次上，技术技能具有特别的重要性。许多管理者之所以被首次提升到管理岗位，就是因为他们具有卓越的技术技能。然而，随着管理者在组织中职位的提高，技术技能的重要性逐渐下降。

此外，管理者的态度和行为方式也是重要部分。如管理者如何看待自己的职务，如何看待自己的上级和下级，如何看待自己、自己与他人的关系，如何看待自己未来的希望和抱负，如何看待挑战、变化和责任，等等。

管理者的衣着、仪表、风度、演讲的方式、工作作风,管理者使用权力的习惯(集权专断还是分权民主)、感情流露的方式、感情的色彩等,这些都应符合管理职位的要求。

当然,不同层次上的管理职位,对上述四种素质和能力的要求差别很大,应实事求是地逐个确定。

二、管理者能力的培养与提高

管理者如何才能获得上述的能力或提高自己的管理技能呢?基本的途径一是通过直接经验,即实践锻炼;二是通过间接经验,即教育、培训等方式获得必要的知识。

(一)通过教育获得管理知识和技能

许多成功的管理者经历都证明,一个管理者要获得管理上的成功,接受正规的管理教育是极为必要的。近年来,我国高等院校的管理专业招生人数日益增多,培养了很多管理人才。MBA、MPA、EMBA 成为很多人获取高薪岗位的必备条件。尽管如此,许多有眼光的高级管理人员仍不定期地回到学校学习,第一线的管理人员也经常利用业余时间进修有关管理的课程;许多大型企事业单位内都设有专门培训管理人员的培训中心,对管理者的继续教育投入大量的资金。

目前,国内外对管理人员的培训内容主要包括:核心课程,即管理的基本原理、基本原则和方法等;针对某个现实问题进行全面的模拟研究;以解决组织管理为主,重点培养处理组织内外各种关系的能力;管理能力与管理艺术的训练;进行特定项目的具体管理,通过管理的实践,提高能力;实行"实例教育",即通过实际的案例分析,提高管理能力。

正规教育的好处是能使学生集中精力学习,熟悉关于管理方面的最新研究成果和各种不同的管理理论。许多有实践经验的管理者通过系统的理论学习和再教育,丰富了知识,管理能力和水平都有不同程度的提高。但这种教育方法,由于要适应众多学生的要求,课程设置往往过于一般化,学生很难从学习中学到具体的管理技能。要想获得较全面的、较具体的管理技能,除了正规学习与教育外,更主要的是从实践中提高。

(二)通过实践提高管理能力

实践是提高管理技能的最有效的方法。一个人即使把管理的理论、原则和方法背得滚瓜烂熟,也不一定能成为一名成功的管理者。要想成为一名成功的管理者,就必须通过实践,只有在实践中你才会碰到一个管理者每天会碰到的各种问题、压力和严峻的考验。实践可进一步深化书本知识，促使管理者对管理问题作深入的探索。

通过实践培养管理人员的方法主要有：

(1)在职开发。大多数管理人员的开发是在工作中进行的。放手让他们工作，在实践中积累经验，增长才干。他们可以对下级作实地考察，下级也反过来对他们评头论足。他们能够独立地显示出潜在的领导能力。

(2)替补训练。每一名管理人员都被指定为替补训练者，除原有责任外，要求他们熟悉本部门的上级职责。而且，一旦其上级离任，替补训练者即可按预先准备接替其工作。如果其他上级职位出现空缺，替补训练者也可填补之。

(3)短期学习。管理人员开发的一种流行方式是短期强化学习，即把管理人员集中数天至一个月，按照明确规定的科目训练。这些由专业协会、大学或公司举办的短期课程或实习班，主要是为有资格的管理人员和专业的职能人员而设，目的是开设新课以及为新的开发进行指导。学习的专题课还包括协商、测验、作业评价、电子计算机决策、系统设计以及各种集体合同。在某些情况下，学习一些基础性课程，如经济学、管理学、政治和文化专题等。学习一般由授课与研讨两个环节组成。

(4)工作轮换。利用工作轮换方法，可以让接受管理培训的人去各个部门学习，以扩大他们对整个企业各环节工作的了解。受训者(通常是新毕业的大学生)可在每个部门工作学习几个月，这不仅有助于丰富他们的经验，也有助于他们找到自己所喜爱的工作。受训者可以只是在每个部门做观察员，但更常见的是实际介入所在部门的工作。这样，他们通过实际去做来了解所在部门的业务，无论是销售业务、生产业务、财务业务，还是其他业务。

工作轮换方法除了为每个人提供经过周密计划的培训体验外，还有助于避免由于不断介绍每个部门的新情况而造成的呆板。它还能对受训者进行测试，帮助确定他们的长处和缺点。定期改变工作还可以改善部门间的合作，使经理人员能更好地理解相互间的问题。同时，轮换也能使受训者更多地与管理人员相识。

第四节　管理学的学科特点和研究方法

一、管理学的学科特点

管理学是一门研究一般管理理论和原理的科学，它所提出的管理基本原则、基本思想是各类管理学科的概括和总结，是整个管理学科体系的基石。

作为一门研究管理现象及其发展规律的科学，管理学的这一定义表明：

(一)管理学的研究是与管理的本质含义联系在一起的

由于人们对于管理的本质含义有不同的理解，由此形成了对于管理学研究对象、内容、范围和方法的不同理解与强调。按照前述对于管理含义的分析和表述，管理学应该是对于管理者在一定的环境和条件下，为了实现特定的目的，动员和运用有效资源而进行的计划、组织、领导和控制等社会活动及其发展规律的研究。

(二)管理学在研究和把握管理的本质含义和前提下，也对管理的具体形态进行研究

管理学要对管理中人的特性、资源、行为、职能、组织、关系、制度、文化、价值以及规则和规范形态等展开深入的研究，管理学对管理活动的这些具体形态的研究，构成管理学的实际研究内容。

(三)管理学以探求管理现象的发展规律作为自己的目标和任务

管理学要求，在把握管理现象的基本属性和特征的基础上，更应深入地探讨和研究管理现象的本质联系及其发生、发展和运动的规律。管理学对管理现象发展规律的研究，包括对管理的一般规律和特殊规律的研究。

管理的一般规律是指一切管理现象和活动普遍具有和遵循的规律，这些规律在各个领域、各个层次、各种组织中普遍存在并发挥作用，支配着管理活动的进行和发展。这些规律主要包括：

(1)人本规律。即任何管理都必须研究人的本性、人的必要动机和需要，考虑如何调动人的积极性和创造性以形成强大的工作和生产动力，从而实现管理的目标。

(2)组织规律。即任何规律都必须以特定的组织为载体，采取特定的组织形式，运用组织资源，使得管理按照有序、规范、协调和高效的方向发展。

(3)循环规律。即任何管理都要经过计划、实施、检查、处理等基本阶段的循环。这种循环是往复不断、呈螺旋式上升的。

(4)择优规律。即任何管理为了完成管理的目标,进行有效的管理活动,都必须进行优化的设计、选择和调整,达到满意的管理效果。

(5)权变规律。即任何管理在实际运行过程中都会受到确定性和不确定性因素的影响和作用,因此,在任何管理中,都必须考虑这两方面的因素,在强调和遵循管理规范的同时,切实考虑到权重因素,并具有权变的能力和措施。

(6)反馈规律。即管理都具有多个阶段和过程,每个阶段和过程都具有反馈的信息,管理必须根据这些反馈的信息进行调整和变革,以保证管理目标的实现。

管理的特殊规律是指在不同社会形态、管理领域、管理组织、管理部门、管理层次以及管理事务中存在并发生特定作用的规律。

在一般规律作用的基础上,这些特殊规律支配着同类管理活动的进行。例如,公共管理中的特殊规律是在公共性基础上产生和发展的,这就使得公共管理除了遵循管理的一般规律之外,还必须遵循公共领域中公共利益、公共权力、公共组织、公共服务和公共事务等形成的特殊的本质联系和规律性要求。如在省级地方政府层次的管理中,除了遵循管理的一般规律外,必然受到国家利益和全省范围内公共利益要求的双重约束这一特点的制约,由此形成省级地方政府的特有规律。

(四)管理学是一门科学,也是一门艺术

管理学的科学性要求人们以科学的态度和方法,从客观的事实出发探求管理现象发生和发展的规律,得出符合客观实际的结论,并在管理活动的实践中不断予以检验。同时,管理本质上是人的活动,由于人的活动的复杂性,管理又有特定的艺术性。管理的艺术性集中体现在管理活动中对于“度”的把握,也就是说,一切管理活动都应该从实际出发,具体情况具体分析,并且确定具体的、合适的限度。此外,管理的艺术性还体现在它是一种创造性活动,正是管理者有声有色的管理创造和创新,才推动社会的发展和进步。

在管理实践的推动下,管理学在不断深入研究和理论方法创新的基础上,已经成为一门独立的学科,并且形成自己的学科特征。这些特征主要有:

(1)管理学是一门交叉学科。管理活动是一个复杂的综合构成,涉及社会生产和生活的各个方面,这就使得对于管理活动的研究需要更多方面的知识,因此,管理学是社会科学和自然科学的多种学科交叉形成的学科。就现代管理学来看,它以经济学、心理学、政治学、法学、数学作为基本的学科依托,人们运用这些学科的理论、知识和方法研究管理现象,由此形成管理学的基本内容。同时,管理学还运用社会学、哲学、人类学、历史学、统计学的知识和方法,对管理现象进行研究。

(2)管理学是一门应用科学。从一般意义上讲,人们可以把学科划分为基础学科和应用学科。基础学科以"是什么"和"为什么"作为学科研究的重点,以创造和更新思想、原理、范式及其相关知识作为主要任务,因此,基础学科是其他学科的母体,它对于其他学科具有指导和规范作用,对人类实践具有深刻的认知意义和指导作用。应用学科在研究"是什么"和"为什么"的前提下,以"如何操作"作为学科研究的重点,以创造和更新直接用于实践的理论和方法为使命。作为一门独立的学科,管理学自产生起,就是以对于管理实践活动的直接效用性为特征的,因此,管理学具有应用学科的特点。

(3)管理学是一门发展科学。尽管人们对于管理现象的关注已经有很长的历史了,但是,人们对管理进行深入的科学研究,使之真正成为一门独立的学科,却是19世纪末20世纪初开始的。在百余年的历程中,管理学科得到长足的发展,但是对于一门学科来讲,百余年的历史是十分短暂的。随着人类生产和社会的迅速发展和进步,一方面,管理学研究形成的若干范畴、理论、方法和规律,都需要进一步得到实践的验证,需要进一步深化和细化;另一方面,管理学研究面临着许多新的课题和研究领域。因此,管理学的研究必然会随着管理实践的发展而不断发展,使之更加科学化,更加适应管理实践的需要。

综上所述,管理学既是一门科学又是一门艺术。管理学研究管理过程中的客观规律,由一整套的原则、主张和基本概念组成,具有普遍的指导意义,从这个意义上说,它是一门科学,可以学习和传授。但管理又具有很强的实践性,由于管理工作的对象包括组织中的人,同时管理问题和管理环境千变万化,管理学所能提供的专业手段和方法极其有限,其实践和管理知识的运用,需要有丰富的根据实际情况行事的技艺。懂得管理学基本知识并不意味着你在实践中能正确地运用它,如果只凭书本知识来诊断,仅仅借助原则来设计,靠记忆原理来管理,是注定要失败的。

二、管理学的研究方法

管理学的研究方法,是人们在管理研究中认识和把握管理现象的哲学原则、分析角度、途径、步骤和程序的总称。

(一)马克思主义的唯物辩证法

这是研究管理现象及其发展规律的根本指导性方法。按照这一方法论的要求,管理学的研究必须以物质第一性、意识第二性的原则为前提。首先,从管理的客观实践出发,分析和寻求管理的特点和发展规律。其次,管理学必须全面、变化、联系地分析和研究管理的因素、过程、方法和各种现象。唯物辩证法以矛盾的分析作为其核心方法和内容，因此，管理学的研究应该从分析管理的矛盾及其发生和发展着手，把握管理的本质和发展规律。

（二）历史研究方法

历史研究方法要求从管理现象产生和变化发展的历史背景和范围中去把握管理的本质和规律。同时，这一方法要求从历史的因果联系中去把握管理的本质和发展规律，注重历史事实的分析和把握，要求分析管理现象与特定历史条件下的各种因素的联系，分析不同历史条件下管理现象之间的因果联系，以此作为探讨管理规律，解释和验证管理的现象、理论、原则和方法的依据。

（三）比较研究方法

比较研究方法是把同类管理现象进行比较分析，求其共同性和差异性，以探求管理规律的方法。管理学中的比较研究方法，既包含对管理的总体过程和活动的比较，也包含对管理的各要素、各方法的比较；既包含对管理的纵向历史比较，也包含对管理的横向比较；既包含求异的研究过程，也包含求同的比较过程；既包含对异同的分析，也包含对产生异同的原因、本质以及这些异同对于管理的影响的分析。

（四）定性和定量研究方法

定性研究方法是对管理现象性质的分析，该方法主要运用归纳的思维方法，对客观的管理现象进行抽象，判别管理现象的客观属性和客观联系。定量研究方法是对管理现象中可以量化的部分进行测量和分析，以检验研究者自己关于该现象的某些理论假设的研究方法。定量研究方法有一套完备的操作技术和规范，如抽样方法、资料搜集方法、数字统计方法等。

（五）跨学科的研究方法

管理现象的复杂性和多样性，决定了对于管理现象的研究必须从多学科、多角度展开，因此，多学科方法的运用，成为管理学研究的重要特点。管理学在研究中大量借鉴社会科学和自然科学的多种学科的研究方法，如经济学的研究方法，社会学的研究方法，心理学的研究方法，自然科学的系统论、信息论、控制论、协同论、运筹学方法等。

【案例研究】

丰田式生产管理原则

杜绝浪费任何一点材料、人力、时间、空间、能量和运输等资源，是丰田生产方式最基本的概念。

随着日本经济的低迷，日本汽车市场也陷于长期衰退之中，然而丰田汽车却在日益激烈的竞争中持续保持利润增长，最近更提出“世界第一”的宣言，宣称要达到全世界汽车销售总量的15%，显示了其迈向世界顶点的决心。丰田2002年第一季财务报表显示，丰田的净利润为3523亿日元(29.1亿美元)，较2001年同期增长了1倍多，而销售额则上升了20%。环视对手，丰田在第一季度营业毛利率为9.8%，超过了本田的8.8%，更远远超越了美国三大汽车制造厂的营业毛利率：通用为3.7%，福特为1.6%，克莱斯勒为4.8%。丰田是如何做到这些的呢？

丰田持续保持增长的关键，不仅是着重于降低生产成本，而是更强调如何提高整体竞争力。诸如美国三大汽车制造商，越来越依赖于折扣来维持销售，对于丰田而言，这可能是短视而无利润的做法。他们提出了“UMR计划”(United Manufacturing Reform Plan)，用来强化汽车基本零件的设计开发能力，提高效率。丰田投入百亿日元预算开发引擎设计软件，目的是使生产引擎设备小型化、作业工程简单化，并且贯彻生产一体化，在工厂透过中心看板就可以掌握所有汽车流程的制造进度。

丰田生产管理的关键原则是什么呢？可以归纳如下：

建立看板体系。就是重新改造流程，改变由经营者主导生产数量的传统，转而重视顾客的需求，由后面的工程人员借由看板告诉前一项工程人员的需求(比方需要多少零件、何时补货等)，亦即逆向控制生产数量的供应链模式。这种方式不仅能节省库存成本(达到零库存)，更重要的是能提高流程的效率。

强调实时存货。依据顾客的需求，生产必要的东西，在必要的时候，生产必要的量。这种丰田独创的生产管理概念，在20世纪80年代就已经为美国企业所用，并有很多成功案例。

标准作业彻底化。丰田对生产的内容、顺序、时间控制和结果等所有工作细节都制定严格的规范，比如装轮胎和引擎需要几分几秒，等等。但这并不是说标准是一成不变的，只要工作人员发现了更好更有效率的方法，就可以变更标准作业。

杜绝浪费和模糊。杜绝浪费任何一点材料、人力、时间、空间、能量、运输等资源,是丰田生产方式最基本的概念。丰田要求每个员工在每一项作业环节里,都要重复问为什么(Why),然后想如何做(How),即“5W1H”,并确认自己以严谨的态度打造完美的制造任务。

生产平准化。平准化指的是“取量均值性”。假如后一个工程生产作业的取量变化大,则前一个作业工程必须准备最高量,由此造成库存浪费。丰田要求各生产工程的取量尽可能达到平均值,也就是前后一致,为的是将需求与供应达成平准,降低库存与生产浪费。

活人、活空间。在对流程进行不断改善的过程中,丰田发现,在生产量不变的情况下,生产空间却可精简许多,而这些剩余的空间可以做灵活的运用。人员也是一样,假如一个生产线上有 6 个人,在组装时抽掉 1 个人,则那个人的工作空间自动缩小,空间空出来而工作由 6 个人变成 5 个人,原来那个人的工作被其他 5 人取代。这样灵活的工作体系,丰田称呼为“活人、活空间”,即鼓励员工都成为“多能工”,以创造最高价值。

养成自动化习惯。这里的自动化不仅仅包括机器,还包括人的自动化,也就是养成良好的工作习惯,不断学习创新,这也是企业的责任。借由生产现场教育训练的不断改进与激励,成立丰田学院(Toyota Institute),让人员的素质越来越高,反应越来越快,动作越来越精确。

——《IT 经理世界》,总第 118 期

【思考题】

1. 管理的基本职能是什么?
2. 简述明茨伯格的管理者角色理论。
3. 简述卢森斯的管理者行为理论。
4. 管理者应具备哪些素质?
5. 管理学的科学性表现在哪些方面?

第二章

管理思想的演变和发展

【内容提要】

本章系统阐述西方管理思想的发展演变过程，着重介绍科学管理思想、行为管理思想、定量管理思想的主要内容及基本评价，对现代管理理论的发展作了一般介绍。本章归纳了中国古代及近现代的一些管理思想，并对管理发展的趋势特征作了总结。

【本章重点】

1. 科学管理理论、一般管理理论、官僚组织理论的主要内容。
2. 霍桑实验及其影响。
3. 现代管理理论丛林。
4. 中国古代、近代管理思想。
5. 管理的发展趋势特征。

第一节　西方管理思想的发展

一、西方古代管理思想

管理活动，如计划、组织、领导和控制，已存在几千年。世界各大文明发祥地都有着令人叹为观止的管理奇迹，在这些奇迹中蕴涵着丰富的管理思想。

（一）行政管理思想

行政管理思想是人类管理史上发展最早也是最全面的成果之一。在这方面，公元前2000多年前的古巴比伦王国，即有了较为成熟的管理形式，具体表现就是制定了著名的汉穆拉比法典——人类历史上第一部成文法典。它共有

282 条，内容涉及贸易、人的行为、工资、惩罚及社会生活的许多方面，甚至对最低工资、会计和收据的处理都作了规定。

古代埃及在行政管理方面的主要贡献是设立宰相职务，从而把神权和世俗权力区分开来。据成书于公元前 17 世纪至公元前 1 世纪的《旧约全书》记载，其中一个有名的宰相就是约瑟。《圣经》中还提到许多有关管理的思想，如处于萌芽状态的管理咨询制度、例外原则、授权等。

古代印度的行政管理思想也有较大成就。孔雀王朝的大臣查纳卡雅·考底里耶(约公元前 332—前 298)曾著有《政事论》一书，论述了如何维护经济、社会和政治秩序，论述了行政管理人员应具备的条件及选人用人的方法等。《政事论》成为印度公共行政管理的奠基之作。

(二)生产管理思想

最能说明古代人类生产组织和生产管理思想的实例，首推埃及人于公元前 27 世纪修建的胡夫金字塔。这座巨大的陵墓，高 146 米，边长 230 米，用 230 多万块巨石砌成。据测算，整个工程需动用数十万奴隶，历时 30 年。如果没有较强的组织能力和相关思想的指导，绝不可能完成如此巨大的建筑工程。

古代生产管理思想，还可以从 15 世纪和 16 世纪时威尼斯造船厂的管理中体现出来。该船厂占有 60 英亩水陆面积，雇用 1000～2000 名工人。其任务有三个方面：制造军舰、武器和装备；储存这些产品；装备和修理。工厂内部划分为若干职能部门，各有工头负责，一切依计划进行。装配战船，是以流水作业形式完成的。一条战船从海道一端进来，走到尽头，从武器、用具到食物、人员都配备完善，效率极高。

古希腊也留下了宝贵的生产管理思想。公元前 370 年，希腊学者色诺芬曾对劳动分工作了如下论述：在制鞋工厂中，一个人只以缝鞋底为业，另一个人进行剪裁，还有一个人制造鞋帮，再由一个人专门把各种部件组装起来。这里所遵循的原则是，一个从事高度专业化工作的人一定能工作得最好。

(三)教会管理思想

在这一方面，欧洲中世纪的教会管理思想最有代表性。罗马天主教会也许是西方文明史上最持久而有效的正式组织。它之所以能历久而不衰，除了其追求的目标具有诱人的魅力外，其组织之严密，管理技术之高超，无疑也是重要原因。它所实行的既分级又分领地而且分部门的一套管理体制，使它能够控制全球各地几亿教徒的几乎全部生活，其中央机构——罗马教廷，几乎就是一个复杂的政府组织。无怪乎美国通用汽车公司和兰德公司的两名管理人员经过研究得出结论:"可以说,罗马教廷作为一个高效率的部门化和行动协调的典范,也许在整个组织的领域内是无与伦比的。"①

总之,古代的管理思想是适应当时的社会需要,在人们不断总结实践经验的基础上产生的。随着人类社会实践活动的广泛、深入开展和社会文明的进步,人类的管理也达到相当高度。不过,古代管理思想毕竟受到人类自身发展程度、社会实践深入程度及广泛程度的限制,其局限性亦显而易见。具体来说,古代管理思想具有如下特点:

首先,直观性。具体表现在:①孤立、零散,缺乏理论的系统性;②肤浅、简单,缺乏理论的深刻性。这是因为,当时生产力水平较低,还谈不上生产的社会化程度,人们对管理经验的总结,更多停留在就事论事的基础上,得出的结论只能是一个孤立、分散的理论,不可能形成体系。

其次,阶级局限性。表现在:①有许多反科学的方面,比如常常借助迷信、神力、天道来管理;②有反人道的一面,个人利益和个人精神不被重视;③包含着强烈的等级观念,强调自上而下严密控制和自下而上的服从关系。

二、近代西方管理理论的先驱

英国工业革命之后,随着机器化的工厂制度取代手工的工场制,西欧资本主义制度得以确立。适应资本主义大工业生产而提出的管理理论已经开始自觉地研究管理行为及规律,这是人类管理思想史上质的飞跃。在此之前,已有众多的企业界和理论界人士开始自觉研究管理问题,他们的研究成果,构成了管理理论的前奏文化和思想源头,为管理理论的诞生奠定直接现实基础。这方面的人物很多,其中贡献较大的有:

(一)小詹姆斯·瓦特和马修·鲁滨逊·博尔顿

他们的贡献在于发展了以下的管理技术:市场研究与预测技术;生产计划技术;生产过程规范化和产品部件标准化;依据工作流程有顺序地安装机器;建立详尽的生产统计记录,按机床、部门进行成本利润核算;培训工人与管理人员;按成果支付工人工资;工人福利由工人自己管理;等等。

(二)亚当·斯密

作为古典经济学之父的亚当·斯密在其1776年出版的代表作《国民财富的性质和原因的研究》一书中,不仅对经济和政治理论作了卓有成效的论述,而且对管理问题进行了探讨。他以当时英国的制针业为例说明劳动分工给制

① [美]艾伯斯著:《现代管理原理》,商务印书馆1980年版,第4页。

造业带来的变化。他说，一名没有受过专门训练的工人，恐怕一天也难以制造出一枚针来。如果希望他每天制造20枚针，那就更不可能了。如果把制针分为若干工作程序，每一程序都成为一项专门工作，一个人抽铁丝，一个人拉直，一个人切截，一个人磨尖铁丝的一端，一个人磨另一端，以便装上圆头，有了分工，相同数量的劳动者就能完成比过去多得多的工作量。“据亚当·斯密说，在他那个时候，10个男人分工合作每天能制针48000多枚。”[①]劳动分工之所以能提高生产效率，亚当·斯密认为有三个原因：①劳动者的技巧因业专而日进；②通过分工，免除了由一种转到另一种工作而损失的时间；③许多简化劳动和缩减劳动的机械的发明，使一个人能够做许多人的工作。

（三）罗伯特·欧文

作为英国著名的空想社会主义者罗伯特·欧文，同时也是19世纪最有成就的实业家之一，他对管理理论的贡献是首次提出了关心人的哲学，并在他与人合办的新拉纳克工厂进行全面实验。主要内容有：①改善工厂内的工作条件；②限制童工的最低年龄；③缩短工人的劳动时间；④为工人提供厂内膳食；⑤设立按成本向工人出售生活必需品的商店；⑥通过建造房舍与修筑街道改善工人居住条件；等等。罗伯特·欧文试图在企业内建立起一种全新的人际关系，因此，他被誉为“人际关系之父”。

（四）查尔斯·巴贝奇

作为科学管理的先驱，巴贝奇更全面、细致地分析了劳动分工能提高生产效率的原因。这就是：①节省了学习所需要的时间；②节省了学习过程中所耗费的材料；③节约了从一道工序转到另一道工序所耗费的时间；④节省了更换工具所耗费的时间；⑤重复同一操作，技术熟练，工作速率加快；⑥注意力集中于单一作业，便于改进工具和机器；⑦经常做某一项工作，肌肉得到了锻炼，不易疲劳。

巴贝奇特别强调劳资协作，提出一种固定工资加利润分享制度，以调动劳动者的工作积极性。他认为这种制度的好处是：①每个工人同工厂的发展和利润多少有直接利害关系；②每个工人都会关心浪费和管理不善的问题；③能促使每个部门改进工作；④鼓励工人提高技术和品德，表现不好者减少分享的利润；⑤工人与雇主利益一致，能消除隔阂，共求发展。

巴贝奇在《论机器和制造业的节约》一书中，以数学家的眼光，对劳动分工的效益和主管人员对设备、物资、人力使用上的具体管理技术进行较全面的论

① 《马克思恩格斯全集》第23卷，人民出版社1972年版，第503页。

述。为了具体地进行核算,他甚至设计了一张供管理人员使用的有关原料正常消耗、开支、工具、价格、最终市场、工人工资、工作周期等的问题表。他还探讨能使投资效率更高的大工厂的优越性,以及这些工厂原料来源的恰当位置;探讨工艺过程和制造成本;探讨在同一领域各个企业的比较研究等。

(五)安德鲁·尤尔

安德鲁·尤尔以管理教育的先驱而著称。他首先建议他所任教的学校建立起专门向工人传授知识的学院,该学院后来成为培养管理人员的基地。尤尔的管理思想主要是强调三原则:①机械原则,即协调生产的技术和过程;②道德原则,即协调工人的知识和行为;③商业原则,即协调销售和筹措资金过程中的各种关系。

(六)丹尼尔·麦卡勒姆和亨利·普尔

麦卡勒姆在实践中制定严密的管理制度。包括:①恰当地划分并履行职责,实行明确的分工负责制;②为了使人更好地履行职责,必须授予他足够的权力;③采取措施以了解每个人是否忠实地履行职责;④通过实行每日报告核查制度反映情况。不仅如此,麦卡勒姆还制定严密的组织措施。包括:①职工按其职务要求分为等级,并穿上标有等级的制服;②为职工拟定职务说明书,职工必须按职务要求开展工作;③绘制出组织图以表示各部门之间的分工和报告控制关系,这是最早的组织图。麦卡勒姆的这些经验被美国宾西法尼亚铁路公司所采用。

麦卡勒姆的管理制度和措施遭到工人的反对,但却得到亨利·普尔的高度赞扬。作为《美国铁路杂志》的编辑,亨利·普尔进一步发挥麦卡勒姆的管理思想:①主张建立一种管理体系。他从麦卡勒姆的制度和措施中归纳出建立健全管理体系的三条基本原则,即组织原则、沟通原则和信息原则。②注意到企业中人的因素,提出改变僵化的领导作风。作为一名出色的管理先驱,他在泰罗之前50多年就提出建立严格管理制度的思想,在法约尔之前60年就提出集中指挥的问题,在梅奥之前70多年就提出人的因素问题,而在阿吉里斯之前100年就提出消除正式组织刻板性问题,这些都是十分难能可贵的。

三、古典管理思想

19世纪最后数十年,工业出现了前所未有的变化:工厂制度日益普及,生产规模不断扩大,生产技术更加复杂,生产专业化程度日益提高,劳资矛盾也随之恶化。随着资本主义生产力和生产关系的迅速发展,组织和管理企业的拙劣方式便成为当时阻碍生产率提高的主要障碍。这种状况客观上要求用科学的管理来代替传统的经验管理方法。于是，在20世纪初资本主义自由竞争到20世纪40年代资本主义垄断形成之间的几十年中，诞生了科学管理思想。

科学管理的实现着眼于寻找科学地管理劳动和组织的各种方法，包括三个不同的学派：科学管理学派、一般管理学派和官僚组织学派。科学管理思想有时也称之为古典管理思想。

（一）科学管理理论

最先突破传统的经验管理思想的代表人物是美国的泰罗(Frederick Taylor,1865—1915)。他于1911年发表的《科学管理原理》，提出通过对工作方法的科学研究来提高工人劳动效率的基本理论与方法。泰罗在该书中提出的理论奠定了科学管理的理论基础，标志着科学管理思想的正式形成，泰罗也因而被西方管理学界称为“科学管理之父”。

泰罗出生在美国费城一个富裕的律师家庭，从小醉心于科学研究和试验。从18岁进入钢铁厂当工人，做过技工、工头、车间主任、总工程师，泰罗的经历使他对生产现场很熟悉，对生产基层很了解。长期的切身观察使泰罗认识到，工人“磨洋工”，一方面是因为“人的懒散的天性”，另一方面则是因为落后的管理。他认为单凭经验进行管理的方法是不科学的，必须加以改变。但是，当时守旧的势力很大，工人是自己决定制造方法，工厂主是自己决定管理方法，各人所掌握的技艺和积累的经验对别人都严格保密。虽然处在这样僵化和守旧的环境中，泰罗还是利用自己取得的地位，开始了管理方面的革新活动。

泰罗认为，通过研究某一工序的时间和动作便可确定完成该工序内任意一项工作任务的最有效方法，计件工资制能使雇员的工作努力最大化，对雇员的选拔和培训应当基于才干和技艺的全面了解。泰罗还提倡改革工商企业的组织结构。比如，一个部门由一个工头大权独揽的做法应当让位于几个工头分工负责某一方面，或生产，或机器维修，或人事管理等。

1. 科学管理的主要内容

泰罗所创立的管理理论有以下几个主要观点。

(1)科学管理的根本目的是谋求最高工作效率。泰罗认为，最高的工作效率是工厂主和工人共同达到富裕的基础。它能使较高的工资与较低的劳动成本统一起来，从而使工厂主得到较多的利润，使工人得到较高的工资。这样，便可以提高他们扩大再生产的兴趣，促进生产的发展。所以，提高劳动生产率是泰罗创立科学管理理论的基本出发点，是泰罗确定科学管理的原理、方法的基础。

(2)达到最高工作效率的重要手段，是用科学的管理方法代替旧的经验管理。泰罗认为管理是一门科学。在管理实践中，建立各种明确的规定、条例和标准，使一切科学化、制度化，这是提高管理效能的关键。

(3)实施科学管理的核心问题，是要求管理人员和工人双方在精神上和思想上来一个彻底变革。1912年，泰罗在美国众议院特别委员会所作的证词中强调指出：科学管理是一场重大的精神变革。他要求工厂的工人树立对工作、对同伙、对雇主负责任的观念；同时，也要求管理人员——领工、监工、企业主、董事会改变对同事、对工人以及对一切日常问题的态度，增强责任观念。通过这种重大的精神变革，可使管理人员和工人双方都把注意力从盈利的分配转到增加盈利数量上来。当他们用友好合作和互相帮助代替对抗和斗争时，他们就能够生产出比过去更多的盈利，从而使工人的工资大大增加，企业主的利润也大大增加。这样，双方之间便没有必要再为盈利的分配而争吵了。

根据以上观点，泰罗提出科学管理的四原则(见表2-1)。

表2-1 泰罗的科学管理四原则

1	对工人工作的每一个要素开发出科学方法，用以代替老的经验方法
2	科学地挑选工人，并对他们进行培训、教育并使之成长(而在过去，则是由工人自己挑选工作，并尽自己的可能进行自我培训)
3	与工人们衷心地合作，以保证一切工作都按已形成的科学原则去办
4	管理当局与工人在工作和职责的划分上几乎是相等的，管理当局把自己比工人更胜任的各种工作都承揽过来(而在过去，几乎所有的工作和大部分责任都推到了工人们头上)

科学管理思想的核心是认为应该通过科学的研究来决定工作方法，而不是凭每一个工人自己过去的经验。泰罗认为，科学管理是管理思想上的一次“革命”。以前，劳资双方的兴趣集中在双方共同努力所取得的盈利的合理分配上，而若遵循科学管理的四原则，劳动生产率将得到充分的提高，从而使得如何分配盈余的争论成为不必要。提高效率是工人能取得较高工资、资本家能获得较多利润的前提，科学管理所要做的一切就是提高劳动生产率。

在企业管理实践中，泰罗从上述管理思想出发，做了许多开拓性的工作：进行劳动方法、工具、材料的标准化；对工人进行科学训练；实行刺激性的差别计件工资制；明确管理工作专业化；采用职能组织形式；推行“例外管理”制度等。

与泰罗同时代的科学管理学派的著名学者还有甘特(Henry L. Gantt)、吉尔布雷思夫妇(Frank and Lillian Gilbreth)等。

弗兰克·吉尔布雷斯曾经是一位建筑承包商。1912年,他在一次专业会议上聆听泰罗的演讲后,放弃他的承包商生涯转而致力于研究科学管理,同他的心理学家妻子莉莲一起,研究工作安排和消除手与身体动作的协调性问题。吉尔布雷斯夫妇还在设计和采用适当的工具与设备使工作绩效最优化方面进行大量试验。弗兰克·吉尔布雷斯最著名的实验就是关于省略砌砖动作的研究。

吉尔布雷斯夫妇是首先采用动作摄影来研究手和身体动作的研究者之一。他们发明一种瞬时计,用来记录1/2000秒的时间,把它置于要拍照的研究现场,以决定工人在每个动作上花费的时间,从而能够辨认出被肉眼忽略的浪费动作并将其省去。吉尔布雷斯夫妇还设计出一种分类体系,用来标识手的17种基本的动作(诸如"寻找"、"选择"、"抓取"、"持握"等),他们称之为基本动作元素,这套体系使吉尔布雷斯夫妇能够以更精确的方式,分析任何操作者手的运动所包含的动作要素。

年轻的工程师亨利·L.甘特(Henry L. Gantt)是泰罗在米德韦尔和伯利恒钢铁公司的一位亲密同事。像泰罗和吉尔布雷斯一样,甘特寻求通过科学的调查研究提高工人的效率,他扩展某些泰罗最初的思想,并加进自己的理解。例如,甘特发明一种奖金制度,对那些以少于标准规定的时间完成工作者给予额外奖励。他还引入一种对领班的奖金制度,只要领班手下的所有工人都完成定额,不仅工人而且领班本人也可以得到一份额外的奖金,从而使科学管理的应用对象不仅包括操作者还包括工作的管理者。

甘特最著名的发明是创造一种线条图,称为甘特图,使管理者能够利用它来进行计划和控制。甘特图(Gantt chart)在一个坐标轴上标示出计划的工作与完成的工作,在另一个坐标轴上标示出已经过去的时间,这在当时称得上是一项革命。甘特图使管理当局能够随时看到计划的进展情况和及时采取必要的行动保证项目按时完成。甘特图及它的各种改进,今天仍广泛用于各种组织作为安排工作进度计划的手段。

2.对科学管理的基本评价

泰罗制应用在生产现场管理中虽然效果显著,但其推广却并不顺利。这一方面是由于社会上传统意识的影响,另一方面是由于它本身存在着弱点。

(1)它冲破多年沿袭下来的传统的落后的经验管理办法,将科学引进管理领域,并且创立一套具体的科学管理方法来代替单凭个人经验进行作业和管理的旧方法。这是管理理论上的进步,也为管理实践开创了新局面。

(2)由于采用科学的管理方法和科学的操作程序,使生产效率提高两三倍，推动了生产的发展，适应了资本主义经济在这个时期的发展需要。

(3)由于管理职能与执行职能的分离，企业中开始有一些人专门从事管理工作。这就使管理理论的创立和发展有了实践基础。

(4)泰罗把工人看成是会说话的机器，只能按照管理人员的决定、指示和命令进行劳动，在体力和技能上受最大限度的压榨。泰罗的“标准作业方法”、“标准作业时间”、“标准工作量”，都是以身体最强壮、技术最熟练的工人进行最紧张的劳动时所测定的时间定额为基础的，是大多数工人无法忍受和坚持的。因此，泰罗制是资本家最大限度压榨工人血汗的手段。他把人看作是纯粹的“经济人”，认为人的活动仅仅出于个人的经济动机，忽视企业成员之间的交往及工人的感情、态度等社会因素对生产效率的影响。泰罗认为，工人集体行为会降低工作效率，只有使“每个工人个别化”才能达到最高效率。此外，他所强调的“科学管理”是“精神变革”，而且“对劳资双方都有利”，掩盖了早期资本主义制度对工人进行剥削的实质。

列宁曾对泰罗制作了全面深刻的评价。他认为，资本主义在这方面的最新发明——泰罗制——也同资本主义其他一切进步的东西一样，有两个方面，一方面是资产阶级剥削的最巧妙的残酷手段，另一方面是一系列的最丰富的科学成就，即按科学来分析人在劳动中的机械运动，省去多余的笨拙的动作，指定最精确的工作方法，实行最完善的计算和监督制，等等。[①]

泰罗制是适应历史发展的需要而产生的，同时也受到历史条件和倡导者个人经历的限制。当时，要增加企业利润，关键是提高工人的劳动效率。泰罗本人长时间从事现场的生产和管理工作，故泰罗的一系列主张，主要是解决工人的操作问题，生产现场的监督和控制问题，管理的范围比较小，管理的内容也比较窄。企业的供应、财务、销售、人事等方面的活动，基本没有涉及。

(二)一般管理理论

当泰罗等人在美国研究和倡导科学管理的同时，欧洲出现了对组织管理的研究。他们中的杰出代表是亨利·法约尔(Henri Fayol)和马克斯·韦伯(Max Weber)。

1. 法约尔理论的主要内容

法约尔(Henri Fayol，1841—1925)，法国工业家，1860 年从矿业学校毕业，从 1866 年开始一直担任高级管理职务。根据自己 50 多年的管理实践，法约尔于 1916 年发表了《工业管理和一般管理》一书，提出适用于一切组织的管

① 列宁:《苏维埃政权的当前任务》,《列宁全集》,人民出版社 1972 年第 2 版。

理五大职能(计划、组织、指挥、协调和控制)以及有效管理的14条原则(见表2-2)。

表2-2　法约尔的14条管理原则

1	工作分工	这条原则与亚当·斯密的"劳动分工"原则是一致的。专业化通过使雇员们的工作更有效率,从而提高了工作的成果
2	职权	管理者必须有命令下级的权力,职权赋予管理者的就是这种权力。但是,责任应当是权力的孪生物,凡行使职权的地方,就应当建立责任
3	纪律	雇员必须遵守和尊重统治组织的规则,良好的纪律是有效的领导者造就的。对管理者与工人间关系的清楚认识关系到组织的规则。明智地运用惩罚,以对付违犯规则的行为
4	统一指挥	每一个雇员应当只接受来自一位上级的命令
5	统一领导	每一组具有同一目标的组织活动,应当在一位管理者和一个计划的指导下进行
6	个人利益服从整体利益	任何雇员个人或雇员群体的利益,不应当置于组织的整体利益之上
7	报酬	对工作人员的服务必须付给公平的工资
8	集中	集中是指下级参与决策的程度。决策制定是集中(集中于管理当局)还是分散(分散给下属),只是一个适当程度的问题,管理当局的任务是找到在每种情况下最适合的集中程度
9	等级链	从最高层管理到最低层管理的直线职权代表了一个等级链,信息应当按等级链传递。但是,如果遵循等级链会导致信息传递的延迟,则可以允许横向交流,条件是所有当事人同意和通知各自的上级
10	秩序	人员和物料应当在恰当的时候处在恰当的位置上
11	公平	管理者应当和蔼地和公平地对待下级
12	人员的稳定	雇员的高流动率是低效率的,管理当局应当提供有规则的人事计划,并保证有合适的人选接替职务的空缺
13	首创精神	允许雇员发起和实施他们的计划将会调动他们的极大热情
14	团结精神	鼓励团队精神将会在组织中建立起和谐和团结

法约尔认为,管理理论是指有关管理的、得到普遍承认的理论,是经过普遍经验检验并得到论证的一套有关原则、标准、方法、程序等内容的完整体系,有关管理的理论和方法不仅适用于企业,也适用于军政机关和社会团体。这些正是其一般管理理论的基石。

法约尔通过对企业全部活动的分析，将管理活动从经营职能（包括技术、商业、财务、安全和会计等五大职能）中提炼出来，成为经营的第六项职能。他认为管理是普遍的一种单独活动，有自己的一套知识体系，由各种职能构成，管理是管理者通过完成各种职能来实现目标的一个过程。企业中的每组活动都对应一种专门的能力，如技术能力、商业能力、财务能力、管理能力等。而随着企业由小到大、职位由低到高，管理能力在管理者必要能力中的相对重要性不断增强，而其他诸如技术、商业、财务、安全、会计等能力的重要性则会相对下降。

法约尔认为管理能力可以通过教育获得，缺少管理教育是由于没有管理理论，每一个管理者都按照他自己的方法、原则和个人的经验行事，但是谁也不曾设法使那些被人们接受的规则和经验变成普遍的管理理论。

2. 对法约尔一般管理理论的评价

（1）虽然法约尔的管理思想与泰罗的管理思想都是古典管理思想的代表，但法约尔管理思想的系统性和理论性更强，后人根据他确立的构架，建立了管理学并把它引入课堂。

（2）法约尔提出的管理原则，经过多年的研究和实践证明，总的来说仍然是正确的，这些原则过去曾经给管理人员的实践工作巨大的帮助，现在仍然为许多人所推崇。

（3）法约尔一般管理理论的主要不足之处是他的管理原则缺乏弹性，以至于有时实际管理工作者无法完全遵守。

（三）官僚组织理论

马克斯·韦伯是德国著名社会学家和哲学家。他在组织管理方面有关行政组织的观点对社会学家和政治学家都有着深远的影响。他不仅考察了组织的行政管理，而且广泛地分析了社会、经济和政治结构，深入研究工业化对组织结构的影响。他提出了所谓理想的行政组织体系理论，其核心是组织活动要通过职务或职位而不是通过个人或世袭地位来管理。他的理论是对泰罗和法约尔理论的一种补充，对以后的管理学家，尤其是组织理论学家有重大影响，因而在管理思想发展史上被人们称为“组织理论之父”。

1. 官僚组织理论的主要内容

马克斯·韦伯的官僚行政组织（Bureaucracy）的理想组织模式是一种体现劳动分工原则的、有着明确定义的等级和详细的规则与制度，以及非个人关系的组织模式。韦伯认为，尽管这种“理想的官僚行政组织”在现实中不存在，但它代表了一种可供选择的现实世界的重构方式。他把这种模式作为推理的基础，用来推论在一个大的团体中，应当有哪些工作和应当如何从事这些工作。他的理论成为设计今天许多大型组织的原型。韦伯的理想官僚行政组织结构的主要特征概要地描述在表2-3中。

表2-3　韦伯的理想官僚行政组织的主要特征

1	劳动分工	工作应当分解成为简单的、例行的和明确定义的任务
2	职权等级	公职和职位应当按等级来组织。每个下级应当接受上级的控制和监督
3	正式的选拔	所有的组织成员都是依据经过培训、教育，或正式考试取得的技术资格选拔的
4	正式的规则和制度	为了确保一贯性和全体雇员的活动，管理者必须倚重正式的组织规则
5	非人格性	规则和控制的实施具有一致性，避免掺杂个性和雇员的个人偏好
6	职业定向	管理者是职业化的官员而不是他所管理的单位的所有者，他们领取固定的工资并在组织中追求他们职业生涯的成就

韦伯的理想行政组织结构可分为三层，其中最高领导层相当于组织的高级管理阶层，行政官员相当于中级管理阶层，一般工作人员相当于基层管理阶层。企业无论采用何种组织结构，都具有这三层基本的原始框架。

2.官僚组织理论的基本评价

韦伯提出的官僚组织结构其实是一种效率很高的组织形式，因为它能在技能和效率的基础上，使组织内人们的行为理性化，具有一致性和可预测性。今天各种各样的组织，不管是工厂、学校、机关、医院或是军队，都或多或少地具有官僚集权组织的某些特征。尽管官僚组织结构有较多的缺陷，但从纯技术的角度看，官僚制强调知识化、专业化、制度化、标准化、正式化和权力集中化，确实能给组织带来高效率。

但是，人们也经常批评官僚组织结构理论。人们通常把官僚制度、官僚主义和官僚作风作为组织效率低下的代名词。对于官僚制度的批评，主要有以下几个方面：

(1)诸多假设的有效性问题。比如说，官僚组织结构理论强调建立等级系统，认为它有助于促进纪律和加强统一指挥原则，而且官僚组织结构理论是以技术为根据来选择候选人的。在这里，官僚组织结构理论就隐含着这样一个假设前提：当上级与下级之间出现不协调时，上级的判断必然比下级的判断正确。显然，这个假设存在着明显的缺陷。因为上级并不可能总是比下级正确。

又比如说官僚组织结构理论强调人际关系的非人格化，决策者决策时考虑的只能是规章和程序、合理性和效率。在这里，隐含着的一个假设前提是：组织中只存在正式组织的框架，否认人的感情等非正式组织方面的因素对管理者决策的影响。显然，这个假设前提也是不能完全成立的。

(2)人们对官僚组织结构理论最激烈的批评是它过分地强调执行规章制度。当然，任何一个组织都要有一定的规章制度，以规范组织和组织成员的行为。但是，过分地强调规章制度也会抑制创造力、革新精神。它使得组织的“官僚”们在遵守规章制度的借口下不做与现实不相关的问题的决策；不过早地做决策；不做其他人会做的决策。对于“官僚”们来说，只要按章办事就不会犯错误，至于说如何才能提高组织的效率，则不是他们所要考虑的事情。久而久之，官僚组织中的“官僚”们就形成这样的行为规范：力求稳定和坚持原则对个人成功是至为重要的；宁可把冒险的决策推给别人也不愿意自己冒可能犯错误的风险；否定一个建议比肯定一个建议更安全；慢慢研究比马上决定更为稳妥。其结果，就形成人们所批评的效率低下的“官僚主义”和“官僚作风”了。

四、行为管理思想

科学管理思想通常把人只看成是“经济人”，即工人只是为了追求最高工资的人。认为工人在干活时常采取“磨洋工”的办法，因此，应用严格的科学办法来进行管理。如泰罗主张用“科学管理”的方法，由工程技术人员设计科学的操作方法，工人严格地照章执行即可提高生产效率；法约尔则从企业整体的角度，推行一套科学的管理原则；韦伯的官僚组织体系同时也是一种科学的管理组织体系。他们的共同特点是强调组织和管理的科学性、严密性而忽视人的因素，把工人只看成是组织中的一个零件。因而，科学管理理论在提高劳动生产率方面虽然取得了显著的成绩，却激起工人、特别是工会的反抗，使得欧美等国的统治阶级感到单纯用科学管理等传统的管理理论和方法已不能有效地控制工人，不能达到提高生产率和利润的目的，必须有新的企业管理理论来缓和矛盾，促进生产率的提高。在这种情况下，行为管理思想应运而生。

(一)早期的行为学家及其思想

在19世纪和20世纪初，尽管有许多人认识到人的因素对组织成功的重要性，但是，罗伯特·欧文(Robert Owen)、雨果·明斯特伯格(Hugo Mtinsterberg)、玛丽·帕克·福莱特(Mary Parker Follett)无疑是最突出的。

罗伯特·欧文是一位成功的苏格兰生意人，他于1789年买下他的第一家工厂时才18岁。由于憎恶他所见到的苏格兰各处工厂中的拙劣做法(诸如雇佣的童工许多年龄甚至不满 10 岁,13 个小时工作日,以及恶劣的工作条件),使得欧文成为一位改革者。他谴责工厂主们关心他们的设备胜过关心他们的雇员。欧文指出,把钱花在提高劳动力素质上是企业经理最佳的投资之一。他认为关心雇员既能为管理当局带来高利润,同时又能减轻人们的痛苦。

欧文设想了一个乌托邦式的工作场所。早在 1825 年,他就提出,应在法律上规定工作日时间,制定童工法,普及教育,由公司提供工作餐,以及企业参与社区发展计划。

雨果·明斯特伯格是一位德国心理学家,开创了工业心理学领域——对工作中的个人进行科学研究以使其生产率和心理调适最大化。他在发表于 1913 年的著作《心理学与工业效率》中,论述了对人类行为进行科学研究以辨认出一般模式和解释个人之间差异的重要性。明斯特伯格建议用心理测验来改进雇员的选拔,用学习理论评价培训方法的开发以及对人类行为进行研究,以便搞清激励工人最有效的方法。他看出了科学管理与工业心理学之间的联系,两者都是通过科学的工作分析,以及通过使个人技能和能力更好地适合各种工作的要求,寻求提高生产率。现代社会关于甄选技术、雇员培训、工作设计和激励的知识,很多都建立在明斯特伯格的研究工作基础上。雨果·明斯特伯格因此被称为"工业心理学之父"。

玛丽·帕克·福莱特是一位社会哲学家,也是最早认识到应当从个人和群体行为的角度考察组织的学者之一。作为一个变革者,她的著作虽然完成于科学管理时代,但却提出了更富人本导向的思想。福莱特认为,组织应该基于群体道德而不是个人主义,个人的潜能只有通过群体的结合才能释放出来,否则永远是一种潜能。管理者的任务是调和与协调群体的努力,管理者和工人应将他们看作合作者——看作共同群体的一个部分。因此,管理者应当更多地依靠知识和专长去领导下属,而不是依靠职务的正式权力。福莱特的人本思想影响着以后人们看待动机、领导、权力和权威的方式。

尽管罗伯特·欧文等人对行为科学理论的形成作出了重要的理论贡献,但对这种理论的发展起到主要推动作用的是霍桑试验。

(二)霍桑试验及其影响

霍桑试验是在美国西方电气公司(Western Electric)设在伊利诺斯州西塞罗的霍桑工厂中实施的。此项研究始于 1924 年,最后在 20 世纪 30 年代早期又扩大范围继续研究了几年。最初,研究是由西方电气公司的工业工程师们设计的,目的是检查不同的照明水平对工人生产率的影响。研究人员建立了试验组和对照组,试验组被给予不同的照明强度,而对照组则保持原有的照明强度不变。工程师们原来估计个人的产量与光线亮度有直接关系，但是，他们发现当试验组的亮度增加时，两个组的产量都增加了。更令工程师们惊异的是，当试验组亮度水平下降时，两个组的生产率继续提高。事实上，只有当光线亮度降至月光的水平时，试验组的生产率才有所下降。工程师们得出结论，照明强度与生产率没有直接关系，但他们不能解释他们所目睹的工人的行为。

到 1927 年，西方电气公司的工程师们邀请哈佛大学的埃尔顿·梅奥(Elton Mayo)教授作为顾问加入研究。于是试验又重新开始，一直持续到 1932 年。新的试验包含大量的试验方案，其中有工作的重新设计，改变工作周和工作日的长度，在工作中间引入休息时间，以及个人工资计划与群体工资计划的比较等。例如，其中一项试验设计是用于评估群体计件奖金制度对群体生产率的影响，结果表明，奖金计划对工人生产率的影响小于群体的压力、接纳和安全感的影响。由此得出结论，群体的社会准则或标准是决定工人个人行为的关键要素。

梅奥的结论是：行为与情绪是密切相关的；群体对个人的行为有巨大影响；群体工作标准规定了单个工人的产量；在决定产量方面，金钱因素比群体标准、群体情绪和安全感的作用要小。这些结论导致在组织如何发挥功能和获取目标方面对人的因素的新的重视，同时也导致家长式管理的增多。

一些人对霍桑试验的程序、现象的分析，以及结论的导出提出批评。但是，从历史的观点来看，霍桑试验在学术上是否严谨，以及其结论是否得到证明并不重要，重要的是，它激起了对人的因素的兴趣。霍桑试验对改变当时那种认为人与机器没有差别的流行观点起了很大作用。

(三)人际关系运动

人际关系运动的成员一致相信雇员满意的重要性——一个满意的工人定会是一个富于生产性的工人。这个运动的代表人物有：戴尔·卡内基(Dale Carnegie)、亚伯拉罕·马斯洛(Abraham Maslow)和道格拉斯·麦格雷戈(Douglas McCregor)。他们个人观点的形成，更多地来自他们个人的哲学观点而不只是大量的研究证据。

戴尔·卡内基常常被管理学者们忽略，但是他的思想和教学实践有着巨大影响。在 20 世纪 30 年代、40 年代和 50 年代里，上百万人读过他的《怎么赢得朋友和影响人们》一书。此外，在此期间，成千上万人参加了他的管理讲座和研讨班。

卡内基认为成功的方式是争取其他人的合作。卡内基告诫人们成功之路在于：①通过对人们努力的真诚赞赏，使人们感到他们自己是重要的；②建立良好的第一印象；③通过让别人讲话，对其表示同情，以及“从不对一个人说他错了”的方式，使人们接受你的思维方式；④通过赞扬人们的优点和给予反对者机会来维护他们面子的方式，改变人们的态度。

亚伯拉罕·马斯洛这位人道主义心理学家，从理论上提出了人类需要的五个层次，它们依次是：生理需要、安全需要、社会需要、尊重需要和自我实现的需要。从动机的角度来看，马斯洛认为，需要层次中的每一步必须得到满足，下一层次的需要才会被激活；一旦某种需要被充分满足，它就不再对行为产生激励作用。此外，马斯洛相信自我实现（即发挥出一个人的全部潜能）是人类生存的最高需要。那些接受了马斯洛的需要层次论的管理者，试图改变他们的组织和管理实践，以消除雇员们自我实现道路上的障碍。

道格拉斯·麦格雷戈最著名的理论，是关于人性的两套系统性假设——X 理论和 Y 理论。简要地说，X 理论基本上是一种关于人性的消极观点，它假设人们缺乏雄心壮志，不喜欢工作，总想回避责任，以及需要在严密的监督下才能有效地工作；另一方面，Y 理论提出了一种积极观点，它假设人们能够自我管理，愿意承担责任，以及把工作看作像休息和玩一样自然。麦格雷戈相信 Y 理论假设最恰当地抓住了工人的本质，对管理实践具有指导意义。

把人际关系理论的倡导者们，包括卡内基、马斯洛和麦格雷戈联系在一起的共同线索，是对人的能力的不可动摇的乐观态度。他们坚信他们的事业和从不动摇他们的信念，甚至在面对矛盾的证据时也是如此，再多的反例和研究证据也不会改变他们的观点。当然，尽管其观点缺乏客观性，但人际关系运动的倡导者们确实影响了管理理论和实践。

（四）对行为管理思想的基本评价

行为科学对管理学的贡献主要表现在以下两个方面：

（1）行为科学引起管理对象重心的转变。传统的古典管理理论把重点放在对事和物的管理上，它强调的是使生产操作标准化、材料标准化、工具标准化，建立合理的组织结构、有效的组织系统和明确的职责分工等，而忽视了个人的需要和个人的目标，甚至把人看成是机器，从而忽视了人的主动性和创造性。行为科学与此相反，它强调要重视人这一因素的作用。它显然是认识到，一切事情都要靠人去做，一切产品的生产都要靠人去实现，一切的组织目标都需要人实现。因而，应当把管理的重点放在人及其行为的管理上。这样，管理者就可以通过对人的行为的预测、激励和引导，来实现对人的有效控制，并通过对人的行为的有效控制，达到对事和物的有效控制，从而实现管理的预期目标。

(2)行为科学引起管理方法的转变。随着对人性的认识和管理对象重点的变化,管理方法也发生重大的变化。由原来的监督管理转变到人性化的管理。传统的古典管理理论强调自上而下的严格的权力和规章制度的作用,把人看成是会说话的机器,在管理活动中施以强大的外界压力,派工头进行严格的监督,造成工人心理上的压力而产生对立情绪,而忽视人的社会关系和感情因素的作用以及人的主动性和创造性。与此相反,行为科学则强调人的欲望、感情、动机的作用,因而在管理方法上强调满足人的需要和尊重人的个性,以及采用激励和诱导的方式来调动人的主动性和创造性,借以把人的潜力充分发挥出来。与此相对应,企业界提出了“以职工为中心的”、“弹性的”管理方法,出现了“参与管理”、“目标管理”、“工作内容丰富化”等各种新的管理方式。

与此同时,行为科学也存在以下一些缺陷:

管理学者对人际关系理论的研究方法,包括霍桑实验中所运用的方法和过程,进行了批评。在他们看来,整个实验过程中,研究者一方面受到实验室中受控实验需要的束缚;另一方面受到正在进行中的实际经验的束缚,尤其是主观愿望的先入为主的影响。

此外,行为科学研究的对象是人,它告诉管理者对人管理时应采取什么行为,但在管理中被管理者的对象不仅仅是人,只对人进行研究的管理显然是不完善的,除了人性行为以外,还应有某些技术方面的知识。如果没有这些因素,管理人员即使有了行为知识,也将无法应用,这正是行为学派的缺陷。比如管理者往往要在整体上从系统的角度研究管理,管理者要考虑建立管理制度,对组织的整体战略进行决策,这些经常需要的管理是行为学派没有触及的。

总之,行为科学思想的出现,开辟了管理研究的一个新的领域,使西方管理思想得到了丰富和发展。同时,它在实践上,对于调动企业职工的积极性,改善企业内部的劳资关系,管理人员与一般职工的关系、一般职工相互之间的关系等方面起到了一定的作用。

五、定量管理思想

1. 定量管理思想的主要内容

管理的定量方法是在第二次世界大战中对军事问题的数学和统计解法的基础上发展起来的。例如,当英国面临如何使有限的空军力量在与德国大规模空军力量的对抗中取得最佳效果的问题时,他们转向数学家们寻求最优的配置模型。类似地，美国反潜战斗队为了提高穿越北大西洋的同盟军船队护航的生存概率，以及为了确定飞机和水面舰艇袭击德国U型潜艇的最佳投弹深度，采用运筹学技术解决上述问题，获得了满意的效果。

战争结束后，许多用于解决军事问题的定量方法被移植到工商领域。20世纪40年代中期，一个号称“神童”的军官小组加入到福特汽车公司，并且立即开始用统计方法改进公司的决策制定工作，其中最著名的神童之一是罗伯特·麦克纳马拉(Robert McNamara)。后来，麦克纳马拉被提升为福特汽车公司的总裁，随后又成为美国国防部部长。在国防部，他通过成本—效益分析寻求资源分配决策的定量化。最后，他在世界银行主席的位置上结束他的职业生涯。

那么，所谓的定量技术是什么，它们对当今管理的贡献是什么呢?

管理的定量方法(Quantitative Approach)包括统计学的应用、最优化模型、信息模型和计算机模拟等。例如，线性规划方法可以使管理者改进资源分配的方案；关键路线分析可以使工作进度计划更有效；经济订货批量模型可以辅助企业决定应维持的最佳库存水平。

定量方法最直接的贡献是在管理决策方面，特别是计划与控制决策。但应当注意到定量方法从来没有达到像人力资源方法对管理实践的那种影响程度。这是由多种因素造成的：许多管理者不熟悉数量工具；行为问题涉及面太广而又很直观；绝大多数学生和管理者可以直接了解组织中现实的、每天发生的人的问题，诸如激励下级和减少冲突等，而无须借助建立定量模型这种更抽象的活动。

2. 对定量管理思想的评价

总的来说，定量管理思想是一种科学的管理方法，具有以下优点：

(1)使复杂的、大型的问题有可能分解为较小的部分，更便于诊断、处理。

(2)制作与分析模式必须重视细节并遵循逻辑程序，这样就把决策置于系统研究的基础上，增进决策的科学性。

(3)有助于管理人员估价不同的可能选择，如果明确各种方案包含的风险与机会，便更有可能作出正确的抉择。

因此，定量管理方法的出现为组织的决策和计划工作提供了一个十分有用的工具。随着生产社会化程度的提高和决策过程更加复杂化，必将促进定量管理方法的进一步发展。另一方面，当前电子计算机技术正以极快的速度向前发展，管理人员的科学技术水平也在日益提高，这些因素也必将促进定量管理方法不断地完善和更加普及。

但是,必须指出,定量管理思想有其局限性。

首先,并不是所有管理问题都是能够定量的。例如,有些管理问题往往涉及许多复杂的社会心理因素,这些因素大都比较微妙,难以定量,当然也就难以采用定量管理方法去解决。因此,定量管理方法并不是管理决策的唯一方法,还必须有其他有效方法与之相结合,才能对问题的全面情况作出正确的判断,从而提出恰当的解决问题的方案。

其次,定量管理工作者们提出的方案能否被采用,决定于管理的决策者。决策者有时可能更相信自己的经验判断,而不相信定量管理工作者们提供的方案。当然,这里可能会有决策者不了解定量管理知识的问题,而更多的则是由于定量管理工作者不了解企业经营理论和实际工作情况,因而提供的方案不能切中要害,解决问题。对此,加拿大著名管理学家亨利·明茨伯格就曾尖锐地指出,定量管理学家们不了解管理工作实际是什么样子,怎么能给管理人员提供有效工具,设计有效的管理信息系统呢?因此,他断言,如果停留于这种状况,数量化的决策技术和定量管理方法根本不可能使管理成为科学。西方有的管理学者甚至认为,如果对定量管理方法运用不当,还会给管理带来危害。因此,必须使定量管理工作者向管理实际工作靠拢,使管理的决策者同定量管理工作者结合起来,才能使定量管理方法发挥其应有的作用。

此外,采用此种方法大多需要相当数量的费用。由于人们考虑到费用问题,也使它往往只是用于那些大规模的复杂项目。这一点,也使它的应用范围受到限制。

总之,必须看到,定量管理方法虽然是一种有用的方法,但也不是适用一切情况的“万能”的方法。同时,在整个管理过程中,并不只是要求发挥决策的职能作用,还必须发挥其他各个管理职能的作用;而决策过程也不是只有方案的设计这一个环节,还必须解决好决策过程的其他环节。因此,为了提高管理的效率,必须把定量管理方法置于适当的地位,并使之与其他管理理论和方法结合起来。

六、现代管理理论的发展

(一)管理理论丛林

第二次世界大战后,管理学得到了迅速发展,许多学者从不同的学科、不同的角度出发,运用不同的方法对管理展开研究,形成了各种各样的管理学派,美国加州大学洛杉矶分校的孔茨教授最早认识到这种学派林立的状况。他在 1961 年写的《管理理论的丛林》一文中,归纳了各种学派理论上的差异。

他认为,20世纪五六十年代最大的学派有6个,即管理过程学派、经验主义学派、人群行为学派、社会系统学派、决策理论学派、数量学派等。孔茨对这些学派的评价不同,认为有的学派只涉及管理中的某个领域,有的只涉及某种职能,有的甚至只涉及管理的手段和方法。作为管理过程学派的代表人物,孔茨曾试图使各学派走出"丛林",建立一门统一的管理科学。这就有了1962年在美国加利福尼亚大学召开的学派代表与实际工作者的讨论会,但会议并未收到效果。之后,各学派的分化有增无减,以至孔茨在1980年发表的《再论管理理论的丛林》中指出,重要学派已从6个增加到11个。这11个学派包括:

①以孔茨为代表的管理过程学派。

②以麦格雷戈为代表的人性行为学派。

③以巴纳德为代表的社会系统学派。

④以马克兰特为代表的管理科学学派。

⑤以西蒙为代表的决策理论学派。

⑥以卡斯特和罗森茨韦克为代表的系统管理学派。

⑦以德鲁克为代表的经验学派。

⑧以明茨伯格为代表的经理角色学派。

⑨以特里斯特为代表的社会—技术学派。

⑩以布里奇等为代表的经营管理学派。

⑪以卢丹斯为代表的权变理论学派。

这里着重介绍以下几个学派。

1.管理过程学派

管理过程学派又称为管理职能学派。这一学派以管理过程或者管理职能作为研究对象,认为管理就是在组织中通过别人或与别人共同完成任务的过程。他们试图通过对管理过程或职能的分析研究,把由此形成的范畴、概念、原则、力量、理论和方法结合起来,构成管理的科学理论。一般来说,他们的学说都是围绕管理过程或职能的分解和设定开始的,其他的管理学内容,则都归入所划分的管理过程或职能之中。

2.经验学派

经验学派强调从管理的实际出发,而不是从一般原则出发研究管理活动。因此,在研究方法上,他们主张以典型组织的典型管理案例为基本对象,对这些案例进行分析,概括出理论和方法,并把它们运用于同类管理中。该学派认为管理仅仅是企业管理,因此,管理的经验只限于企业。管理的任务是创造生产统一体,取得经济成就,妥善处理企业对社会的责任和影响。经验学派重视组织结构，认为组织结构必须具备明确、经济、稳定和适应等特性，而组织结构有五种类型，即集权的职能制结构、分权的联邦制结构、矩阵制结构、模拟分权制结构和系统结构。

3.社会系统学派

这一学派从社会学的角度研究管理，把组织及其成员的相互关系看成是一种相互协作的社会系统。其主要观点是:组织是一个协作系统，组织是由人组成的，这些人相互之间行为和活动的协调，构成了一个社会性的系统。组织的协作系统由三个因素构成，即协作的意愿、共同的目标和信息的联系。由此出发，管理人员有三项职能，即建立和维持一个信息联系和沟通系统；确定组织的目标，并运用各部门的具体目标予以阐明；使组织成员为这些目标的实现做出贡献。

4.系统管理学派

系统管理理论运用系统论的范畴和原理，对组织的管理活动和过程进行分析和研究。他们指出，组织是一个整体的系统，它由若干子系统组成，如传感、信息、决策、控制子系统等。同时，组织又是社会系统中的一个子系统，它受到其他社会子系统的影响。对于组织的管理分析，应该按照系统的原则进行，即以系统的整体最优为目标，对组织的各方面进行定性和定量的分析，选择最优方案。对组织的管理也应该遵循系统的要求，它有四个特点，即以目标为中心、以系统为中心、以责任为中心和以人为中心。系统管理过程有四个阶段，即创建系统，进行系统设计，使系统运行并予以控制，检查和评价系统运行情况。

5.决策理论学派

这是一个吸收系统理论的观点，运用计算机和运筹学等方面的知识而形成的学派。这一学派认为，管理活动的全部过程都是决策过程，因此，管理就是决策。决策过程分为四个阶段的活动，即情报、设计、选择和审查活动。决策不可能达到最优标准，而只能实现满意的标准。

6.权变理论学派

权变理论又称情境理论。所谓权变，就是权宜应变。这一学派认为，管理没有一成不变的方法和技术，而必须根据管理的条件和环境随机变化，为此，它主张观察和分析大量的案例，从中分析管理方法技术与条件环境的联系，寻求管理的基本类型和模式。这一学派的代表人物认为，权变关系就是管理方法技术和管理条件环境之间的两个以上变量的函数关系，权变管理就是根据条件环境的自变量与管理方法技术的因变量之间的函数关系确定的一种最有效的管理。

7. 管理科学学派

管理科学学派认为，管理中的人是理性的人，组织是追求自身利益的理性结构，经济效果是其最根本的活动标准，管理过程是一个合乎逻辑的系统过程，因此，管理活动可以运用数学的方法来分析和表述。在此基础上，科学管理学派主张采取数学模型和程序来分析和表述决策、计划、组织和控制等管理的逻辑过程，借助于计算机和运筹学，求出最佳答案，实现管理目标。为此，管理科学学派创设了若干管理研究的定量分析方法，如决策树、线性规划、网络技术、动态规则、模拟方法和对策方法等。

（二）现代管理思想的新发展

进入 20 世纪 80 年代以后，随着社会、经济和文化的迅速发展，特别是信息技术的发展与知识经济的出现，世界形势发生了极为深刻的变化。面对信息化、全球化和经济一体化等新的形势，企业之间竞争加剧、联系增强，管理出现了深刻的变化与全新的格局。正是在这样的背景下，管理出现了一些全新的发展趋势。

1. 非理性主义倾向与企业文化

20 世纪 70 年代末 80 年代初，由于经营风险增大，竞争激烈，管理日趋复杂，在西方管理理论界出现了一种非理性主义倾向和重视企业文化的思潮。非理性主义倾向的代表人物与代表作（见表 2-4）。

表 2-4　非理性主义倾向的代表人物及其代表作

代表人物	代　表　作
托马斯 · J. 彼得斯	《寻求优势：美国最成功公司的管理经验》
小罗伯特 · H. 沃特曼	
威廉 · 大内	《Z 理论——美国企业界怎样迎接日本的挑战》
查德 · 帕斯卡尔	《日本企业的管理艺术》
安东尼 · 阿索斯	
泰伦斯 · 迪尔	《企业文化——企业生存的习俗和礼仪》
艾伦 · 肯尼迪	

非理性主义倾向的主要观点，一是主张以人为核心，注意人的感情，强调灵活多变与创新，回到那些简单明了的平常道理上去；二是倡导对管理实务的

研究；三是重视对企业成功经验的总结，在总结中提出以“软管理”为中心的管理模式；四是高度重视企业文化。

2. 战略管理思想

20 世纪 60 年代前后，世界进入科技、信息、经济全面飞速发展时期，同时竞争加剧，风险日增。为了谋求企业的长期生存发展，开始注重构建竞争优势。这样，在经历了长期规划、战略规划等阶段之后，形成了较为系统的战略管理理论。

1965 年，安索夫(Ansoff)的《公司战略》一书的问世，开创了战略规划的先河。1976 年，安索夫的《从战略规则到战略管理》一书出版，标志着现代战略管理理论体系的形成。1980 年，波特发表的《竞争战略》把战略管理的理论推向顶峰。

战略管理是企业确定其使命，根据外部环境和内部条件设定企业的战略目标，为保证目标的正确落实和进行谋划，并将之付诸实施，以及在实施过程中进行控制的一个动态管理过程。

战略管理思想主要有经典战略管理理论、竞争战略理论和核心能力理论。

经典战略管理理论是在 20 世纪 60 年代形成的，主要代表人物是钱德勒、安德鲁斯和安索夫，理论的基础是适应环境。基本观点是：①企业战略的基点是适应环境；②企业的目标在于提高市场占有率；③企业战略的实施要求组织结构变化与适应。

竞争战略理论是在 20 世纪 80 年代形成的，主要代表人物是波特，理论基础是产业(市场)结构分析。基本观点是：①企业经营战略的关键是确定企业竞争优势，即选择有吸引力的、高潜在利润的产业；在已选的产业中确定自己优势。②一个行业存在五个方面的竞争力量。③赢得竞争优势的基本竞争战略有成本领先战略、差异化战略和集中化战略三种。

核心能力理论形成于 20 世纪 80 年代中期，主要代表人物是安索夫。基本观点是：①理论假设。假定企业具有不同资源形成了独特的能力，资源不能在企业间自由流动，属于某企业特有的资源，其他企业无法得到或复制；企业利用这些资源的独特方式是企业形成竞争优势、实现战略管理的基础。②企业经营战略的关键在于培养和发展企业的核心能力。③形成核心能力的条件。只有当资源、知识和能力同时符合珍贵、异质、不可模仿、难以替代的标准时，它们才成为核心能力，并形成企业持续的竞争优势。

3. 企业流程再造理论

企业流程再造理论(Business Precess Reengineering，BPR)是 20 世纪 90

年代初美国企业为挑战来自日本、欧洲的威胁而展开探索后发展起来的一种企业组织转型的新理论和新方法。1993 年，美国麻省理工学院教授迈克尔·哈默（Michael Hammer）博士与詹姆斯·钱皮（James Champy）合作出版了《企业再造工程》，提出企业再造理论。

所谓企业再造，是指从市场需求出发，通过对企业的运作过程进行根本性的分析，对企业流程的构成要素进行重新组合和设计。它不是简单地破除原有的工作流程以及信息工程技术在管理中的简单应用，而是建立在总结旧的工作流程经验的基础上，应用新技术，建立新的工作流程。企业流程再造的过程见图 2-1。

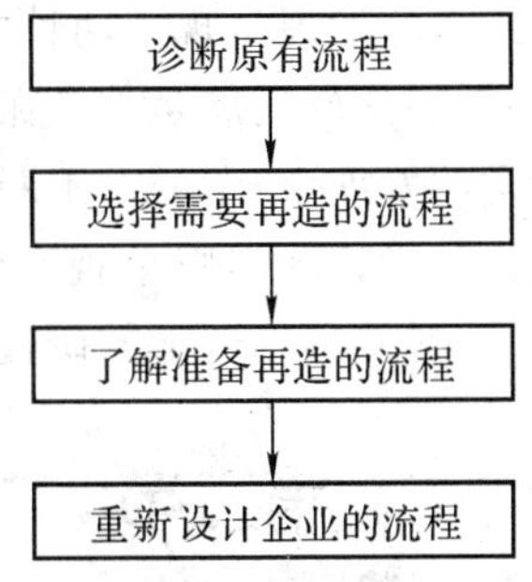

图 2-1　企业流程再造的四个过程

4.“学习型组织”理论

20 世纪 90 年代以来，知识经济的到来，使信息与知识成为重要的战略资源，相应诞生了学习型组织理论。“学习型组织”理论是美国麻省理工学院教授彼得·圣吉在其著作《第五项修炼》中提出来的。“学习型组织”认为“未来真正出色的企业，将是能够设法使各阶层人员全心投入，并有能力不断学习的组织”。在学习组织中，有五项新的技能正在逐渐汇集起来，这五项技能被他称为“五项修炼”（见图 2-2）。

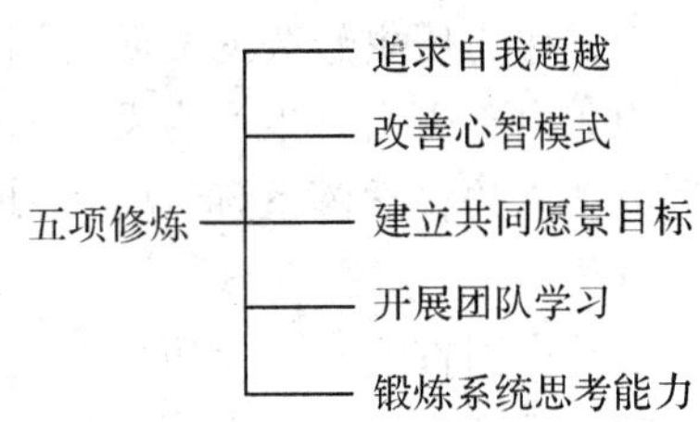

图 2-2　五项修炼

从以上对管理学发展历史过程的描述来看，管理学的发展具有如下特点：

（1）管理学的发展是从对管理中经济人、机械人的设定到对管理中社会人设定的过程。正是对于管理过程中人性看法的这种变化，使得管理学逐步趋向全面、完整和准确，并且引起了管理方法和技术的重要变革。

（2）管理学的发展是从管理过程的单个因素、单个过程和单个侧面的研究到全面系统研究的过程。从对管理目标和任务的研究扩展到对人性的研究，从对人的行为的研究扩展到对组织、制度和规范的研究，从对正式组织的研究扩展到对非正式组织的研究，从对管理的物质因素的研究扩展到对管理文化的研究，从对单个因素的研究扩展到对系统的研究，表明了管理学研究呈现出综合性和系统规范性的特点。

(3)管理学的发展是从定性分析为主到定性分析与定量分析结合的过程。早期的管理学主要是管理经验的总结和归纳，以定性分析为特征。现代管理学借助于数学、计算机和运筹学等自然科学方法，形成了管理分析的模型和方法。管理活动的实践表明，定性分析和定量分析各有所长，也各有缺陷，因此，当前管理学的发展呈现出两种方法结合、各显其长的趋势。

(4)管理学的发展是从学派分化到兼容并包、相互借鉴、吸收融合的过程。在管理学的发展中，学派的不断产生和分化，使得管理学呈现出生机勃勃的发展势头。现代管理学则呈现出学派不断分化和不断融合两种趋势并存的状况，这种状况使得管理学的研究更加深入和完善。

第二节　中国管理思想的演进

一、中国古代管理思想

中国作为历史悠久的文明古国，有着璀璨的历史遗产，包括丰富多彩的管理思想。由于受当时生产力发展水平的限制，这些管理思想零星分散，至今未能形成独立的科学体系，但许多管理思想的精华对今天的管理实践仍然具有借鉴价值。

统治中国古代几千年历史的主流思想是三大学派：儒家、法家和道家。这三大学派都产生于中国古代思想最活跃的春秋战国时代。其管理思想的基本逻辑结构是：人性假设——管理方式。他们各自提出对人的基本看法，并进而提出自己的管理方式，从而各自形成较为系统的治国治生的管理思想。儒家——王者之道，仁政德治；法家——霸者之道，法制刑治；道家——王霸杂合之道，无为而治。

1. 儒家管理思想

儒家管理哲学的基本精神是以“人”为中心，讲“以政为德”，讲“忠恕之道”，讲“正己正人”，主张“仁政”、“贤能政治”以及“重民”、“ 和为贵”、“仁义”等。

孔子在《中庸》中提到：“为政在人，取人以身，修身以道，修道以仁，仁者人也，亲亲为大。”将人作为管理的载体，把“治人”归结成为管理的本质。同时，儒家学派强调用道德感化感动人心，要比一味惩罚会收到更好的效果。正如《论语》中记载：“道之以政，齐之以刑，民免而无耻；道之以德，齐之以礼，有耻且格。”凡事要“以德服人”，实行“中庸之道”。

孟子发展了孔子的德礼为治的政治管理思想，在“性善论”的基础上，更加明确地提出了实施“仁政”的政治主张。

其主要内容有：①行“王道”，施“仁政”；②主张“贤能政治”；③“重民”思想；④“和为贵”的思想；⑤“仁义”思想。

此外，儒家特别强调个人的道德修养，自身的管理，“君子务本”，“修身，齐家，治国，平天下”，无不体现管理者从自身做起，培养自己德行的观点。

2. 道家管理思想

道家管理哲学的基本思想是以“道”为中心，讲“无为而治”，讲“弱者道之用”，讲“天地相合”。

以老子为代表的道家将“道”看作是一种客观规律，“人法地，地法天，天法道，道法自然”，因此强调人们必须按照自然规律办事，顺其自然，做到天地相合，充分融会，实现人和自然的和谐统一，然而“道常无为”，因此要“处无为之事，行不言之教”，实有似无，无为而治，达到一种较高的管理境界，即通过最少的、必要的、有效的法律制度把社会干涉行为减少到最低限度，从而实现组织的自然和谐与个人自由的协调发展。在管理艺术上，道家提出独特的“反者道之动，弱者道之用”的原理，运用辩证法的精湛思想证实了“柔弱胜刚强”的道理。

3. 法家管理思想

法家管理哲学以“法”为中心，韩非提出了法、术、势三者结合的法治理论。

韩非所谓的“法”指法律、法治；“术”指办事、用人的方法和艺术，亦即政治手腕；“势”则指权力、权威。

在执法方面，法家主张“法治”，反对“人治”，主张“立法为教”。他认为，只要“法”不败，就能保持政治的常规。韩非提出“上法而不上贤”，认为即使由圣贤来管理国家，也不能离开法律制度。在管理技术和艺术方面，韩非认为统治者必须采用“七术”，虽然其中有些管理权术在道德上不可取，但在实际活动中，却为中国的历代君王所身体力行。不过，“术”必须要以法的有效性为依据，也就是要保证法的效力。有了“法”，有了“术”，但如果缺乏“势”(即某些强制性的物质力量)，即使有法也会因失效而不能依靠，有术也难以保证群臣服从主人的管理。因此，法的执行，光有“术”还不行，还得要靠“势”。

韩非认为，帝王之所以为帝王，关键在于有“势”，“势者，胜众之资也”，“势”又分为“自然之势”和“人为之势”，特别强调管理者充分发挥自己的主体能动作用，以保证管理措施积极推行。

在法、术、势三者之中，法是中心，术与势是行使法的必要条件。

中国古代管理思想的主要内容见表 2-5。

表 2-5　中国古代管理思想的主要内容

主要内容	内 容 说 明
统御之术	①在识人上,中国最早的兵书《六韬》中提出识人"八征法" ②在用人上,墨子认为:"奉贤者,政之本也。"《吕氏春秋》提出"得贤人,国无不安……失贤人,国无不危"。管子提出了用人的德、功、能三项基本标准 ③在制人上,韩非子认为:"君无术,则弊于上;臣无法,则乱于下。""赏罚二术,君之利器。"孔子认为:"其身正,不令而行;其身不正,虽令不从"
用兵之策	①兵以利动　②分析态势　③先谋后战 ④避实击虚　⑤不战而屈人之兵
经营之道	范蠡总结经商的经验,提出了计然之策。计然之策包括"待乏原则"和"积著之理"
其他方面	①在管理哲学上,提出以人为本的思想 ②在领导方式上,儒家提出"仁政德治",法家提出"法制刑治",道家提出"无为而治" ③在系统运作上,古人提出许多运筹谋略,并造就大量传世杰作 ④在钱财管理上,孔子主张"崇俭"。荀况提出"节其流,开其源,使天下必有余,而上不忧不足",并形成一些核算制度 ⑤在管物上,重视"利器"

对中国古代管理思想在内容上进行总结,可以归纳如下:

1. 古代的对策、决策思想

对策和决策思想早在战国时期就大放异彩,其丰富经验对今天的决策科学化很有参考价值。墨子的"三表"决策思想,提出了正确的决策必须以实事求是为前提的思想。墨子提出:"有本之者,有原之者,有用之者。于何本之?上本之于古者圣王之事;于何原之?下原察百姓耳目之实;于何用之?废(发)以为刑政,观其中国家百姓人民之利,此所谓言有三表也。"即在判断一件事是否可行时,先考察历史,看是否符合古代圣王的遗训;然后要听取百姓的意见,看是否符合民心;最后看是否真正有利于国家民众。战国时孙膑的对策思想在"田忌赛马"的故事中得到生动的反映。

田忌和齐王赛马屡败,后来他按照谋士的筹划,按马力的强弱,以己之下马对彼之上马,己之上马对彼之中马,己之中马对彼之下马,结果二胜一负,转败为胜。

这是一种"整体优化"的对策。张良是汉高祖刘邦的谋士,他为汉朝的建立和巩固谋划了很多英明决策,因而被刘邦誉为"运筹于帷幄之中,决胜于千里之外"的最优决策者。诸葛亮雄才大略，纵观天下，预测未来，做出三分天下的关键决策，并通过联孙抗曹，使一无所有的刘备能坐镇一方，雄观天下。《孙子兵法》十分重视决策，提出："用兵之道，以计为道"。孙子认为，计划、决策应从"道、天、地、将、法"五方面入手，才能保证战争的胜利。这种决策思想同样适用于经济管理。它以"谋略"为中心，讲"因变制胜"，讲"内修文德，外置武备"。

此外，孙子指出，"水因地而制流，兵因敌而制胜。故兵无常势，水无常形"，要因地制宜，不断变化创新，对当代企业也大有裨益。

2. 古代经营和财政管理思想

春秋末期的政治家兼巨商范蠡认为：物价贵贱的变化是因为供求关系的有余和不足，建议谷贱时由官府收购，谷贵时平价售出。他提出了很多经营原则："务完物，无息币。以物相贸易，腐败而食之物勿留，无敢居贵。论其有余不足，则知贵贱。贵上极则反贱，贱下极则反贵。贵出如粪土，贱取如珠玉。财币欲其行如流水。"财政乃国家经济之本。荀子曾提出财政管理的许多原则，如分等征税原则、"聚敛者亡"和"王者窜民"的财政管理原则、"上下俱富"以政裕民的原则、"足国之道，节用裕民，而善藏其余"的财政支出总原则等。到秦始皇时期，专门设立治粟内史统管全国财政，为两千多年封建集权统一的财政管理制度奠定了基础。

3. 中国古代用人思想

中国古代很早就提出了选才用人的管理思想，认识到"知人善任，礼贤下士"的重要性。

春秋战国时期，《墨子·尚贤》中提出用人的原则是"察其所能而慎予官"，强调确立"唯贤不用亲"的制度，倡导"不辨贫富、贵贱、远近、亲疏，贤者举而尚之，不肖者抑而废之"。

荀子告诫执政者"无私人以官职事业"，切不可任人唯亲，而主张任人唯贤，唯才是举。晏子则进一步指出：人的才能也是不同的，应当让人专司一事，不能要求他无所不能。用人的优点，不用他的短处；用人所擅长的，不用他所不擅长的。这就是任用人才的要略。秦始皇能完成统一大业，是因为重用了蹇叔、商鞅、张仪、范雎等人。楚汉之争，项羽因"嫉贤忌能，有功者害之，贤者疑之"，以致败退垓下，陷入"四面楚歌"的绝境。

汉高祖刘邦的一句话充分体现出管理中用人之长的原则："夫运筹于帷幄之中，决胜于千里之外，吾不如子房；镇国家，抚百姓，给饷馈，不绝粮道，吾不如萧何；连百万之众，战必胜，攻必取，吾不如韩信。三者皆人杰，吾能用之，此吾所以取天下者也。”

关于择人的原则,《六韬》中有六字标准:一曰仁,二曰义,三曰恕,四曰信,五曰勇,六曰谋。墨子明确提出了“贤人”的三条标准:一是道德品行的标准,叫“厚乎德行”;二是交际能力的标准,叫“辩乎言谈”;三是知识标准,叫“博乎道术”。此外,“为官择人”、“任人唯贤”、“外举不避仇,内举不避亲”、“君子用人如器,各取所长”等论述,均反映了古人的用人思想。

北宋王安石的人才管理思想更加系统化、理论化。他的用人思想可概括为“教之、养之、取之、任之”。其中,教之之道,即坚持学用一致,造就人才;养之之道,即维持政府官员生活的俸禄报酬。应采取的方针——“饶之以财”、“约之以礼”、“裁之以法”;取之之道,即选拔官吏的途径;任之之道,任用人才首先要根据其专长,知农的为农官,知工的为工官。王安石把通过教育培养人才作为人才管理的起点,从根本上入手,这比他的前人进了一大步。

在用人问题上,中国古代还存在两种根本对立的思想:一是以孔子为代表的人本主义思想;二是以韩非子为代表的专制管理思想。孔子在《为政》一篇中响亮提出“君子不器”,即君子不应该像器具一样任人支配。韩非子则把“贤”定义为为君主所用,他从“顺我者昌,逆我者亡”的观点出发,提出了一整套供君主用来控制臣民为其服务的“用人权术”。

4.古代行为管理思想

我们的祖先在几千年前就开始了对人类心理和行为的研究,有许多精辟的学说。在探索人类行为动机、需要的奥秘方面,中国古代先祖们起到了创始人和开路先锋的作用。韩非曰:“天有大命,人有大命。”即天有天的规律,人有人的规律。孙子也提出:“人情之理,不可不察。”即关于人的心理活动应该进行研究,不研究是不行的。对于人的本性问题,荀子认为:“人之性恶,其善者伪也。”而孟子则认为:“人之性善也,犹水之就地下;人无有不善,水无有不下。”告子在和孟子辩论中则认为人性无善恶,“人性之无分于善不善也,犹水之无分于东西也。”人性如水,向哪儿引导就向哪儿流淌。对于人的欲望和需要方面,荀子提出:“养人之欲,给人以求,使欲不穷乎物,物必不屈于欲,两者相持而去。”管仲也指出:“仓廪实而知礼节,衣食足而知荣辱”。在激励和奖惩方面,孙子提出:“合军聚众,务在激气。”主张“文武兼施”,“恩威并重”。诸葛亮指出:“赏以兴功,罚以禁奸,赏不可不平,罚不可不均。”“诛罚不避亲戚,赏赐不避仇怨”,应做到“无党无偏”。对于管理者品行修养的研究,中国古代也十分重视。孟子主张“自反”、“内省”来修养自己,他说:“爱人不亲反其仁,治人不治反其智,礼人不答反其敬”。并认为“知耻”是修养的先决条件。荀子提出"治气养心之本"，即"血气刚强，则柔之以调和；勇毅猛戾，则辅之以道顺；狭隘偏小，则廓之以广大"。

5. 古代管理艺术思想

古人极重视管理的艺术性。《论语·为政篇》中指出："君子不器"，即领导者主要从事管理工作，而不应自己一味"冲锋陷阵"。孙子指出："兵无常势，水无常形，能因之就化而取胜者，谓之神。"并强调战略战术上的"奇正相生"和灵活运用的重要性。《三十六计》旨在应付千差万别、千变万化的复杂局面，要"审时度势"、"时变境迁"、"运用之妙，存乎一心"。诸葛亮东和孙权，北拒曹操，西抚蛮夷，所用战略不同；他三气周瑜、七擒孟获、六出岐山、五路退敌，其战术也不一样。这种根据时间、地点、条件而采取不同方法的做法，是中国古代"权变"思想的萌芽。

二、中国近现代管理思想

中国近现代是一个政治斗争风起云涌、思想流派如雨后春笋、社会变革高潮迭起、社会力量渐趋复杂的时代，由此带来了管理思想内容的丰富多彩和管理方法措施的复杂多样化的局面。

(一)清末至民国时期的管理思想

1. 龚自珍的管理思想

龚自珍(1792—1841)，浙江仁和人(今浙江杭州人)，近代著名的改革家和思想家。

(1)龚自珍的行政管理思想

龚自珍从提高行政管理效率的角度，提出了以改善君臣上下级关系为重点的行政管理改革建议。

①提出改善君臣关系，变主奴关系为师友关系，提倡君臣共治天下的见解。他要求恢复士大夫臣下有个性自由和人格尊严的"巍然岸然师傅自处之风"。把汉唐的君臣关系视为理想的上下级关系，认为那时君主尊重臣下的意见，帝王与三公坐而论道，共商治理天下大事，值得效仿。

②要求提高臣下权力，变中央集权为地方集权。

③要求君主本身不必事无巨细地一概包揽，只需"总其大端而已矣"。

(2)龚自珍的人才管理思想

龚自珍针对官僚体制的腐败、废弛，提出以人才培养和管理为中心的吏治改革主张。

①大力宣传重视人才的重要意义，把人才的有无作为衡量社会治乱兴衰

的标志。

②主张改革人才选拔的方式和政府官吏任用方法，要求废除科举考试方式和论资排辈的旧习。他大声疾呼："我劝天公重抖擞，不拘一格降人才。"

(3)龚自珍的经济管理思想

龚自珍在探寻社会动乱的经济原因的基础上，在经济管理方面提出以下主张：

①针对贫富对立的问题，指出，如果任其发展，必将导致社会衰亡的后果。

②以承认贫富不相齐的等级存在为前提，提出等级平均原则。

③在财富的一般分配上，提出应以个人在封建等级中的地位为取得财富的标准。

2.魏源的管理思想

魏源(1794—1857)，湖南邵阳人，著名思想家。鸦片战争的失败，对魏源的思想震动很大，同时使他潜心研究西方学说，以寻求富国强兵之道。

(1)魏源的重本抑末思想

早在魏源以前，一些进步思想家就对"重本抑末"提出过不同看法，对工商业的作用给予一定的肯定，但仍然把农业看作是"本"，是应该首先重视的。魏源赞同这些思想，但是也有一些超过其前辈的地方。如他承认粮食是财富，货币和金银也是财富，两者都是国家财富的构成要素。而且粮食与货币在不同的情况下，两者的重要性又有所不同。在某些特殊的情况下，"货"比"食"更重要，更是应该优先解决的问题。这就明显地超越了他的前辈及与他同时代的龚自珍的"食固第一，货即第二"的观点。基于这种观点，在他的管理思想中，就特别重视商业和发挥商人的作用。

(2)魏源的税收管理思想

魏源强调富民的作用，认为国家的经济力量在于依靠富民，富民是国家财力的来源。如果实行贫人之政，过度地削弱富民，就会使富民破产，最后导致国家的贫穷。因此他提出，要使富民"敢顾家业"，也就是敢于放手让富民发家致富，以此来保证国家财政赋税收入。魏源这种反对重赋、主张培植税源的经济管理思想，是从维护国家政权的利益出发的，它对于减轻人民负担、发展商人资本具有一定的积极作用。

(3)魏源的工商管理思想

自两宋以来，主张商品私营的人日渐增多，但都是就政府专卖的商品如盐、茶而言。魏源主张私营的范围则相当广泛，凡他提到的事业如盐业、漕运、采矿、造船等无不提倡或鼓励私人经营。

在盐业方面，他主张改变具有垄断性的“纲商”而为具有自由竞争性质的“票商”。因为清代的盐务制度是沿袭了明代的纲盐制度，盐的收购、运销都是根据国家所给予的垄断权进行的。在这种垄断制度下，弊端很多，各种浮费及中饱私囊的现象不断产生，致使盐价昂贵，运销滞阻。所以魏源提出试行票盐制。具体办法是：首先规定场商售盐价格，以免场商任意提高市场价，增高运商成本；其次取消封建垄断运销制度，改为自由运销制度，无论任何人，只要照章纳税，就可以领票运盐贩卖。

在漕运方面，魏源主张改漕粮官船河运为商船海运。因为明清以来，封建王朝都是通过河运把江南的漕粮运到北京。这种做法，不仅运输费用很高，而且由于沿途各级官吏的勒索，使人民的负担非常沉重。同时，河运常常梗阻不通，修河的费用也非常浩大。因此，魏源主张海运，这不仅节约开支，而且可以减轻人民的负担。

在采矿方面，他认为矿业“禁民采而兴官采”会“利不胜弊”，“民采而官税之，则有利无弊”。总之，“许民开采，二十分取一为税，此开采最善之法”。

在造船方面，魏源也主张在官设的一处造船厂或火药局外，“沿海商民，有自愿仿设厂局以造船械，或用之、或出售者听之”。

(4)魏源的科技管理思想

限于当时的历史条件，魏源的科技管理思想主要体现在向西方学习，引进西方国家的科学技术方面。对于西方国家的长处，他所看到的主要还是在军事方面，认为：“夷之长技三：一战舰，二火器，三养兵练兵之法。”他对“师夷”的具体办法，是借助外国技术人员传授技术，自行设厂制造新式船炮。他还由仿造军舰联想到造商船，由仿造新式枪炮联想到制造某些民用产品等。可以说，魏源是最早主张在中国建立近代新式机器工业的人。

(二)民族资本企业家的管理思想与实践

从洋务运动到新中国成立前这段时期，虽然引进一些西方先进的管理思想，但总体上还属于传统管理，管理思想还是落后的。社会上的企业大致有三大类：一是民族资本主义企业；二是中国官僚资本主义企业；三是外国资本的企业。

中国近代企业管理思想的主要内容是指中国民族资本主义企业学习、引进西方先进管理思想，继承和发扬我国传统管理精华，积累、探索一些有价值的管理经验与思想。

但是与外国资本企业相比，民族资本主义企业不仅技术设备落后、资金紧缺，在管理制度、管理模式和管理方法上，也带有较浓厚的半殖民地半封建的色彩。专制、封闭、效率低是其负面特征。在这种情况下，某些民族资本主义企业能够生存和发展，与民族资本主义企业家们对管理经验的不断总结，对西方管理思想的借鉴和对管理方法的不断创新是直接相关的。

1.注重经营决策

经营企业，历来都有风险。在一个动荡不安的时代里，经营的风险系数是相当高的。中国的民族资产阶级自办实业之始，几乎都是在风浪中度过难忘的岁月。内忧外患造成了险象环生的企业外部环境。在这样的外部环境下，决策错误将导致企业无法立足；而善于决策，则可以使企业经受任何风浪的考验。

2.增强产品竞争力

产品没有竞争力就会失去市场，失去市场就会导致企业的倒闭。故提高产品的质量，从而提高产品的竞争力从来就是企业家稳操胜券的关键。在这一时期，凡是较成功的民族工商企业无论其经营风格是如何截然不同，对产品质量和服务质量精益求精则是共同的特点。

3.勇于引进先进技术和进行技术改造

许多成功的民族工商企业家深知，只有先进的技术才能带来优质的产品，才是企业生存和发展的法宝。

4.建设企业文化，形成企业精神

我国一些民族工商企业家利用企业文化塑造企业精神，比如“民生精神”和“东亚精神”等。

卢作孚的民生公司强调公司的宗旨是：“服务社会，便利人群，开发产业，富强国家。”提倡“个人为事业服务，事业为社会服务；个人的工作是超报酬的，事业的任务是超经济的。把职工个人对事业的追求定位在为社会服务的基础之上。”卢作孚以重真才实学的新观念破除论资排辈的旧习俗。通过宣传全体职工共同奋发的创业精神，倡导人人进取的价值观念。

宋棐卿的东亚公司塑造的“东亚精神”更具体，更富于哲理和艺术性。在公司大楼的墙上，写着“己所不欲，勿施于人”、“你愿人怎么待你，你就怎样待人”的大字，这即是公司的“厂训”。东亚还有着公司的主义：一是生产辅助社会进步；二是使游资游才得到互相合作；三是实行劳资互惠；四是为一般平民谋幸福。

总之，这一时期民族工商企业坚持民族特色与西方市场竞争相结合的经营思想。一方面，这些企业继承并发扬了中国传统的、民族经营思想；另一方面，接受西方资本主义市场竞争的思想，在相互竞争和与外国资本竞争的过程中积累了一些有价值的经营思想与经验，并将我国传统的形式与现代竞争相融合。

三、新中国成立后的管理思想

新中国成立以后，我国建立了以生产资料公有制为基础的集中统一的计划管理体制。这一管理体制的形成，主要是受苏联的高度集中管理模式的影响；同时也有中国自身独具的历史背景的影响：一是受我国新民主主义革命时期根据地管理体制和方法的传统影响；二是受新中国成立后中国独创成分的影响。例如，我国在新中国成立初期对财经恢复所采取的办法和后来对私人资本主义工商业的改造，都有自己的独特之处。此外，中国封建专制统治的历史很长，小生产如汪洋大海，商品经济很不发达，整个社会经济和文化都很落后。新中国从这样一个旧社会脱胎出来，不能不带有很多封建主义的色彩和小生产经营的影响。所有这些，对于我国管理思想、管理方法和管理制度的形成和发展，都是不容忽视的因素。当然，这些因素在不同时期因为人的主观作用和社会背景的不同而产生的影响力也不一样。

（一）国民经济恢复时期的管理（1949—1952）

这时期存在的经济成分主要有三种，即社会主义国营经济、资本主义经济和个体经济。当时资本主义经济所占的比重还很大，其余两种成分合起来不足社会工业总产值的一半。

政府当时的主要任务是没收官僚资本企业，加强对国有企业的组织管理，健全企业制度；对民族资本主义工商企业，在利用、限制改造的基础上，促使其改善经营管理，促进技术改造。对个体手工业，则促使其向集体化方向发展；以及争取财政经济状况好转，稳定物价，保障经济的恢复和发展。概括起来说，在这一时期，主要进行了民主改革、生产管理改革和企业改组，为开展社会主义经济建设创造了条件。

（二）“一五”时期的管理（1953—1957）

中共中央于1953年提出了从新民主主义转变到社会主义过渡时期的总路线，要求在一个相当长的时期内逐步实现国家的社会主义工业化和对农业、手工业、资本主义工商业的社会主义改造。国家实行优先发展重工业的方针，兴建156项重点工程。同时在管理体制上，引进苏联模式。

原来估计至少要经过3个五年计划的时间才能实现全国农业初级合作化，结果农业初级合作化运动的步伐大大加快，到1956年底，全国加入农业合作社的农户已达90％以上。

与此同时，在全国范围内实行私人工商业的全行业公私合营，完成对资本主义工商业的第一步改造。所以在第一个五年计划期内，基本上完成了对农业、手工业和资本主义工商业的改造，从而确立比较单一的生产资料公有制的经济结构。

所有制结构的这一重大变化，对于中国以统一计划、集中管理为特征的经济管理体制的确立，起了加速和促进的作用。

（三）“反右斗争”到“文化大革命”结束时期的管理（1957—1976）

“一五”时期形成的管理体制的基本特点是，中央高度集中统一地进行宏观管理，在权力的行使中，集中过多、统得太死；地方自主权太少，框框多，限制多，管理上没有活力，没有创造性。这样，上上下下被严重地束缚手脚。1956年提出某些改进措施，重点是放在发挥中央和地方两个积极性上。在城市经济体制实施下放管理权的同时，农村正加紧走向集中化，全国掀起人民公社化运动。在公社内部实行统一核算，搞供给制、工资制，大办公共食堂等。取消社员自留地和家庭副业，关闭集市贸易。全国农户基本上全部加入了人民公社。

在1958—1960年这三年内，在经济管理体制上作了变更的同时，又在全国范围内掀起“大跃进”运动。不顾经济规律，全国各地竞相浮夸，搞高指标成为普遍现象；很快造成国民经济比例严重失调，经济发展急剧下降，给经济管理和企业管理带来严重困难；许多新建设项目难以为继，被迫下马。

1961年，为了挽救这一令人担忧的局面，中央提出“调整、巩固、充实、提高”的方针，把“大跃进”时期下放给地方和企业的权限又收回中央。经过对“八字方针”的执行和对极“左”倾向的部分纠正，为20世纪60年代前国民经济的发展创造一个较好的宏观环境。1962—1966年初，国民经济发展的步伐是快速的。

但是在1966年，“文化大革命”开始，从此全国陷入10年动乱时期。中国经济管理和企业管理受到严重的冲击和破坏。把发展生产、提高人民物质文化生活水平说成是搞修正主义，把正常生产的管理制度说成是对工人的管、卡、压，以致刚刚恢复和建立起来的一些规章制度被任意加以更改甚至废除。整个经济陷入一片混乱，生产停顿，经济衰退。经济体制走向更加高度集中化，拼命地搞“穷过渡”、“割资本主义尾巴”、“堵资本主义的路”等，整个社会经济又跌入深谷。

为了扭转这一局面，1970年提出对“条条专政进行批判，再度实行经济管理权限下放”。这次下放只不过是1958年做法的重演，并无新的内容。但是步子比过去更大，下放权限的企业更多，地方计划管理权限更大，基本建设投资采取大包干的形式，等等。与此同时，却采取冻结工资、取消计件工资制和奖励制度，把各种流转税和地方税并为“工商统一税”。大大降低存款利率，将大批临时工、合同工转正，经济杠杆作用被削弱甚至取消。

1975年，在邓小平的主持下，对经济体制进行整顿，曾使陷入一片混乱和严重衰退的中国经济出现一线生机。但是在当时的条件下，整顿受到阻碍，未能达到预期的目的。

(四)“文化大革命”结束以后的管理

1976年粉碎“四人帮”以后，中国进入崭新的历史时期。但是，中国由于遭受10年动乱的严重破坏，国民经济比例严重失调，并濒临崩溃的边缘；而当时党和国家的整个指导思想和指导方针，仍在维护原有管理体制的基本模式，并没有任何实质性的挽救措施，甚至在发展战略上采取更加冒进的态度，这就更加重了中国经济问题的严重性。

1978年12月召开的中国共产党第十一届三中全会，是当代中国政治经济生活中具有深远历史意义的重要转折。全会作出把工作重点转移到经济建设上来的战略决策，冲破长期“左”倾错误的束缚，重新确立实事求是的思想路线。具体说来，我国经济体制改革可以分为以下几个阶段：

1.第一阶段(1978—1986)

以扩大企业自主权，推行经济责任制和利改税为主要内容。

(1)扩大企业自主权，简政放权

1978年8月，国务院发出《关于按照五个改革管理体制文件组织试点的通知》。此后，首先在重庆、沈阳等城市开始“扩大企业自主权”的试点。试点的内容主要有：一是扩大企业的生产、销售权；二是企业可以按工资总额或计划利润提取企业基金；三是提高企业对固定资产折旧基金的提留比例；四是流动资金试行金额信贷制度；五是贯彻按劳分配原则，改进奖励制度。

(2)推行责任制

由于农村家庭联产承包责任制取得了巨大成功，山东等一些省市试图将这种方法移植到工业企业。从1981年开始，全国各地有不少企业推行企业利润包干制度。1981年10月，国务院批准《关于实行工业生产经济责任制若干问题的意见》，该项改革方案在全国范围内推行。

工业经济责任制的基本目的是处理好国家与企业、企业与职工的关系，解决好企业吃国家大锅饭、职工吃企业大锅饭的问题。解决前一个问题的方法是利润留成、盈亏包干、以税代利、自负盈亏等，解决后一个问题的方法有计件工资、超产奖、浮动工资等。

(3)两步利改税

1983 年 4 月,国务院又批发了《关于国有企业利改税试行办法》的通知,决定从 1983 年开始国营企业实行第一步利改税。主要内容有:凡有盈利的国营大中型企业,按实现利润缴纳 55%的所得税,税后利润一部分上缴国家,另一部分按国家核定的留利水平留给企业;凡有盈利的国营小型企业,按八级超额累进税率缴纳所得税,税后由企业自负盈亏。1984 年 9 月,国务院又批准了《关于国营企业推行利改税第二步改革的报告》。主要内容有:工商企业上缴国家财政的利润分别改为按 11 个税种缴税;国有大中型企业基期利润扣除按 55%计算的所得税和 1983 年合理留利后的部分占基期利润的比例,为调节税税率。国有企业实现利润分别征收所得税和调节税;国有小型盈利企业按新的八级超额累进税率缴纳所得税后,企业自负盈亏。

这一改革办法,把国家与企业的分配关系通过税法形式固定下来,使企业从依附于国家行政机关的地位中逐步解脱出来,改革进一步深化。

2.第二阶段(1987—1991)

以推行各种经营责任制,实行所有权和经营权分离为主要内容。

(1)承包经营责任制

1988 年 2 月,国务院批准了《全民所有制工业企业承包经营责任制暂行条例》,规定承包经营责任制,是在坚持企业的社会主义全民所有制的基础上,按照所有权与经营权分离的原则,以承包经营合同形式,确定国家与企业的责权利关系,使企业做到自主经营、自负盈亏的经营管理制度。主要内容是:包上缴国家利润,包完成技术改造任务,实行工资总额与经济效益挂钩。

这种制度在一定时期内将国家、企业、个人三者利益相结合,从而提高企业的经济效益。但其缺点也是十分显著的:一是企业行为短期化;二是包盈不包亏;三是由于外部环境的影响,不利于确定承包基数。

(2)租赁经营责任制

1988 年 6 月 5 日,国务院发布的《全民所有制小型工业企业租赁经营暂行条例》第 3 条规定:租赁经营是在不改变企业的全民所有制性质的条件下,实行所有权与经营权的分离,国家授权单位为出租方,将企业有期限地交给承租方经营,承租方向出租方交付租金,并依照合同规定对企业实行自主经营的方式。

企业租赁是一种租赁行为和租赁关系。主体双方为出租方和承租方;出租方将标的交给承租方;转移的只是使用权(经营权)而非所有权;承租方需向出租方交付租金。

(3)股份制

1992 年 5 月 15 日,国家体改委、国家计委、财政部、中国人民银行、国务院生产办联合发布《股份制企业试点办法》,明确股份制企业试点的目的:一是转换企业经营机制,促进政企职责分开,实现企业自主经营、自负盈亏、自我发展和自我约束;二是开辟新的融资渠道,筹集建设资金,引导消费基金转化为生产建设资金,提高资金使用效益;三是促进生产要素的合理流动,实现社会资源优化配置;四是提高国有资产的运营效率,实现国有资产的保值增值。

股份制企业是指全部注册资本由全体股东共同出资,并以股份形式构成的企业。股东依据在股份制企业中拥有的股份参加管理、享受权益、承担风险,股份可在规定条件下或范围内转让,但不得退股。我国的股份制企业主要有股份有限公司和有限责任公司两种组织形式。

3.第三阶段(1992—　)

以理顺产权关系,转换企业经营机制和建立现代企业制度为主要内容。

(1)转换企业经营机制,搞活国有大中型企业

1991 年 9 月,中央召开工作会议研究和讨论如何搞活国有大中型企业。随后,中央和地方政府出台了一系列措施,主要内容有:进一步扩大企业自主权,增加企业技术改造投入,降低税率,保护国有大中型骨干企业,健全企业内部领导体制,加强企业内部管理等。

1992 年 7 月,国务院又颁布了《全民所有制工业企业转换经营机制条例》。其主要内容有:企业对国家赋予其经营管理的财产享有占有、使用和依法处置的权利;这些权利包括企业生产经营决策权,产品和劳务定价权,产品销售权,物资采购权,进出口权,投资决策权,留用资金支配权,资产处置权,劳动用工权,联营、兼并权,人事管理权,工资、奖金分配权,内部机构设置权和拒绝摊派权等 14 项权利;企业作为法人实体,以国家授予其经营管理的财产承担民事责任。

(2)建立现代企业制度

1993 年 11 月,党的十四届三中全会通过的《中共中央关于建立社会主义市场经济体制若干问题的决定》(以下简称《决定》)构建了一个从旧的经济体制向新的经济体制过渡的宏伟蓝图。

《决定》就转换国有企业经营机制,建立现代企业制度作了论述。《决定》指出,以公有制为主体的现代企业制度是社会主义市场经济体制的基础。十几年来,采取扩大国有企业经营自主权、改革经营方式等措施,增强了企业活

力，为企业进入市场奠定初步的基础。继续深化企业改革，必须解决深层次矛盾，着力进行企业制度的创新，进一步解放和发展生产力，从而发挥社会主义制度的优越性。

建立现代企业制度，是发展社会大生产和市场经济的必然要求，是我国国有企业改革的方向。其基本特征，一是产权关系明晰，企业中的国有资产所有权属于国家，企业拥有包括国家在内的出资者投资形成的全部法人财产权，成为享有民事权利、承担民事责任的法人实体。二是企业对其全部法人财产，依法自主经营、自负盈亏、照章纳税，对出资者资产保值增值的责任。三是投资者按投入企业的资本额享有所有者的权益，即资产受益、重大决策和选择管理者等权利。企业破产时，出资者只以投入企业的资本额对企业债务承担有限责任。四是企业按照市场需求组织生产经营，以提高劳动生产率和经济效益为目的，政府不直接干预企业的生产经营活动。企业在生产竞争中优胜劣汰，长期亏损、资不抵债的应依法破产。五是建立科学的企业领导体制和组织管理制度，调节所有者、经营者和职工之间的关系，形成激励和约束相结合的经营机制。所有企业都向这个方向努力。

《决定》指出，改革和完善企业领导体制和组织管理制度。坚持和完善厂长（经理）负责制，保证厂长（经理）依法行使职权。实行公司制的企业，要按照有关法规建立内部组织机构。企业中的党组织要发挥政治核心作用，保证监督党和国家方针政策的贯彻执行。全心全意依靠工人阶级。工会与职工代表大会要组织职工参加企业的民主管理，维护职工的合法权益。要加强职工队伍建设，造就企业家队伍。形成企业内部权责分明、团结合作、互相制约的机制，调动各方面的积极性。企业要按照市场经济的要求，完善和严格内部经营管理，严肃劳动纪律，加强技术开发、质量管理以及营销、财务和信息工作，提高决策水平、企业素质和经济效益。加强企业文化建设，培育优良的职业道德，树立敬厂爱厂、遵法守信、开拓创新的精神。

第三节　管理发展的新趋势

随着全球经济一体化的推进，地域间的消费习惯在逐步同化的同时，个性化的消费亦日益突出，西方管理唯一的先进性地位将被削弱，西方固化的管理思维与方式将不得不局部去适应地域消费习惯。对此，西方企业需要针对客观环境去调整管理思路和方法，强调管理的适应性、实效性，从而形成管理的辩证性。辩证是科学的基础，系统是辩证的基础，未来西方管理学派必将向辩证系统的理论方向不断深化。

管理是组织实现目标的关键因素，是社会进步的重要力量，随着时间的推移和社会的发展进步，其本身也在不断地变化和发展。归纳起来，现代管理出现以下一些发展趋势。

(一)战略化趋势

随着社会化大生产的发展，社会生产日趋复杂，社会环境变幻莫测，组织与环境联系的日益紧密，管理所涉及的因素日益增多、日趋复杂，组织(尤其是企业)间的竞争日趋激烈，组织能否制定和实现正确的战略构想，关系到组织的兴亡。

就企业而言，过去企业家往往追求企业战略的稳定性、长期性，期望对企业的发展施以长远的影响。但事实证明，多变的技术革新浪潮，意想不到的环境变化，往往使追求"稳定性"的企业措手不及。企业要适应全球市场的激烈竞争，必须对自己的发展有一个战略规划，要在彻底了解和准确把握企业内部条件和外部环境变化的同时，结合本企业的特点，制定出最佳的企业战略。企业如果没有科学的战略目标、长远打算，只顾眼前和一时的成就，便不可能持续发展，更不可能在竞争中取胜，企业唯有运筹帷幄，深谋远虑，才能战略制胜，才能不断壮大发展。

现代中国企业已进入了由面向计划的传统管理到面向市场的战略经营时代，制定战略已在企业的经营管理中越来越显示出其突出的地位和作用。战略经营要求管理者必须审时度势，及时作出反应。因此，具有迅速适应新变化的能力比周密的计划更加重要。而战略研究的成功与否，则取决于对客观事实的实际了解，分析能力和预测技术的发展使战略计划研究成为决定组织或企业成败的关键因素，因此从实际出发注重对长期计划和战略研究，必将成为管理中突出的热门课题。

(二)信息化趋势

随着以微型电脑、激光技术、新型材料、生物工程和新能源开发为中心的新科技革命的兴起与发展，生产技术、社会需求以及市场竞争等日新月异、瞬息万变，在这种情况下，信息进入重要资源的行列。丰富而准确的信息，是正确而迅速决策的前提，一个企业能否在激烈的竞争中得以生存和发展，它的产品和服务能否跟上时代的要求，首先在于该企业能否及时掌握必要和准确的信息，能否正确地加工和处理信息，能否迅速地在员工之间传递和分享信息，特别是能否把信息融合到产品和生产服务过程之中，融合到企业的整个经营与管理工作之中。各级管理者在这个瞬息万变的时代，越来越重视信息的作用，把如何获取有效的信息作为自己的首要任务。企业管理者发挥各种职能作用，都要以掌握大量真实、准确、及时的信息为前提。在这种情况下，传统的企业管理已经不能适应现代的信息处理要求，也不能满足企业经营管理对信息的要求，企业管理面临着信息化的挑战，信息管理成为企业竞争制胜的法宝。

组织对信息管理的能力，将集中表现在不仅需要有强大的信息网络和信息搜集能力，更为重要的是要有出色的信息分析、传递和利用的能力。对信息的管理就成了现代管理的一个突出特点。随着信息技术的推广应用和信息资源的不断开发利用，管理信息化正在往广度和深度发展，这导致信息管理在整个管理中地位的提升。信息管理渗透和体现在各种管理，无论是政府管理还是企业管理的一切方面和全部过程。可以说，现代企业和组织若无信息管理，也就谈不上任何管理了。

（三）人性化趋势

在传统管理中，大生产以机器为中心，工人只是机器系统的配件，人被当作是物，管理的中心是物。但是，随着信息时代的到来，组织中最缺乏的不是资金和机器，而是高素质的人才。组织中人的作用，在组织中越来越显出重要作用。这就促使管理部门日益重视人的因素，管理工作的中心也从物转向人。传统管理和现代管理的一个重要区别，就是管理中心从物本管理到人本管理。

在任何管理中，人是决定的因素。管理的这一特征，要求管理理论研究也要坚持以人为中心，把对人的研究作为管理理论研究的重要内容。事实上，在管理理论的研究中，差不多所有的管理理论都建立在人性的假设理论基础上。许多学派管理理论的不同，主要是出于对人性认识的不同。20 世纪初泰罗的科学管理是基于“经济人”这一假设，20 世纪 30 年代梅奥等人的行为管理是基于“社会人”这一假设，至 20 世纪 50 年代又有了基于“自我实现的人”假设的马斯洛的人性管理，20 世纪 80 年代以来出现的文化管理强调实现自我的企业文化和企业现象。管理研究发展史表明，管理学理论明显地存在着以人为本的管理思想。

为此，管理都要以人为中心，把提高人的素质，处理人际关系，满足人的需求，调动人的主动性、积极性和创造性的工作放在首位。在管理方式上，现代管理更强调用柔性的方法，尊重个人的价值和能力，通过激励、鼓励人，以感情调动职工积极性、主动性和创造性，最充分地调动所有员工的工作积极性，以实现人力资源的优化及合理配置。

(四)弹性化趋势

随着社会的发展,管理从固定的组织系统向富有弹性的组织系统发展。这是社会管理发展的又一个重要趋势。

过去在组织管理中,建立起一套完整的组织系统,长期固定不变,显得僵硬。但现在,由于社会环境的不断变化,要求组织机构应该趋于灵活而富有弹性,以求信息畅通并行动敏捷,能够具有很强的对环境的适应能力。为了简化发号施令和相互沟通的渠道,组织管理者将缩小机构,减少层次。在企业各下属机构变小的同时,将赋予它们更大的自主权,实行经营权和管理权下放。这既有利于发挥下属人员的专长和创造精神,又有利于使企业领导把主要精力集中在高层战略决策问题上。

20 世纪 80 年代初,日本和美国的一些管理学者对日美几家著名企业的组织机构进行比较后指出,美国企业规模过大,组织机构过于复杂,企业内部各部门之间划分很细,部门间沟通少,管理集权程度高,灵活性差。而日本企业的组织机构相对简单,部门之间的横向联系多,各部门在经营上有很大的灵活性,许多企业可以根据生产和经营的需要,及时扩充或收缩某些业务部门,适应现代化的生产。这种组织具有较强的应变能力,机动灵活而不僵化,形式多种多样,有较高的工作效率。这种富有弹性的组织是柔性组织。

社会正在发展的这种柔性组织是组织机构的一种发展趋势。虚拟公司就是其中的一种。这种正在发展中的新型公司由许多独立的公司、供给者、顾客,甚至是从前的竞争对手,通过信息技术联系起来的临时性网络。它们分享技术、分摊成本,互相进入共同的市场。它既没有组织机构,也没有领导层级,而是一种为利用某种特定的机遇而迅速联合起来的协作集团。一旦机遇来临,就采取行动;而一旦机遇不存在了,就解体。在一个虚拟公司内,取众家之长,各公司分摊费用、分享技术,共同来占领全球市场。

随着信息技术的不断进步,网络经济的不断发展,组织机构必然会越来趋于随意和多样,相应于组织的管理,也必将日趋弹性化。

(五)变革和创新

“变革”是组织为适应外部环境变化而进行的自身改变。这些改变既包括组织战略、体系、程序和实践等一类外在因素的改变,也包括员工价值观、理想和行为等内在因素的改变,因此是深层次的变革。人们不仅关心组织一些具体事项的变革,更关心其不断变革的能力。变革是组织的现实,对付变革是每个管理者工作中不可分割的部分。“创新”(Innovation)则是指形成创造性思想并将其转换为有用的产品、服务或作业方法的过程。可以看出,富有创新力的组织能够不断地将创造性思想转变为某种有用的结果。

世界是在不断变化中发展的，人类社会的发展史就是一部创新史和变革史。许多试图把自己变得更具竞争实力的组织，无论是大公司还是中小型公司，成功的还是处于危机中的公司，都在努力地进行创新和变革，像机构重组、规模合理化、全面质量管理、业务流程再造、企业系统创新、企业文化重塑、开发新产品、占领新市场等。其目的在于改进企业的经营方式，使组织更好地适应变化了的市场环境，增强竞争力。

一般地说，组织的创新和变革反映了更广范围内政治、社会、经济和技术的变革与创新。政府政策的改变、社会的发展要求企业承担更多的就业和环保责任，经济全球化和市场竞争加剧对企业产生的冲击，客户需求的多样化和个性化，技术变迁尤其是信息技术的飞速发展，对企业经营的各个方面，如采购、制造、销售和服务等产生的深刻影响，都会引发企业的变革和创新。传统的经营管理方式已不再适应外部环境的变化而必须放弃，代之以新的经营理念和经营方式。

今天，无论什么样的组织都面临着创新和变革的挑战，创新和变革是必然的，只不过有的组织主动地进行创新和变革，有的组织则被动地创新和变革，因而出现了两种创新和变革的形式。主动变革、积极创新的组织能预见组织面临的机遇与威胁，发现自身的问题，从而有计划地进行变革，主动地实现组织的目标。被动变革、怠于创新的组织则在遇到问题后被迫做出反应，通常没有周密的整体计划，创新和变革的道路比较曲折。

在 21 世纪，企业变革的迫切性变得更加突出。美国宾夕法尼亚大学沃顿商学院 SEI 高级管理研究中心在听取某些顾问、院士及某些世界顶尖领导人意见的基础上，描绘了 21 世纪公司特征的图画，并与 20 世纪的公司进行比较（见表 2-6）。

表 2-6　20 世纪与 21 世纪公司特征的差异

20 世纪公司的特征	21 世纪公司的特征
以目标为指导	以想象力为指导
关注价格	关注价值
产品质量观念	全面质量观念
产品驱动	客户驱动
为股东负责	为利益相关者负责

续表

财务导向	速度导向
高产、稳定	创新、开拓精神
等级体制	平等、分权体制
基于机器	基于信息
功能的	功能交叉的
严格的、负责任的	柔性的、广博的
地方、地区、全国的	全球的
纵向一体化	网络型、相互依存

资料来源：转引自[美]杰里·约拉姆·温德(Jerry Yoram Wind)，[美]赫雷米·迈因(Heremy Main)著：《变革——未来企业》，上海交通大学出版社1999年版。

表2-6不仅指出了21世纪组织创新和变革的主要方向，而且说明了组织创新和变革任重而道远。组织领导层如果不能预见创新和变革的需求，把握创新和变革的方向，适时地推进创新和变革，将使组织陷于非常危险的境地。查尔斯·达尔文(C. R. Darwin)在描述生物界的进化规律时曾经说过：得以幸存的既不是那些最强壮的物种，也不是最聪明的物种，而是最适应变化的物种。这在生物界普遍适用的规律，也适用于组织。曾任洛克希德—马丁公司董事长兼首席执行官长达8年之久的奥古斯丁(N. R. Augusdne)在总结公司的经验时指出：世上只有两类企业，一种在不断变化，另一种被淘汰出局。

那么，如何才能保证公司长盛不衰？著名电脑生产商惠普公司的创始人之一惠立特(B. Hewlett)曾就惠普的经验提出如下“秘诀”：一是应该提高对变革必然性的认识，千万不要阻挡变革的潮流；二是当你发现新的机遇与思路时，就要做好45度大转弯的准备。

第四节　中国企业管理的发展方向

当今世界经济一体化的程度越来越高，管理理论的发展需要不断结合管理实践。

一、中国企业面临的挑战

我国企业目前正处在一个巨大变革的时期，即经济体系正从计划经济形态向市场经济形态转变。在这一时期，中国的企业既要使自己能够与经济体系的转变合拍，又要使本来管理水平就不高的状况能够得以改变并有所创新，以跟上世界现代企业管理发展的步伐。这样的双重任务使中国的企业在其发展过程中面临着管理变革的挑战。

1. 经济制度变革的挑战

从计划经济制度到市场经济制度，从理论上说只是一个制度的转换，但对现实世界中的中国企业来说，这一变革是相当痛苦的，尤其是国有企业。这是因为中国许多企业长期在计划经济制度下运作，其经营理念、生产经营方式、管理方式方法早已形成一套与计划经济体制相适应的东西，这些东西在市场经济体制下，多数是不适应的。这就产生了一个现实问题，即企业如果要在市场经济中生存与发展，它必须对传统的经营理念、生产经营方式、管理方式方法进行扬弃和取舍，并重新在企业运行过程中学习和建立新的一套理念、方式、方法。这就好比一部机器在运作时，要把其零部件拆下修理，而机器却不能停下，显然困难是相当大的。

2. 经济体系变革的挑战

中国目前的经济体系正与经济制度一起发生变革，这就是计划经济体系向市场经济体系的转变。计划经济是一种由计划配置资源的经济，市场经济则是由市场这只看不见的手来配置资源的经济。从计划经济到市场经济，是整个社会资源配置方式的转变。这种转变对企业而言，意味着企业需要到市场上去购置资源和出售产品，而不是像过去那样等待资源的计划分配和产品的计划调拨。一旦到市场上购置资源和出售产品，立刻就会引发一系列现代经营管理上的问题，如市场分析预测、消费者行为心理的了解、购置的具体方式方法、出售的方式方法、遇到竞争后应采取的应急策略等。这些问题虽然在现代企业管理理论中早已得到解决，但对中国的许多企业来说依然需要了解和在实践中加以摸索。有一些国有企业确实由于不能对自己的状态做出迅速调整，以及由于对市场缺乏了解而导致亏损甚至破产。

3. 企业制度变革的挑战

中国的所有企业（国有企业与非国有企业）都已经有一张企业制度变革的时间表，即都要在近几年中将现有的制度变革为现代企业制度，改制成为股份有限公司、有限责任公司或独资公司。于是，中国的企业就面临产权的重新确认，对股权结构、股东大会及其议事规则的认识，从过去的厂长经理制向公司制下的法人治理结构的转变，组织机构的改革，财务制度的变革，分配方式的变化等等一系列问题。一种全新的体制带来企业内部管理的全新变化，这对中国企业来说无疑是一种巨大的挑战。

4.人际关系变化的挑战

传统体制下中国企业内部的人际关系受“大锅饭”、“铁饭碗”、“铁交椅”等制度所约束，加上政治上的引导比较简单，人际关系中利益矛盾不强烈。但现在不同了，“大锅饭”已被端走，“铁饭碗”及“铁交椅”正在打破，企业员工追求自己正常的经济利益已属正常。于是就引发了企业内人际关系格局的大变动，政治口号很难成为员工积极性发挥和人际关系处理的手段，因而就需要新的人际关系处理方式、方法和手段。特别是在改革初期阶段，物质刺激曾一度起过作用，于是就形成一种误导，以为可以用金钱摆平一切人际关系，实际上这种方法的效果已经逐步下降。

5.生产方式进步的挑战

近年来随着改革开放的不断深入，中国企业引进了许多先进技术和设备，生产方式中大批量、大规模、多品种的倾向得到加强，生产过程中的严格化、精细化、程序化程度也得到了加强。相应地，较新的、更严格化的生产程序，需要新的管理制度、方法和手段与之匹配。虽然这些大都可以从国外企业那里学习，但其应用过程中又不免遇到中国企业的特点，如冗员多、员工文化素质较低等问题，因而这又是一种挑战。

6.经营领域扩大带来的挑战

传统中国企业的经营领域是受计划控制的，企业并无选择自己认为合适的经营方向的权利。然而，随着中国经济市场化的发展，企业已经逐步走向市场，不仅可以自主选择国内的经营领域，还可以到国外市场上去组织生产和销售。这就给中国企业带来诸如投资决策、风险评估、销售方式、国际市场情况分析、贸易策略、跨国经营等一系列新的管理问题。在这种新问题下，企业将更加感到现代管理人才的缺乏和人才对于企业生存发展所具有的重要性。

7.现代管理手段发展带来的挑战

国外许多企业已经采用最先进的计算机管理手段，用计算机辅助决策和战略设计，至于计算机在企业内部财务、会计、生产、市场分析等方面的应用则更加成熟。而我国的先进企业才刚刚开始将计算机等现代管理手段应用于最简单的领域，许多企业还是靠人工操作，甚至连通讯都不够便捷。因此，中国的企业面临迅速使管理手段现代化的过程，否则与国外先进企业的管理水平将拉大差距。

8.劳动力市场化带来的挑战

劳动力市场化已成为中国经济体制改革的重点，我们不仅要建立一般的劳动力市场，还要形成经理市场即企业家市场。这样一个变化将给企业所有员工及企业领导者带来巨大的心理压力和冲击。原来官本位制下的企业的厂长经理们,突然面临市场就职的压力,他们可能变为雇员,这样将会对其管理行为和领导行为产生影响,如何对此进行管理则又是一个新问题。

总之,处在变革时期的中国企业在迈向现代企业和相应管理体系的道路上机遇与挑战并存,道路并不会平坦。

二、中国企业管理发展的方向

中国企业管理发展的终极目标应当是:形成世界上独一无二的具有当代先进水平的中国特色企业管理模式。其阶段性目标目前应当是配合企业制度创新进行管理的适应性创新,即为适应企业从计划经济下非独立主体到市场经济下独立市场主体、产权从不明晰到明晰的转变所产生的管理新要求、新问题,而进行相应的管理创新。只有这样,才能迅速有效地帮助现在中国的企业在市场上站稳脚跟并有所发展,才能使中国的企业成为真正的市场主体。因此,现阶段中国企业管理发展的方向有两个:一是综合性发展方面;二是具体领域内的发展方面。综合性发展方面可设想为创建中国特色的管理模式;具体领域方面的发展则由目前的需要所决定。

1. 建立有中国特色的现代企业管理模式

这一模式可以表述为:在现代公司制度所规定的产权安排状况下,采用以人为本的价值导向、以柔克刚的经营理念、规范合理的管理制度、有机弹性的组织机构、系统优化的管理方法手段以及和谐一致的人际关系,以达到有效整合企业资源、企业对社会负责的目标。

这一模式只是众多中国企业未来管理模式特性的总和,并不代表一切模式。从这个模式的表述中我们可以体会到以下几点:

(1)以人为本的价值导向是中国古代管理思想的精华,也是现代企业管理发展的最新动向。因此,未来中国企业管理应以此作为管理活动的价值导向,而不是仅以利益、物质等为导向。

(2)以柔克刚的经营理念是中国企业面对今后国内外激烈的市场竞争所必备的要素。在短期内,中国企业的竞争力还不会有西方大公司那么强,因此在竞争中中国企业如果以刚对刚则将会失败,反之若以太极拳的方式以柔克刚,则可能是中国企业走向世界的最佳方略。

(3)规范合理的管理制度是指融“情、理、法”为一体的中国式管理制度,这些制度中既应有规范性,又应有合理性,还得带有人情味,有道德感化的成分。动之以情,晓之以理,万不得已再依章处罚,这样才能真正使管理制度的效用发挥出来。

(4)有机弹性的组织机构是指中国企业未来的组织机构应以有机和弹性为基本特征,以适应变化的环境。有机就是有生命力,即该组织机构是学习型组织机构;有弹性说明有伸缩力,即该组织机构可以自我发展与变化。

(5)系统优化的管理方法手段是指未来的中国企业应采用一切先进的现代管理方法手段,并根据本企业的特点加以选择,进行系统优化,使企业资源的配置更加有效,更加合理。

(6)和谐一致的人际关系是指中国企业应努力创造一个和谐愉快、归属感强的企业内环境,以"忠"、"信"、"仁"、"义"为准则处理企业内员工的行为,处理和规范企业的行为,树立优秀的企业形象,建立优秀的企业文化,使员工真正感到企业是个大家庭。

(7)对企业和社会负责是指中国的企业不仅应对自己负责,还应对社会负责,承担社会义务,为社会发展作出自己应有的贡献。

2.可进行的具体管理创新方面

从中国企业目前的制度变迁以及所遇到的市场深化状况来看,中国企业至少在以下几个方面可进行管理创新:

(1)经营理念的创新。中国企业过去习惯于计划经济体系,心智模式及价值取向早已定格,很不适应市场经济的要求,为此有必要在经营理念上来个大转变、大革新,树立适合社会主义市场经济和企业特性的经营理念和心智模式。这便是一种创新,而且是一种颇有难度的创新,因为中国企业长期处于计划经济时代,其价值观及行为存在一种惯性。这种惯性根植于人们的头脑之中,常常会不自觉地在其行为中表现出来,因此这种革新是对人们头脑中观念的革新,是价值观与行为取向的重新塑造。

(2)国有资产管理的创新。在产权明晰化和市场经济条件下,国有资产的经营与管理不可能再像过去那样进行,它需要全新的形式和方法,需要更好更有效的手段。这样就导致了这一方面存在着重大创新需求,即国有资产管理与经营方面的创新。创新目标是要使国有资产在营运中不断地保值增值。由于在市场经济条件下国有资产如何实现良好的营运与管理,国外少有经验,对我们自身来说也是一张白纸,因此这方面的创新就会十分艰难,需要进行大胆而科学的探索。

(3)资本营运与金融方面的创新。中国企业习惯于生产经营,只知完成生产计划和进行生产管理。在现代市场经济条件下,企业经营已从生产经营转为资本与产权的经营,这一变化对中国的企业来说十分生疏,不知该如何运作和管理,也缺乏相应的人才。目前,国有企业中从事资金工作人员只知核算不知资本运作可以产生巨大的配置效益。另一方面,中国的资本市场目前正在逐步发展以便与国际金融市场接轨,这为中国企业拓展资本营运空间创造了条件。这样,中国的企业唯有在资本营运与管理上有重大创新,才能适应当今企业发展的潮流,才能适应金融市场的发展。

(4)市场的创新。中国是一个具有极大潜力的市场。由于种种原因,这一市场远没有得到开拓,正是这一点吸引了众多的外国公司不远千里、不惜重金前来拓展。然而,中国的许多企业身在这么大潜力的市场之中却不知不觉,不能发现市场机会,也不能拓展市场进行市场创新。中国的企业应在市场创新上好好下工夫,以便抓住市场机遇,占领国内的巨大市场,谋求企业更大的发展,增强实力,进而能够与国外大公司展开竞争。

(5)企业流程的创新。正像西方企业所致力的那样,对企业原有生产经营管理的流程进行改革与创新可以提高资源配置效率,给企业带来巨大的经济效益。我国企业现有的企业生产经营管理流程落后于西方企业现有的流程,我们的生产经营与管理效率比它们的效率要低。因此理论上说我们更应该加大流程改革与创新,以便通过创新缩短与西方企业的差距,直接创造出现代科学技术和信息技术条件下的高效生产经营流程。

(6)对人管理的创新。中国古代管理思想中对人非常重视,但这并不意味着目前中国企业对人的管理良好。事实上在计划经济体制下,对员工的管理只强调精神鼓励和精神惩罚,导致许多对人的管理的偏差,这种偏差至今尚未完全纠正。在市场经济条件下,企业间的竞争本质上就是人的竞争,人力资本将替代金融资本成为战略资源。人力资本效应的发挥又与人的思想、心理、行为有关,与他当时的努力程度有关,从而导致对人的管理的困难,也就造成对人的管理进行创新的必要。

(7)组织机构的创新。组织机构是企业运行赖以支撑的架构,科学的机构设置是管理理论与规律的产物,也与企业实际管理的要求相关。中国的企业正在进行制度创新,在新的企业制度下,组织机构必须有相应的变革与创新,才能适应全新的委托代理关系,集权与分权要求,管理效率的提升,等等。目前,尤其在国有控股公司、集团公司、投资管理公司等的构造方面,其组织机构的创新特别重要,否则企业制度的改革不可能真正成功。

(8)企业家的塑造。中国缺乏真正的企业家,中国又需要一大批现代企业家。中国企业家的塑造本身就是一项复杂的系统工程,是一项高难度的创新工程,需要全社会的配合。如何在我国形成一批极具创新能力、敢冒风险、不屈不挠、努力肯干的企业家，学者们虽众说纷纭，各有自己的见解，但都不否认这样一点，即企业家的形成需要有其社会的土壤。中国目前形成企业家的社会土壤尚需改造，这种改造就是一种创新，若没有这种创新，则真正的企业家难以产生与成长。

有人说21世纪是亚洲的世纪，是中国的世纪。与之相应，一些中国学者开始倡导建立现代儒家企业管理制度和儒家市场经济，倡导中国式的管理。

中国式管理，是指以中国管理哲学来妥善运用西方现代管理科学，并充分考虑中国人的文化传统以及心理行为特性，以达成更为良好的管理效果。实质上就是合理化管理，它强调管理就是修己安人的历程。中国式管理以"安人"为最终目的，因而更具有包容性；以易经为理论基础，合理地因应"同中有异、异中有同"的人事现象；主张从个人的修身做起，然后才有资格从事管理，而事业只是修身、齐家、治国的实际演练。

中国式管理简单地说就是合理的管理，所谓合理就是合乎规律。它跟西方管理典型的区别主要表现在：中国式管理真正倡导以人为本，从组织的打造和管理的结果来看，我们希望一个组织能像一个人一样，机动而灵活。西方管理侧重于把人组合起来，形成一个比较稳定的程序化的机器，然后去创造财富。但随着自由时代的到来，人越来越不适应企业将自己物化成生产工具，而需要更多的自动自发。现代西方管理的极致是把人变成机器，而人本质上是不可能成为机器的。

有人说，中国的改革开放一是希望学到西方的先进技术，二是希望引进先进的管理经验。现在我们又来提中国式管理，条件是否成熟？中国式管理是对西方管理理论的矫正还是颠覆？诚然，从具体的管理科学上来讲，西方比中国确实研究得更加细致深入。随着工业革命的兴起，它对管理科学，尤其是对个人和组织行为的规范性有长期深入的研究。因此从纯技术的角度来讲，我们要学习西方，但是如何具体运用这些管理技术就属于管理哲学的概念。现在世界范围内都在积极学习和探寻中华文化的精髓，伴随而生的中国式管理是以中国文化的哲学底蕴为本，然后合理地使用西方现代工具而形成的一种管理思想。对西方管理而言，中国式管理既不是矫正也不是颠覆，而是融合，是要中华的"道"和西方的"术"实现合璧。

【案例研究】

70则精辟的管理思想(一)

精粹1:踏弱音板

在弹钢琴时,有时你必须这样做。同样在公司里也不例外。任何一个公司都有它的优点和缺点,但不停地张扬它的缺点是无济于事的。强调它的优点,避免它的缺点,这样才能鼓起工作中的士气。

精粹2:表扬在先

批评人之前应该这样做。先把他的优点提出来,就是铺平了批评的道路。切记:即使再有涵养的人,也不喜欢指出他做错了事。先进行表扬,让他知道上级是赏识他的,他就会诚心接受批评,否则他就会憋一肚子怨气。

精粹3:以身作则

上级的言行举止、外表衣着、私人生活以及如何对待妻子儿女等,都会成为下属谈论的话题。有时你会觉得事情怪得很,但的确是好事不出门,坏事传千里。“听说了吗?他上星期把妻子打了。”类似丑闻很快会传出去。所以,身为领导,必须做出榜样,要言行一致。领导的行为值得模仿,下级就会做得好;反过来,领导的行为不佳,下级也不会有好行为。

精粹4:责无旁贷

在单位里,人际关系是最令人头疼的事。今天的问题解决了,明天又产生新的问题,而且类似的问题过几个月后还会出现。这就是领导者天天所面临的问题,但他必须正视它,因为这是他的本职工作。

精粹5:就像盖房子

应不断培养人才。下级知道你诚心给他们锻炼机会,提拔他们,他们会自觉为你出力。况且每个单位都要求上级要不断培养人才。必须让下级对工作精益求精,这样做你自己也有被提升的机会。

精粹6:不能断章取义

搞好人事关系不仅要读工商管理课本中的某一章,更应该读整本书。要使合作者心情舒畅地合作,不仅是管理部门的工作,而且也是领导者要用全力去做的事。不能把这方面的工作交给别人做,或认为这只是人事部门的工作,它恰恰是领导者自己分内的工作。因为人事关系理不顺,你的全部计划也就无法实现。

精粹 7:抉择

在一个村庄里,住着一位睿智的老人,村里人有什么疑难问题都来向他请教。有一天,一个聪明又调皮的孩子想要为难那位老人。他捉了一只小鸟,握在手掌中,跑去问老人:"老爷爷,听说您是最有智慧的人,不过我却不相信。如果您能猜出我手中的鸟是活的还是死的,我就相信了。"老人注视着小孩子狡黠的眼睛,心中有数,如果他回答小鸟是活的,小孩会暗中加劲把小鸟掐死;如果他回答是死的,小孩就会张开双手让小鸟飞走。老人拍了拍小孩的肩膀笑着说:"这只小鸟的死活,就全看你了!"每个人的前途与命运,就像那只小鸟一样,完全掌握在你自己的手中。升学也罢,就业也好,创业亦如此,只要奋发努力,均会成功。一位哲人说:人生就是一连串的抉择,每个人的前途与命运,完全掌握在自己手中,只要努力,终会有成。

精粹 8:目标要明确

有一位父亲带着三个孩子,到沙漠去猎杀骆驼。他们到达了目的地。父亲问老大:"你看到了什么呢?"老大回答:"我看到了猎枪、骆驼,还有一望无际的沙漠。"父亲摇摇头说:"不对。"父亲以相同的问题问老二。老二回答:"我看到了爸爸、大哥、弟弟,猎枪、骆驼;还有一望无际的沙漠。"父亲又摇摇头说:"不对。"父亲又以相同问题问老三。老三回答:"我只看到了骆驼。"父亲高兴地点点头说:"答对了。"这个故事告诉我们:一个人若想走上成功之路,首先必须有明确的目标。目标一经确立之后,就要心无旁骛,集中全部精力,勇往直前。

精粹 9:管仲病榻论相

管仲病重,齐桓公亲往探视。君臣就管仲之后择相之事有一段对话,发人深省。桓公:"群臣之中谁可为相?"管仲:"知臣莫如君。"桓公:"易牙如何?"管仲:"易牙烹其子讨好君主,没有人性。这种人不可接近。"桓公:"竖刁如何?"管仲:"竖刁阉割自己伺候君主,不通人情。这种人不可亲近。"桓公:"开方如何?"管仲:"开方背弃自己的父母侍奉君主,不近人情。况且他本来是千乘之封的太子,能弃千乘之封,其欲望必然超过千乘。应当远离这种人,若重用必定乱国。"桓公:"鲍叔牙如何?"管仲:"鲍叔牙为人清廉纯正,是个真正的君子。但他对于善恶过于分明,一旦知道别人的过失,终身不忘,这是他的短处,不可为相。"桓公:"隰朋如何?"管仲:"隰朋对自己要求很高,能做到不耻下问。对不如自己的人哀怜同情;对于国政,不需要他管的他就不打听;对于事务,不需要他了解的,就不过问;别人有些小毛病,他能装作没看见。不得已的话,可择隰朋为相。”

精粹 10:从“情侣苹果”谈目标市场定位营销

元旦,某高校俱乐部前,一老妇守着两筐大苹果叫卖,因为天寒,问者寥寥。一教授见情形,上前与老妇商量几句,然后走到附近商店买来节日织花用的红彩带,并与老妇一起将苹果两两一扎,接着高声叫道:“情侣苹果哟! 两元一对!”经过的情侣们甚觉新鲜,用红彩带扎在一起的一对苹果看起来很有情趣,因而买者甚众。不一会,尽卖光。老妇感激不尽,赚得颇丰。这是一个成功进行目标市场定位营销的案例。市场营销即首先分清众多细分市场之间的差别,并从中选择一个或几个细分市场,针对这几个细分市场开发产品并制定营销组合。那位教授对俱乐部前来往的人群进行的市场细分可谓别出心裁,占比例很大的成双成对的情侣给了他突发灵感,使其觉察到情侣们将是最大的苹果需求市场,而其对产品定位更是心迹奇巧,用红彩带两个一扎,唤为“情侣”苹果,对情侣非常具有吸引力,即使在苹果不好销的大冷天也高价畅销。

精粹 11 :上帝的评判

西方国家流传着一个故事:三个商人死后见上帝时,讨论他们在尘世中的功绩。一个商人说:“尽管我经营的生意接近于倒闭,但我和我的家人并不在意,我们生活得非常快乐。”上帝听罢,给他打了 50 分。第二个商人说:“我很少有时间和家人待在一起,我只关心我的生意。你看,我死之前,是一个亿万富翁!”上帝听罢默不作声,也给他打了 50 分。这时,第三个商人开口了:“我在尘世时,虽然每天忙着赚钱,但我同时也尽力照顾我的家人,朋友们和我很谈得来,我们经常在钓鱼或打高尔夫球时,就谈成了一笔生意。活着的时候,人生多么有意思啊!”上帝听他讲完,立刻给他打了满分。

精粹 12:爱若和布若

爱若和布若差不多同时受雇于一家超级市场,开始时大家都一样,从最底层干起。可不久爱若受到总经理的青睐,一再被提升,从领班直到部门经理。布若却像被人遗忘了一般,还在最底层混。终于有一天布若忍无可忍,向总经理提出辞呈,并痛斥总经理用人不公平。总经理耐心地听着,他了解这个小伙子,工作肯吃苦,但似乎缺少了点什么。缺什么呢? ……他忽然有了个主意。

“布若先生,”总经理说,“请您马上到集市上去,看看今天有什么卖的。”布若很快从集市回来说,刚才集市上只有一个农民拉了车土豆卖。“一车大约有多少袋,多少斤?”总经理问。布若又跑去,回来说有几袋。

“价格多少?”布若再次跑到集市上。

总经理望着跑得气喘吁吁的他说："请休息一会吧，你可以看看爱若是怎么做的。"说完叫来爱若对他说："爱若先生，请你马上到集市上去，看看今天有什么卖的。"爱若很快从集市回来了，汇报说到现在为止只有一个农民在卖土豆，有几袋，价格适中，质量很好，他带回几个让经理看。这个农民过一会儿还将弄几筐西红柿上市，据他看价格还公道，可以进一些货。这种价格的西红柿总经理可能会要，所以他不仅带回了几个西红柿做样品，而且还把那个农民也带来了，他现在正在外面等回话呢。总经理看了一眼红了脸的布若，说："请他进来。"爱若由于比布若多想了几步，于是在工作上取得了成功。

精粹 13：没问题和有问题

有一个企业家坐在餐厅的角落里，独自一个人喝着闷酒。一位热心人走上前去，问道："您一定有什么难解的问题，不妨说出来，让我给您帮帮忙吧！"

企业家看了他一眼，冷冷地说："我的问题太多了，没有人能帮我的忙。"

这位热心人立刻掏出名片，要企业家明天到他的办公室去一趟。

第二天，企业家依约前往。这位热心人说："走，我带你去一个地方。"企业家不知道他葫芦里卖的是什么药。

热心人用车子把企业家带到荒郊野地，两人下了车，热心人指着前面的坟场对企业家说："你看看吧，只有躺在这里的人才统统是没有问题的。"

企业家恍然大悟。请记住这样一句话：只要有问题，就有存活的希望。只要敢于正视问题、解决问题，就可以前进。

精粹 14：垃圾变黄金

20 世纪 20 年代的时候，有一位欧洲的神父到山东传教。他看到当地人民生活非常苦，动了恻隐之心，他苦思良策想改善教友们的生活。

有一天，神父走过一户人家，看见妇人在门口梳头，有些头发掉在地上。这一幕触发了他的灵感。神父想起了他的家乡欧洲，从工业革命后，工厂纷纷设立，厂内的女工都必须戴发网上工，一来避免头发被卷入机器，二来也是一种装饰。如果把妇女掉在地上的头发捡起来，然后编织成发网销到欧洲去，不是可以改善教友们的生活吗？

于是，神父就告诉妇女们，在梳头时，务必把落发收集起来。另一方面，他又告诉商人，拿些针线与洋火交换妇人的零碎头发，编织成发网，外销欧洲。他的计划果然实现了。

企业家们有句名言：不怕口袋空空，只怕脑袋空空。只要肯动脑筋，垃圾也能变成黄金。

精粹15:选定目标不放弃

有一位老师在讲台上谆谆勉励学生做事要专心,将来才会有成就。

为了具体说明专心的重要,老师叫一名学生上台,双手各持一支粉笔,命其在黑板上同时用右手画方,左手画圆,结果学生画得一团糟。老师说:“这两种图形都画得不像,那是因为分心的缘故。追逐两兔,不如追逐一兔。一个人同时有两个目标的话,到头来一事无成。”

这个小故事告诉我们,要成功,只能一次选定一个目标,咬住不放,锲而不舍。再冷的石头,坐上三年也会暖。

所以,不论就业或创业,一定要选好自己的目标,在选定了目标之后,万万不可操之过急,要勤奋努力,遭到挫折也不放弃。

请记住这样一句名言:成功最大的障碍,就在于放弃。人生就像爬阶梯一样,必须一步一阶,丝毫取巧不得;只要一步一阶,终必抵达山顶。

精粹16:学历和实力

台湾有一个著名的企业家陈茂榜,他的演讲经常折服所有的听众。尤其是他记数字的本事超人一等,中国和世界各国的面积、人口、国民生产总值等,他都如数家珍。

事实上,陈茂榜只有小学水平,但他却荣获了美国圣诺望大学颁发的名誉商学博士学位。一个只有小学文化程度的人,能够荣获名誉博士学位,主要凭借他的实力,这个实力就是一辈子坚持每天晚上不间断的自修。

陈茂榜15岁辍学到一家书店当店员,他每天从早到晚工作12个小时。但是下班以后,读书就成了他的享受,书店变成了他的书房,或坐或卧,任他遨游。

日子一久,他养成了每晚至少读两小时书的习惯。他在书店工作了八年,也读了八年书。陈茂榜说:“学历固然有用,但更有用的是真才实学。”

精粹17:勤于思考

在全世界IBM管理人员的桌上,都摆着一块金属板,上面写着“Think”(想)。这个字的精粹,是IBM创始人华特森(Thomas J. Watson)创造的。有一天,寒风刺骨,阴雨霏霏,华特森一大早就主持了一个销售会议。会议一直进行到下午,气氛沉闷,无人发言,大家逐渐显得焦躁不安。

突然,华特森在黑板上写了一个很大的“Think”,然后对大家说:“我们共同缺的是,对每一个问题充分地去思考。别忘了,我们都是靠脑筋赚得薪水的。”

从此,“Think”成为华特森和公司的座右铭。

人类的脑细胞约有165亿个,一般人只用了不到1000万个,专家认为最少也要用1/10,所以我们真应该动动脑,好好地去思考。

精粹18:胆量

日本三洋电机的创始人井植岁男,成功地把企业越办越好。

有一天,他家的园艺师傅对井植说:“社长先生,我看您的事业越做越大,而我却像树上的蝉,一生都坐在树干上,太没出息了。您教我一点创业的秘诀吧?”

井植点点头说:“行!我看你比较适合园艺工作。这样吧。在我工厂旁有两万空地,我们合作来种树苗吧!树苗一棵多少钱能买到呢?”

“40元。”

井植又说:“好!以一坪(一坪=3.3057平方米)种两棵计算,扣除走道,2万坪大约种2万棵,树苗的成本是不是80万元。3年后,一棵可卖多少钱呢?”

“大约3000元。”

“100万元的树苗成本与肥料费由我支付,以后3年,你负责除草和施肥工作。3年后,我们就可以收入600多万元的利润。到时候我们每人一半。”

听到这里,园艺师傅却拒绝说:“哇?我可不敢做那么大的生意!”

最后,他还是在井植家中栽种树苗,按月拿取工资,白白失去了致富良机。

要成功地赚大钱,非得有胆量不可。一个没有胆识的人,再好的机会到来,也不敢去掌握与尝试;固然他没有失败的机会,但也失去了成功的机遇。

一位哲人曾经说过:世界上本没有路,我们走过之后,路自然形成了。

精粹19:告诉他,他的工作是多么有趣

若要求下属表现好,就必须让他们对工作感兴趣,让他们知道,他的工作是整个工作中重要的一环。每项工作都有其自身的意义,这一点必须让下属知道。

精粹20:他看上去弱不禁风

身体羸弱、貌不出众的马斯很受下属的尊重。如果有谁或他们的家属得了病,他就会问候他们,尽可能帮他们解决些问题。如果有谁请他去参加庆贺孩子的周岁生日,他也会欣然前往。难怪在整个公司里,他那个部门工作效率最高。

精粹 21:鬼鬼祟祟

作为一个领导,总爱在人家背后刺探秘密,这种人当个侦探还可以,却不是一个好上级。不信任下属,员工的工作情绪无疑会受到挫折。

精粹 22:其实不然

有时你表扬了下属,他不会得意忘形得连自己的鞋子都穿不上。不少领导者以为表扬下属会使他们骄傲起来,从而不再继续努力。这是个糊涂的概念。每个人都盼着上级会赏识他。如果谁工作做得好,上级表扬了他,他不会因此骄傲,反而会再接再厉的。

精粹 23:真不走运

"我以为他当真会那样……我不知道他竟会这样做。"这些话我们常听到。误会,误会,总是误会,这主要是由于没有再三调查与证实的缘故。误会总有的,但有了疑问时问问别人,看看你是不是真的了解了他人的用意。

精粹 24:闻者足戒

一个合格的领导应鼓励下级提问题。如果无法给予满意的答复,就不要乱说一通。应告诉下级,他总会帮助找出答案的。这样才会避免谣言四起,并让每个人都觉得他是集体中的一名重要成员。

精粹 25:欲速则不达

有一个小孩在草地上发现了一个蛹。他把蛹捡起来带回家,要看看蛹是怎样羽化为蝴蝶。

过了几天,蛹上出现了一道小裂缝,里面的蝴蝶挣扎了好几个小时,身体似乎被什么东西卡住了,一直出不来。

小孩子看着于心不忍,心想:我必须助它一臂之力。于是,他拿起剪刀把蛹剪开,帮助蝴蝶脱蛹而出。可是,这只蝴蝶身躯臃肿,翅膀干瘪,根本飞不起来,不久就死去了。

从这个故事里,我们可以体会到"拔苗助长"、"欲速则不达"的真谛。瓜熟蒂落,水到渠成,蝴蝶必须在蛹中痛苦挣扎,直到它的双翅强壮了,才会破蛹而出。

人何尝不是如此呢?! 煎熬、磨炼、挫折、挣扎,这些都是成长的必经过程。急于成功的人,别忘了一句哲人的名言:

人生必须背负重担,一步一步慢慢地走,稳稳地走,总有一天,你会发现自己是走得最远的人。

精粹 26:绝不墨守成规

有一天,两个和尚结伴从一座庙走到另一座庙去。走到半路,突然被一条河挡住了去路。这条河上没有桥,水并不太深,他们决定涉水而过。

正在这时,一位美貌的妇人也来到河边,她说有急事必须过河,可是又怕河水把她冲走。

第一个和尚见此情景,毫不犹豫地背起妇人,涉水过河,把她安全地送到了对岸。第二个和尚跟在后面也顺利地过了河。

两个和尚默不作声地继续赶路。

又走了好几里路,第二个和尚终于憋不住了,突然对第一个和尚说:"师兄,我们和尚绝不能近女色的,刚才你为何犯戒背着那个妇人过河呢?"

第一个和尚淡淡地回答:"我一过河就把她放下来了,怎么你走了好几里路,到现在还背着她呢!"一位哲人告诉我们:做人做事不要轻易就被一个成规束缚住了。墨守成规是前进的绊脚石。真正成功的人,本质上流着叛逆的血。

精粹 27:严于律己

有四个和尚,为了修行,他们一起参加禅宗的"不说话修炼"。

在四个和尚中,有三个道行较高,只有一个道行较浅,由于修炼时必须点灯,所以点灯的工作就由道行浅的和尚 D 负责。

修炼开始了,四个和尚围绕着那盏灯,盘腿打坐。几小时过去了,四个人始终默不作声。

这时,油灯中的油愈燃愈少,眼看就要枯竭了。D 和尚眼睛始终盯着那盏灯,见此情景甚为着急,可是他不敢说话。

突然,一阵风吹来,灯被风吹得左摇右晃,眼看就要熄灭了。

和尚 D 实在忍不住了,他大叫一声说道:"糟糕!灯熄了!"

其他三个和尚,原来都是闭目打坐,始终没有说话。一听到和尚 D 的叫喊声,三个和尚都睁开了眼睛。和尚 C 立刻斥责和尚 D 说:"你叫什么!我们是在做'不说话修炼',你怎么能够开口说话呢!"和尚 B 闻声大怒,他冲着和尚 C 说:"你不是也说话了吗?太不像话了!"

和尚 A 一直沉默静坐,这时却傲视着另外三个和尚说:"哈哈!只有我没说话。"

看起来,"严以责人,宽以待己"是人性的通病,那三个得道的和尚在指责别人"说话"之时,却不知道自己也犯下了"说话"的错误了。

请记住这样一句名言:我们往往只看见别人的过失,却看不见自己的错误。只有严于律己,才是成就事业的开始。

精粹28:当机立断

华裔电脑名人王安博士,声称影响他一生的最大的教训,发生在他六岁之时。

有一天,王安外出玩耍。路经一棵大树的时候,突然有什么东西掉在他的头上。他伸手一抓,原来是个鸟巢。他怕鸟粪弄脏了衣服,于是赶紧用手拨开。

鸟巢掉在了地上,从里面滚出了一只嗷嗷待哺的小麻雀。他很喜欢它,决定把它带回去喂养,于是连鸟巢一起带回了家。

王安回到家,走到门口,忽然想起妈妈不允许他在家里养小动物。所以,他轻轻地把小麻雀放在门后,匆忙走进室内,请求妈妈允许。

在他的苦苦哀求下,妈妈破例答应了儿子的请求。王安兴奋地跑到门后,不料,小麻雀已经不见了。一只黑猫正在那里意犹未尽地擦拭着嘴巴。王安为此伤心了好久。

从这件事,王安得到了一个很大的教训:只要是自己认为对的事情,绝不可优柔寡断,必须马上付诸行动。

精粹29:企业家如何处理个人危机

一般提到危机管理,就想到公司的危机上。事实上,企业家个人的危机处理,更是影响企业的大事。企业家如何在"危"难之中把握"机"会是很重要的。至少须注意以下几点:

(1)该告诉的人一定要告诉,不该告诉的人则一句不讲。在遇到个人危机时,顶头上司和直属部下,因业务关系一定要把真相告诉他们。

(2)要回答的问题先想好答案。

(3)对同事伸出的援助之手,要坦然接受,同事愿意代劳的则让其代劳。

(4)在面临个人危机的时候,工作表现要更好一点,会给人留下特别深刻的印象。

(5)为了在感情上需要别人同情和安慰,千万不能找同事诉苦,公私分明,不要给人经不起风浪的印象。

(6)事情过后一定要表示感谢。礼多人不怪。还不只是礼貌,更为重要的是公关。

遇到个人危机虽属不幸,但处理得好,也可能是个好机会。

精粹30:企业管理者"十戒"

西方企业界将导致管理失败的原因归结为十大戒律。这“十戒”是：

一、戒奋斗目标不明确。管理者必须及早明确和认清自己的努力方向和奋斗目标，在自己成长的历史中，学习有关专门的知识技能，积累经验，建立必要的社会关系。否则，便会给前程蒙上阴影。

二、戒扭曲雇佣关系。管理者应接受所雇佣企业规章制度的约束，而不能我行我素，以自己的经验、个性、兴趣或理想为由，与企业发生摩擦。

三、戒结党营私。玩弄权术者所拥有的权力，只是“足以行使职权”就够了。为谋一己之利而耍手腕、拉帮派，无视企业利益，无疑是给自己制造陷阱。

四、戒以公司资源充当个人赌注。为公司承担风险是管理者应尽职责，但这不等于盲目冒险。假如你认为自己某项决策有完成的把握，而公司的认识却相反乃至反对，那你就不应固执地坚持下去。因为如果把经营企业当成是一场赌博的话，那么你的一意孤行、不顾后果，就等于是拿着别人的赌本下注。

五、戒自恃无人。任何企业都没有一位真正不可缺少的人物。不管你是公司的开朝元老也好，还是公司的中流砥柱也罢，你都不要错误地认为自己的地位无人可以取代。

六、戒疏于保护个人的信誉。管理是一项需要取得合作的工作，别人对你是否信服，将直接影响到你的管理成效。但在管理者中，最可怕的是这样一种人：他对上级一味奉迎，而对下属则除了批评之外便无任何鼓励。管理者要维护自己的信誉，最关键的一条，是待人处事采取客观态度。

七、戒既无反对勇气，又缺乏接受的胸襟。在工作中，意见分歧是极正常的。最糟糕的是这样的管理者：他在决策过程中缺乏提出反对意见的勇气，而在决策已定之后，却又没有接受事实的胸襟，因而导致既定决策未能达到最好的效果。

八、戒对企业欠缺归宿感。管理者理应忠于自己的企业，但同时又必须胸怀宽阔，管理才会有一个明确的目标。

九、戒荒废专业技能。无论工作如何繁忙，管理者都不能放弃进取的机会。要不断丰富自己的知识，提高业务水平；唯如此，才能充满信心去迎接任何挑战。即使有一天离开这个企业，你仍然可在其他单位施展才干。

十、戒堵塞跳槽渠道。社会上到处都需要管理人才，假如有人向你提出改变环境的建议，你不必未经思考就一口拒绝，倒应该同他作进一步的探讨。为了充分发挥自己的专业特长和才华，跳槽绝不是人格的污点。不能人尽其才，才是最可悲的。

切记！上述“十戒”虽可避免失败，但避免失败不等于保证成功；如何成功,则有赖于管理者另辟蹊径、各显神通了。

——《牛津管理评论》ICXO.COM,2006年8月31日

【思考题】

1. 简述科学管理理论的主要内容及基本评价。
2. 简述官僚组织理论的主要内容及基本评价。
3. 中国儒家、道家和法家的主要管理思想各是什么?
4. 现代管理出现了哪些发展趋势?
5. 中国企业面临哪些挑战?

第三章

管 理 环 境

【内容提要】

管理环境包括组织外部环境和组织内部环境。本章着重分析组织外部环境和内部环境的构成要素，指出管理环境研究的意义，概括管理环境分析的方法。

【本章重点】

1. 管理环境的构成。
2. 内外部环境的构成。
3. 组织文化的基本特征。
4. 管理环境的分析方法。

第一节　管理环境的含义及其研究意义

一、管理环境的含义及其构成

任何组织都不是孤立存在的，它不可能作为封闭系统来运作，任何组织都是在特定的环境中从事活动。环境是组织生存发展的土壤，既为组织活动提供发展的条件，又起限制作用。

所谓管理环境，是指存在一个组织内部和外部的影响组织业绩的各种力量和条件因素的总和。它既包括组织外部环境，同时也包括组织内部环境。管理者要实现目标，进行科学决策，不仅要掌握组织文化、自身拥有的资源情况，同时还要了解组织外部的政治、经济、文化、科技，竞争者、供应商、顾客等环境因素。

一般来说，外部环境为企业生存发展提供了条件，但同时也必然会限制企业的生存和发展。要利用机会避开和化解威胁，企业就必须认识外部环境，分析外部环境因素。

绝对地看一切外部环境都会给组织活动带来影响，但影响所及有直接、间接及程度不同的差别。按照环境因素是对所有相关组织都产生影响还是仅对特定组织具有影响区分为一般环境因素和任务环境因素。

一般环境因素是组织的宏观环境因素，也称为大环境。它是指可能对这个组织的活动产生影响、但其影响的相关性却不清楚的各种因素，主要包括经济、政治法律、社会文化、技术、自然等因素。一般环境因素是间接影响组织业绩的外部因素，但任何一个组织都不可能不受这些因素的影响，因为任何一个组织都是社会这一个大系统中的子系统，不可能脱离整个社会而独立存在，因此，管理者必须认真分析和研究自己组织所处的一般环境。

管理者通常将大量的注意力集中于组织的任务环境因素的分析。任务环境是指与实现组织目标直接相关的那些环境因素。一般来说，它是由对组织绩效产生积极或消极影响的要素组成的。作为一个企业，比较典型的任务环境包括竞争者、供应商、顾客、政府管理部门及社会上的各种利益相关者代表等，这些因素直接影响企业的业绩。

组织外部的环境因素随着时间的推移是在不断变化的。对于一个组织来说，哪些因素是一般环境因素，哪些因素是任务环境因素，主要取决于组织的目标定位，即组织所提供的产品或服务的范围及其所服务的细分市场。

管理环境除了一般外部任务环境以外，还包括组织内部环境。组织内部环境一般包括组织文化和组织经营条件两部分。组织文化是指处于一定经济社会文化背景下的组织，在长期的发展过程中逐步生成和发展起来的日趋稳定的独特的价值观，以及以此为核心而形成的行为规范、道德准则、群体意识和风俗习惯等。组织经营条件是指组织所拥有的各种资源的数量和质量情况，包括资金实力、人员素质、科研力量等。这些因素不仅影响一个组织目标的制定和实现，而且直接影响该组织管理者的管理行为。

在图 3-1 中，一般外部环境处于外层，它对于所有组织的影响都是间接的，也是均等的。它包括社会、人口和经济因素。比如，通货膨胀率的提高、人口的老龄化等，虽然不会影响企业的日常经营，但从长期看，肯定会对企业的经营产生渐进性的影响。

任务环境包括那些对日常交易产生影响的因素，它与组织的相关程度较高，直接影响企业的日常经营和绩效。如企业的竞争者、供应商和顾客。

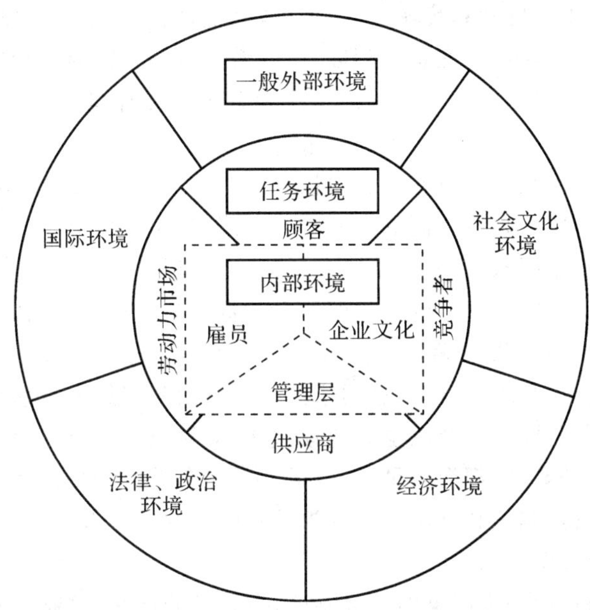

图 3-1　一般外部环境、任务环境和内部环境之间的关系

需要注意的是，组织还有其内部环境，它是由那些处于组织内部的要素所构成的。如员工、管理模式，特别是企业文化，因为企业文化决定了组织内部员工的行为方式和组织对外部环境适应能力的高低。

图 3-1 表明，组织作为一个开放的系统，从外部输入资源并向外部输出产品与服务。

第二节　外部环境因素

一、一般环境因素

一般环境因素虽然对组织具有长期性的影响，但在日常经营中，其影响作用却是微乎其微的。它主要包括国际性因素、法律政治因素、经济因素、社会文化因素、科技因素。

(一)国际环境

国际环境包括国外产生的各种影响企业经营的事件或者机遇。由于国际性因素，企业可能会遇到新的竞争对手，得到新的客户、供应商。同时，国际环境决定了社会、科技和经济的基本发展趋势。

不同企业的国际化程度不同。但一般来说，国际化要经过以下四个阶段：

(1)国内市场阶段。在这个阶段，市场潜力主要在国内，因此，企业的生产和市场营销资源也主要集中在国内。管理者对国际环境有所认识，并准备到国外投资。

(2)出口国际化阶段。在这一阶段，出口增加，企业采取的通常是差异化策略，即不同的国家采取不同的产品及营销策略，而且会成立专门的出口管理部门，对在若干个国家营销的产品实行统一的管理。

(3)跨国经营阶段。企业的生产和营销资源分布在许多国家，在总的销售额中，海外实现的销售额超过 1/3。企业会选择一两个国家作为企业的“母国”。例如，联合利华、壳牌等，这两家公司的母国分别是英国和荷兰。

(4)全球化阶段。企业以全球化模式来运营，无论哪个国家，只要符合低成本和高利润的要求，都会涉足。而“母国”和“东道国”的差异已不复存在，公司所有权、经营控制权和高层管理权为不同国籍的人所占有。

(二)政治环境

政治环境包括一个国家的社会制度，执政党的性质，政府的方针、政策、法令等。不同的国家有着不同的社会制度，不同的社会制度对组织活动有着不同的限制和要求。即使社会制度不变的同一个国家，在不同时期，由于执政党的不同，其政府的方针特点、政策倾向对组织活动的态度和影响也是不断变化的。对于这些变化，组织可能无法预测，但一旦变化产生后，它们对组织活动可能产生何种影响，组织则可以进行分析和判断。组织必须通过政治环境研究，了解国家和政府目前禁止组织干什么、允许组织干什么、鼓励组织干什么，从而使组织活动符合社会利益，受到政府的保护和支持。

(三)经济环境

经济环境因素是影响组织，特别是作为经济组织的企业活动的重要环境因素。它主要包括宏观和微观两个方面。

宏观经济环境主要是指一个国家的人口数量及其增长趋势，国民收入、国民生产总值及其变化情况以及通过这些指标能够反映的国民经济发展水平和发展速度。人口数量众多既为企业经营提供丰富的劳动力资源，降低劳动成本，提供庞大的市场需求，但又可能因其收入不高，基本生活需求难以满足，从而构成经济发展的障碍；经济繁荣为企业等经济组织的发展提供良好的发展机会，而宏观经济衰退则可能给所有经济组织带来生存和发展的困难。

微观经济环境主要是指企业所在地区或所需服务地区的消费者的收入水平、消费偏好、储蓄情况、就业程度等因素。这些因素直接决定着企业目前和未来的市场大小。假定其他条件不变，一个地区的就业率越高，收入水平越高，那么该地区的购买力就越强，对某种产品及服务的需求就越大。

（四）社会文化环境

社会文化环境主要由组织所在国家或地区的人口、家庭文化教育水平、传统风俗习惯及人们的道德和价值观念、法律等因素构成，它们通过行为规范（风俗、道德、法律）、人口结构（人口数量、年龄结构、人口分布）和生活方式（家庭结构、教育水平、价值观念）的改变影响一国群体行为规范、劳动力的数量和质量、所需商品和服务的类型与数量等，进而影响该国组织的经营管理。

比如，宗教信仰和风俗习惯会禁止或抵制某些活动的进行；价值观念对影响人们对组织目标、组织活动以及组织存在本身的认可与否；审美观点则会影响组织活动内容、活动方式以及活动成果的态度。

（五）科技环境

科技环境是指一个企业所在国家或地区的技术水平、技术政策、新产品的开发能力以及技术发展的动向等。通常由所在国家或地区的技术水平、技术政策、科研潜力和技术发展动向等方面的因素构成。技术的影响体现在新产品、新机器、新工具、新材料和新服务上。来自技术的益处就是取得更高的生产率、更高的生活水准、更多的休闲时间和更加多样化的产品。企业要想在市场上立于不败之地，就应该十分注意自身技术、设备的更新，尽可能采用最新技术，生产出受社会欢迎的新产品。作为一个管理者，尤其是企业高层决策人士，必须留意企业外部的技术环境，了解当前新技术发展的趋势，使企业处于新技术领先位置，至少不能失去竞争能力。

二、任务环境因素

与一般环境相比，任务环境对组织的影响更为直接和具体，因此，绝大多数管理者也更为重视。对于大多数组织来说，其任务环境因素主要包括资源供应者（供应商）、服务对象（顾客）、竞争者、政府管理部门和社会特殊利益代表组织等。

（一）资源供应者（供应商）

一个组织的资源供应者是指向该组织提供资源的人或单位。这里所指的资源不仅包括资金、人力、原材料、机器设备等，同时还包括信息、服务、技术和关系等。对于绝大多数组织来说，其获取资金的渠道主要是股东、银行、保险公司等机构，而获取人力资本的渠道主要是通过各大中专学校、各类人才市场等中介组织。各新闻机构、情报信息中心、咨询服务机构、政府部门则是其主要的信息供应者，大专院校、科研机构则是其技术的主要源泉。

企业从外部获取资源的能力取决于以下一些要素：①企业所处的地理位置；②企业与资源供应者（包括金融、科研和情报机构）的契约和信誉关系；③资源供应者与企业讨价还价的能力；④资源供应者前向一体化趋势；⑤企业供应部门人员素质和工作效率。

一个大型企业如美国通用汽车公司、埃克森石油公司供应链上所包括的公司可能达5000家。而现代企业倾向于选择较少的供应商，并与之建立良好的关系，以便获得价廉物美的原材料或零部件。在实践中，制造商发现，唯有与供应商精诚合作，才是节约资金、保证质量和加快产品上市速度的关键所在。

（二）服务对象（顾客）

服务对象或顾客是指那些从组织购买产品或服务的个人或组织，如企业的客户、商场中的购物者、医院中的病人、学校中的学生等。组织是为满足顾客需要而存在的，如果一个组织失去了其服务对象，该组织也就失去了其自身存在的基础。一个企业如果其生产的产品无人问津，就必然破产。一个政府如果不能为社会公众服务，就必然得不到社会公众的支持。因此，组织的服务对象是影响组织生存与发展的主要因素，而任何一个组织的服务对象对组织来说又是一个潜在的不确定因素。

顾客的需求是多方面的，而且经常会发生变化；而成功地拥有顾客，又必须满足顾客的需求。为此，管理者必须深入市场，分析顾客心理，根据顾客需求的变化，及时推出满足顾客需求的新产品、新服务。唯有如此，企业才能生存和发展。

（三）竞争者

所谓竞争者是指与本企业处于同一行业、提供与本企业相同或类似产品的企业。所有组织，甚至垄断组织，都有一个或更多的竞争者。比如可口可乐公司和百事可乐公司，通用汽车公司和丰田汽车公司等。这些竞争者之间不是相互争夺资源，就是相互争夺服务对象。

任何组织的管理者都不能忽视自己的竞争者，包括潜在的竞争对手。由于资源的有限性，目前，组织之间最常见的竞争就是人才竞争。当然，资金、技术、原材料和信息的竞争也是不可或缺的。

不过，竞争者之间也可以通过合作的手段实现组织目标。例如，德国的西门子公司、日本的东芝公司和美国的IBM公司就曾经联手研究Triad项目，共同开发一种具有革命性的存储芯片。

(四)政府管理部门

政府管理部门主要是国务院、各部委及地方政府的相应机构,如工商行政管理局、技术监督局、税务局等。政府管理部门主要通过制定相关的政策法规来影响组织的管理行为。如国家认证认可监督管理委员会根据国家强制性产品认证(简称“3C认证”)的有关文件规定,自2003年5月1日起,列入第一批实施3C认证目录内的19类132种产品如未获得3C标志就不能出厂销售、进口和在经营性活动中使用。这就对生产低压电器、电线电缆、电路开关保护或连接用电器装置、小功率电动机等产品的企业带来一定的影响。

有些组织由于行业性质以及组织目标方面的特殊性,更是直接受制于政府部门。例如电信产业中的组织一般要受信息产业部的管制,医药行业要受国家药品监督管理委员会的监督管理,上市公司必须遵守证监会规定的财务标准和信息披露制度。

政府的政策法规,一方面会增加组织的运行成本,另一方面则会限制管理者决策的选择余地。为了符合政府的政策法规和政府相关管理部门的要求,组织就必然要增加运行成本,比如为了取得消防管理部门的认可,企业必须按规定安装消防设备;为了取得环保部门的认可,企业必须在环保方面投入一定的资金。

组织耗费大量的时间和资金来满足政府法规的要求,但是这些规定的影响远远不仅限于时间和金钱,它们同时也缩小了管理者可斟酌决定的范围,限制了可供选择的可行方案。如我国《劳动法》、《公务员法》的颁布实行,对组织的用人、辞退带来了一定的限制。

(五)社会特殊利益代表组织

社会特殊利益代表组织是指代表着社会上某一部分人的特殊利益的群众组织,如绿色和平组织、环境保护组织、消费者协会等。它们虽然没有像政府部门那么大的权力,但同样可以对各类组织施加相当大的直接影响。如国际绿色和平组织经过不懈的努力,不仅在捕鲸业、金枪鱼捕捞业及海豹皮制品业方面作出了显著的改变,而且提供了公众对环境问题的关注。这些组织一般可以通过直接向政府部门反映情况,通过各种宣传工具制造舆论以引起人们的广泛关注。事实上,有些政府法规的颁布,部分的是对某些社会特殊利益代表组织所提出的要求的回应。因此,管理者应当意识到这些组织影响其决策的力量。

第三节　内部环境因素

管理环境除了外部环境以外，还包括组织内部环境。内部环境由若干要素组成，组织之所以能在社会中存在，就在于其具有连续不断地将资源转换为社会所需要的产品和服务的能力。因此，就企业来说，如果把它看成是一个投入产出的系统，其内部条件可以分为三大组成要素：一是需要投入的资源要素；二是需要将这些资源加以合理组织、使用的管理要素；三是资源要素与管理要素的有机结合而产生的能力要素。资源要素包括人财物力资源、技术资源、市场资源、环境资源等；管理资源包括计划、组织、控制、人事与激励、组织文化等；能力要素包括供应能力、生产能力、营销能力和科研开发能力等（见表3-1）。在所有这些要素中，对管理行为影响较大的内部环境因素主要是经营条件和组织文化。

表 3-1　企业内部环境的三大要素

资源要素	管理要素	能力要素
人力资源	计划	供应能力
企业总人数	决策系统	供应组织与人员
人员结构	信息渠道	资金来源与利率
财务资源	计划程序的科学性	与供应者的关系
资产总值	宗旨、目标	资金利润率
资产负债比率	组织	生产能力
流动比率、固定比率	组织结构	生产规模
物力资源	组织协调	生产的灵活性
厂房	集权与分权	工艺和流程
设备	控制	劳动生产率
基础设施	控制标准	库存、成本、质量
技术资源	控制制度	营销能力
专利、诀窍、情报	人事与激励	市场定位的准确性
科研、技术设备	人事考核和政策	营销组合的有效性
市场资源	考核晋升奖罚制度	营销组织与人员
销售渠道	职工士气参与程度	销售费用
用户关系	组织文化	市场占有率
商标、商誉	价值观	科研开发能力
环境资源	经营哲学	组织与人员
公用设施	精神	开发经费与设施
地理位置与气候	职业道德、风貌	已有开发成果

一、经营条件

任何组织的活动都需要借助一定的资源来进行经营。经营条件主要是分析组织内部各种资源的拥有状况和利用能力，这些资源的拥有状况和利用情况影响甚至决定着组织活动的效率和规模。组织活动的内容和特点不同，需要利用的资源类型也有区别。但一般来说，任何组织的活动都离不开人力资源、物力资源以及财力资源。

(一)人力资源

人力资源质量的高低往往是决定一个组织核心竞争力的关键性因素。在人力资源要素中，组织需要考虑的主要是本组织人力资源总量是否平衡和人员结构是否合理的问题。如果存在人力资源总量过剩的情况，就要考虑采取不同的办法减少现有的人员数量；如果本组织人力资源总量不足，则要采取相应的办法招聘人才。在人员结构问题上，主要是高层次人才不足和低层次人才过剩的问题。目前，很多组织普遍存在人员总量过剩和结构不合理的问题。针对这一难题，组织一方面可以通过绩效考核等办法选拔并激励优秀人才，淘汰与岗位要求不符合的人员，另一方面可以通过建立人才流动机制，积极引进组织需要的高层次人才，并通过相应的培训机制提高现有人员的素质和能力。

(二)物力资源

物力资源主要是指分析组织活动过程中需要运用的物质条件的拥有数量和利用程度的资源。比如，要分析企业拥有多少设备和厂房，它们与目前的技术发展水平是否相适应，企业是否应对其进行更新改造，机器设备和厂房的利用状况如何，企业能否采取措施提高其利用率等。

(三)财力资源

财力资源是指一种能够获取和改善组织其他资源的资源，因此，可以认为是反映组织活动条件的一项综合因素。分析财力资源就是分析组织的资金拥有情况，即各类资金的数量；构成情况，即自有资金和债务资金的比重；筹措渠道，是通过金融市场还是通过商业银行；利用情况，组织是否把有限的资金使用在最需要的地方；分析组织，是否有足够的财力资源去组织新业务的拓展、原有活动条件和手段的改造，在资金利用上是否还有潜力可挖，等等。

二、组织文化

(一)组织文化的含义

所谓组织文化，是指组织在长期的生存和发展中所形成的，为组织多数成员所共同遵守的基本信念、价值标准和行为规范的总和。它是组织中成员的一种共同认知，能够强烈地影响组织成员的态度和行为。

美国心理学家施恩(Schein,1985)汇集了不同的研究结果，提出了组织文化的 10 种定义。他认为，这 10 种定义的共同部分就是组织文化的本质。

(1)规律性的外显行为。在一定的情境中人们使用的特定语言，表现出的行为举止、礼仪，逐渐形成的交往方式、习惯、传统等。

(2)群体规范在群体活动中形成的、大家都理解和接受的规范与价值观。小到家庭、工作小组，大到组织、社会。

(3)公开宣传的价值观。由组织公开宣传的原则或组织崇尚的价值观。组织在管理中要采取各种措施使所有的成员都理解和接受这些价值观，并形成特定的行为。公开宣传的价值观和群体规范有相同的部分，也存在差异。同样，期望的外显行为与实际的外显行为也存在差距。

(4)规范的哲学。向组织内外正式宣传的几项原则，这些原则具有较强的政治或意识形态的含义，表明组织的基本信念是什么。

(5)隐含规则。组织管理中实际存在的规则和标准，它们与组织正式成文的规章制度、操作过程等互为表里，共同塑造成员的行为。

(6)气氛。组织成员藉环境形成的一种共同的感觉，他们与组织内外人们交往的共同方式。

(7)世代相传的技能。特定的群体靠口传心授获得的某种技能。

(8)思维习惯、心理定势。群体中形成的衡量事物的标准。

(9)共同领会的意义。在交往过程中，成员存在彼此可以理解的文化意义。

(10)符号标志。为了区别其他组织所创造出的一套标志符号，体现了组织在情绪或美学方面的特征。

这 10 个方面或多或少地涵盖了组织文化概念，涉及组织文化的结构和多种存在形态。

(二)组织文化的基本特征

组织文化本质上属于“软文化”管理范畴，是组织的自我意识所构成的精神文化体系。组织文化是整个社会文化的重要组成部分，既具有社会文化和民族文化的共同属性，又具有自己的特点。它的基本特征包括以下四个方面：

1. 组织文化的核心是组织的价值观

任何一个组织总是要把自己认为最有价值的对象作为本组织追求的最高目标、最高理想或最高宗旨，一旦这种最高目标和基本信念成为本组织成员行为的共同价值观，就会构成组织内部强烈的凝聚力和整合力，成为统领组织成员共同遵守的行动指南。因此，组织价值观制约和支配着组织的宗旨、信念和行为规范以及追求目标。从这个意义上说，组织价值观是组织文化的核心。

2.组织文化的中心是以人为主体的人本文化

人是组织中最宝贵的资源和财富，也是组织活动的中心和主旋律，因此组织只有充分重视人的价值，最大限度地尊重人、关心人、依靠人、理解人、凝聚人、培养人和造就人，充分调动人的积极性，发挥人的主观能动性，努力提高组织全体成员的社会责任感和使命感，使组织和成员成为真正的命运共同体和利益共同体，才能不断增强组织的内在活力和实现组织的既定目标。

3.组织文化的管理方式是以软性管理为主

组织文化通过柔性的而非刚性的文化引导，建立起组织内部合作、友爱、奋进的文化心理环境，以及协调和谐的人群氛围，自动地调节组织成员的主体文化，使组织的共同目标转化为成员的自觉行动，使群体产生最大的协同力。事实证明，这种由软性管理所产生的协同力比组织的刚性管理制度有着更为强烈的控制力和持久力。

4.组织文化的重要任务是增强群体的凝聚力

组织中的成员来自不同的国度、不同的地域，他们具有不同的风俗习惯、文化传统、工作态度、行为方式和目的愿望等，这些都会导致成员之间的摩擦、排斥、对立、冲突乃至对抗，不利于组织目标的顺利实现。而组织文化通过建立共同的价值观和寻找观念共同点，不断增强组织成员之间的合作、信任和团结，使之产生亲近感、信任感和归属感，实现文化的认同和融合，在达成共识的基础上，使组织具有一种巨大的凝聚力和向心力，有助于组织行动的共同一致。

（三）组织文化对管理职能的影响

所有的组织都有文化，但并不是所有的文化对员工都有同等程度的影响。一般来说，在一个组织中，组织文化的强弱取决于组织的规模、历史、员工的流动性及文化起源的强烈程度等因素的影响。有时候，组织文化并没有清楚的文字表述，但它们确实存在，而组织中的管理者都能清楚自己在一个组织中的行为规范。因此，组织文化通过影响管理者的知觉、思想和感觉进而影响管理者的决策。表 3-2 列举了在组织中组织文化对管理四大职能的影响。

表 3-2 组织文化对管理职能的影响

计划	组织
计划应包含的风险程度 计划应由个人还是群体制定 管理者参与环境扫描的程度	雇员的工作中应有的自主权程度 任务应由个人还是小组来完成 部门经理间的相互联系程度
领导	**控制**
管理者关心雇员日益增长的工作满意度的程度 哪种领导方式更为适宜 是否所有的分歧(甚至是建设性的分歧)都应当消除	是允许雇员控制自己的行为还是施加外部影响 雇员绩效评价中应强调哪些标准 个人预算超支会产生什么反响

由于组织文化影响管理的各个领域,而组织文化的不明确会导致员工思想的混乱,并因而带来行为的不一致或组织要求的背离。因此,有越来越多的组织已经意识到组织文化的重要性,并开始系统地表述组织的使命、价值观及经营管理理念,通过明确组织文化理念,使组织成员明确组织内判断是非的准则,从而有效控制自己的行为,使自己的行为努力符合组织的价值观。有一个清楚的文化理念体系是一个组织走向成熟的标志,管理者应有意识地引导好的组织文化的形成。

(四)组织文化的类型

在当代组织文化的类型研究和划分中,美国组织文化研究者库克和赖佛特的组织文化类型划分具有相当大的影响,他们把组织文化划分为 12 种类型。

1. 人文关怀型的组织文化

这种组织文化重视组织中的个人,重视人的需要的满足和积极性的发挥,鼓励组织成员积极参与组织事务,同时,希望组织中具有建设性的意见。在这种组织文化下,个人作用的发挥是组织运行的动力。

2. 高度归属型的组织文化

这种组织文化重视组织的集体性,强调组织本身的存在和状况对于组织成员的决定性意义,因此,要积极鼓励和培植组织成员对于组织的高度的归属感。同时,组织文化对集体观念强、归属行为突出的成员具有强烈而明确的价值重视因素。

3. 相互同意型的组织文化

组织内部的和谐是这一组织文化的核心价值。根据这一要求,组织内部应该营造充分和谐的文化氛围，内部和谐是组织的最大价值和衡量管理的标准，为此，甚至可以牺牲组织的基本是非原则。为了实现组织和谐，这种文化倡导组织成员的相互同意，主动支持他人的意见，以换取他人对自己的支持，由此实现相互的同意和组织的和谐。

4.传统习惯型的组织文化

这种组织文化强调组织传统和习惯，要求组织成员严格遵循既有规则和规范，同时，重视组织成员的资历、组织等级制和命令制，构成了这种组织文化的基本特点。这种文化具有严格和严谨的一面，但是，它会扼杀创新精神和组织对环境的适应性；同时，年轻组织成员的成绩不能得到肯定，理想不能得到实现，从而降低乃至丧失对组织的向心力和工作兴趣。

5.依赖型的组织文化

该组织文化主张权力的高度集中，同时，强调权力执掌者对于被管理者的无限责任。由此，在文化意义上形成了两类组织成员，即主导者和依赖者。因此，这种组织文化具有家长制家庭文化伦理的特色。在这种组织文化下，会塑造两种组织成员：一种是自认为永远正确和具有无限能力，因而行为专断、无所顾忌，甚至盲目决策而浑然不知的官僚角色；另一种是漠然处之，事事等待领导的决定和实施，甚至个人事务也依赖组织和管理者的通盘帮助来解决，既无能力也无办法，既无积极的意图又无负责精神的低能儿。

6.规避型的组织文化

在具有这种文化的组织中，惩罚是基本的管理方式，通常不采取或者主要不采取激励和奖励的管理方式，由此形成的组织文化传统习惯和价值观念是不犯错误即为尽责。在这种文化氛围中，组织成员往往以消极的避免作为其行为的最大原则，而活动成就和组织效率会丧失殆尽。

7.反对型的组织文化

在这类组织文化中，反对和挑剔性意见被视为具有最重要的价值，因此，反对和异议被作为最重要的正面价值符号加以崇拜，甚至可以获得重要的组织职位和奖励。由此形成文化传统的组织，往往充满了反对和批评性意见，而极其缺乏建设性精神和积极建议。由于反对和批评性意见众多，组织成员往往以否定一切组织活动的创造性和积极性为己任，组织可能处于停滞状态。此外，由于反对和批评意见充满组织和组织活动过程，这些意见和批评往往相互矛盾或冲突，这会使组织的管理者和其他成员陷于无所适从的境地。

8.权力取向型的组织文化

这种文化不重视组织成员的意见和对组织事务的参与，而强调和重视管理者的权力和权威。在这种组织文化中，权力往往成为最高价值和衡量其他价值的单一标准，一切组织成员的存在和活动，都以权力来评价，由此形成了权力本位或官本位的主导观念。由于组织中的权力仅仅对组织目标和任务起着保证和组织协调作用，因此，当决定组织运行和效率的基本任务和功能性作业的价值评价低于组织权力时，组织的实际效率会受到严重影响。与此同时，由于权力在组织文化中价值评价过高，会引发组织成员对权力的热衷，甚至使得争权夺利的活动成为组织的主要活动内容，而围绕着争权夺利活动产生的矛盾和纠纷，会严重破坏组织秩序和功能，甚至会瓦解组织的基础。

9. 内部竞争型的组织文化

该文化以组织成员之间竞争的结果作为评价和衡量组织成员存在和活动价值的标准，因此使得组织成员大都处于相互竞争状态。极端的竞争观念和文化价值，甚至导致组织成员之间锱铢必较，处于经常的紧张状态，而缺乏非原则性的宽容和妥协，从而导致组织整体性的破坏和组织成员的庸俗化。

10. 力求至善型的组织文化

组织对于目标和任务的要求很高，对于组织成员的素质能力、行为规范和职责履行的要求和控制非常严格，缺乏阶段性、层次性和相对性的文化观念，构成了这种组织文化的特色。在这种文化作用下，组织成员具有相当的敏感性和谨慎性，十分注意工作的细节，在组织运行中，往往只能取得一时性成就，而在长期的运行中感觉疲劳不堪，从而导致最终的失败。

11. 成就取向型的组织文化

这种组织文化的特点是以组织成员的工作成就作为激励组织成员行为和评价组织成员素质能力的标准，由此形成组织中的工作成就价值取向。在这种组织文化中，工作绩效是组织成员关注的中心，组织的制度和其他规范往往都围绕着工作成绩设计和运行。成就取向型的组织文化，可以在很大程度上促进组织的效率，同时，围绕成就标准设计和要求的组织规范和组织行为，可以提供组织控制的便利。不过，成就取向会使组织成员感到缺乏组织的人文关怀，造成组织的向心力下降。

12. 自我实现型的组织文化

这种文化具有重视组织成员的创造性，重视工作质量，兼顾组织成员个人发展和组织任务完成两个方面的特点。该文化鼓励创新，力图发掘组织成员的工作潜力，调动他们的工作积极性，并给个人发展和存在创造特定的空间。但是，组织运行的规范性程度也会由此而降低。同时，当个人发展与工作需要产生矛盾时，往往给组织活动和运行带来困难。

库克和赖佛特对于组织文化的分类，提出了详细而丰富的组织文化类型，不过这种分类存在着分类标准不统一和不明确而带来的缺陷。

（五）塑造组织文化的途径

组织文化的塑造或建设，就是在组织现有的条件下，用组织文化的先进管理思想作指导，通过扎扎实实、深入细致的工作，明确组织的目标、宗旨、道德等深层次内容，并将其融入各种规章制度和各种物质载体中，使组织的每一个成员都能够接受并按照组织文化的规定来调整自己的思想和行为。具体地说，塑造组织文化的途径可以采取以下步骤（见图 3-2）：

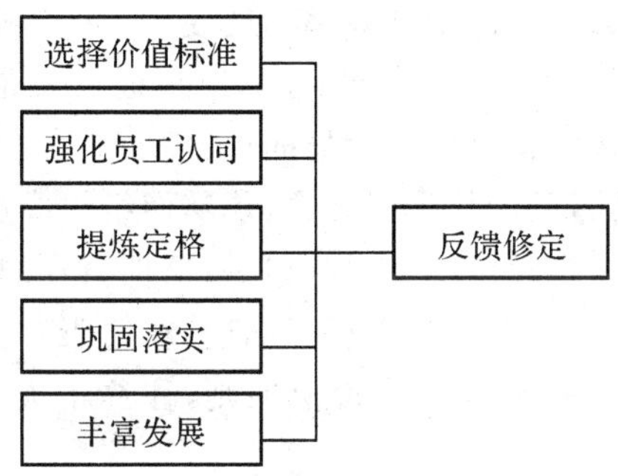

图 3-2　组织文化途径

1. 选择价值标准

由于组织价值观是整个组织文化的核心，因此选择正确的组织价值观是塑造组织文化的首要战略问题。一般来说，选择组织价值观有两个前提：

（1）要立足于本组织的具体特点。不同的组织有不同的目的、环境、习惯和组成方式，因此必须准确地把握本组织的特点，选择适合自身发展的组织文化模式，否则就不会得到广大员工和社会公众的认同与理解。

（2）要把握组织价值观与组织文化各要素之间的相互协调关系，因为各要素只有经过科学的组合与匹配才能实现组织的整体优化。

在此基础上，选择正确的组织价值标准要抓住以下几点：

（1）组织价值标准要准确、明晰和科学，具有鲜明的组织特点。

（2）组织价值观和组织文化要体现组织的宗旨、管理战略和发展方向。

（3）要切实调查本组织员工的认可和接受程度，使之与本组织员工的基本素质相和谐，过高或过低的标准都很难奏效。

（4）选择组织价值观要发动群众路线，充分发挥群众的创造精神，认真听取群众的各种意见，并经过自上而下和自下而上的多次反复，审慎地筛选出符合本组织特点又反映员工的组织价值观和组织文化模式。

2.强化员工认同

一旦选择和确立组织价值观和组织文化模式之后，就应把基本认可的方案通过一定的强化灌输方法使其深入人心。具体做法如下：

(1)利用一切宣传工具和手段，大张旗鼓地宣传组织文化的内容和要求，使之家喻户晓，人人皆知。

(2)树立典型榜样或英雄人物。典型榜样和英雄人物是组织精神和组织文化的人格化身与形象缩影，能够以其特有的感染力、影响力和号召力为组织成员提供可以仿效的具体榜样，而组织成员也正是通过典型榜样和英雄人物的精神风貌、价值追求、工作态度和具体行为更好、更准确地理解组织文化的实质和意义。尤其是组织发展的关键时刻，组织成员总是以典型榜样或英雄人物的言行为尺度来决定自己的行为导向。

(3)培训教育。有目的的培训和教育，能够使组织成员系统接受和强化认同组织所倡导的组织精神和组织文化。但是，培训教育的形式可以多种多样，既可以在室内进行，也可以在室外进行。当前，在健康有益的娱乐活动中恰如其分地揉进组织文化的基本内容和价值准则，往往不失为一种有效的方法。如“拓展训练”课程。

3.提炼定格

(1)精心分析。在经过群众性的初步认同实践之后，应当将反馈回来的意见加以剖析和评价，详细分析和仔细比较实践结果与规划方案的差距，必要时可吸收有关专家和员工的合理化意见。

(2)全面归纳。在系统分析的基础上，进行综合的整理、归纳、总结和反思，采取去粗取精、去伪存真、由此及彼、由表及里的方法，删除那些落后的、具有明显时代特征的或者不为员工所认可接受的内容与形式，保留那些具有科学性、先进性同时又为广大员工所接受的形式与内容。

(3)精炼定格。把经过科学论证和实践检验的组织精神、组织价值观、组织文化予以条理化、完善化、格式化，再加以必要的理论加工和文字处理，用精炼的语言表达出来。

建构完善的组织文化需要经过一定的时间过程，不可能在一朝一夕就能形成，因此，充分的时间、广泛的发动、认真的提炼、严肃的定格是创建优秀组织文化所不可缺少的。

4.巩固落实

巩固落实至少需要有两方面的保障：

(1)要有必要的制度保障。在组织文化演变为全体员工的习惯行为之前，要使每一位成员都能自觉主动地按照组织文化和组织精神的标准去行事，几乎是不可能的。即使在组织文化业已成熟的组织中，个别成员背离组织宗旨的行为也是经常发生的。因此，建立某种奖优罚劣的规章制度还是有一定必要的。

(2)领导要率先示范。组织领导者在塑造组织文化的过程中起着决定性的作用。他的看法和观点会影响着员工，他的行为更是一种无声的号召和导向，对广大员工会产生强大的示范效应。所以，任何一个组织如果没有组织领导者的以身作则，要培育和巩固优秀的组织文化是非常困难的。因此，领导者肩负着带领组织成员塑造优秀组织文化的历史重任。

5. 丰富发展

任何一种组织文化都是特定历史的产物，都反映了组织当时的现状。当组织的内外条件发生变化时，不失时机地调整、更新、丰富和发展组织文化的内容和形式就会摆上议事日程。这是一个在新旧文化之间如何继承和发展的问题。对于现实中已有的文化不仅存在一个如何认知的问题，而且存在一个如何评价的问题。要搞清楚现实文化中哪些部分是优性文化，哪些部分是劣性文化，哪些部分属于中性文化。总体上，这种微观文化是否适应组织内部的环境，对组织的发展正在起着促进还是阻滞作用，等等。

这里的关键是确立评价的科学标准。这些标准应包括：

(1)民族性标准。不同的民族，其传统的价值标准、基本信念和行为规范存在着明显的差异。中国各级各类组织的微观文化应吸收中华民族传统文化的精华，如勤劳节俭、自尊自强、忠诚等。同时，在世界经济一体化的过程中，各国文化日益交融，不同的组织及管理者、员工应该充分了解他国文化，如美国文化、日本文化等。在坚持民族标准的同时，在文化上同时要反对狭隘的民族主义，坚持吸收各国文化中的优秀成分，剔除文化中的消极因素。

(2)制度性标准。制度文化是不同的制度所带来的文化特征。制度是一个不断更替的过程。中国在进行社会主义市场经济的建设过程中，要努力摒弃封建文化中的腐朽落后的东西，积极弘扬先进制度中的优秀文化。

(3)时代性标准。组织的现实文化应该与发展变化着的时代协调一致。例如，我国企业应该摆脱长期以来计划经济的影响，建立与社会主义市场经济相一致的企业文化；摆脱封闭保守的小生产方式，建立与社会化、国际化大生产相联系的现代企业文化。

(4)个性化标准。每个组织都有自己独特的历史传统和与众不同的内外环境，因此，组织文化应该体现这样一种独特的个性，有个性、有差异才有立足之地，才有生命力。那种简单模仿别人的组织文化不是优秀的组织文化。

总之，组织文化所要表达的是为所有员工认可的价值观、共识和行为准则。他们可以通过象征、传奇、英雄人物、仪式和口号等来加以体现。管理者通过对这些要素的整合，逐步形成特有的组织文化。

第四节 管理环境的分析方法

一、管理环境研究的意义

任何组织都存在于一定的环境之中，环境不仅是组织系统建立的客观基础，而且是它生存和发展的必要条件。组织具有不断地与外界环境进行物质、能量、信息交换的性质和功能，组织和环境进行的物质的交换不断地改变组织，从而影响到管理行为的改变。环境本身并不会直接影响管理行为，而是通过对组织的影响来影响管理行为，环境对管理行为的影响是间接性的。环境间接影响管理行为，具体地说，表现为以下几个方面：

（一）环境是组织系统生存和发展的必要条件

环境因素对组织的生存和发展至关重要。有利的环境条件能够促进组织结构的完善和功能的充分发挥，能够促进管理效率的提高，从而促进整个组织系统的发展，加速管理目标的实现；不利的环境条件则会阻碍管理活动的运行，延缓管理过程，甚至使管理活动完全终止。环境为组织的存在和发展提供了机会与可能，同时，环境的变化也会给组织带来威胁。在某些时候，环境因素的突然变化会导致组织发生重大变化，甚至质的变化。从一定意义上说，组织系统对环境变化的适应能力如何，关系到该系统的生存、稳定和发展，关系到组织目标能否实现。只有对环境有及时的认识、理解、反应能力和较强适应能力的组织，才能取得长远的发展，才能取得成功。管理者要获得成功和胜利，要实现预期的组织目标，就不能不重视对环境的研究。

（二）环境制约组织系统的内容

一个组织系统的性质和特点、结构和功能是由组织目的决定的，但是，环境的影响也是不可忽视的，甚至有的时候环境对组织系统的性质和特点、结构和功能起着决定性的作用。环境是人们活动的必要条件，人的一切活动都不能脱离这个条件，人们在组织中从事任何活动，要想取得成功，就必须因地制宜。也就是说，建立什么样的组织结构，从事什么样的管理活动，实现什么样的组织目标，都必须从客观实际情况出发，以现实条件为依据。在市场经济条件下，企业组织结构的设计则必须考虑市场经济的客观要求，以适应面向市场的需要。

(三)环境对管理过程具有巨大的影响作用

管理者在建立一个组织时，除了需要重视组织的结构和组织的整体功能外，对环境因素也必须作充分的估计和考虑。同样，管理者在制定决策和计划时，也必须本着因地制宜的原则，充分利用环境的有利条件，把决策和计划建立在牢靠的客观现实的基础之上。

如 20 世纪 70 年代以来，组织环境的变化越来越快，环境变化的不确定性也越来越明显，尤其是 70 年代的石油危机，对世界范围的企业产生了深远的影响。同一个企业从一个国家迁往另一个国家，或者从一个地区迁往另一个地区，都需要在各个方面作出重大调整，以适应其环境的变化。正是由于这个原因，现代许多跨国公司的成功经验都证明需要尽可能地给它在国外的子公司以相当大的主动权，允许它们在经营体制、组织目标、组织结构等各个方面可以不必与总公司完全保持一致，而是要灵活地根据当地的政治、经济、社会、文化的特点制定相应的管理目标和策略。

二、管理环境的分析方法

组织要想选择甚至改变和创造环境，必须加强对环境的管理。分析环境是对环境进行管理的重要一步。

(一)识别环境的不确定性程度

组织环境对管理者有重要的影响，但问题是并非所有的组织环境都是一样的。要管理环境，首先必须了解组织所处的环境。如何衡量环境的不同？美国学者邓肯(Duncan)提出从两个不同的环境层面来确定组织所面临的不确定性程度(见表 3-3)，即用环境变化程度和环境复杂程度来衡量。

表 3-3　组织环境的分类

	静态(稳定)	动态(不稳定)
简单	Ⅰ.低不确定性 ①外部环境要素少，而且要素相似 ②要素维持相同或缓慢变化	Ⅲ.高一中程度不确定性 ①少量外部环境要素，而且要素相似 ②要素常常变化并且不可预测
复杂	Ⅱ.低一中程度不确定性 ①大量的外部环境要素，而且要素不相似 ②要素维持不变或缓慢变化	Ⅳ.高不确定性 ①大量外部环境要素，而且要素不相似 ②要素常常变化且不可预测

低不确定性,即相对简单和稳定的环境。在这种环境中的组织会处于相对稳定的状态。在这种环境下,管理者对内部可采用强有力的组织结构形式,通过计划、纪律、规章制度及标准化等来管理。如公共事业行业。

低—中程度不确定性,即相对复杂而稳定的环境。一般来说,处于这种环境中的组织为了适应复杂的环境都采用分权的形式,强调根据不同的资源条件来组织各自的活动。不管怎样,它们都必须面对众多的竞争对手、资源供应者、政府部门和特殊利益代表组织,并作出管理上的相应改变。如汽车制造业。

高—中程度不确定性,即动荡而简单的环境。处于这种环境中的组织一般处于相对缓和的不稳定状态中,面临这种环境的组织一般采用调整内部组织管理的方法来适应变化中的环境。如在市场销售方面采取强有力的措施,以应付快速变化中的市场形势。如音像制品行业。

高不确定性,即动荡而复杂的环境。面对这种环境,管理者必须强调组织内部各方面及时有效的相互联络,并采用权力分散下放和各自相对独立决策的经营方式。如高新技术企业。

(二)时刻关注组织的行业环境

组织不仅在一般环境中生存,而且在特殊领域内活动。一般环境对不同类型的组织均产生某种程度的影响,而与具体领域有关的特殊环境则直接、具体地影响着组织的活动。

企业是在一定行业中从事经营活动的,行业环境的特点直接影响企业的竞争能力。美国学者波特认为,影响行业内竞争结构及其强度的主要有现有厂商、潜在的竞争者、替代品制造商、原材料供应者以及产品用户等五种环境因素。

1. 对现有竞争对手的研究

企业面对的市场通常是一个竞争市场。同种产品的制造和销售通常不止一家企业,多家企业生产相同的产品,必然会采取各种措施相互争夺市场份额,从而形成激烈的市场竞争。对现有竞争对手的研究一方面要找到主要的竞争对手。为了在众多的同种产品的生产厂家中找到主要的竞争对手,可以用销售增长率、市场占有率、产品的获利能力三项指标来判断。另一方面,在找出竞争对手之后,要研究其所以对本企业构成威胁的主要原因,找出主要对手的竞争实力的决定因素,以帮助企业制定相应的竞争策略。此外,还要时刻关注竞争对手的发展动向,要搜集有关资料,密切注视竞争对手的发展方向,分析竞争对手可能开发哪些新产品,从而帮助企业先走一步,争取时间优势,使企业在竞争中争取主动地位。

2. 对潜在竞争对手的研究

一种产品的开发成功，会引来许多企业的加入。这些新进入者既可给行业注入新的活力，促进市场竞争，也会给原有厂家造成压力，威胁它们的市场地位。新厂家进入行业的可能性大小，既取决于由行业特点决定的进入难易程度，又取决于现有厂商可能作出的反应。原有厂商可能采取的反击措施，迫使那些可能的进入者认真思考，慎重决策。

3. 对替代品生产厂家的分析

对替代品生产厂家的分析主要包括两个内容：一是确定哪些产品可以替代本企业提供的产品。这实际上是确认具有同类功能产品的过程。二是判断哪些类型的替代品可能对本企业经营造成威胁。这项工作相对来说比较复杂，为此，需要比较这些产品的功能实现能够给使用者带来的满足程度与获取这种满足所需付出的费用。如果两种相互可以替代的产品，其功能实现可以带来大致相当的满足程度，但价格却相差悬殊，则低价格产品可能对高价格产品的生产和销售造成很大威胁。相反，如果这两类产品的功能与价格之比大致相当，则相互间不会造成实际的威胁。

4. 对用户的研究

用户在两个方面影响着行业内企业的经营。其一，用户对产品的总需求决定着行业的市场潜力，从而影响行业内所有企业的发展边界；其二，不同用户的讨价还价能力会诱发企业之间的价格竞争，从而影响企业的获利能力。对用户的研究也因此而包括两个方面的内容：对用户的需求（潜力）研究以及对用户的讨价还价能力研究。用户需求的研究主要包括总需求研究、需求结构研究、用户购买力研究；用户的价格谈判能力是受众多因素综合作用的结果，这些因素主要有购买量的大小、企业产品的性质、用户后向一体化的可能性、企业产品在用户产品形成中的重要性等。

5. 对供应商的研究

企业生产所需的许多生产要素是从外部获取的。提供这些生产要素的经济组织，类似于用户的作用，也在两个方面制约着企业的经营：一是这些经济组织能否根据企业的要求按时、按量、按质地提供所需生产要素，影响着企业生产规模的维持和扩大；二是这些组织提供货物时所要求的价格决定着企业的生产成本，影响着企业的利润水平。因此，供应商的研究也包括两个方面的内容：供应商的供货能力，或企业寻找其他供货渠道的可能性，以及供应商的价格谈判能力。这两个方面是相互联系的，综合起来看，需要分析的因素主要有是否存在其他货源、供应商所处行业的集中程度、寻找替代品的可能性、企业后向一体化的可能性。

波特的这一模型也适用于其他类型的组织。这一模型帮助人们深入分析组织所在的各种行业竞争压力的来源,使人们更清楚地认识到组织的优势和劣势,以及组织所处行业发展趋势中的机会和威胁。

(三)内外部环境综合分析

管理要通过组织内部的各种资源整合来实现其目标,因此,组织在分析外部环境的同时,必须同时分析其内部环境,即分析组织自身的能力和局限,找出组织所特有的优势和存在的劣势。

任何组织的发展过程,实际上都是不断在其内部环境、外部环境及其管理目标三者之间实现动态平衡的过程。组织的内外部环境绝对不能割裂开来。如果一个组织能力很强,竞争优势很明显,那么外部环境中的不确定性对该组织便不会构成太大的威胁。相反,那些不具任何特色的组织,即使外部环境再有利,也不会有快速的发展。因此,应将外部环境中存在的机会和威胁与组织内部的优势和劣势进行对比分析,以便充分发挥组织的优势,把握住外部环境的机会,避开组织内部的劣势和外部环境对组织的威胁。

【案例研究】

贝塔斯曼:企业文化构建传媒帝国核心竞争力

德国贝塔斯曼(Bertelsmann)集团是世界上第三大媒体企业,在世界上仅次于默多克新闻集团、美国在线—时代华纳。贝塔斯曼是拥有 50 余家子公司的大型跨国出版企业,业务遍布全球 56 个国家和地区,是名副其实的"传媒帝国"。文化出版产业是知识经济的典型产业,贝塔斯曼是这方面的一个成功典范。贝塔斯曼出版的百科全书是德国名牌产品之一。贝塔斯曼不遗余力地建设企业文化,用企业价值观统领员工,构建并提升企业核心竞争力,使企业在稳步发展的基础上走向世界。

1947 年,贝塔斯曼家族第五代传人莱恩哈德·摩恩在二战的废墟上重整旗鼓,重组出版公司。在莱恩哈德·摩恩的带领下,贝塔斯曼从一个中等规模的印刷和出版公司发展成为世界传媒巨头之一。莱恩哈德·摩恩树立了沿用至今的企业文化:分权管理、权责分明、自由创新、遵守公司规章制度。这些理念被誉为"贝塔斯曼模式"。

贝塔斯曼的企业精神贯穿着一个共同信念:人是企业内最重要的资源,生生不息地运作的动力,则是上下一致共同遵循的价值体系。贝塔斯曼企业精神的基石是公司章程和管理方针，这是1992年公司更新理念后建立起的企业基本准则。管理人员有责任将此加以推广并作为自身行为准则，而每一个员工亦有权监督。它代表了当前贝塔斯曼成员的意愿，也在实践中得到评估、修正和提高。贝塔斯曼企业精神由“企业的使命”和“企业价值观”两大部分组成。

1. 贝塔斯曼的企业使命

贝塔斯曼作为一家国际化传媒公司，通过为全球客户提供信息、教育及娱乐等服务的手段，达到为社会发展做出贡献的根本目标。盈利、利润以及销售额尽管重要，但并不是企业行为的目标，对公共利益的贡献才是企业的使命。

贝塔斯曼经营管理有三个重点：第一是业务创新，第二是客户关系，第三是高额投资回报。通过在这三方面的不懈努力，使企业成为本行业中的佼佼者。贝塔斯曼希望确保公正、积极的工作条件，并将公司的持续发展视为己任。企业将依靠全体股东，管理人员和员工致力于公司价值观、使命和社会责任的实现。

作为一家多领域经营的传媒公司，贝塔斯曼坚持业务创新，在经营策略上非常灵活，不仅在经营理念上追求创新，而且核心业务积极向全球化经营方向转变，形成了一个力求创新的企业形象。

20世纪50年代，当时担任公司总裁的莱恩哈德·摩恩认为，由于战后文化、教育、经济恢复和发展的需要，书刊出版工作具有很大的市场潜力。于是贝塔斯曼扩大出书范围，开拓书刊发行网络，使该公司的业务有了长足的发展。当时德国经济困难，大多数读者无钱购买昂贵的书籍，贝塔斯曼看准了这个需求，提出了响亮的口号：“不以盈利为目的，而是使越来越多的人喜爱阅读书刊”。从战后第一次法兰克福国际图书博览会上得到启发，为了增加图书销售额，贝塔斯曼开始创建图书俱乐部。过去，读者必须到书店才能买到书；现在，图书直接送到读者手中。贝塔斯曼把德国所有出版过的图书加以筛选，帮助大众确认最有阅读价值的图书，以减少购书的盲目性。只要是图书俱乐部的成员，就可以得到贝塔斯曼寄出的图书目录和内容简介，而贝塔斯曼则根据俱乐部成员的反馈，将需求量较大的图书制成简装的普及本，直接送到读者手中。最初，由于参加俱乐部的人很少，所以出书往往亏本，贝塔斯曼仍然坚持不懈。这一做法很快受到读者欢迎，图书俱乐部迅速发展，公司业绩蒸蒸日上，实力不断壮大。这个称作“贝塔斯曼读者圈”的图书俱乐部于1950年6月成立，6个月后，读者圈已有5.2万名会员，12个月后，更是达到了10万人。1954年，读者圈迎来了第100万名会员。1960年，这个数字已攀升到300万。

贝塔斯曼这一创新的做法迅速扩展到国外，图书俱乐部不仅遍布德国境内，而且还分布于19个国家和地区，并且由图书俱乐部扩展到唱片俱乐部，乃至传媒俱乐部。现在，贝塔斯曼传媒俱乐部在全世界拥有4000万名会员，成为现代传媒大王贝塔斯曼的奠基石。

贝塔斯曼还联合世界各地的出版商共同开展为读者选书的活动，成为世界著名的读书活动的赞助者和促进者。在贝塔斯曼的倡导下，出版商们每年为读者选出2000种左右，按畅销工具书、文艺书、科技书等分门别类地推荐给读者。

贝塔斯曼遵循的准则是企业不仅仅是为资本回报率操心，更多应该为公共福利有所贡献。金钱不是最终的目的，伦理和道德的标准是在经济目标之上的，这是贝塔斯曼的信念。因此，贝塔斯曼始终没有进入证券交易市场，因为证券投资人对于企业使命的理解显然与贝塔斯曼不同，当尊重投资人的利益时，势必会影响贝塔斯曼企业文化的延续。1977年，莱恩哈德·摩恩成立了非营利性的贝塔斯曼基金会。他为基金会下达的任务是："基金会应以促进教育、文化和社会政治事业为己任，这也正是贝塔斯曼因其特殊经历可以做出重大贡献的领域。"基金会系统地向机构庞杂的领域注入改革活力：政治、国家、政府、大学和公共图书馆。此外，基金会还涉足经济、传媒和医药行业。1993年，莱恩哈德·摩恩将公司68.8%的股权转入贝塔斯曼基金会，从而使贝塔斯曼基金会成为贝塔斯曼最大的股东。通过股权转移，莱恩哈德·摩恩确保了公司的持续发展不受私人股东的左右。莱恩哈德·摩恩说过："规模大小对我来说不是目标，金钱多少对我来说没有太多的含义。贝塔斯曼应该有最好的管理技术和吸引最好的员工，这之后才会有正确恰当的成果。"

2. 贝塔斯曼的核心价值观

核心价值观是一个企业作取舍、辨是非、明赏罚、论能否、定褒贬的尺度和标准。贝塔斯曼的核心价值观包括12个方面。

(1)团队关系。贝塔斯曼企业文化的基础是团队精神。在顾及员工与公司两者共同利益的原则上，企业提倡相对独立、彼此信任、赋予职责、参与交流，共同决策，并分享成功喜悦。企业的报酬制度根据公司业绩、个人成绩加以评估并给予奖励，这也是在同行业中颇具竞争力的一点，是贝塔斯曼"共同价值高于个人价值"原则的体现。员工的报酬首先决定于公司的业绩，然后才是个人的成绩，这样员工与企业形成了"利益共同体"。

(2)认可与鼓励。贝塔斯曼坚信独立性可驱使员工主动自觉、不断创新。创造性的劳动会得到公司的认可和鼓励，受到鼓舞的员工是推进企业发展的坚实力量。贝塔斯曼作为媒体产业特别强调创造性思维的应用,“人”是企业最重要的资源,传媒业的员工都是有知识、有个性的人,应尊重个人,鼓励创新。20世纪50年代末,莱恩哈德·摩恩在公司内部实行“利润分享”的新举措。贝塔斯曼主动让员工参加公司的盈利分成,并享有购买股票的优先权,让员工再将这笔资金投入公司以求发展。至今,贝塔斯曼有将近30%的股票是由在职职工掌握的。

(3)主人精神。贝塔斯曼期望全体员工充分运用公司赋予的责权,一如公司主人般肩负起开创、领导的重任。同时相信,这也将帮助员工在个人职业生涯中取得成功,日趋完善。为了鼓励员工及其家人发掘新媒体的多样性,从2001年3月起,贝塔斯曼在公司内部开展“人人有电脑”运动。该运动启动后,5万名贝塔斯曼员工收到了免费联网的个人电脑,由应运而生的“行星B”门户网站提供来自全球媒体的新闻、实用信息,并在11个不同国家的站点上以5种语言提供娱乐内容。为此,贝塔斯曼投入了9000万欧元,成为首家在全球范围内实行这一项目的公司。

(4)权力下放。权力下放是贝塔斯曼成功的关键之一。各个经营单位在最大限度内享有自主权,作为企业的主人应该自觉锻炼领导才能,开发市场内容、人力资源、树立经营目标、肩负产品销售职责。要在日益变化、竞争激烈的市场中立于不败之地,就一定少不了权力下放带来的灵活性、责任感和高效性。1959年,莱恩哈德·摩恩倡导了分权管理结构,成立了独立利润中心。1960年,他将公司基本信念整理成“贝塔斯曼原则和企业结构”。

(5)合作精神。在享有企业主人自主性的框架上,公司的主管层亦有责任将合作精神广泛推行,即确保公司行为有益于贝塔斯曼集团利益,同时顾及合作伙伴的利益。从贝塔斯曼进军中国的历程,人们可以看到贝塔斯曼与美国传媒开拓中国传媒市场的战略有明显不同。“谋定而后动”和“蓄势待发”是贝塔斯曼的最大特点,它总是在把一个战略的优点研究清楚之后,再采取行动。而在事先,它能耐心等待,采用低调的“蚕食”的方式,寻找东西方文化的结合点。贝塔斯曼不仅向中国出口传媒产品,还与中国伙伴合作制造适合中国市场的传媒产品,并通过各种文化和公益活动提升自己的形象,这是一种经营本土化的战略。

(6)员工发展。贝塔斯曼致力于挖掘具有创造才能、主人翁精神的一流专业人员,并根据个人潜能及其表现,给予相当的发展机会。对于长期雇员,贝塔斯曼会考虑多种提升,而不拘于原部门、国界和生产领域。贝塔斯曼选拔管理者一般有四条标准:第一,是否以诚信为本,德才兼备;第二,是否具有强烈的变革创新精神，因为管理者要时刻面对不同的挑战；第三，要有很强的团队合作精神，懂得为别人着想，能艺术地处理人与人之间的冲突；第四，要有强烈的主人翁精神。

(7)客户至上。客户至上始终是贝塔斯曼的产品与服务之根本。为此，公司不断提高质量标准、完善工作流程，从而与客户保持良好关系。根据客户需求不断更新、开拓是贝塔斯曼每个经营单位个体制胜的关键。在贝塔斯曼内部，不同的机构在始终如一地坚持着自己的商务模式并把自己的商务服务做到一个非常深入和细致的程度。贝塔斯曼始终本着为客户服务的信念，在最大范围内致力于多方位职能的实现：高品质产品的生产核心；一流服务的提供者；努力成为读者、观众和时尚人群心目中最具吸引力的“磁石”；顶尖创新者与管理者的成长家园等。因而，作为媒体领域的核心，贝塔斯曼以企业内部合作关系为基础，在市场和外界新闻的监督之下，为社会服务提供保证。

(8)人才家园。贝塔斯曼致力于保护人才资源，并为之建设一个吸引艺术家、作家等有创造天赋人才的家园，且为他们提供艺术与商业的双重发展。贝塔斯曼有广泛的继续教育和培训计划，从计算机辅导到专门的贝塔斯曼大学，以使执行官们能出于知识认同、分享、激励的目的，强化与世界各地员工的连接网络。

(9)包容性。在贝塔斯曼各个部门的业务发展中，始终体现出极大的包容性，因而不会干涉艺术创作、文化表达的自由性。在各个地区，贝塔斯曼拥护当地的民主与人权，尊重当地传统文化及其价值意义。作为一家全球性的跨国公司，贝塔斯曼在开拓市场的同时，非常重视各国的实际情况，在将经营内容“本土化”的前提下，尊重当地民族精神、文化遗产和人民生活，并努力为沟通各国文化交流，发扬各国优秀传统文化的工作敬献绵薄之力。

(10)民族传统。贝塔斯曼的经营活动遵循法律精神，恪守各项章程。贝塔斯曼推崇高尚的民族精神，并要求每一位员工以此为准则；贝塔斯曼抵制任何形式的歧视与欺压，要求员工忠于公司、真诚相待，并具有社会责任感。不事张扬，务实认真，这种近乎口号的概括其实很朴实地展示了德国人的性格。用这种性格描述贝塔斯曼，同样十分准确。贝塔斯曼什么也没说就在中国干了起来，等中国同行们有所警觉的时候，贝塔斯曼已经拥有了150万中国会员。可以说，这种发展是加速度的。

(11)社会义务。贝塔斯曼深知媒体产业与经济成效对履行社会义务的重要性。因此，贝塔斯曼致力于为促进社会安定发展而努力。“莱恩哈德·摩恩基金”每年在全球范围内资助通过创新手段为社会造福的个人。莱恩哈德·摩恩提倡社会机构和组织应具有社会责任感，不断进行有目标的改革，尽力为社会多做贡献。“莱恩哈德·摩恩基金”每年将授予5至7位从世界各地选拔出来的社会精英。

(12)持久与独立。贝塔斯曼努力保持独立、持续发展。作为企业的主要股份拥有者，贝塔斯曼基金会将继续协助社会发展与制度完善。贝塔斯曼重视研制和开发电子读物，在国际电子出版物市场上占有大约6%的市场份额，但贝塔斯曼始终把纸介质书刊的出版作为支柱性业务。贝塔斯曼通过不断努力，现已占有欧美图书市场15%的份额。

贝塔斯曼从家庭作坊式的新企业发展成为集音像制品俱乐部、音乐、影视和出版社四大经营板块于一身的跨国公司。在奠定了向综合文化媒体前沿挺进的基础上，迅速扩充了在电子媒体方面的实力，成为世界第三大传媒企业。在近170年的漫长征程中，贝塔斯曼一直在激烈的新闻竞争中保持不败，取得如此辉煌之成绩，关键在于贝塔斯曼具备由企业文化作为根本构建的核心竞争力的强大魅力。

——贝塔斯曼：企业文化构建传媒帝国核心竞争力，http://blog.chelder.com.cn/，2006年5月19日。

【思考题】

1. 管理环境的含义和构成要素是什么？
2. 组织内外部环境的构成要素有哪些？
3. 组织文化的基本特征是什么？
4. 管理环境的分析方法是什么？

第四章
组织目标的制定及管理

【内容提要】

本章在分析组织目标的含义、特点、目标制定的基本原则和步骤等内容的基础上，系统阐述目标管理的基本思想，并分析目标制定和运用的技巧。

【本章重点】

1. 组织目标的特点和作用。
2. 组织目标的制定过程。
3. 目标管理的基本步骤。

第一节　组织目标及其特点

一、组织目标和组织使命

(一)组织目标

简单地说，组织目标是指组织期望其未来能达到的一种状态。它反映了组织在特定的时期内，在综合考虑内外部环境条件的基础上，希望某一时间段内在履行其使命上能够达到的程度或取得的成效。目标之所以重要是因为组织的存在具有一定的目的，而目标正是为了界定和说明这种目的。

一个完整的目标，首先有一定的时间限制，即完成目标任务的期限是明确的。其次，目标应当是可以度量的。通常可以用一个或者是一组数量指标来表示。如某个公司提出当年完成销售额2000万元的口号就是一个目标。

(二)组织使命

组织使命表明组织存在的理由，它描述了组织的价值观、追求。它一般表明社会赋予这个组织的基本职能或该组织致力于承担的社会基本职责。例如,学校的宗旨是教书育人,医院的宗旨是救死扶伤等。

一个精心制定的使命是制定目标的基础。没有明确的使命,管理者就有可能随意地制定目标,组织因而难以实现预定的目标。据估计,美国接近半数以上的公司都有自己的正规的使命宣言。正规使命宣言从广义上说明和界定了区别于其他同类组织的基本业务领域和行为。使命宣言的内容通常着重于市场、客户以及期望有所作为的领域。有些使命宣言也描述了公司的特征,如企业的价值观、产品质量、资源配置和对员工的态度。例如,美国强生公司认为,其存在的目的是要"减轻病痛";美国通用电气公司则"以科技及创新改善生活品质"。

二、组织目标的特点

(一)系统性

巴纳德认为目标是一个组织最基本的要素。每一个组织都有自己的目标,而且任何组织的目标都不是单一存在的独立的目标,往往是一系列目标的总和,形成一个目标系统。如企业的目标可能既有经济性的,即追求利润与发展,又可能有社会性的,在社区中发挥一定的作用,树立良好的形象。此外,同一性质的大目标也由许多小目标构成,靠小目标支持。所以说,组织的目标又是一个网络系统,这个网络系统的目标必须有机地结合,如在企业新产品的开发中,就会形成这样的目标网络。

(二)差异性

组织目标往往是由组织性质决定的,不同的组织有不同的组织目标。一方面,不同类型的组织,由于其组织宗旨不同,其组织目标也大不相同。如企业的组织目标往往表现为各种具体的营利性指标,政府的目标往往是更好地为社会公众提供服务。另一方面,同一类型的组织,尽管其组织宗旨基本相同,但由于各个组织所处的具体环境、所拥有的组织资源及管理者价值观念方面的差异,即使其组织目标指标体系可能相同,其目标的具体数值也常表现出较大的差异性,就像同一行业中的企业具有不同的年度组织目标一样。

(三)层次性

为了使组织目标成为组织中每一个成员的行动指南,组织目标往往需要进一步的分解和细化,形成一定的层次性,使组织中不同层次和不同岗位上的员工都了解各自的工作职责,从而完成组织的总体目标。

一般地,组织目标可按具体化程度不同分为总目标、战略目标和行动目标三个层次。总目标和战略目标是公开的，它也是该组织希望达到的社会目标；而行动目标则是保密的，它是组织的真正目标，一般只有少数高层管理人员清楚。组织目标也可按组织等级分为总体目标、部门目标和岗位目标。

就企业来说，有人将其目标概括为三个层次：环境层、企业层和个人层。环境层，即社会加于企业的目标；企业层，即企业作为一个利益共同体和一个系统的整体目标；个人层，即企业成员的目标。将企业目标划分为三个层次，能够有助于搞清影响目标制定的各种因素，以及当各种因素相对力量发生变化时对企业目标制定的影响。美国著名的管理学家哈罗德·孔茨则将企业目标自上而下地划分为七个层次：①社会经济总目标；②使命；③一定时期的全部目标，包括长期目标和战略目标；④更具专业性的全部目标；⑤分公司目标；⑥部门或单位目标；⑦组织成员的个人目标，包括成就、个人培养目标等。

总之，通过将目标分等分层，抽象的组织目标将成为具体的目标，从而指导组织中每一个成员的行为。

（四）多样性

无论是一个什么样的组织，其目标都不可能是单一的，在一定时期内组织所预期达到的成果不一定体现为某一单项指标。因为组织在外部环境的制约下，必须适合外部环境的多方面的要求，所以组织目标具有多样性和综合性。以企业为例，过去认为企业的目标就是追求利润最大化。实际上，企业为了生存与发展，除了利润目标之外，不可避免地要制定并且实现许多的非利润目标，如员工的发展、承担必要的社会义务、为国家做出贡献等。可见，当今企业的目标已经多样化了。

在一个组织中，众多的目标构成一个系统就会要求其保持一致性。但现实中还存在这样的现象，即组织中的有些目标相互冲突。如为社会服务与取得报酬的冲突，企业完成使命与企业获得利润相冲突。管理者在拟定目标和目标管理中就必须注意尽量减少各个目标之间的冲突，协调这些相冲突的目标就是管理者的一项重要任务。使企业组织的各种愿望尽可能地与所明确的目标统一起来，个人的愿望与组织的目标统一起来，带领全体员工去实现组织的目标。

组织目标具有多样性，那么作为一个组织，应该在哪些方面制定出自己的目标呢？管理大师彼特·德鲁克认为，凡是成功的企业都在市场、生产力、发明创造、物质和金融资源、人力资源、利润、管理人员的行为表现及培养发展、工人的表现及社会责任等方面有自己一定的目标（见表4-1）。

表 4-1 德鲁克提出的经营成功的企业所包括的各种目标

目标性质	目标内容
市场方面	应表明本公司希望达到的市场占有率或在竞争中应占据的地位
技术改进与发展方面	对改进和发展新产品，提供新型服务内容的认识及其具体措施
提高生产力方面	有效地提供原材料的利用，最大限度地提高产品的数量和质量
物质和金融资源方面	获得物质和金融资源的渠道及其有效的利用
利润方面	用一个或几个经济指标表明希望达到的利润率
人力资源方面	人力资源的获得、培训和发展，管理人员的培养及其个人才能的发挥
职工积极性发展方面	发挥职工在工作中的积极作用，激励和报酬等措施
社会责任方面	注意本公司对社会产生的影响，说明对社会应尽的责任

(五)时间性

组织目标是组织在未来一段时间内要达到的目的，因此，任何组织目标都有时间性。这一方面意味着组织目标都是在特定时间内要达成的，没有时间限制的目标无法准确衡量。另一方面，在不同的发展时期，组织的目标是发展变化的，管理者要根据环境的发展和组织内部条件的变化及时地制定出新的组织目标。

按照组织目标时间跨度的不同，组织目标可分为长期目标、中期目标和短期目标。一般来说，在一个组织中，管理层次越高，组织目标的时间跨度越长，目标内容越抽象和笼统；反之，管理层次越低，组织目标的时间跨度越短，目标内容越具体。

组织目标的系统性、差异性、层次性、多样性和时间性，体现了组织目标体系的复杂性。作为管理者，只有充分认识和把握组织目标的这些基本特点，才能制定出符合组织发展宗旨的目标。

三、组织目标的作用

面对当今环境的复杂性，未来发展的不确定性，许多管理者往往把工作重心放在业务性工作和短期目标结果上，而不是集中在长期的目标上。然而，对于组织来说，制定组织各个层次的清晰的目标是非常重要的，因为它除了改善财务和运营绩效外，还可传输外在和内在信息，这些信息传递给外部和内部公众，为组织发展提供良好的重要影响。

(一)增强组织的凝聚性

组织的使命描述了组织的内涵及存在的理由。对于投资者、客户、供应商这样的外部公众来说象征着其合法性。强烈的使命感对内部员工具有很强的凝聚性,能使他们信任组织并认同组织的整体意图。

(二)激励员工并为员工提供行动指南

目标能促进员工对组织的认同,帮助引导员工明确其工作职责。缺乏清晰的目标会损害员工的动力和责任感,而目标提供方向感,把注意力放在具体的任务上,引导员工致力于取得重要成果。

(三)帮助管理者进行理性决策

通过目标设定,管理人员可以了解组织所期望达到的目标。通过制定决策,管理者可使其所制定的内部政策、任务、行为、结构、产品和费用与希望达到的结果保持一致。

(四)目标可用作绩效标准

目标不仅界定组织期望的结果,同时也可用作绩效标准。比如,如果组织希望增长 15%,而实际增长 17%,管理者则超过了所规定的标准。

四、目标制定的基本原则

为有利于组织的发展,在目标制定过程中应该遵循一定的特征和原则。

(一)组织目标必须具有整体性和长远性,应体现组织的整体发展战略

对于任何组织来说,一定目标的实现是为了求得组织的生存和发展。因此,确立组织目标时一定要首先弄清楚组织的发展战略如何。美国管理学家认为,在确立企业目标时,首先应搞清楚以下问题,即:本企业是个什么样的企业?将来准备发展成一个什么样的企业?只有能够体现组织发展战略的目标才是有效的组织目标。

(二)组织目标必须具体并可量化

组织目标的确立是组织实施控制职能的基础。因为只有确立了目标,才可能根据目标去划分每项工作的责任与权限,才有了进行控制的标准。也正因为如此,要求组织目标具有可衡量性,以方便人们对目标最终是否实现进行比较客观的评价和考核。凡是有可能,目标都应该尽量用数量化的术语来表述,如利润增加 2%,废品减少 1%。如果设定的目标不可衡量,也就无法对它进行必要的考核,从而也就不能对企业是否达到目标进行适当的评价,这显然不利于企业战略管理过程的实际操作实施。当然,并非所有的组织目标都可以用数字表述,但含糊不清的目标难以对员工起到激励作用。根据需要,组织

的目标不仅要定量而且要定性，在组织的高层更应如此。更为重要的一点是，目标的表述不仅要准确无误，还要考虑到进度的可测性。

（三）组织目标必须富有挑战性且切实可行

组织目标必须是通过组织成员的努力可以达到的目标，所以在制定目标时应充分考虑组织内外环境的因素，以及实现组织目标所需要的条件和能力是否具备，以便制定出切实可行的目标。当目标不切合实际时，会导致员工行动的失败，并影响他们的士气。但目标太容易实现，又使员工感到没有动力。只有当制定的目标具有一定的挑战性，才能激发组织成员的潜力并保持必要的压力，激发全体成员的工作热情、献身精神和创造力。另外，管理人员还要保证所设定的目标是建立在现存资源基础上，未超过各部门所拥有的时间、设备和财务资源能力。

（四）组织目标必须具有重点性和期限性

目标设计不可能兼顾到个人行为或组织的每一个方面。否则，事无巨细会使计划变得毫无意义。组织目标的多重性并不否定在众多的目标当中，仍然有主要目标和次要目标之分。不分清组织目标的主次，就不可能抓住管理的主要矛盾，从而会形成管理资源的浪费。在某一特定的发展时期，因组织所处环境的不同，组织所强调的目标重点是会随之发生变化的。因此，企业目标表述必须包括一个实现该目标的时间期限。对于任何工作或任务，在布置时，如果没有提出在完成时间上的要求，则接受该工作或任务的人，就不可能清楚该工作或任务的紧迫程度，从而也就很难对所需完成的工作作出适当顺序的安排，企业管理人员也难以对其进行有效的考核。

同时，必须设有具体的完成目标的时间。时间周期是指目标实现且可以验收的最后期限。如果战略目标时间跨度为2～3年，可以设定实现部分目标的具体日期。

（五）组织目标必须具有协调性

由于组织目标的多样化，往往在这些目标中会出现相互冲突的目标，比如目标的经济性与目标的社会生态性之间的矛盾，企业常常为了增加盈利而放弃维持生态环境目标的追求。因此，管理者在制定组织目标时应尽可能在多样化的目标之间进行平衡，以协调多重目标之间的矛盾冲突。松下幸之助认为企业的使命是向社会提供价廉物美的产品，那么经营就要强调经济性，尽可能地降低成本，选择交通方便、原料供应容易的地方建厂，但由于这样的地方大部分是在城市及其周围，这就导致城市企业林立、人口过密、交通拥挤和犯罪增多，而农村则人口稀少、景象冷落，这是一种社会生态恶化的现象。因此，他强调企业应该兼顾经济性和社会生态性，并把它作为公司的一大方针，在人口流失严重的各县建立松下电器工厂。

（六）组织目标必须与奖励挂钩

目标实现的最终结果在某种程度上取决于工资增加和职位提升的程度，而奖励是建立在目标实现的基础上，对目标实现者就应该予以奖励，奖励赋予了目标的意义和重要性，有助于激励员工实现目标。目标不能实现通常是由于存在员工无法控制的因素，比如，未达到财务目标通常与行业不景气、市场需求下降有关，所以员工难以实现既定目标。但是，如果员工在困难的条件下实现了部分目标，奖励也是合乎情理的。

五、组织目标的制定过程

一般说来，确定组织目标需要经历调查研究、拟定目标、评价论证和选定目标四个具体步骤。

（一）调查研究

在制定组织目标的工作中，首先必须进行大量的调查研究工作，并对已经做过的调查研究成果进行复核，进一步整理研究，把机会与威胁、长处与短处、自身与对手、需要与资源、现在与将来加以对比，搞清楚它们之间的关系，才能为确定组织目标奠定比较坚实的基础。调查研究一定要全面进行，但又要突出重点，主要侧重于企业与外部环境的关系和对未来变化的研究与预测上。

（二）拟定目标

拟定组织目标一般需要经历两个环节：拟定目标方向和拟定目标水平。首先在既定的组织经营领域内，依据对外部环境、需要和资源的综合考虑，确定目标方向。其次，通过对现有能力与手段等诸种条件的全面估量，对沿着战略方向展开的活动所要达到的水平也作出初步的规定，这便形成了可供决策选择的目标方案。

在确定组织目标的过程中，必须注意目标结构的合理性，并要列出各个目标的综合排列次序。在满足需要的前提下，要尽可能减少目标个数。一般采用的方法是：把类似的目标合并为一个目标；把从属目标归于总目标；通过计算形成一个单一的综合目标。此外，企业领导还要注意充分发挥参谋智囊人员的作用。要根据实际需要与可能，尽可能多地提出一些目标方案，以便于对比优选。

（三）评价论证

组织目标拟定以后，就要组织多方面的专家和有关人员对提出的目标方案进行评价论证。论证和评价要围绕目标方向是否正确进行，要着重研究拟定的组织目标是否符合企业精神，是否符合企业整体利益与发展的需要，还要论证组织目标的可行性。论证与评价的方法，主要是按照目标的要求，分析企业的实际能力，找出目标与现状的差距，然后分析用以消除这个差距的措施。对消除这个差距有足够的保证，就说明这个目标是可行的。也要对拟定目标的完善化程度进行评价，要着重考察目标是否明确、目标的内容是否协调一致以及有无改善的余地。

如果在评价论证时，人们已经提出了多个目标方案，那么这种评价论证就要在比较当中进行。通过对比，权衡利弊，找出各种目标方案的优劣所在。

目标的评价论证过程，也是目标方案的完善过程。要通过评价论证，找出目标方案的不足，并想方设法使之完善起来。如果通过论证发现拟定的目标完全不正确或根本无法实现，那就要回过头来重新拟定目标，然后再重新评价论证。

（四）选定目标

选定目标要从以下三个方面权衡各个目标方案：目标方向的正确程度，可望实现的程度，期望效益的大小。对这三个方面要做综合考虑。在选定目标时，要掌握好决断的时机，既要防止在机会和困难没有搞清楚前就轻易决断，也要反对无休止的拖延和优柔寡断。

从调查研究、拟定目标、评价论证一直到选定目标，这四个步骤是紧密联系在一起的，要前后照应协调进行。

第二节　目标管理

一、目标管理的基本思想

目标管理 MBO(Managing By Objective)也称为成果管理，它是以泰罗的科学管理和行为科学理论为基础形成的一套计划执行实施的管理制度。目前，目标管理已经发展成为一种被各种组织实施计划的主要管理手段。在层层展开组织目标、落实组织计划方面，目标管理通常被认为是有效的管理模式，有利于职工参与，调动下级积极性，激发实现计划的能动性。

美国管理学家德鲁克对目标管理做出了重大贡献。有人认为，德鲁克在1954 年出版的《管理的实践》一书中最早提出了目标管理的思想。德鲁克提出目标管理的思想是出于人类的任何活动都具有目的性的考虑，即人们在做任何事情时，首先必须知道他们的目标是什么，哪些活动有助于实现这些目标以及如何完成目标等。他在分析古典管理理论和行为科学理论的基础上，认为古典管理理论偏重于以工作为中心，而忽视了人的一面；行为科学理论又偏重于以人为中心，而忽视了人同工作相结合。这就需要有一种管理方法，将上述两种思想综合起来，将为实现组织目标所需做的工作和做这些工作的人结合起来，通过鼓励工人参与管理，使人们感觉到工作的兴趣和价值，从工作中满足其自我实现的需要。在个人需要得到满足的过程中也实现了组织的目标。所以，德鲁克强调指出："凡是业绩影响企业健康成长的地方都应设立目标，通过设立目标使下级进行自我管理和控制，将组织成员的个人需要和组织目标的实现结合起来。"通用电气公司率先在实践中实施目标管理，取得较好的效果。我国企业中实行的指标层层分解的经济责任制，可以说是一定意义上的目标管理，其成效也是十分显著的。

美国管理学家道格拉斯·麦克雷格认为在目标基础上进行的工作评价，是把评价的中心放在工作成效上而不是放在个人品格上，这样的评价方法使评价具有建设性，可以激发人们的工作热情，并能促使员工成长和发展。美国学者爱德华·施莱在他的专著《成功管理》一书中，强调了目标管理的重要性。他认为，管理目标规定了每个人在一个特定时期完成的具体任务，从而使整个管理部门的工作能在特定的时刻内充分地融合为一体。

二、目标管理的基本步骤

目标管理是管理层和员工为每个部门、项目、个人设定目标，并用这些目标监控后续绩效的方法。孔茨认为，目标管理就是用系统化的方式把许多关键的管理活动集中起来，有意识地引导他们并高效地实现组织和个人的目标。目标管理的实施过程见图 4-1。

(一)目标设定

这是目标管理的第一步，也是最重要的阶段。目标设定必须有各层员工的参与，必须超越日常事务。一个好的目标应该具体可行，能提供具体的任务和时间框架，并且赋予职责。目标可以是定性的，还可以是定量的，这要取决于结果是否可以量化。定量目标用数字予以表达。定性目标需要运用陈述，如"改善服务减少顾客抱怨"。目标应该共同设定。主管和员工达成双边协定是促进目标实现的最好承诺。在采用项目团队的情况下，所有成员都应参与目标的设定。

(二)制订行动计划

行动计划详细说明了实现既定目标所需的行动进程,个人和部门都需要有行动计划。

(三)检查进度

定期检查进度对于保证行动计划有效实施至关重要。这种检查可在管理人员和其下属之间非正式开展。定期检查可使管理人员和员工看清他们是否是沿着既定目标前进,或其行动计划是否需要改变。管理人员和员工不应受制于预先制定的行动计划,而应该乐于采取各种能产生有利结果的行动步骤。目标管理的要点是实现目标。任何时候,只要不能达到预期目标,就应该改变行动计划。

(四)评估整体绩效

目标管理的最后一个步骤是严格评估个人和部门是否实现了其年度目标。是否实现目标成为绩效评估体系的一个组成部分,成为提高工资和发放其他奖励的依据。对部门和公司绩效的整体评估结果也会影响下一年度目标的制定。目标管理循环以年度为单位重复进行。目标管理的具体应用必须结合各公司的实际需要。

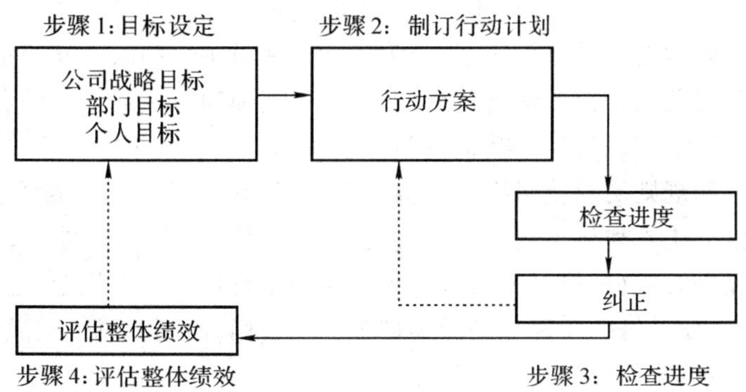

图 4-1 目标管理的实施过程

三、目标管理的优缺点

英特尔、杜邦等许多公司都采用了目标管理法。许多管理人员认为目标管理法是最有效的管理工具,认为采用目标管理体系可以有效引导目标的实现。正如许多管理方法一样,目标管理使用得当则产生收益,使用不当则出现问题。表 4-2 总结了其优点和缺点。

表 4-2 目标管理法的优点和缺点

MBO 的优点	MBO 的缺点
①使管理者和员工集中精力从事有助于实现目标的各项活动	①变化不定影响目标管理的恒定
②绩效可以在各个层面得以改进	②不良的劳资关系会降低目标管理的效率
③激励员工	③战略目标有可能被运营目标替代
④部门和个人目标与公司目标保持一致	④僵化的组织和价值观阻碍员工的参与，损害目标管理的进程
	⑤文件过于繁杂使目标管理丧失活力

总之，当管理人员和员工把精力集中于目标时，公司目标就容易得以实现。当员工致力于目标的实现时，公司业绩则得以改善。因为员工可以参与决策所期望的结果，所以他们得到激励，可以自由发挥才智。基层目标与高层目标同等重要，并且有助于高层管理目标的实现。

当公司面临不断变化的情境时，目标管理则容易产生问题。为便于衡量工作绩效，环境和内部行为必须保持一定的稳定性。每隔几个月就又制定新的目标，原有行动计划和评估体系会因为时间短而无法生效。同样，不良的劳资关系也会影响目标的有效实现，因为管理者和员工之间缺乏互相信任，有时如果员工仅仅关注他们的运营目标，会不利于其他项目组或部门的利益，还会出现目标的"置换"。过度重视运营目标会损害整体目标的实现。同样，在严格界定任务和规则的僵化组织中也会出现问题，因为这种组织没有遵从目标管理所主张的主管和员工之间共同确定目标的管理规则。此外，当参与式管理得不到鼓励时，员工将丧失与管理者共同制定目标的培训机会，也难以体现价值。最后，如果目标管理不是激励员工实现目标，而是变成了完成文书工作的过程，则项目管理也就成为空手操练。

第三节 目标制定和运用技巧

设定目标是管理的首要任务。但是，在管理实践中，怎样制定有效的目标以及怎样运用目标实现有效的管理，仍然是很多管理者为之困惑的问题。

一、目标制定中的问题

(一)目标能否被事先预定

在稳定的环境中,由于变化幅度不大,人们可以根据前几年的情况,结合当年环境可能发生的少量变化,大致估计出当年可以实现的目标。但在多变的环境中,由于未来各种因素的变化难以预计,我们确实很难根据前几年的情况来比较准确地推断当年可能达到的目标。即使根据对现有基础的认识和对未来变化的预计确定了一定的目标,这一目标与实际业绩之间还是会有很大的差距。

那么这是否意味着在多变的环境中目标无法制定或没有必要事先制定目标呢? 目标难以从现状出发预先确定并不意味着我们就不需要事先确定目标或难以在事先确定目标。目标是在未来的一段时间内要达到的程度,它既可以从现实出发来预定,也可以根据我们内心的追求来确定。因此,如果我们难以从现状出发,根据对未来的预计确定目标时,我们可以从使命和远景出发,倒推我们在未来一段时间内应该达到的程度,或根据竞争的需要,推测我们在未来一段时间内必须达到的程度,以此作为目标;或结合两方面推测,综合形成目标。

与此同时,还可以根据环境可能发生的变化大小,以理想目标为基准,向下确定一个确保目标值(不管环境发生怎样的变化都必须实现而且能够实现的目标),并将目标与报酬挂钩:达到确保目标值可能获得基本年薪;达不到确保目标值相应扣减基本年薪并给予调岗等相应处罚;实际业绩在确保目标值和理想目标值之间,按比例给予一定的绩效年薪;超过理想目标值,按超额的幅度大小给予重奖。以此促使组织成员充分发挥主观能动性,克服环境多变所带来的各种困难,在多变的环境中脱颖而出。

(二)怎样的目标表述是符合要求的

目标的全部意义在于指导组织成员向所期望的方向努力并力求达到所期望的程度,因此,任何一个目标的制定都必须明确以下四方面的内容:

(1)目标内容。阐明应该做什么工作或哪一方面的工作。

(2)时间要求。明确要求在何时或在多少时间内达成。

(3)目标程度。阐明最终所期望得到的结果、达到的程度或状态。

(4)衡量方法。说明目标程度如何衡量,即结果或状态的具体衡量方法。

上述四方面内容的表述必须符合表 4-3 所列的五方面要求。

表 4-3　目标制定要求——SMART

表述要求		要求解释
总体要求	具体的 (Specific)	明确不含糊,能使员工明确组织期望他做什么,什么时候做以及做到何种程度。同时,每一层面的目标数量要有一定的限制,既然组织的资源是有限的,我们就只能将努力集中于最重要的事情上,目标太多会使组织成员无所适从;目标的表述要简明扼要、易懂易记,目标越容易理解,就越容易起到作用
目标值	可衡量 (Measurable)	如果目标无法衡量,我们就无法检查实际与期望之间的差异,从而无法指导人们不断改进工作,无法使目标的作用落到实处。为此,除要明确目标内容的具体衡量方法外,目标值不应该用形容词,要尽可能用数字或程度、状态、时间等准确客观表述,衡量方法不应是主观判断而应是客观评价
	能实现 (Attainable)	目标值应尽可能高而合理,过高或过低都会影响目标作用的发挥
目标内容	相关联 Relevent	目标是实现公司使命和远景的重要工具,目标内容的确定必须与公司宗旨和远景相关联。在分解目标时则应与员工的职责相关联,使组织的目标成为员工日常工作的一部分
时间要求	有时限 Time-bound	目标必须有起点、终点和固定的时间段。没有确切的时间要求,就无法检验;没有时间要求的目标,容易被拖延,即一项没有截止期限的目标常常是一项永远不会完成的目标

(三)目标是否一定要以书面形式明确

管理者常常忘记向下属清楚地说明下一阶段的基本打算。如果下属对组织的目标一无所知,我们就无法期望他们参与到目标的制定中来,并为实现目标而努力。因此,管理者必须向下属阐明组织的目标。口头介绍是很好的办法,它可以激发人们的热情。但在做过口头介绍之后,一定要形成书面备忘录。每个人的目标都应该以书面形式记录下来,并且尽可能详细。

许多管理者似乎对书面形式有一种抗拒,一提到书面记录,就会联想到增加许多工作量。在某些情况下,情况可能确实如此,但对于目标来说,并非如此。书面记录可以帮助我们节省许多不必要的工作,让我们免掉以后因没做记录而产生的反复、误解、错误和沟通障碍。同时,书面记录有助于我们不断补充、更加准确描述、防备遗忘和可作为日后考核的依据。所以,目标应尽可能地以书面形式明确。

二、目标运用中的问题

(一)目标是否一成不变

目标的设置是建立在人们对于外部环境变化、自身实力和自身愿望的假设基础上的,这种假设有可能反映了客观事实,也有可能仅仅是我们的主观认识。环境、实力和追求都会随着时间变化,因此,应根据现有的对外部环境变化、自身实力和愿望的分析,制定出相应的目标;根据实施过程中三方面的变化情况,及时修订既定目标,形成新的目标。那种把基于环境、实力和愿望假设基础之上形成的目标当成是一成不变必须严格履行的观点是错误的。

(二)怎样将组织目标与每一个员工的日常工作相关联

组织的目标必须转化为各项工作,如果只是将其作为一种意愿的表达,那么这些目标便形同废纸。而要转化为目标,就必须是具体的、清晰的和可测量的,是一项“限期”完成的特定的责任指派。如何将组织目标与每一个部门和每一个岗位的工作紧密相连呢?

首先,根据组织的定位和总体目标要求确立组织内的分工协作关系,设计部门设置方案,明确各部门的职能、内部的岗位设立和人员定编,将实现组织总体目标所必须开展的各项工作分解落实到各部门、各岗位。

其次,根据总体目标制定年度工作目标,并结合各部门职能分工,将其分解落实到各部门,形成各部门的年度工作目标;在执行过程中,进一步根据组织年度工作目标形成月度工作计划,明确组织为了实现年度目标在该月要完成的各项工作及其目标要求;再进而形成各部门月度工作计划,由各部门月度工作计划结合各岗位职责分工,明确各岗位在该月要完成的工作以及各项工作目标要求;检查督促各岗位、各部门完成既定的计划,再根据当月计划完成情况,结合年度工作计划形成下月计划,循环往复,直至完成既定目标。

与此同时,在将组织目标分解落实到各岗位以外,在实施过程中还要注意遵循以下几条原则:

(1)做好计划安排,先做最紧要的事。

(2)做好时间管理。

(3)做好检查纠偏和奖罚工作。

【案例研究】

70则精辟的管理思想(二)

精粹31:他是公司里的“老大”,也是最大的祸根

大家都是人,都有各自的好恶。任人唯亲会激起他人的不满。如果某人和经理是同乡或是亲戚,因此而被提升,这样会使大家士气大减。

精粹32:弯着身子,尽量公正地待人处事

如果上级对一切事情都能公正无私,下级就会原谅他的许多缺点。有这么一种领导,他们的记忆力有时好有时坏。一旦出了问题,他就会推卸责任。还有一种领导会许下各种诺言,但到了落实的时候,他就会一推再推,还会说情况有了变化等等。你守信用,对下级坦诚,他们就会从心里尊重你,服从你。

精粹33:看一看

未经过商量,他便自作主张乱下“指示”,这会带来什么麻烦?管理人员通情达理,工作人员就会接受任务。但是如果要下级服从你的指示,就必须在下指示之前先与有关的人商量一下。

精粹34:不要异想天开

你可以向往娶个十全十美的妻子,但却不可以希望下级都是十全十美的人。一位合格领导应该能够尽量发挥现有人员的积极性。人与人之间的差别太大了——有善良的,有勤劳的,有懒惰的,有自私自利的。好领导不那么容易气馁,所以他才能卓有成效。

精粹35:不走运的比尔

他刚安排好度假的日程,突然假期被取消了。在公司里,取消下级既得的利益,会产生很坏影响。因此凡批准一项计划,应该经过谨慎的考虑;一旦批准后,就不要随意取消。

精粹36:我是这儿的头儿

这似乎在示威,他要让所有的人知道他是当官的。实际上这样做什么效果也没有,下级只会认为他是一个自负的混账。一个人提升后,最重要的是谦虚,千万不要耍威风。

精粹37:危机是可以避免的

上千个人一起工作,免不了会出乱子。但要记住,许多危机是可以事先防范的。好的管理人员应该预先提醒上级,哪些是可能发生的危机。

精粹 38:象牙之塔

总经理就住在那里,他坚决不让下级知道任何消息。他大概怕消息会传到世界各地,这想法真是荒谬。如果不信任下级,不让他们知道公司里有哪些业务,他们也用不着为你卖命。

精粹 39:不少合理化建议没有机会被采纳

因为负责人没有预先跟有关人员商量。你伤了他人的自尊心,就很难得到他人支持。在采取行动之前,一定要先与有关人员磋商。

精粹 40:步前人后尘

这些管理人员已经准备接替前任得到晋升了,因为他已经让下级进行了充分的训练和实习,以便接手新的工作。一个管理人员做得成功与否,要看是否给下属以适当的锻炼机会。

精粹 41:就像轮子上的齿轮

这个比方并不牵强,其实我们对待下级的方法,常常产生同样的情形。他们情绪不高,工作不主动,无精打采。因为他们的工作天天如此,没有人答理他们。也没有告诉他们,他们所制造的是货车还是挖土机的零件,这些零件要被送往何处。应采用另一种办法,为他们着想,让他们知道公司的生产计划,这样他们会产生很高的情绪,生产率会马上提高。

精粹 42:说服工作

管理人员有权力命令下级做事,但若用说服的办法,就会事半功倍的。谁也不愿意被人支使,最好的办法是在分配工作任务的时候,加上"请你"、"如果你不介意的话"、"不知道你是否愿意"这类的语句。这样做,定会产生更理想的效果,下级也会心悦诚服,所以分配工作任务时,要采取多种方式。

精粹 43:自以为是的拿破仑

他可能是世界上的伟人。但拿破仑也没有好下场。在工作单位,千万别做独裁者,遇事不跟别人商量,自作主张,乱发命令。使用独裁做法你自己觉得威风,也许能取得短暂的胜利,但是到头来还是你自己惨遭失败。强暴、压力,带来的只是一时的威风。

精粹 44:即使是董事长的铅笔也有一头带着橡皮擦

我们都可能犯错误,所以铅笔的一头都有橡皮擦,连董事长的铅笔也不例外。不要怕认错,因为我们无法做到百分之百的正确。

精粹 45:大家都不愿做任人摆布的木偶

人们不喜欢管理人员独自安排一切,他们也想参与制订计划,觉得这工作也有他们的份儿。没人甘心做木偶,任人随意摆弄。

精粹46:很自然这位管理人员会取得满意的效果

他不自以为比别人聪明,但他能发挥每个人的积极性。在做每件事之前,他都听取别人的意见。这样,他使得大家心往一处想,劲往一处用,因此能够听到许多好建议。

精粹47:规章制度不是儿戏

机构里的规章制度不能经常变动。人人都应该清楚,如他们努力工作,多年后便可以达到职位。这样才好让大家遵守所制定的有关规定。

稍有一点违背原则,人们就会看得到,别以为可以瞒住大家。否则麻烦就来了:"我怎样处理呢?"等等。不可把重要的事当成儿戏。

精粹48:如此阿谀奉承

看看这位管理人员在怎样阿谀上司。谁都应对总经理以礼相待,因为他有着至高无上的权力。但是,从一个人怎样对待小人物却可以反映出他的为人。"要看大人物的性格,不妨看看他如何对待小人物。"

精粹49:当拉拉队队长

如果把一个团体比作一支拔河队,那么你一定要去当拉拉队队长,这要比去当拔河队里最强壮最有力的那个队员要好得多。

精粹50:运气真好

遇到困难,正常人的反应是:这可怎么办? 可你应该换一种方式,对部下说:咱们的运气真好,又到了显示能力的时候了! 你的乐观和积极会变成促进下属的巨大动力。

精粹51:优柔寡断

下属最害怕听到上司说:"我现在无法下决定,我很苦恼,我也没办法。"你的优柔寡断会使下属变成一群无头蚂蚁,既找不到食物,又找不到回家的路。如果真面临这种无法决断的情况,你首先要做的就是听取下属的意见,即使你没有得到最上策,也会从中得到启发。

精粹52:试试看

当你向下属交待一项任务时,对下属说"这事你试着办一办"是错误的。下属回答说"试试看"也是错误的。"试试看"后面的潜台词就是"反正办不成我也不管"。要让下属养成这样的口头语:"这事我来办!"

精粹 53:让下属难堪

当你已经有三次连续让下属难堪而你内心很快意时,你就要注意反省了:这很可能是你自己内心不安定的表现,就像小孩子为引起全家注意而故意淘气一样。

精粹 55:都忙

如果你经常向下属抱怨自己有多忙,那就错了。下属会认为,你要是真忙的话,那么对下属抱怨的时间都不该有。下属的想法是:你现在干的所有工作都是你的精力所能承担得了的。下属最典型的说法是:我们也忙,我们都没有时间对你说。正确的做法是:把工作都合理地分配出去。

精粹 56:提出问题

抱怨下属只提出问题却不想办法,这是不正确的。能提出问题就证明他在思考。你鼓励他而不是指责他,下一步他就会想出办法来。

精粹 57:高人一筹

上司拥有决策权和领导权,但是如果上司总想比下属高出一筹,这会挫伤下属的积极性。比如下属拿出一份提案,上司就一定要拿出自己更好的,或把下属的想法改头换面据为己有。每个人都会回避过于自负的人。

精粹 58:信任感

如果你对下属的能力经常怀疑,那你就想法换掉他。否则你事事参与、过问,甚至监督下属工作的话,下属会因此放弃自己的创造性,完全按照你的"正确指示"去工作,而保留自己的常识、经验甚至灵感,进而形成下属不是放开手脚去做,而是一边猜测你的意图一边做。你用挑剔的眼光去观察,下属的缺点很容易暴露出来,你就会加重不信任,加重监督。下属也在摸索中成长,只要他还没有放弃,你就该给他宽松的环境。

精粹 59:成功陷阱

总在心里把玩曾经的成功是很有害的,它会让你变得固执。经验是需要更新的,过去的成功绝不能保证今后的胜利,适当的改变才能使你绕开成功陷阱。

精粹 60:忠诚

假如你对更高的上司过于忠诚,有些甚至连你的下属都能判断出来的错误决断,你也不想法顶住,而是一味盲从进而损害了大家的利益,那么,你的上司得到了你的忠诚,而你却失去了下属的忠诚。正确的做法是你要发动大家一起想办法来顶住,这时如果实在顶不住了,你的下属也会认为你和他们站在一起。

精粹 61:认真倾听

对任何下属的建议你都该认真倾听。在通常情况下,下属都会经过深思熟虑才提出建议,如果你用简单的一个“不”字就把他否定了,他会从此失去创造的信心。而倾听和讨论则会使下属认清自己的不足,并有机会充实和提高。

精粹 62:称赞下属

经常称赞下属,尤其是对外人称赞下属,会让人觉得你是一个有能力的人。这种称赞会辗转传回下属的耳朵,他由此得到的快乐要比你直接称赞他强几倍,他自然会更加热爱工作。而如果总对外人抱怨下属则会让人觉得你的无能,至少会认为你没能物色到出色的人选。

精粹 63:自满情结

没有任何下属热心工作是为了满足你的自满情绪,当你夸奖自己时一定要带上你的下属,否则下属会有意制造麻烦。

精粹 64:面对失败

每个人都有失败的经历。如果你遇到失败,要第一个从阴影中摆脱出来。如果你迟迟不能自拔,因此对下属发泄,那就会完全失掉下属的向心力,要知道,他们失败后的痛苦是和你一样沉重的。

精粹 65:关心下属

关心下属的生活永远都不错。尤其是在东方,饱含人情味的关切话语能营造一个良好的工作氛围;实际为下属解决一两件生活小难题,下属会把这当故事讲给别人听,这就是他拿快乐与人分享。而你给他带来快乐,他自然会加倍努力来回报你。

精粹 66:辉煌经历

下属并不喜欢听上司讲自己过去的辉煌经历,因此你要杜绝自己总是说:“我过去……”每个人都有倾诉的愿望,但谁也不希望对方把自己当永远的听众一遍又一遍地听你说自己的英雄壮举。如果你反复讲自己过去如何了不起,那丝毫唤不起下属的尊崇,相反,下属会产生反感,甚至以为你是在用过去的辉煌来抚慰自己现在的无能。

精粹 67:升迁

你要相信:所有的下属都会希望你得到升迁,因为只有你升迁了,下属中的一个人才有可能上一个台阶。如果你想得到升迁,至少要注意以下几点:

①不要逢人就讲升迁的打算。②要与自己的上司保持亲密关系。③表现坚定、积极,有活力。④不要造成无人能接替你的局面。⑤不要让人感觉你只能做一种工作。

精粹68:信赖感

最容易得到也最容易失掉的是下属对你的信赖。信赖产生于你的言行一致上。如果你说到却没做到,你就会失去信用。

精粹69:保守秘密

秘密好比俘虏,放走秘密,只有严惩看守。你对下属说"这件事千万不要对别人说……"时就已变成了一个该受处罚的看守了。上层的决策也许对你来说压在心里不好受,但是如果你透露给了下属,下属反而就失去了对你的信任。因为秘密必须由知道秘密的人自己严守。

精粹70:批评下属

当着一个下属的面批评另一个下属是最严重的失误。拿两个人做比较的结果是:评价差的人会因此失去自信心,甚至以后做不好工作也对自己的无能没有负罪感,因为你已经无数次地确认了他的无能。评价好的人也会因用同事的牺牲换取了自己的好评而内心不安,甚至会招致下属的集体排斥,因此,他会有意无意地放松自己,以争取与同事重新站回一排。如果你想成为一个好上司,就该修正自己。

——《牛津管理评论》ICXO.COM,2006年8月31日

【思考题】

1. 组织目标的特点是什么?
2. 目标制定的基本原则有哪些?
3. 组织目标的制定步骤是什么?
4. 目标管理的基本步骤是什么?

第五章
管理决策

【内容提要】

决策是管理的核心。本章着重介绍决策的特点、类型，并分析决策的一般步骤及影响因素，介绍现代决策的主要方法。

【本章重点】

1. 决策的特点与类型。
2. 决策的一般过程及影响因素。
3. 现代决策方法。

第一节　决策及其类型

一、决策的含义与特点

所谓决策，从广义上讲，就是作出决定，即人们为实现一定的目标所作的行为设计及其抉择。从这个角度来看，决策存在于社会生活的各个领域、各个层面，大到国家的社会管理，小到个人生活中的行为选择。从狭义上讲，决策是指社会组织在管理活动中所作的决定，是社会组织为实现一定的目标或解决面临的问题制订行动方案并加以优化选择的过程。

理查德·施奈德将决策界定为："决策是一个过程，它是指决策者为达到想象中未来事务的状态，从社会所限制的各种途径中，选择一个行动计划的过程。"①

---

① Richard C. Snyder, H. W. Bruck and Sapin(eds.), Foreign Policy Decision-making: An Approach to the Study of International Politics, New York: Free Press of Glencoe, 1963, p90.

决策是一个动态的过程。特别是一些关系到组织生存与发展的重大决策活动往往表现为一个非常复杂的互动过程。当然,由于决策目标的大小不一,决策内容难易不同,所以决策过程并不完全相同。

决策一般具有下列特点或属性:

(一)决策的前提:要有明确的目的

决策是为实现组织的某一目标而开展的管理活动,没有目标就无从决策,没有问题则无需决策。决策的目标可以是一个,也可以是相互关联的几个形成的一组。在决策前,要解决的问题必须十分明确,要达到的目标必须具体,且可衡量可检验。

(二)决策的条件:有若干个可行方案可供选择

决策最显著的特点之一就是它是在多个可行方案中选择最优方案,"多方案抉择"是科学决策的重要原则;决策要以可行方案为依据,决策时不仅要有若干个方案来相互比较,而且各方案必须是可行的。

(三)决策的重点:方案的比较分析

决策过程实际上是一个选择的过程,选择性是决策的重要特征之一。每个可行方案都具有独特的优点,也隐含着缺陷,因此,必须对每个备选方案进行综合分析与评价,确定每一个方案对目标的贡献程度和可能带来的潜在问题,以明确每一个方案的利弊。而通过对各个方案之间的相互比较,可明晰各方案之间的优劣,为方案选择奠定基础。

(四)决策的结果:选择一个满意方案

在目标确定之后,就要为实现目标寻求有效的途径,即提出各种备选的行动方案。方案拟订并非多多益善,因为人们不得不考虑各种资源条件的限制,但只提出一种方案肯定也是不可取的做法。生活中,人们习惯上把只有一个方案可供选择、没有其他选择余地的选择称为"霍布森选择"。在情况非常严峻,无其他路可走时,霍布森选择也有可能带来好的结果,如韩信的"背水之战"。但原则上讲,在绝大多数的情况下它都不会有好的结果。每种方案各有所长,也各有所短,在选择过程中,只有通过综合比较和评估,才能在备选方案中判断出哪个最优、哪个较优和哪个不优。

科学决策理论认为,追求最优方案既不经济又不现实。因此,科学决策要遵循"满意原则",即追求的是诸多方案中,在现实条件下,能够使主要目标得以实现,其他次要目标也足够好的可行方案。

(五)决策的实质:主观判断过程

决策是人作出的,所以必然受到人的主观意志的影响。决策有一定的程序和规则，但它又受诸多价值观念和决策者经验的影响。在分析判断时，参与决策人员的价值判断、经验会影响决策目标的确定、备选方案的提出、方案优劣的判断及满意方案的抉择。因此，决策从本质上而言，是管理者基于客观事实的主观判断过程。

正因为决策是一个主观判断的过程，因此对于同一个问题，不同的人有不同的决策选择结果是正常现象。尽管如此，在管理实践中，还是要求管理者能够在听取各方面不同意见的基础上，根据自己的判断作出正确的选择。

二、决策的类型

决策根据它所要解决的问题的性质和内容，可以分成许多不同的类型。管理者在决策前，首先要了解所要解决问题的特征，以便按不同的决策类型，采取不同的决策方法。

（一）按照决策目标的影响程度不同，可分为战略性决策、战术性决策和业务性决策

战略性决策是指关系到组织的生存发展的全局性、长远性问题的决策。如企业的经营目标、方针，产品的更新等的决策。这类决策对于组织的发展具有重要的意义，一般涉及的时间较长，范围较宽。由于所要解决的问题大多比较抽象、复杂并且常常是以前没有遇到过的，因此管理者常常要借助于自己的经验、直觉和创造力进行判断。战略决策一般由高层管理者作出。

战术性决策又称为策略决策或管理决策，如企业生产计划和销售计划的确定、新产品设计方案的选择、新产品的定价等。这类决策是为了保证战略决策的实现所作出的，所面临的大多是实施方案的选择、资源的分配、实际业绩的评估等方面的问题，比较具体，带有局部性且灵活性较大。这些问题大多可以定量，可以进行系统分析。但当组织处于动态环境中时，由于预测困难，有时也较多地依赖于管理者的经验判断。这类决策大多由中层管理者作出。

业务性决策是指在日常业务活动中为了提高效率所作的决策。如生产任务的日常安排、工作定额的制定等，一般由基层管理者作出。这类决策所要解决的问题常常是明确的，决策者知道要达到的目标、可以利用的资源，知道有哪些途径，也知道可能的结果，一般可以采用分析工具来帮助抉择。

（二）按照决策是否具有重复性，可分为程序性决策和非程序性决策

程序性决策，也称例行决策、常规决策，它是指经常发生的能按规定的程序和标准进行的决策，多指对例行公事所作的决策。由于这类问题经常重复出现，因而可以把决策过程标准化、程序化，可通过惯例、标准工作程序和业务

常规予以解决。如退货的处理、请假的批准等。

非程序性决策，它通常要处理的是那些偶然发生、无先例可循的、非常规性的问题。在这种情况下，决策者难以照章行事，需要有创造性思维。如新产品的开发、多样化经营等。

(三)按决策条件(或称自然状态)的可控程度，可分为确定性决策、风险性决策和不确定性决策

所谓自然状态，是指决策面临的未来环境和条件。确定性决策面临的是一种比较确定的自然状态，可选方案的预期结果是相对明确的，因而方案之间的比较和择优是不难做到的。风险性决策面临的是多种可能的自然状态，可选方案在不同自然状态下的结果不同，未来会出现哪一种自然状态，事前虽难以肯定，但却可以预测其出现的概率。不确定性决策是指各备选方案可能出现的后果是未知的，或只能靠主观概率判断时的决策。它与风险性决策条件基本相似，不同的只是不能预测未来自然状态出现的概率，因而不确定因素更多，决策风险更大。

(四)按照决策权限的制度安排，可分为个人决策与群体决策

个人决策是决策权限集中于个人的决策，受个人知识、经验、心理、能力和价值观等个人因素的影响较大，决策过程带有强烈的个性色彩。群体决策是决策权由集体共同掌握的决策，虽然受个人因素的影响较小，但受群体结构的影响较大。在群体决策中，参与者的互动既可能导致优势互补，也可能导致弱势叠加。对个人决策与群体决策的优劣要进行客观分析。

(五)按照后来决策与先前决策的一致性程度，可分为激进型决策与保守型决策

激进型决策是对先前决策的目标、手段有突破性改变和创新性作为的决策，它要求决策者敢于变革，勇于进取。保守型决策是对先前决策或维护保持或进行微调的决策，它要求决策者保持稳定，渐进变革。原则上讲，激进与保守无所谓孰优孰劣。

此外，按照决策影响的时间长短，可以分为长期决策、中期决策和短期决策；按照决策者在管理系统中所处的层级不同，可以分为高层决策、中层决策和基层决策；根据决策思维的方法不同，可以分为直觉决策、经验决策和推理决策；等等。

三、决策的作用

决策是管理者从事管理工作的基础，在管理活动中具有重要的地位和作用。

(一)决策贯穿于管理过程始终

西蒙认为,管理就是决策。决策是管理者经常要进行的工作,管理者的主要意图需要通过决策来实现,决策贯穿于组织的各项管理活动中。如表 5-1 所示,从目标的确定、资源的分配、组织机构的建立、人员的招聘及对下属的奖惩、纠偏措施的实施等,都需要管理者做出决策。

表 5-1 决策贯穿于管理各职能

计划	组织
什么是组织的长远目标? 采取什么策略来实现组织目标? 组织的短期目标应该是什么? 组织资源如何配置?	需要招聘多少人员? 工作如何分配? 权力如何分配? 采取何种组织形式?
领导	**控制**
如何对待积极性不高的员工? 在一定环境中采用何种领导方式为好? 如何解决所出现的纷争? 如何贯彻某项新措施?	组织中哪些活动需要控制? 如何控制这些活动? 偏差多大时才采取纠偏措施? 出现重大失误时怎么办?

(二)决策正确与否直接关系到组织的生存与发展

组织的兴衰存亡常常取决于管理者特别是高层管理者的决策正确与否。长期以来,决策是以个人的知识、智慧和经验判断为基础的,这对于一些情况简单、容易掌握和判断的问题尚可应付,即使失误了影响也不大,易于扭转。但在现代,管理者所面临的许多复杂问题,已经远远不是经验决策所能解决的。很多问题都涉及巨额的投资、各方面利益的平衡及众多关系的处理,需要运用多学科的知识审慎判断;而竞争的加剧又需要反应灵敏、及时决策。这就要求决策必须科学化,并努力提高决策的准确率。

(三)决策能力是衡量管理者水平高低的重要标志

决策是一项创造性的思维活动,体现了高度的科学性和艺术性。有效的决策取决于三个方面:一是具有有关决策原理、概念和方法等知识;二是具有搜集、分析、评价信息和选择方案的娴熟技能;三是具备经受风险和承担决策中某些不确定因素的心理素质。由于管理者所面临的问题常常涉及众多的因素,错综复杂,因此需要管理者具有多方面的才能方可作出正确的决策,加上决策在管理中的重要作用,决策能力便成为衡量管理者水平高低的重要标志。

第二节　决策的过程及影响因素

一、决策的过程

决策的过程是指从分析问题到方案确定所经历的过程。决策是一项复杂的活动，有其自身的工作规律性，需要遵循一定的科学程序。在现实工作中，导致决策失败的原因之一就是没有严格按照科学的程序进行决策，因此，明确和掌握科学的决策过程，是管理者提高决策准确率的一个重要方面。

一般来说，决策过程大致包括如图 5-1 所示的几个步骤。

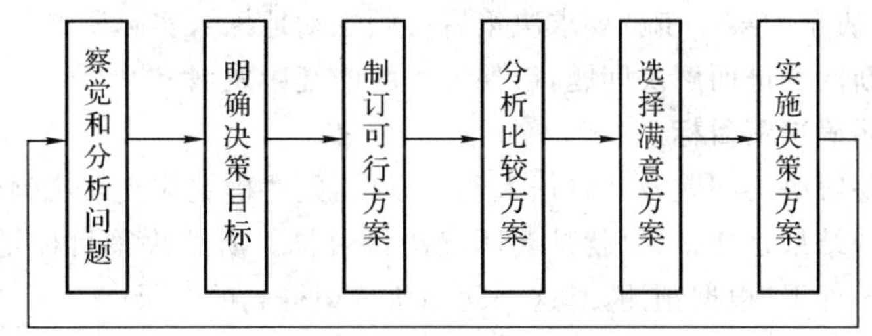

图 5-1　理性决策过程示意图

（一）判断问题——认识和分析问题

决策是为了解决现实中提出的需要解决的问题或者为了达到需要实现的目标。决策是围绕着问题而展开的。没有问题就不需要决策；问题不明，则难以作出正确的决策。

决策的正确与否首先取决于判断的准确程度，因此，认识和分析问题是决策过程中最为重要也是最为困难的环节。当然，在一个组织中总是存在许许多多的问题。例如在一个企业中，存在着企业如何在市场竞争中发展自己、开发什么样的新产品、开发新产品的资金如何筹措等问题需要解决。在一个具有两个或两个以上层次的组织中，仅仅将问题提出来是不够的，还必须在提出问题的基础上，对众多的问题进行分析，以明确各种问题的性质，弄清楚哪些是涉及组织全局的战略性问题，哪些只是涉及局部问题，哪些是非程序性的问题，哪些是程序性问题，由此确定解决问题的决策层次，避免高层决策者被众多的一般性问题所缠绕而影响对重大问题的决策。现代管理要求管理人员运用现代管理科学的“望远镜和显微镜”以及分析问题的系统化技术，揭开纷繁的现象，显示其本质和核心，以使管理决策立足于真正问题之源上。

作为一个高效率的管理者来说，必须时刻注视形势的变化，以免使自己因毫无思想准备而陷入被动状态。环境因素的许多暗示都会预示着是否面临决策的问题。管理者还应对环境的变化进行认真的分析，只有通过对各种预兆进行分析，才能透过表象看到环境变化的本质，才能找到造成问题的真正原因，对事物的发展作出超前的、正确的预计。不过，因为对形势的分析会受到决策者个人行为的影响，因此对同一现象，不同的管理者就可能得出不同的结果，自然也就作出了不同的决策。例如，日本索尼公司的盛田昭夫经常讲一个故事：两个卖鞋的商人旅行，来到非洲一个落后的农村地区，其中一个商人向他的公司发电报，说“当地人都赤脚，没有销售前景”；另一个商人也向他的公司发电报，内容却是“居民赤脚，急需鞋子，立即运货”。

因此，决策的第一步就要求决策者必须主动地深入实际调查研究，及时发现并提出新问题进而解决问题，以保证组织的健康发展。

(二)明确决策目标

在所要解决的问题及其责任人明确以后，则要确定应当解决到什么程度，明确预期的结果是什么，也就是要明确决策目标。所谓决策目标是指在一定的环境和条件下，根据预测，对这一问题所希望得到的结果。

目标的确定十分重要，同样的问题，由于目标不同，可采用的决策方案也会大不相同。目标的确定，要经过调查和研究，掌握系统准确的统计数据和事实，然后进行一定的整理分析，根据对组织总目标及各种目标的综合平衡，结合组织的价值准则和决策者愿意为此付出的努力程度进行确定。

(三)拟订可供选择的行动方案

决策实际上是对解决问题的种种行动方案进行选择的过程。为解决问题，必须寻找切实可行的各种行动方案。各种行动方案都有其优点和缺陷，决策要求以“满意原则”来确定方案。

在制订备选方案时既要注意科学性，又要注意有创造性。无论哪一种备选方案，都必须建立在科学的基础上。方案中能够进行数量化和定量分析的，一定要将指标数量化，并运用科学、合理的方法进行定量分析，使各个方案尽可能建立在客观科学的基础上，减少主观性。要充分发挥集体的智慧才能，让大家畅所欲言，充分发表自己的意见，然后通过集体充分的讨论，这样制订出来的备选方案往往会更有针对性和创造性。

(四)分析评价各行动方案

决策过程的第四步是对已制订的备选方案逐个地进行评价。为此，首先要建立一套有助于指导和检验判断正确性的决策准则。决策准则表明了决策者关心的主要是哪些方面，其中主要包括目标达成度、成本、可行程度等。然后根据这些方面来衡量每一个方案，并据此列出各方案满足决策准则的程度和限制因素，即确定每一个方案对于解决问题或实现目标所能达到的程度和所需的代价，及采用这些方案后可能会带来的后果。第三是分析每一个方案的利弊，比较各方案之间的优劣。最后根据决策者对各决策目标的重视程度和对各种代价的承受程度进行综合评价，结合分析比较结果，提出推荐方案。

（五）选择满意方案并组织实施

在对各方案进行理性分析比较的基础上，决策者最后要从中选择一个满意方案并付诸实施。

在决策的时候，要注意不要一味地追求最佳方案。由于环境的不断变化和决策者预测能力的局限性，以及备选方案的数量和质量受到不充分信息的影响，决策者可能期望的结果只能是作出一个相对令人满意的决策。

决策的实施要有广大组织成员的积极参与。为了有效地组织决策实施，决策者应通过各种渠道将决策方案向组织成员通报，争取成员的认同，对成员给予支持和具体的指导，调动成员的积极性。当然，最可取的方法是设计出一种决策模式争取所有的成员参与决策，了解决策，以便更好地实施决策。并且在方案实施的过程中还要对新出现的问题进行协调和解决。

（六）监督与反馈

这是决策过程中的最后一个步骤。一个决策者应该通过信息的反馈来衡量决策的效果。决策是一种事前的设想，在实际的实施过程中，随着形势的发展，实施决策的条件不可能与设想的条件完全相吻合，况且，在一些不可控因素的作用下，实施条件和环境与决策方案所依据的条件之间可能会有较大的出入，这时，需要改变的不是现实，而是决策方案了。所以，在决策实施过程中，决策者应及时了解、掌握决策实施的各种信息，及时发现各种新问题，并对原来的决策进行必要的修订、补充或完善，使之不断地适应变化了的新形势和条件。一项决策实施之后，对其实施的过程和情况进行总结、回顾既可以明确功过，确定奖惩，还可使自身的决策水平得到进一步的提高。比如，如果一个方案实施后达到了原来的要求，那么这一方案就达到了理想的效果；如果没有达到原来的要求，那么就要分析管理者是否对前一决策形势的认识和分析有错误或这一方案在执行过程中的方法是否正确，从而决定是对方案本身进行修改还是对实施的方法进行改变。

二、决策的影响因素

在一个决策过程中，影响决策的因素是比较多的，但是最重要的有如下几种。

（一）环境

环境特点首先影响组织活动的选择。比如，在一个相对稳定的市场环境中，企业的决策相对简单，大多数决策都可以在过去决策的基础上作出；如果市场环境复杂，变化频繁，那么企业就可能要经常面对许多非程序性的、过去所没有遇到过的问题。

此外，对环境的习惯反应模式也影响着组织活动的选择。即使在相同的环境背景下，不同的组织也可能作出不同的反应。而这种组织与环境之间关系的模式一旦形成，就会趋向固定，影响人们对行动方案的选择。

（二）过去的决策

“非零起点”是一切决策的基本特点。因此，当前的决策不可能不受过去决策的影响。在大多数情况下，组织决策绝不是在一张白纸上进行初始决策，而是对初始决策的完善、调整或者是改革。组织过去的决策是当前决策的起点；过去选择的方案的实施，不仅伴随着人力、物力、财力等资源的消耗，而且伴随着内部状况的改善，带来了对外部环境的影响。

过去决策对目前决策的制约程度，主要由过去决策与现任决策者的关系决定。如果过去的决策是由现任的决策者制定的，由于决策者通常要对自己的选择及其后果负责，也为了保证决策的连续性，因此决策者一般不愿对组织的活动进行重大的调整，而趋向于仍将大部分资源投入到过去未完成的方案执行中。相反，如果现在的主要决策者与组织过去的重大决策没有很深的渊源关系，则会易于接受重大改变。

（三）决策者的风险态度

决策是人们确定未来活动的方向、内容和行动的目标，由于人们对未来的认知能力有限，目前预测的未来状况与未来的实际情况不可能完全相符，因此任何决策都存在一定的风险。风险指的是一种不确定性。人们对待风险的态度是不同的，有人喜欢冒险，在多种选择中趋向于选择风险大的方案；而另一些人则不太愿意冒险，在多种选择中趋向于选择风险小的方案。因此，决策者的风险偏好对决策的选择就会产生直接的影响。

（四）组织成员对组织变化所持的态度

任何决策的制定与实施，都会给组织带来某种程度的变化。组织成员对这种可能产生的变化会表现出抵制或者是欢迎两种截然不同的态度。组织成员通常会根据过去的标准来判断现在的决策，总是会担心在变化中会失去什么，对将要发生的变化产生抵御的心理，则可能给任何新决策、特别是创新决策的实施带来灾难性的后果。相反，如果组织成员以发展的眼光来分析变化的合理性并希望在可能的变化中得到什么而支持变化，这就有利于新决策的实施，特别是创新决策的实施。因此，组织成员对变化的态度对决策的影响是较大的。在前一种情况下，为了有效实施新的决策，首先必须做好大量的工作来改变组织成员的态度。

第三节　现代决策方法

从总体上来说，决策方法可归纳为两类：主观决策法和定量决策法。

一、主观决策法

主观决策法是一种定性的方法，又被称为决策的软技术，是指建立在心理学、社会学、创造学等社会科学基础上的一种凭借个人经验，充分发挥人的创造力对问题进行分析、做出决策的方法。该方法简单易行、经济方便，在日常生活中大量采用的决策方法都是主观决策方法。主观决策法主要有：

（一）德尔菲法

德尔菲法是由美国兰德公司命名并首先使用的。这种方法也称为专家意见法或函询调查法，它是对传统专家会议法的改进和发展。它采用匿名通信或反复征求意见的形式，使专家们在互不知晓、彼此隔离的情况下交换意见，这些意见经技术处理后会得出预测的结果。

首先需要设计意见征询表。具体要求有：

(1)问题含义要明确，以免应答者对问题产生不同的理解，出现答非所问的情况。

(2)问题具有独立性，对一个问题的回答不应以对另一个问题的回答为条件。

(3)回答问题的方法要统一，否则就难以对预测的结果作出比较。

使用德尔菲法要经过几轮调查。图 5-2 描述了德尔菲法的一般程序。

第一轮：把意见征询表寄给专家小组的成员，请他们填写意见。预测小组收回调查表后，进行初步的统计和计算，发现具有共识性的意见和看法。

第二轮：将第一轮得到的相对比较集中的意见再反馈给每位专家，要求他

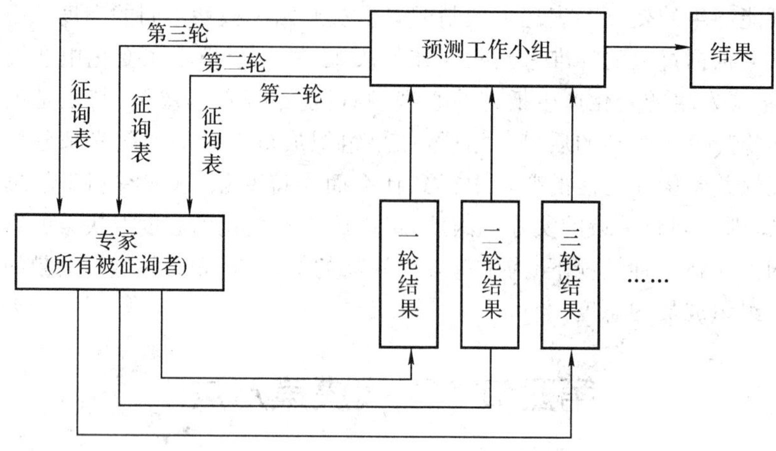

图 5-2 德尔菲法程序图

们以此为参考，重新填写意见。如果他作出的第二轮预测仍与多数人的意见不符，则要求他陈述理由，说明为什么他的意见不同于大多数人的意见。预测工作小组收到调查表后，就要根据新的数据重新进行统计和计算。

第三轮：将第二轮统计结果及有些专家的陈述理由告知每位专家，请他们在这个基础上进行新的预测。

一般来讲，经过三轮或四轮调查后，专家意见将会比较集中，这时就可以把最后调查所得到的结果作为专家小组的意见。

(二)头脑风暴法

头脑风暴法是由一群人通过相互启发以尽可能地形成多种方案的一种方法。小组一般由5～9人组成，在讨论过程中，鼓励参加者提出各种建议，并禁止对他人想法进行批评，以便各种创新方案不断地被提出。实践证明，这种方法确实是激发人们创造性思维的一种行之有效的方法，经常用于决策的方案设计阶段，以获得广泛的、具有创建的新设想。同时，在制订备选方案时还要充分考虑到各方面的制约因素，比如政府法律方面的限制、传统道德观念的限制、管理者本身权力和能力的限制以及技术条件、经济因素等方面的限制。

(三)发散思维法

这是促使人们通过发散思维方式从全新的角度来提出解决问题的方案的方法。在传统的方法中，人们按照标准化的步骤来解决问题：先判断问题、再明确目标、然后提出方案……而发散思维法则鼓励人们摆脱传统的思维方式，从不同的角度去看待问题，提出解决问题的方案。

二、定量决策法

定量决策法是利用比较完备的历史资料，运用数学模型和计量方法，来预测未来的市场需求。具体方法有三大类，分别是确定型决策方法、非确定型决策方法和风险型决策方法。

(一)确定型决策方法

由于确定型决策存在着两种或两种以上的可供选择的方案，而且每种方案的最终结果是确定的，因此决策者可以凭个人的判断作出精确的决策。确定型决策方法很多，主要有差量分析法、量本利分析法和线性规划法等。

1. 差量分析法

差量分析是一种进行短期决策的常用方法，它是在充分了解各决策方案不同收入与不同成本之间存在差异的基础上，进行方案选优的一种决策方法。

为了顺利地运用差量分析法，必须在计算中引入两个基本概念：固定成本和变动成本。固定成本是指在一定的生产规模下，成本总额中不随产量变动的那一部分成本。如折旧费、管理人员工资、办公费及其他一般性开支等。这部分成本因为不管产量增加与否总是要支出的，所以，在差量成本中可视为无关的成本，在计算成本的差量中可不予考虑。变动成本是指在成本总额中随产品产量变化而成比例变动的成本，如原料和主要材料、基本生产工人工资等。在采用差量分析法进行决策时，主要是考虑这部分成本之间的差额。

例 5-1　某企业生产能力有余，订货量不足；单位产品销售价格为 48 元，单位产品的完全成本为 42 元(其中单位产品变动成本为 33 元)。买方愿意订货的价格是 39 元/件，订量为 6000 件，而且生产该产品的工艺有特殊要求，需添置 2400 元的专用工具，企业能否接受此项订货？

从完全成本看，企业接受订货将会遭受损失。其损失金额如下：

损失金额＝6000×(42－39)＋2400＝20400(元)

但是仔细分析，接受订货还是有利可图的。因为固定成本不管产量增加与否都是要支付的，这笔费用在订货中可不必考虑，只要考虑用户所出定价高于本企业生产所需的变动成本加上需添置专用工具的费用就可以了。

本例若接受该项订货(在不考虑固定成本的情况下)，其收益为：

收入＝6000×39＝234000(元)

成本＝6000×33＋2400＝200400(元)

收益＝234000－200400＝33600(元)

通过差量分析法表明，企业接受此项订货可多盈利 33600 元。所以，在生产能力有余的情况下，应该接受此项订货。

如果有若干个方案，则通过差量分析法将各方案的收益都计算出来，然后选优。

2. 量本利分析法

量本利分析法是产量—成本—利润分析法的简称，它依据与决策方案相关的产品产（销）量、成本与盈利之间的相互关系，来分析决策方案对企业经营盈亏所产生的影响，从而评价和选择方案的一种决策方法。

量本利分析法的基本原理如下：

企业的产品从成本的角度看，可划分为固定成本和变动成本两类。

虽然固定成本与产量的关系是不变的，如图 5-3 所示。但摊入单位产品成本中的固定成本却是随着产量的变化而变化的；即产量增大，摊入单位产品成本的固定费用减小；产量越少，摊入单位产品成本中的固定费用增加。

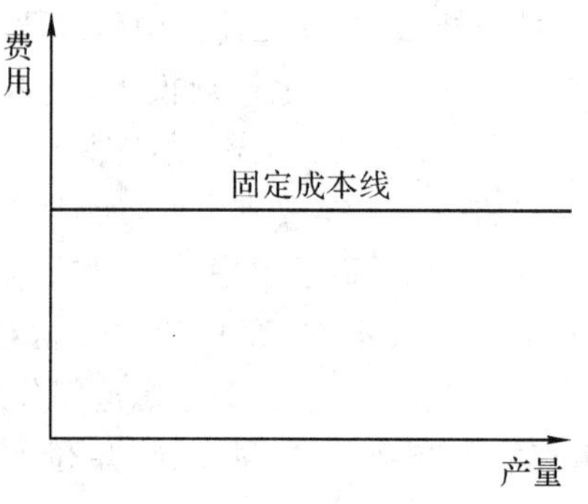

图 5-3　固定成本与产量关系图

因为变动成本是指随产量变化而呈正比例变化的那部分费用，所以单位产品的变动成本是不变的。产品成本中的原材料费、燃料动力费、计件工资等，均属于变动费用。变动成本与产量的关系如图 5-4 所示。

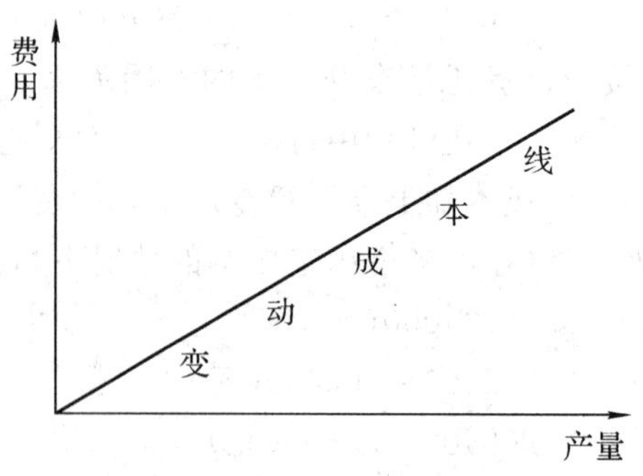

图 5-4　变动成本与产量关系图

一般而言，企业的产品销售收入与产品销售量成正比关系。那么，销售收入、固定成本、变动成本、总成本（固定成本与变动成本之和）的关系可用图5-5表示。

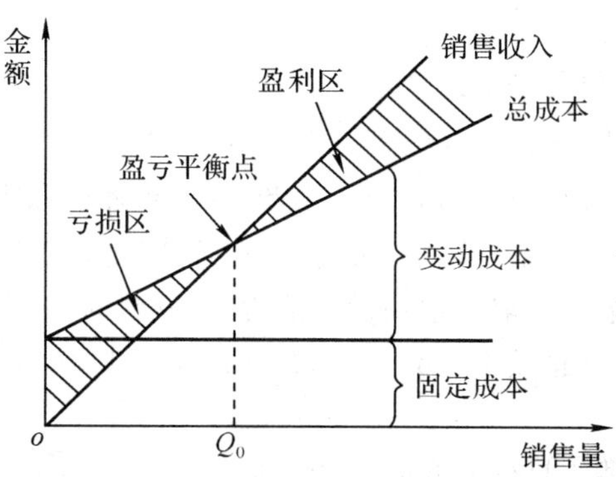

图 5-5　量本利关系图

从图 5-5 可以看出，销售收入线和总成本线有一个交点。在交点上，销售收入与总成本相等，即此点利润为零。所以将此点称为盈亏平衡点，或称保本点。

设总成本为 Y，固定成本为 F，变动成本为 V，单位产品变动成本为 C_v，销售量为 Q，销售收入为 S，单位产品价格为 P，利润为 I，那么，则有下面关系式成立：

$$Y = F + V = F + C_v \cdot Q$$

$$S = P \cdot Q$$

根据利润公式可知：利润＝收入－成本，则

$$I = S - Y$$

$$I = PQ - (F + C_v Q)$$

得到量本利关系式为

$$Q = \frac{F + I}{P - C_v}$$

当利润为零时，就得到盈亏平衡公式：

$$Q_0 = \frac{F}{P - C_v}$$

当企业销售量 $> Q_0$ 时，企业有盈利；当企业销售量 $< Q_0$ 时，企业则亏损。

运用量本利分析法可以从以下几方面进行企业的经营决策：

(1)判明销量一定时的盈亏情况

例 5-2　某工业企业欲新建一条生产线生产一种新产品，年固定成本需

10 万元，单位产品变动成本为 40 元，产品单价预计为 80 元。该产品市场需求量很大，企业生产多少就可以销售多少，但该生产线的设计能力较低，仅为年产 2000 台，若按此方案建新生产线，企业是盈利还是亏损？方案是否可取？请决策。

解 首先计算盈亏平衡点产量 Q_0

$$Q_0=F/(P-C_v)=100000/(80-40)=2500(台)$$

然后分析判断，由计算可知，企业生产 2500 台才能保本，因设计生产能力只有 2000 台/年，小于盈亏平衡产量。显然，如按此方案建生产线，企业是要亏损的，所以此方案不可取。达到设计能力 2000 台时，企业的亏损额为：

$$\begin{aligned}销售收入-总成本&=80\times2000-(100000+40\times20000)\\&=-20000(元)\end{aligned}$$

(2)确定实现某一目标利润时的产销量

例 5-3 一企业生产某产品，年固定成本为 20 万元，单位变动成本为 30 元，单位产品价格为 50 元，企业欲实现年利润 5 万元，试计算该产品应达到的产量。

解 $Q=\dfrac{I+F}{P-C_v}=\dfrac{50000+200000}{50-30}=12500(件)$

经计算，企业欲实现 5 万元的目标利润，需生产该产品 12500 件。

(3)确定实现目标利润时的最低单价，进行定价决策

在销售量和成本已经确定的条件下，应用量本利分析法，可以求得实现某目标利润下的最低产品单价。

例 5-4 一企业通过市场调查和预测，一年可销售某产品 8000 件，生产该产品年固定费用为 10000 元，单位产品变动费用 10 元，企业欲实现年利润 10000 元，试决策该产品的最低销售单价。

解 $P=\dfrac{C_vQ+F+I}{Q}=\dfrac{10\times8000+10000+10000}{8000}=12.5(元)$

经计算可知，该企业要实现年利润 10000 元，产品最低销售单价应确定为 12.5 元。

(4)判明企业的经营安全状态

一些决策方案，虽然可以为企业带来利润，但由于盈利额不大，又因为企业外部环境不断变化，企业的经营可能仍然不够安全。因此，在同样盈利的若干方案进行比较时，需查明各方案的经营安全状态，以决定取舍。经营安全率指标可以判明方案所处的经营安全状态。所谓经营安全率，是指现实方案(或新方案)的销售量减去盈亏平衡点销售量的剩余部分销售量与现实方案(或新

方案)的销售量之比值。如图 5-6 所示。

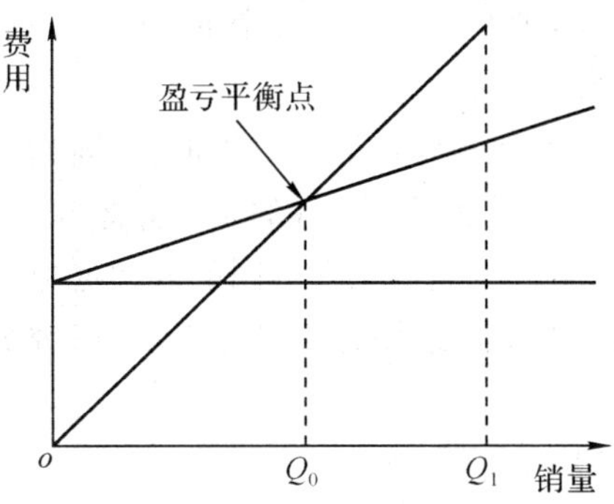

图 5-6　经营安全率示意图

经营安全率的计算公式为：

$$经营安全率=\frac{Q_1-Q_0}{Q_1}$$

式中：Q_0 为盈亏平衡点产销量；Q_1 为现实或新方案产销量。

经营安全率还可作为反映企业经营状况的综合性指标，它可以说明企业经营的安全程度。经营安全率越接近 1，企业经营越安全；而越接近零，企业经营越不安全。一般可用表 5-2 所列数据来判明企业的经营安全状态。

表 5-2　企业经营安全状态判定数据表

经营安全率	>0.30	0.30～0.25	0.25～0.15	0.15～0.10	<0.10
安全状况	安全	较安全	不太好	要警惕	危险

例 5-5　一企业生产某产品，年固定费用 20 万元，单位变动费用 10 元，产品销售单价 20 元，2004 年企业销售产品 25000 件，2005 年预计销售产品 30000 件，试判断该企业这两年的经营安全状况。

解　先计算企业产品的盈亏平衡点销售量。

$$Q_0=\frac{F}{P-C_v}=\frac{200000}{20-10}=20000(件)$$

再计算 2004 年与 2005 年的经营安全率：

$$2004年经营安全率=\frac{Q_1-Q_0}{Q_1}=\frac{25000-20000}{25000}=0.2$$

$$2005年经营安全率=\frac{Q_1-Q_0}{Q_1}=\frac{30000-20000}{30000}=0.33$$

最后，将技术所得两年的经营安全率与企业经营安全状况数据判断表所列数值进行比较得知：该企业 2004 年经营安全状况不太好，要警惕；2005 年如果能实现预计的产量，则经营状况是安全的。

(二)非确定型决策

非确定型决策是指方案实施可能会出现的自然状态或者所带来的后果不能作出预计的决策。它主要是凭决策者的主观意志和经验来作决策，因而，不同的决策者，对同一个问题可能有完全不同的方案选择。

如一企业生产某产品，需要大量的零部件，经研究有三种方案可以满足要求：

①新建生产线，增加生产能力；

②改建原有生产线，提高产量；

③零部件通过外部协作解决。

虽然该产品的市场需求量无法估计，但对不同情况下的销售收益则可大致估计出，如表 5-3 所示。

表 5-3　三种方案有关数据表

单位：万元

自然状态 / 损益值 / 行动方案	收益值(或后悔值)			最小收益值	最大收益值(或后悔值)
	畅销	一般	滞销		
新建生产线	110(0)	50(0)	－5(25)	－5	110(25)
改建生产线	60(50)	35(15)	10(10)	10	60(50)
零部件外协	40(70)	25(25)	20(0)	20	40(70)

注：表中括号内的数值为后悔值。

这时，决策者可有如下几种不同的选择方法：

(1)小中取大法

小中取大法也叫悲观决策法，这是从最坏的客观状态出发，从各方案的最小收益值中选取其中的最大收益值的方案作为最优方案(如果是损失值，则取损失最小的方案为最优方案)。在表 5-3 中，零部件外协所得收益值最大，应为最优方案。

(2)大中取大法

大中取大法也叫乐观决策法，它是在各方案都处于最好结局的情况下，从中选择收益值最大的方案为最优方案，如表 5-3 所示，选定新建方案为最优方案。这种决策方法是一种比较冒险的方法。

(3)乐观系数法

由于小中取大法过于保守,无进取精神,而大中求大法又过于冒险,风险太大,因此,人们便采取了一个折衷的办法,在计算各方案的估计值时引入一个“乐观系数”α,对各方案中的最小收益值和最大收益值进行加权,求出各方案的期望值,然后以期望值最大的方案为最好方案。

采用系数法作决策时,计算期望值的公式为:

$$E_i=\alpha\cdot Q_{\max}+(1-\alpha)\cdot Q_{\min}$$

式中:E_i 为第 i 方案的期望收益值;$Q_{\max}$ 为第 i 方案的最大收益值;$Q_{\min}$ 为第 i 方案的最小收益值;α 为乐观系数($0<\alpha<1$)。

乐观系数的大小,由决策者根据具体情况而定。不同类型的决策者,会作出不同的选择。

(4)后悔值最小法

后悔值最小法也叫机会损失最小值决策法。所谓后悔值,是指当某种自然状态出现时,决策者由于从若干方案中选优时没有采取能获得最大收益的方案,而采取了其他方案,以致在收益上产生了某种损失,这种损失就叫后悔值。用这种方法来作决策,首先要求出各方案在不同情况下的后悔值,然后找出各方案的最大后悔值,最后从各方案的最大后悔值中选取后悔值最小的方案作为最优方案。

如表 5-3 所列,在滞销的情况下,若采用零部件外协方案,会盈利 20 万元,若采用新建生产线,则亏损 5 万元,所以采用新建生产线的后悔值是 25 万元;同理,若采用改建生产线,它的收益是 10 万元,比采用外协的收益 20 万元少 10 万元,所以采用改建方案的后悔值为 10 万元。

从表 5-3 中可以看出,新建生产线的后悔值最小,仅为 25 万元,应作为优选方案。这种决策方法,既没有小中取大法那么保守,也没有大中求大法那样冒险,因此易于为人们所接受。

(三)风险型决策

风险型决策也叫概率型决策或随机型决策。在风险型决策中,决策者虽不能准确地知道每种决策的后果如何,但可以估计出每一种方案出现的概率。知道了概率及各种条件值,就可以确定每种方案的期望值。概率是指方案成功的可能性,条件值是指该方案成功时公司可能获得的利润,期望值是指条件值与概率的乘积。决策者可以根据各个方案的最终期望值的大小来决定其方案的选择。它主要用于远期目标的战略决策或随机因素较多的非程序化决策，如技术改造、新产品研制和投资决策等方面。

风险型决策的方法很多，如表格法、矩阵决策法和决策树法等。这里主要介绍决策树法。

例 5-6 某公司产品供不应求，需增加产量，拟订了三种可行方案：一是新建一大厂，需投资 360 万元；二是新建一小厂，需投资 180 万元；三是先建小厂，先投资 180 万元，试看 3 年，若前 3 年产品畅销则再扩建，扩建需追加投资 200 万元，其收益与新建大厂相同。三者的使用期均为 10 年，并假定前 3 年畅销，后 7 年也畅销，前 3 年滞销，后 7 年也滞销。各方案的损益值及自然状态的概率如表 5-4 所示。

表 5-4 决策方案资料表

各方案的损益 / 自然状态	方案及收益(万元/年)				概率
	小厂	大厂	先小后大		
			前 3 年	后 7 年	
畅销	60	140	60	140	0.7
滞销	30	−35	30	−35	0.3

问：公司如何决策才能获得最大的经济效益？

解 (1)先画决策树

如图 5-7 所示，图中：□表示决策点，由决策点画出的若干线条称为方案分支，每一条线代表一个方案。○叫自由状态点，画在方案枝末端，由自由状态点引出的线段城概率分支。

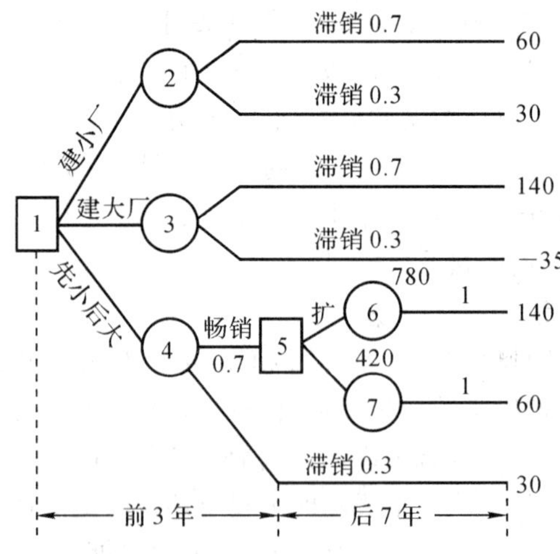

图 5-7 风险型决策示意图

(2)计算各点期望值

点②:[(60×0.7)+(30×0.3)]×10－180＝330(万元)

点③:[(140×0.7)+(－35×0.3)]×10－360＝515(万元)

点⑥: 140×7×1－200＝780(万元)

点⑦:60×7×1＝420(万元)

点④:0.7×(3×60+780)+0.3×30×10－180＝582(万元)

通过上述计算可知:建大厂比建小厂好,但先小后大比不进行试验而直接建大厂更好,故应选先小后大的方案为决策方案。

(3)方案的灵敏度分析

在风险型决策中,概率值与期望值的准确性如何,对决策的影响是很大的。但是,对于一次性行动的决策,尤其是时间较长的决策,由于客观状态的概率及损益值难以准确估算,而且在决策过程中,客观情况在经常变化,因而这些数据也将随之变化,所以,必须分析概率与损益值的变化对决策的影响程度,这种分析就叫方案的灵敏度分析。进行灵敏度分析的方法是将概率值、损益值在可能产生误差的范围内变化几次,看各次期望值误差大小。若它们稍加变动,期望值便变动很大,原先的最优方案为另一方案所替代,则该数据就称为敏感性数据,该方案称为不稳定方案。否则,就是稳定方案。

在图5-6中知道,当产品畅销时的概率为0.7,滞销的概率为0.3时,建大厂的经济效益比建小厂好,但是,若畅销的概率由0.7变为0.5,而滞销的概率由0.3转为0.5时,情况又如何呢?

建大厂期望值＝[(140×0.5)+(－35×0.5)]×10－360
＝165(万元)

建小厂期望值＝(60×+30×0.5)10－180
＝270(万元)

从期望值中可以看到,这时的决策应是建小厂,而不是建大厂。为了找出这个敏感性数据的准确数字,我们必须找出两个方案期望值相等时的转折概率。

设 P 为畅销时的概率,则$(1-P)$就为滞销时的概率。若两方案的期望值相等时,则其概率为:

$$[140P+(-35)\times(1-P)]\times10-360$$
$$=[60P+30\times(1-P)]\times10-180$$

则 $1450P = 830$

求得,$P=0.57$

即当 $P=0.57$ 时，建大厂和建小厂的期望值相等；当 $P>0.57$ 时，以建大厂为好；当 $P<0.57$ 时，以建小厂为宜。

应该指出，由于风险型决策主要用于一次性行动和较长时间的战略决策，决策执行之后，将会对企业的生产经营活动产生极大的影响，因而在利用该法作决策时，必须注意的是：

(1)要有一个强有力的参谋机构，集中一批专家帮助出谋划策，而且专家的面要广，要有经验，要有敏锐的洞察力和机智的判断力。

(2)要结合企业的具体情况，发动企业普通员工参与决策。

(3)由于决策问题不仅受到如概率、损益值等定量因素的影响，而且还受到政治、社会、心理等因素的影响，因此，必须将定量决策与定性决策很好地结合起来，以提高决策的准确性。

【案例研究】

克莱斯勒汽车公司的决策

1982 年 5 月 11 日，克里弗兰的《交易者》报在头版头条刊登了一篇文章《进口钢材蜂拥而来》。该文注意到，每当外国钢材运抵克里弗兰时，本地的钢材产量就降到最低点。而在未来的 30 天内，还将运到 30 船的外国钢材。该文同时也注意到，进口钢材打击了本地的钢铁工业，并使 10 万名工人失业，3 万名工人处于半失业状态。

多年来，美国各行业都深受外国商品竞争的压力，外国商品质量好而且价格低。相比而言，美国产品价格昂贵。美国工业产品不断被挤出国际国内市场，尤其是美国的汽车工业遭受的打击特别沉重，克莱斯勒汽车公司就是其中最惨的一个。

决策背景资料

1978 年 12 月，李・艾柯卡成为濒临倒闭的克莱斯勒公司总裁。当时，克莱斯勒公司是全美第三大汽车制造企业，但在外国汽车强有力的挑战下一败涂地。艾柯卡上任之后，立即削减价格、训练员工，改善企业形象。但在当时，许多人对克莱斯勒公司，甚至对整个美国汽车工业失去信心。

艾柯卡本身就是一个传奇性的人物，他身上体现了一个典型的美国梦。艾柯卡是一个意大利移民的儿子，他从小就认识到学习是成功的必由之路，他进入利海大学读本科，然后进入普林斯顿学院攻读机械学硕士学位。后来艾柯卡说："我读书既不是想当官，也不想做律师，哪儿有钱我就到哪儿去。32

年来，我一直为钱而奋斗。”

1946年，艾柯卡以一个见习工的身份进入福特汽车公司工作，每周挣125美元。由于艾柯卡才智过人，先后成功地经营了野马、玛维瑞克、宾特和菲斯塔等新车型，从而平步青云。到1977年，他出任福特汽车公司总裁，年薪近100万美元。不料，1978年7月，亨利·福特突然解雇了艾柯卡，这主要是因为亨利·福特与艾柯卡意见不合，艾柯卡主张加快开发小型轿车的速度，亨利·福特则认为这将导致投资增加过快，影响公司的利润，因而他固执地要求放慢开发小型轿车的进度。

艾柯卡离开福特公司之后，克莱斯勒汽车公司的总裁打算让位给艾柯卡。艾柯卡毅然拒绝了其他许多报酬更为优厚的工作，选择了克莱斯勒公司。艾柯卡的这一选择也使他在汽车工业史上留下了不可磨灭的一笔：他不但拯救了克莱斯勒公司，保证了20万人的就业，而且使这家美国第三大汽车公司成为真正的强手。

克莱斯勒汽车公司一向是美国三大汽车公司中最弱的一个。尽管克莱斯勒也是一家大公司，但与福特和通用相比，它规模较小，资金较少，而且人才也较匮乏。70年代以来，克莱斯勒公司一直因经营不善而亏损。在80年代初期，克莱斯勒公司遭遇到了前所未有的困难：公司销售量急剧下降，迫使公司削减研究开发费用，进而导致汽车样式老化和质量下降。这又反过来进一步造成了销量的锐减。例如：克莱斯勒公司的微型车“俄内尔”和“阿斯潘”在1976年才面世，但一上市就出现无数质量问题。许多克莱斯勒的忠实用户伤心透顶转而购买别的公司的产品。

1978年，克莱斯勒汽车公司亏损2.5亿美元。1979年油价暴涨，克莱斯勒公司处境更为艰难，总计亏损10亿美元。公司的前途看来是凶多吉少。

李·艾柯卡就任之后，立即向联邦政府申请12亿美元的贷款。他声称，如果政府听任克莱斯勒垮掉，那些遍及密西根、俄亥俄、印第安纳和另5个州的工人及配件供应商将会失业。由于总统大选即将到来，民主、共和两党为争取民心，全力支持这项贷款计划。最后，国会批准了15亿美元贷款，大大超出了艾柯卡的希望。克莱斯勒公司立即从中抽出8亿美元以解燃眉之急。

但是克莱斯勒公司的麻烦还远未结束，1980年的销售状况更糟，总计亏损竟达17亿美元。当时的内外环境都极为不利，经济衰退，利率高涨，汽车销售不畅，而克莱斯勒公司寄予厚望的K型车又惨遭败绩。

1980年9月，克莱斯勒汽车公司满怀希望地推出了它的K型车。K型车是一种前轮驱动的微型车，与通用汽车公司的X型车相比，K型车更为舒适也更省油。克莱斯勒公司希望在1980年10月和11月售出7万辆K型车，在整个1981年售出49万辆。然而，现实是残酷的，在10月、11月中仅售出34273辆型车，远远落后于福特和通用的微型车。

K型车的失败对艾柯卡不啻于一个巨大的打击，然而，他的麻烦还没完；他预计在1980年中售出39.4万辆新车，但到11月底，仅售出222814辆。而且，艾柯卡重返豪华车市场的计划也面临严峻挑战，尽管广告做得铺天盖地，但豪华车的销量还不到预计销量的一半。

艾柯卡采取的一个大胆措施就是大幅降价，从1980年12月到1981年初，克莱斯勒公司各型车降价380～1200美元。与此同时，艾柯卡决心大幅度削减费用，力争在1981年节约10亿元。这项计划包括以下4个方面：

蓝领工人工资一律冻结；

已库存90天以上的车一律降价5%；

削减5.75亿美元的产品开发投资；

请求债权人将5.72亿美元的债务转化为股权，从而节省1亿美元的利息支出。

克莱斯勒的决策

1980年底，克莱斯勒汽车公司处境糟透了，销量不断下降，亏损也达到了前所未有的程度(见表1)。

表1　克莱斯勒公司经营情况　　(万美元)

年份	1978	1979	1980
销售额	13618.3	12001.9	9255.3
亏损	204.6	1097.3	1709.7

在当时，克莱斯勒汽车公司有几个选择：

——关闭大型和中型车生产线，只生产市场需求旺盛的微型车。

——卖掉大量的分支部门以弥补亏损，如零部件厂、军用车辆坦克厂、电子部门以及克莱斯勒金融公司等。

——减少汽车的品牌，只生产一种牌子的汽车，简化生产线，集中力量搞销售。

——生产更为高档的汽车，高价卖出以获取利润(德国的宝马车采用的就是这一战略)。

——与另一家汽车制造商合并，如德国大众汽车公司。这可为克莱斯勒汽车公司提供急需的资金和新式的生产线。但不幸的是，克莱斯勒汽车公司自身状况的确太差：拖欠税款达20亿，拖欠贷款12亿，拖欠养老金12亿，其他欠款10亿。恐怕没人愿意与它合并。

——破产是克莱斯勒汽车公司最后的选择。根据《破产法》第11条规定：申请破产的企业可以在法院保护下继续营业，直到找出一个解决债务危机的方法。但是，艾柯卡并不想申请破产。因为一旦申请破产，克莱斯勒公司将会名誉扫地，没有人会信任克莱斯勒。这很快就会导致整个公司的崩溃。

以上的诸多选择均被克莱斯勒管理层一一否决。出售分支机构，仅保留可盈利产业的决定也被否决了。因为克莱斯勒的经营者们认为，如果克莱斯勒想与通用、福特竞争，就必须保留一个完整的体系。但是，在1982年初，克莱斯勒公司不得不以3.5亿美元的价格将生产M-l坦克的克莱斯勒防务公司出售了，以应急需。

艾柯卡还是决定保存完整的克莱斯勒生产线。这段时期，克莱斯勒公司可以说处在风雨飘摇之中。一个分析家说："李·艾柯卡其实并没有选择，他的目标就是要让亨利·福特看一看他能够拯救克莱斯勒。"

事实证明，艾柯卡拯救了克莱斯勒，K型车最后取得了巨大成功。

克莱斯勒的根本问题在于长期资金不足，而20世纪60年代和20世纪70年代初的兼并更加重了这一危机。实际上，克莱斯勒的兼并都是不成功的，它所兼并的企业也大多在70年代末赔本卖掉。例如：克莱斯勒兼并了欧洲汽车公司、法国的塞卡汽车公司、英国的路特汽车公司，但是这些公司都极不成功，克莱斯勒为此耗费了大量资金也无济于事，最后只好赔本卖掉了事。

克莱斯勒一方面缺乏资金，另一方面又缺乏创造性。与福特和通用相比，克莱斯勒生产的汽车样式陈旧，缺乏个性，因而售价总也提不上去。同时，克莱斯勒还拿不出更多的钱来开发新产品。例如1981年，通用汽车公司用了80亿美元更新设备、修建工厂，克莱斯勒的资产更新费用还不到通用的1/6。克莱斯勒当时的灾难早在1970年就埋下了祸根。那时，林·汤塞德是克莱斯勒的总裁，他决定不建新工厂和生产线。对一个缺乏资金的企业来说，这个决定有道理，但缺乏远见。1970年，微型车只占了美国汽车市场的3%，汤塞德认为应当大力发展有利可图的大型车，投入2.5亿美元的资金进行对大型车换型。但仅仅几个月之后，阿拉伯国家实行石油禁运，耗油量巨大的豪华型车顿时滞销，而此时克莱斯勒又没有生产微型车的生产线，于是在1974—1975年间，销量大幅下滑，用于研究开发的资金也大大削减。

汤塞德的继任者约翰·里加图在1975年间又作了一个削减公司实力的

决定。由于政府颁布了更严密的卡车刹车及噪声控制标准,里加图认为卡车的生产成本将上升。再加上资金捉襟见肘,所以他决定出售利润很高的重型卡车业务,转而全力生产轻型车。

从克莱斯勒公司的决策失误中,我们可以发现克莱斯勒的决策往往是缺乏远见的:推迟建设新厂,只重视利润高的产品,削减研究开发费用,追求单件产品利润最大化等。

克莱斯勒公司也把它的失败归咎于政府的规定。例如:1979 和 1980 年废气排放标准、燃油效率、保险带和防护气囊装置等耗费了克莱斯勒公司 10 多亿美元。由于克莱斯勒规模相对较小,分摊到每辆车的费用也相对较高,所以克莱斯勒受到的打击就比福特和通用大多了。

我们可以得到什么启示

我们应当学到的最重要的一点就是:不要回避竞争。尽管美国发明了大规模生产和科学管理,但未必永远领先。先进未必永远先进,领先者也应当向后起的竞争者学习。

在克莱斯勒汽车公司大悲大喜的兴衰过程中,我们看到了变幻莫测的市场上,胜败仅仅是一线之隔。

假如 K 型车没有成功,那么即便艾柯卡拥有贷款也会无力回天。艾柯卡也承认 K 型车是克莱斯勒公司的最后一次机会了;K 型车不仅在 20 世纪 80 年代初为克莱斯勒带来了它急需的销售额和利润,而且还为公司提供了保持良好的发展势头达数年之久的基本车体结构,使克莱斯勒节省了一大笔开发费用。

假如艾柯卡在 90 年代初的大精简伤及克莱斯勒的筋骨,那么这个虚弱的巨人也就不会在两三年后重新站立起来……

这种假设不胜枚举,它们告诫我们在决策时应小心谨慎。

在 20 世纪 80 年代中期,艾柯卡被巨大的成功搞得迷失了方向。他没有把宝贵的资金投入到开发新产品和更新厂房设备上,而是将数十亿美无投入到不明智的产业多样化和购并企业之中。这几项将令克莱斯勒公司再度倒下。值得庆幸的是,艾柯卡悬崖勒马,及时回头了。

似乎每位杰出的领导者都遵循这样的“惯例”:一旦他们征服了一个难题,他们往往对已经到手的成功失去兴趣转而寻找下一个更大的挑战。这是他们杰出之所在,可也常常是他们走向滑铁卢的开端。因此,在每一次战略转折的关头,决策者切不可居功自傲。

克莱斯勒公司曾经拥有令人羡慕的王牌产品——K 型车,它那夺目的光芒持续了近10年之久。然而,随着时间的推移,K型车过时了,落伍了。不幸的是,克莱斯勒公司并没有及时认识到这一点,几乎再次葬送自己的前途。这个教训是深刻的,它告诫我们任何产品都不会永远成功的,时间在延伸,创新在不断涌现,竞争者在追赶你超越你,消费者的偏好在变化……这一切都说明产品的更新换代如太阳的东升西落一样不可避免。

——乔迪编著:《兰德决策——机遇预测与商业决策》,天地出版社,1998年版,第515～521页。

【思考题】

1. 决策的特点是什么?
2. 决策的一般步骤是什么?
3. 影响决策的因素有哪些?
4. 如何运用定量决策方法?

第六章
计　　划

【内容提要】

本章在系统介绍计划的内容、表现形式、类型及作用的基础上，分析计划的制订和审定过程，详细介绍制订计划的方法，并着重阐述战略管理计划的方法及实施步骤。

【本章重点】

1. 计划的作用。

2. 计划的制订过程。

3. 滚动计划法和网络计划技术。

4. 主要的战略管理方法。

第一节　计划及其作用

一、计划的含义

任何组织都有其存在的目的，目标的设定就是为了界定和说明这种目的。计划是目标实现的蓝图，具体明确了实现目标所必需的资源组合、时间进度、任务和其他举措。如果说目标是要明确未来要达到的状态，那么计划就是明确现在的手段。所以，管理学中的“计划”一词通常具有两方面含义：一方面体现为计划决定组织的目标；另一方面，计划又规定了实现目标的手段。所以，可以认为，计划是一个确定目标和评估目标实现最佳方式的过程。

二、计划的内容

一份完整的计划必须包括哪些内容呢?

首先,计划的目的是为了实现组织所提出的各项目标,每一项计划都是针对一个特定的目标的,因此,一项计划首先要明确该项计划所针对的目标。目标明确以后,在计划中还必须明确说明如何做、谁做、何时做、在何地做、需投入多少资源等基本问题。

除此之外,为了在实施过程中明确在什么情况下需要修改计划,在一项计划中还应该说明该项计划有效的前提条件;为了增强计划的适应性,要说明当实际情况与计划前提条件不符合时应采取的措施;为了便于在情况发生较大变化、计划实施条件不具备时,能够判断是应该放弃该项计划还是要竭尽全力、创造条件完成计划,计划书中还应说明进行这项工作或实现相应目标的意义或重要性。

综上所述,一项完整的计划应包括的要素见表6-1。

表6-1 一项完整的计划应包含的要素

要 素	内 容	所要回答的问题
前提	预测、假设、实施条件	该计划在何种情况下有效
目标(任务)	最终结果、工作要求	做什么
目的	理由、意义、重要性	为什么要做
战略	途径、基本方法、主要战术	如何做
责任	人选、奖惩措施	谁做、做得好坏的结果
时间表	起止时间、进度安排	何时做
范围	组织层次或地理范围	涉及哪些部门或何地
预算	费用、代价	需投入多少资源
应变措施	最坏情况计划	实际与前提不相符怎么办

三、计划的表现形式

在实际的管理工作中,计划有多种表现形式。

(一)目标

目标描述的是在未来一段时间内要达到的目的。有的计划只是阐述目标，对组织的使命和活动方向及相应任务作最一般的表述，重点在于明确应该干什么，最终要达到什么目的。

（二）战略

目标指明了要干什么，战略则集中解决为了实现目标在将来应该怎样干。有的计划着重叙述实现目标的途径，指出工作重点、资源分配优先顺序，等等。围绕目标，形成一个统一的"框架"式行动准则，用于指导各部门的工作。

（三）政策

为了落实战略，应制定相应的政策。政策即处理各种问题的一般规定。政策是人们进行决策时思考和行动的指南，因而也是一种计划。

（四）规章制度

为了落实政策，必须制定一些强制性的行为准则。规章制度规定了过去、现在和将来必须遵守的各种规则和程序。

（五）预算

预算是用数字来表示活动的投入与产出的数量、时间、方向等，是一种数字化的计划。在许多组织中，预算是主要的计划表现形式。

（六）规划

为达到目标所制定的包括目标、战略、政策、实行步骤、资源预算等在内的综合性蓝图，由规划可派生出具体的进度计划。

四、计划的类型

根据各种原则划分计划的种类，主要是便于研究分析。任何一种计划都可能有其他分类原则下某种计划类型的特征。例如，政策是按范围划分的一种计划类型，但它也可能是一种长期计划。同样，综合计划是按计划的内容划分出来的，它完全可能又是一种中期计划。企业的年度生产经营计划是一种综合性计划，它包括企业计划年度的供应、生产、销售、劳动、财务、技术改造等多方面内容，同时，它又具有短期计划的性质。

（一）按时间界限划分，可以分为长期计划、中期计划和短期计划

一般说来，人们习惯于把一年及一年以下的计划称为短期计划；一年以上五年以下的计划称为中期计划；而五年以上的计划称为长期计划。当然，这种时间上的划分也不是绝对的。

1. 长期计划

长期计划主要是回答两方面的问题：一是组织的长远目标和发展方向是什么，二是怎样去实现本组织的长远目标。以企业为例，长期计划是企业的长远经营目标、经营方针、经营策略等，它是企业长期发展的纲领性计划。一般包括企业产品的发展方向、企业的发展规模、工艺技术的发展趋势和将来要达到的水平、主要经济技术指标。此外还包括科学研究方向、职工培训和教育、生活福利、公共关系等。

长期计划已经被许多大组织所采用，而且正在引起普遍的重视。究其原因，可以概括地归纳为两点：一是环境因素的变化驱使组织制订长期计划。环境的变化有连续变化和间断变化之分，在短期内连续变化占主导地位，这种变化容易预测；而在长时期内，不连续性增加，预测起来就很困难。二是计划技术的发展进步。一些类似线性规划、计划评审技术等新的科学方法不断出现，为解决计划中的复杂问题提供了有效的帮助。而统计资料的不断增加也使计划制订者逐渐从臆测中摆脱出来，准确性大大提高。另外，计算机的应用也为处理大量复杂的资料创造了有利的条件。

2. 中期计划

中期计划的时间为一年以上到五年左右。它来自组织的长期计划，并按照长期计划的执行情况和预测到的具体条件变化而进行编制。中期计划与长期计划的内容基本一致，但更为详细和具体，具有衔接长期计划和短期计划的作用。长期计划以问题为中心，而中期计划以时间为中心，它包括各年的计划，每一年度都有明确的目标。中期计划往往依照组织的各种职能进行制订，并注重各计划之间的综合平衡，使比较松散的长期计划有了比较严密的内容，从而保证计划的连续性和稳定性。所以说，中期计划赋予长期计划具体内容，又为短期计划指明方向。

3. 短期计划

短期计划一般是指一年或一年以下时间范围的计划，它比中期计划更为详细具体，能够满足具体实施的需要。以企业为例，短期计划包括利润、销售量、生产量、品种和质量等多种目标，此外还包括像生产率提高幅度、成本降低率等具体的绩效目标。短期计划可以是综合性的，也可以是单一目标的。短期计划由于对各种活动有非常详细的说明或规定，在执行当中选择的范围很小，因此有效地执行计划成为最主要的要求。此外，短期计划往往涉及的是环境的连续变化，各因素较为确定，容易预测，也容易评价。

(二)按计划制订者的层次划分，可以分为战略计划、施政计划和作业计划

这种分类法与按时间划分计划类型有较多相同之处。如在时间的长度、广度方面就很相似，但也有些差别。

1.战略计划

战略计划是由高层管理者负责制订的具有长远性、全局性的指导性计划，它描述组织在未来一段时间内总的战略构想和总的发展目标，以及实施的途径，决定在相当长的时间内组织资源的运动方向，涉及组织的方方面面，并将在较长时间内发挥其指导作用。

2.施政计划

施政计划是由中层管理者制订的，它将战略计划中具有广泛性的目标和政策，转变为确定的目标和政策，并且规定达到各种目标的确切时间。施政计划中的目标和政策比战略计划具体、详细，并具有相互协调的作用。此外，战略计划是以问题为中心，而施政计划是以时间为中心。一般情况下，施政计划按年度分别拟订。

3.作业计划

作业计划由基层管理者制订。施政计划虽然已经相当详细，但在时间、预算和工作程序方面不能满足实际实施的需要，还必须制订作业计划。作业计划根据施政计划确定计划期间的预算、利润、销售量、产量以及其他更为具体的目标，确定工作流程，划分合理的工作单位，分派任务和资源，以及确定权力和责任。

(三)按计划对象划分，可以分为综合计划、局部计划和项目计划

顾名思义，综合计划所包括的内容是多方面的，局部计划只包括单个部门的业务，而项目计划则是为某种特定任务而制定的。

1.综合计划

综合计划一般是指具有多个目标和多方面内容的计划。就其涉及对象来说，它关系到整个组织或组织中的许多方面。它是与受指定范围限定的局部计划相对应的。习惯上人们把预算年度的计划称为综合计划，在企业中则是指年度的生产经营计划。主要包括销售计划、生产计划、劳动工资计划、物资供应计划、成本计划、财务计划、技术组织措施计划等。这些计划都有各自的内容，但它们又互相联系、互相影响、互相制约，形成一个有机的整体。由于目前的企业已经形成了一种开放的系统，因而外部环境对这个系统有直接的影响。为此，就要使资源在各个部门间合理分配，用有限的投入获得更大的产出，产生更大的组织效应。所以，应把制订综合计划放在首要的位置，要自上而下地编制计划。

2.局部计划

局部计划限于指定范围的计划。它包括各种职能部门制订的职能计划，如技术改造计划、设备维修计划等；还包括执行计划的部门划分的部门计划。局部计划是在综合计划的基础上制订的，它的内容专一性强，是综合计划的一个子计划，是为达到整个组织的分目标而确立的。例如，企业年度销售计划是在市场预测和订货合同的基础上，确定年度销售的产品品种、质量、数量和交货期，以及销售收入、销售利润和销售渠道。另外，在制订局部计划时，要注意各种局部计划相互制约的关系，如销售计划直接影响生产计划和财务计划等其他局部计划。

3. 项目计划

项目计划是针对组织的特定项目作出决策的计划。例如，某种产品的开发计划、企业的扩展计划、与其他企业的联合计划、职工俱乐部的建设计划等都是项目计划。项目计划在某些方面类似于综合计划，它的特殊性在于其目的是为了企业结构的变革，即针对企业所拥有的结构问题选择解决问题的目标和方法。它的计划期限可能正好为一年，这时它就要包括在年度计划之内。也可能需要几年才能完成，比如企业的扩建计划，这时年度计划仅包括它的一部分。项目计划与组织结构的变革相关，而结构的组成要素有许多，比如企业中的市场、设备、产品、财务部门等，几乎包括企业的一切领域。项目计划就是使这些因素具体地朝着将来的方向发展下去。

(四)按计划约束力的大小划分，可以分为指令性计划和指导性计划

1. 指令性计划

指令性计划是由上级主管部门下达的具有行政约束力的计划。指令性计划一经下达，各级计划执行单位必须遵照执行，而且要尽一切努力完成，没有讨价还价的余地。能否保质保量地完成指令性计划是衡量一个组织管理好坏的重要标准之一。

2. 指导性计划

指导性计划是由上级主管部门下达的具有参考作用的计划。这种计划下达之后，执行单位不一定要完全遵照执行，可以考虑自己单位的实际情况，决定是否按指导性计划工作。这是一种间接的计划方法，具有较大的灵活性。

五、计划的作用

计划是一项重要的管理工作。计划的最终成果是对未来发展的行动方针作出预测和安排，尽管各项管理职能都必须考虑组织的未来，但都不可能像计划那样以谋划未来为主要任务。无论是规划、预算，还是政策、程序，都是为了未来的组织行动有明确的目标和具体的方案作指导。在管理过程中，人们把计划列为第一位，即计划、组织、领导和控制。人们认为计划是火车头，而组织、领导和控制活动为一列牵引着的火车车厢。因为计划工作指出方向，减少变化带来的影响，尽可能避免重复、遗漏和浪费，并制定标准以利于控制。因此，有效的计划是一切成功的秘诀。

(一)提供方向

计划为管理工作提供基础，是管理者行动的依据。通过清楚地确定目标和如何实现这些目标，可为未来的行动提供一幅路线图，从而减少未来活动中的不确定性和模糊性。

(二)合理配置资源

任何一个组织的资源都是有限的，计划就是要对组织有限的资源在空间和时间上作出合理的配置与安排，即达到资源配置和使用的最优化。因为计划工作说明并确定了组织中每一部门应做什么，为什么要做这些事，应在什么时候去做。目的和手段都很明确，通过计划对管理活动的各个方面进行周密的安排，综合平衡，减少了重复和浪费活动，并协调各项活动，使之与其他有关活动相配合。

(三)适应变化，防患于未然

计划通过预计变化来降低不确定性。为了制订合理的计划，管理者必须不断关注组织外部环境的动态变化，预测未来环境的变化趋势，这就迫使管理者习惯于在决策时考虑多种不可控因素的影响，并采取措施加以预防。当然，在“计划不如变化快”的市场经济年代，再好的计划也不能消除变化，因此计划工作的开展是为了预测各种变化和风险，并对它们作出最为有效的反应，而不是为了消除变化。

(四)提高效率，调动积极性

由于目标、任务、责任明确，可使计划得以较快和较顺利地实施，并提高经营效率。通过清楚地说明任务与目标之间的关系，可制定出指导日常决策的原则，并培养计划执行者的主人翁精神。

(五)为控制提供标准

计划尤其是中短期计划总是通过具体的计划指标来体现的，正是这些具体的计划指标使管理者能将实际的业绩和目标进行对照，有利于对计划进行监督和检查，及时纠正偏差、进行控制。通过计划明确组织行为的目标，规定实施目标的措施和步骤，来保证组织活动的有序性。计划不仅是组织行动的标准，同时也是评定组织效率的标准。所以说，没有计划也就无所谓控制。

第二节　计划的制订和审定

一、计划的制订过程

制订计划的过程，一般包括以下几个步骤。

（一）确定目标或任务

由于计划是组织目标的实施方案和规划，在制订计划之前，必须首先确立目标。目标为管理的各项活动指明方向，也为衡量管理活动的绩效提供标准。当然，计划中的目标应该具体可衡量，并且简明扼要。

目标和任务的明确是一项计划的核心。每一项计划最好只针对一个目标。因为一项计划如果设立的目标过多，行动时就可能会发生不知如何决定优先次序或协调达成各目标的情形。

（二）明确与计划有关的各种条件

计划是为了指导行动，现实生活中各种不可能的条件，不能作为计划的基础。因此，在明确目标以后，要积极与各方面沟通，搜集各方面的信息，明确计划的前提或对该计划的各种限制条件。

（三）制订战略或行动方案

确定目标、明确前提条件后，就要从现实出发分析实现目标所需解决的问题或需要开展的工作。在制订行动方案时，应反复考虑和评价各种方法和程序，因为一个好的计划，不仅应该程序、方法清楚可行，而且需要的人力和资金等各种资源的支出越少越好。

（四）落实人选，明确责任

在所要进行的各项工作任务明确以后，就要落实每项工作由谁负责、由谁执行、由谁协调、由谁检查。同时，要明确规定工作标准、检验标准，制定相应的奖惩措施，使计划中的每一项工作落实到部门和个人，并有清楚的标准和切实的保障措施。

（五）制订进度表

各项活动所需要时间的多少，取决于该项活动所需的客观持续时间，所涉及资源的供应情况及其可以花费的资金的多少。活动的客观持续时间是指在正常情况下完成此项工作所需的最少时间。在一般情况下，工作计划时间不能少于客观持续时间。实际工作时间的多少还受工作所需资源的供应情况的影响，如果所需资源能从市场上随时获得，则工作计划时间约为客观持续时间加上一个余量;如果所需资源的获得需要经过一段时间,则计划时间也要在客观实现持续时间上再加一个获得资源所需的时间。

另外,同样的工作,如不计成本,则可通过采用先进的技术、增加人力等缩短工作时间;资金不足,也会影响工作进展。所以,在一定条件下,计划时间与工作成本成反比。

(六)分配资源

资源分配主要涉及需要哪些资源、各需要多少及何时需要等问题。

一项计划所需要的资源及资源多少可根据该项计划所涉及的工作要求确定,不同的工作需要不同性质和数量不等的资源。根据各项工作对资源的需求、各项工作的轻重缓急和组织可供资源的多少就可确定资源分配给哪些工作和各分配多少。每一项工作所需资源何时投入、各投入多少,则取决于该项工作的行动路线和进度表。

在配置资源时,计划工作人员要注意不能留有缺口,但要留有一定的余地,即必须保证工作所需的各项资源,并且要视环境的不确定程度留有一定的余量,以保证计划的顺利实施。

(七)制定应变措施

制订计划时,最好事先备妥替代方案或制订 2～3 个计划。制订多个方案的目的,一是因为在一个组织中,计划必须经过各方面的审议才能获得批准,制订多个计划有助于早日获得各方面的认可;二是因为尽管在制订计划时是按未来最有可能发生的情境制订计划,但未来的不确定性始终存在,为了应对未来可能的其他变化,保证在任何情况下都不会失控,就有必要在按最有可能的情况制订正式计划的同时,按最坏情况制订应急计划。

值得注意的是,应急计划可以是一个完整的应对最可能发生的最坏情况的计划,也可以只是简单说明一旦出现最坏情况该如何做。

上述计划的每一步都是制订完备的计划所不可缺少的,当然,在顺序上可以有所调整。

二、计划的审定

计划的审定主要是评价所制订计划的完整性和可行性。计划的完整性审定主要看该项计划要素是否齐全,是否包含了表 6-1 中所列的各项要素,这也可以称为计划形式审查。除此之外,还有计划的内容性审查,主要是评价计划中所列各事项的可行性。如果在计划的审定过程中,发现缺少某一部分或某一部分不合适,就要立即进行修改,以使计划更加行之有效。

计划的审定可以由上级审定、同事审定,也可以由群众讨论评价。若经常从事计划审定工作,可根据计划评审的要求将一些问题列成一张清单,据此进行审定。这个检核表中的问题可根据形式审查和内容审查的要求,包括诸如以下一些问题:

计划目标与该组织的目标一致吗?

该计划符合政府的规定吗?

计划的前提假设现实吗?

具体的预算投入与计划预计的收益是否平衡?

能及时取得计划中所需的资料吗?

计划中的完成日期现实吗?

计划中的各项工作的负责人能胜任吗?

如有需要,应变计划行得通吗?

……

计划审定通过后,该计划就可作为正式计划付诸实施。

三、计划工作中常见的错误

尽管管理理论非常强调计划的重要性,但在管理实践中,对计划工作的怠慢和抵制仍大量地存在:有的管理者以各种理由和借口拒绝进行书面计划的制订;有的组织的计划只有大体的框架,而无具体的内容;有的组织的计划只存在于组织高层管理者的头脑当中,其他成员无法知晓;有的组织的计划只是摆设,计划一套,执行又是一套。在计划工作中,管理人员常犯的错误有以下几点。

(一)不注重计划的制订

尽管大多数人都知道计划的必要性,但在实践中,人们常常以各种理由,忽视计划的制订。比较常见的观点就是"计划赶不上变化",与其花时间去制订无用的计划,还不如用这个时间多去做点事,或者认为现在的事就已经做不过来了,没有必要再为将来去浪费时间,因而忙于应付现实问题,而不注重为实现未来的目标制订计划;轻视计划,把制订计划看作是一件可有可无的工作,懒得下工夫去做;认为计划既然常常难以完成,还不如没有计划,而没有认识到计划的有效性就在于保证在发生各种预想不到的情况时,能将有限的资源首先用于最重要的事情,有时没有按计划执行反而是正确的;此外,有的管理人员由于缺乏信心、害怕承担责任,因而不愿意为自己制订有明确时间限制的目标和计划。

(二)制订的计划缺乏可行性

计划工作本身缺乏计划性,各项计划之间互不衔接支持,职权又不相符,从而使计划在实际执行中无法贯彻。有些计划只是口头上的,连像样的计划文本也没有;有的计划过于僵硬,以至于在需要改变时却无法加以改变;有的计划由于没有明确的目标,在执行过程中稍遇困难,即行放弃。

有的管理者缺乏计划工作的必要知识,制订出来的计划常常内容不完整,从而使计划无法实施或难以应变。如只列出要做哪些工作,却不说明完成这些工作最终是为了什么,一旦情况发生变化就不知所措;事前没有确立适当的评价标准,使计划无从检查、评价,等等。

(三)计划工作不能适应环境的变化

环境总是处于不断的变化之中,尽管预测技术在不断进步,但它仍不能准确地预见未来可能发生的一切变化,因此计划工作要考虑到环境的多变性,及时地加以调整。但在许多情况下,人们即使认识到或预见到未来环境会发生变化,也不一定能及时地改变自己的计划和行动,以使资源的利用趋于效益最大化。思维和行为模式的固化,常常会使人们对计划的变更不自觉地采取抵制的态度,从而使计划受挫。

(四)缺乏明确的交流与授权

有的管理者只注重计划的保密,不将计划内容让有关的人员知道,使每一个执行计划的人不知道为什么要做、自己的工作与组织目标的实现有何关系等,使计划失去了应有的动员和激励作用。如果组织成员不了解自己的工作任务,不明确在整个计划中自己的责任与权力以及与其他人员之间的关系,计划在执行过程中势必会出现很多的问题。

经常注意和防止这些错误的发生,将有助于管理者提高自己的计划能力和所制订的计划的有效性。

第三节 计划的制订方法

计划制订的效率高低和质量好坏在很大程度上取决于所采用的计划方法。过去人们常常采用定额换算法、系数推导法及经验平衡法制订计划。

一、传统计划制订方法

(一)定额换算法

根据有关的技术经济定额来计算确定计划指标的方法。例如,根据各人、各岗位的工作定额求出部门应完成的工作量，再加上各部门的工作量得到整个组织的计划工作量。

(二)系数推导法

利用过去两个相关经济指标之间长期形成的稳定比率来推算确定计划期的有关指标的方法，也称比例法。例如，在一定的生产技术条件下，某些原材料的消耗量与企业产量之间有一个相对稳定的比例，根据这个比例和企业的计划产量，就可以推算出这些原材料的计划需用量。

(三)经验平衡法

根据计划工作人员以往的经验，把组织的总目标和各项任务分解分配到各个部门，并经过与各部门的讨价还价最终确定各部门计划指标的方法。

在稳定可预测的环境中，上述计划方法简单易行，表现出了较大的优越性。但现代组织由于面对的是更为复杂和动荡的环境，组织规模也在不断扩大，依靠传统的计划方法常常难以适应现代计划工作的要求。现代计划方法可以帮助确定各种复杂的经济关系，提高综合平衡的准确性，并能采用计算机辅助工作，加快计划工作的速度，已经为越来越多的计划工作者所采用。

二、现代计划制订方法

(一)滚动计划法

滚动计划法是一种将短期计划、中期计划和长期计划有机地结合起来，根据近期计划的执行情况和环境变化情况，定期修订未来计划并逐期向前推移的方法。

在编制计划时，一般难以对未来一个时期多种影响计划实现的因素作出准确的预测，因而制订出来的计划往往不能完全符合未来的实际而需进行主动调整。滚动计划法就是一种连续、灵活、有弹性地根据一定时期计划执行情况，通过定期的调整，依次将计划时期顺延，再确定计划内容的编制方法。

滚动计划法的具体做法是：在制订计划时，同时制订未来若干期的计划，但计划内容采用近细远粗的办法，即近期计划尽可能地详尽，远期计划的内容则较粗；在计划期的第一阶段结束时，根据该阶段计划执行情况和内外部环境变化情况，对原计划进行修订，并将整个计划向前滚动一个阶段；以后根据同样的原则逐期滚动。运用滚动计划法滚动计划期可长可短，若是年度计划则按季滚动，若是中长期计划则按年滚动。

滚动计划法适用于任务类型的计划，其优点是：

(1)可以使制订出来的工作计划更加符合实际，由于滚动计划法相对缩短了计划时期，加大了对未来估计的准确性，从而提高了近期计划的质量。

(2)使长期计划、中期计划与短期计划相互衔接，短期计划内部各阶段相互衔接，保证能根据环境的变化及时进行调整，并使各短期计划基本保持一致。

(3)大大增强了计划的弹性，从而提高组织的应变能力。

(二)网络计划技术

网络计划技术是20世纪50年代中期发展起来的一种科学的计划管理技术。起源主要有两个：其一，1956年美国杜邦公司首先在化学工业上使用了CPM(关键路径法)进行计划编排；其二，美国海军在建立北极星导弹时，采用了Buzz Allen提出的PERT(计划评审法)技术。这两种方法逐渐渗透到许多领域，为越来越多的人所采用，成为网络计划技术的主流。我国从60年代中期开始，在著名数学家华罗庚教授的倡导和亲自指导下，开始在全国各个部门试点应用网络计划，并根据"统筹兼顾，全面安排"的指导思想，将这种方法命名为"统筹方法"。

网络计划技术最适用于复杂工作项目的管理，在技术开发、城市建设、造船工业上应用广泛，同时在各种大型活动实施策划中应用也很成功。

1. 网络计划技术的基本原理

网络计划技术的基本原理是：把一项工作或项目分解成各种作业，然后根据作业的先后顺序进行排列，通过网络的形式对整个工作进行统筹规划和控制，从而以较少的资源、最短的工期完成工作。

其具体步骤是：运用网络图形式表达一项计划中各种工作(任务、活动、过程、工序)之间的先后次序和关键路线；然后，利用时差，不断地改善网络计划，求得工期、资源与成本的优化方案，付诸实施；在计划的执行过程中，通过信息反馈进行监督和控制，以保证预定的计划目标的实现。

2. 网络图的构成要素

网络图由箭线、节点、虚箭线和路线组成。

(1)箭线

箭线表示一项活动、工作、作业。箭线由箭头和箭尾组成。箭线所指的方向表示活动前进的方向，箭线的箭尾表示活动的开始，箭头表示活动的结束，从箭尾到箭头表示一项活动的作用过程。活动是要消耗资源和时间的，活动时间一般写在箭线的下方，活动的名称除用文字或代号表示外，还可以用箭线的起始节点的编号(i)和结束节点的编号(j)来表示，一般写在箭线上面。

在不附设有时间坐标的网络图中，箭线的长短与活动或作业所需时间的长短无关。但在附设有时间坐标的网络图中，箭线的长短必须按时间坐标的比例绘制。如果是斜线，箭线的水平投影反映了活动的时间推移。在箭线的上方，应写上活动的名称或代号；在箭线的下方，应写上完成该项活动所需要的作业时间。

在网络图中，箭线把各个节点连接起来，以表明各项作业或各道工序之间的先后顺序和相互关系。

(2)节点

用圆圈表示，代表某项活动的开始或结束。节点不占用时间，也不消耗资源，只是表示某项活动应当开始或结束的符号。网络图中的第一个节点称为始点，表示一项最初作业的开始；网络图中的最后一个节点，称为终点，表示整个计划最终作业的结束；介于始点和终点之间的节点称为中间节点，表示中间各项作业的结束和开始。在绘制网络图时，对各个节点要按其先后次序进行统一编号，始点编号可以从“0”开始，也可以从“1”开始。

(3)虚箭线

用带箭头的虚线表示，表示一种作业时间为零但实际上并不存在的作业或工序。它只是一个符号标识，既不占用时间也不消耗资源，它的作用是把两个节点之间的多项作业分开，以明确表示各项作业或各道工序之间的逻辑关系，以便于计算机识别。例如，在造房子时，浇灌基础后需经过养护和搬砖头，然后砌基础墙，若不用虚箭线，将这一过程绘制成网络图，如图 6-1 所示。图中，节点③→④既是养护又是搬砖头，没有按原作业顺序要求把养护和搬砖头区分开来，要正确表示浇灌基础、养护、搬砖头和砌基础墙之间的相互关系，必须引用虚箭线，如图 6-2 所示。

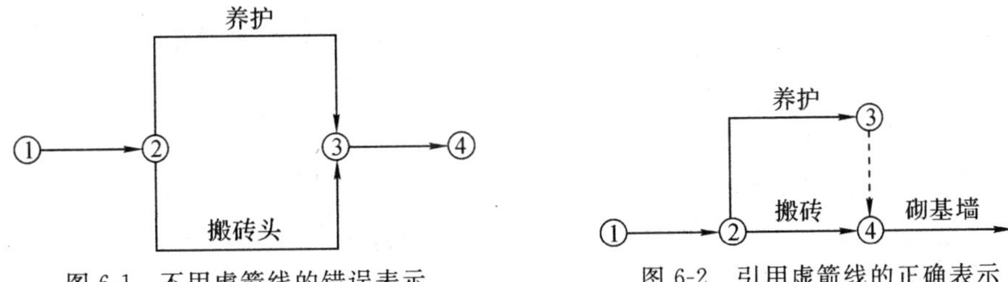

图 6-1　不用虚箭线的错误表示　　图 6-2　引用虚箭线的正确表示

(4)路线

路线是指网络图从始点开始，沿着箭头方向，连续不断地到达网络图终点为止，中间由一系列首尾相连的节点和箭线所组成的一条通道。在一个网络图上，往往有多条时间长短不一的路线，其中，网络图中所需工时最长的路线称为关键路线，它直接影响整个计划完成的时间期限。除关键线路外，网络图上的其他路线均为非关键路线。关键路线在网络图中一般用粗线或红线加以标识。

3. 网络图的绘制原则

绘制网络图时必须遵守以下几条原则：

(1)各项活动之间的衔接必须按次序进行。只有当所有的紧前活动全部完成之后，后续活动才能开始。即只有当进入某节点的箭线作业全部完成之后，从该点出发的箭线活动才能开始。

(2)网络图中不允许出现封闭的循环路线。即箭线从某一个节点出发，只能从左到右前进，不能反方向又重新回到该节点上。尽管实际安排中会有循环现象(如先进行设计 A、制造 B 等活动，再进行检验 C，并根据检验数据调整设计 A 而重新设计 D)，但在画图时不能画成回路，否则在使用计算机运算时会因出现死循环而无法得出结果。

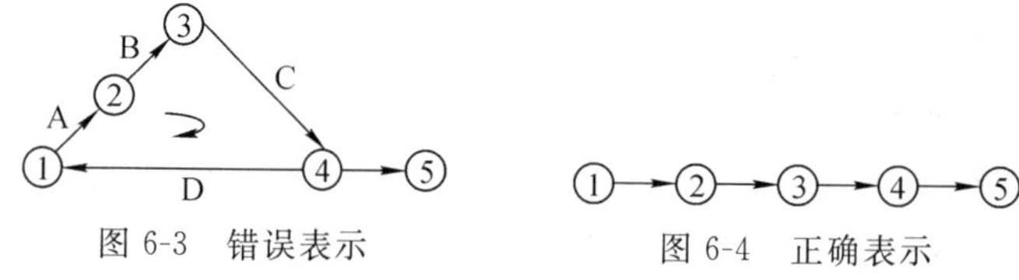

图 6-3　错误表示　　图 6-4　正确表示

(3)两个节点之间只能有一条箭线。如果在两个节点之间存在多项平行的作业活动，则除保留一项作业活动的节点外，其余活动要通过增加节点，用虚箭线相连接。如图 6-5 所示。

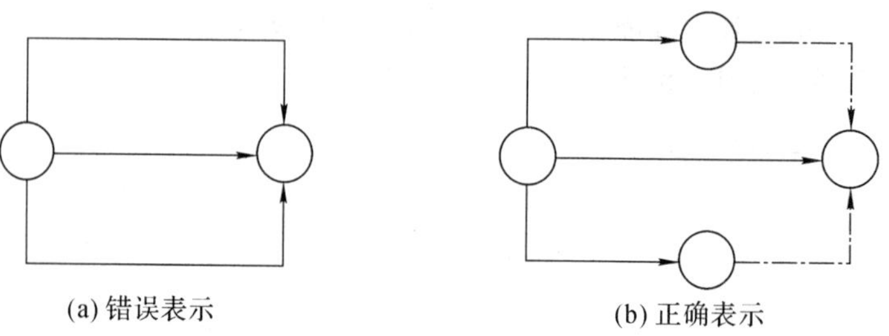

(a) 错误表示　　(b) 正确表示

图 6-5　节点间作业关系的表示

(4)箭线的首尾都必须有节点，不能从一条箭线的中间引出另一条箭线来。例如，铸工车间在造型前必须先配砂，当配砂达到一定量后，造型即可开始，此后造型与配砂同时进行。这时，在网络图中不能绘成图 6-6(a)式样，而应绘成图 6-6(b)式样，图 6-6(a)中造型工序缺少一个开始的节点，使人不知道从哪里开始。

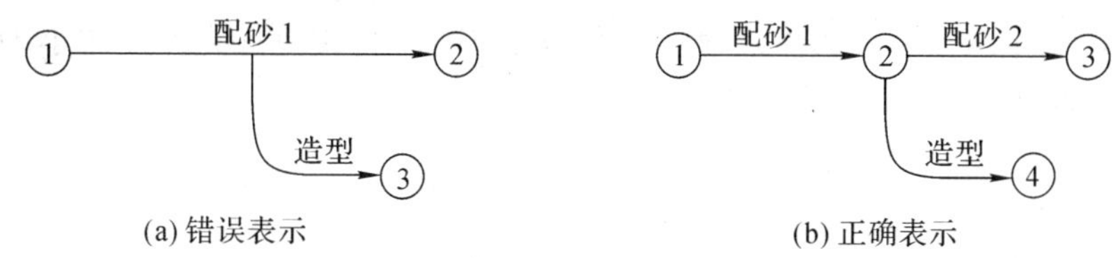

图6-6　节点间作业关系的表示

网络图中的所有节点均需按从小到大的原则进行统一编号，以便于识别、检查和计算。编号顺序是从始点到终点，不允许编号重复使用，并且箭头节点的号码必须大于箭尾号码。号码数字要写在节点的圆圈内，以免与作业时间相混淆。

4. 网络图的运用

在绘制出网络图后，为了能用网络图进行计划安排和控制，还必须计算网络时间，并找出关键路线。

(1)作业时间的确定

网络图中各项作业的时间值是编制计划和安排活动的基础。作业时间是指完成某项作业、某道工序所需的时间，常用符号 T 来表示。作业时间的单位视具体情况而定，一般用周或日，也有采用小时或月的。网络计划技术中确定作业时间值，一般是采用单一时间估计法或三点时间估计法。

单一时间估计法是在估计某项作业时间时，只确定一个时间值。它是以完成该项作业的最大可能时间为标准的，适用于变化因素少或有先例可循的活动。

三点时间估计法在估计作业时间时，先预计三种时间值，然后据以计算出完成作业时间的平均值。这三种时间值是：

乐观时间。指在顺利的情况下完成该作业所需要的最少时间，常用符号 a 来表示。

正常时间。即在正常条件下完成该项作业所需要的最有可能的时间，常用符号 m 来表示。

悲观时间。指在不正常情况下完成该项作业可能需要的最长时间，常用符号 b 来表示。

根据上述 a、m、b 三种时间估计值，按下列公式计算出作业时间平均值 T：

$$T=(a+4m+b)/6 \tag{6-1}$$

作业时间概率分布的离散程度，即 T 的代表性大小，可用方差 q 来表示。

q 越大，表示概率分布的离散程度越大，T 的代表性就越差；反之，q 越小，T 的代表性就越好。q 的计算公式为

$$q=(b-a)/6 \tag{6-2}$$

(2)作业最早开始时间和结束时间的计算

在网络图上，每一项作业都存在一个最早可能在什么时间开始和最早可能在什么时间结束的问题。作业最早可能开始时间称为活动的最早开始时间；作业最早可能结束的时间称为活动的最早结束时间。活动的最早开始时间和最早结束时间有密切关系。最早结束时间等于最早开始时间加上作业时间，即

$$EF_{(i,\ j)}=ES_{(i,\ j)}+T_{(i,\ j)} \tag{6-3}$$

式中：i 表示一项作业的箭尾节点的编号；j 表示一项作业的箭头节点的编号；$i \rightarrow j$ 表示从节点 i 开始到节点 j 结束的作业；$T_{(i,j)}$ 表示作业从 $i \rightarrow j$ 的作业时间；$ES_{(i,\ j)}$ 表示作业 $i \rightarrow j$ 的最早开始时间；$EF_{(i,\ j)}$ 表示作业 $i \rightarrow j$ 的最早结束时间。

在简单的网络图中，前一项作业的最早结束时间即为后一项作业的最早开始时间。即

$$EF_{(i,\ j)}=ES_{(j,\ j+1)} \tag{6-4}$$

但在实际网络图中，有时有好几项作业汇集到一个节点，或有好几项作业同时从一个节点出发。这时就要计算从该节点开始的各项作业最早可能开始的时间。网络图中节点的最早开始时间的计算公式为：

$$ES_{(i)}=\max\{ES_{(i-1)}+T_{(i-1,\ i)}\} \tag{6-5}$$

式中：max 表示取最大值；$ES_{(i)}$ 代表箭头节点 i 的最早开始时间；$ES_{(i-1)}$ 代表箭尾节点 $i-1$ 的最早开始时间；$T_{(i-1,\ i)}$ 代表作业 $i-1 \rightarrow i$ 的作业时间。

因此，当从某一节点开始的作业有好几项时，这几项作业的最早开始时间是相同的，都等于这个节点的最早开始时间。计算机网络图上各节点的最早开始时间，应从始点开始，自左至右，逐个顺序推算，直到终点。始点的最早开始时间为零，终点因无后继活动，所以它的最早开始时间和最早结束时间是相同的。

(3)作业最迟开始时间和结束时间的计算

在网络图中，每一项作业为保证下一项作业的按时开工，都有一个最迟必须在什么时候开始和最迟必须在什么时候结束的问题。这就要计算出各项作业的最迟开始时间和最迟结束时间。

设 $LS_{(i,\ j)}$ 表示作业 $i \rightarrow j$ 的最迟开始时间；$LF_{(i,\ j)}$ 表示作业 $i \rightarrow j$ 的最迟结

束时间。则

$$LS_{(i,j)}=LF_{(i,j)}-T_{(i,j)} \tag{6-6}$$

即某项作业的最迟开始时间等于其最迟结束时间减去作业时间。

在简单的情况下，下一项作业的最迟开始时间等于前项作业的最迟结束时间。但当若干项作业从同一个节点出发时，则应分别计算从该节点出发的每一项作业的最迟开始时间，然后选择其最小值，作为前项作业的最迟结束时间。这样，若进入某一节点 j 的作业有好几项，这几项作业的最迟结束时间是相同的，一般就把这个时间称为节点 j 的最迟结束时间。节点 j 的最迟结束时间的计算公式为

$$\begin{aligned} LF_{(j)} &= \min\{LS_{(j,j+k)}\} \\ &= \min\{LF_{(j+k)}-T_{(j,j+k)}\} \end{aligned} \tag{6-7}$$

式中：min 表示取最小值；$k\geqslant 1$；$j+k$ 表示从节点 j 开始的各项作业箭头节点的编号；$LF_{(j)}$ 表示箭尾节点 j 的最迟结束时间；$LS_{(j,j+k)}$ 表示作业 $j\rightarrow j+k$ 的最迟开始时间；$LF_{(j+k)}$ 表示箭头节点 $j+k$ 的最迟结束时间；$T_{(j,j+k)}$ 表示作业 $j\rightarrow j+k$ 的作业时间。

利用上述公式，就可以计算各节点的最迟结束时间，其方法、程序与计算最早开始时间相反。它是从终点开始，自右至左，逐个用减法进行逆算，直至始点。节点的最迟结束时间等于最迟开始时间，等于整个计划的总工期。

(4)总时差的计算

所谓总时差是指在不影响后续活动最迟开始时间的条件下，完成某项作业可供机动的总时间。总时差又称机动时间。一般而言，机动时间越多，生产潜力越大，应采取措施加以利用，以充分发挥人力、物力的作用。

总时差的计算公式为：

某作业的总时差＝该作业最迟开始时间－该作业最早开始时间
＝该作业最迟结束时间－该作业最早结束时间

即

$$\begin{aligned} TF_{(i,j)} &= LS_{(i,j)}-ES_{(i,j)} \\ & LF_{(i,j)}-EF_{(i,j)} \end{aligned} \tag{6-8}$$

(5)关键路线的确定

在网络图中，若某项作业的总时差为零，即没有机动时间，就把它称为关键作业，由关键作业或工序连接而成的路线即为关键路线。关键路线是网络图中费时最长的路线，它决定了项目的最早完工时间或最迟结束时间。凡是在关键路线上的作业，其时差均为零。关键路线一般只有一条，但有时也有可能同时出现几条。

绘制出网络图，估计了各种作业时间，并计算出最早开始和结束时间、最迟开始和结束时间，及时找出关键路线之后，管理人员就可以据此对该活动进行计划优化和控制了。

5. 网络计划技术的特点

网络计划技术适用于各行各业，特别是包含较多项作业、需要多家单位配合完成的大型工程项目。因为网络计划技术具有以下几个特点：

(1)系统性

通过箭线关系，能把整个计划中的各项工作之间的内在联系和制约关系清晰地表示出来，使管理者对它们各自在计划中所处的地位和作用一目了然，易于对一项复杂的任务，有条不紊地进行全面考虑与安排，并可促进相关人员之间的相互了解、协调和配合，有利于发挥各自的作用，处理好局部和整体之间的关系，从而实现系统整体效益的最优化。

(2)动态性

利用网络技术编制的计划是一种灵活性很强的弹性计划，它把计划执行过程看成是一个动态过程，可不断根据计划实际执行情况的信息反馈，通过调动非关键路线上的人力、物力与财力加强关键作业，确保预定目标的最终实现。通过对工程的时间进度与资源利用实行优化，既可节约资源，又能加快工程进度。

(3)可控性

便于组织和控制，特别是对于复杂的大项目，可分成许多子系统来分别控制。由于网络图提供了明确的活动分工以及相应的期限要求，这就为管理人员提供了现实的控制标准；通过对每一道工序或作业的计算与分析，给管理人员指明了计划中的关键工序和关键路线以及控制的重点，并为管理人员采取适当的控制措施指明了方向，有助于提高控制效果。管理人员可事先评价达到目标的可能性，指出实施中可能发生的困难点和这些困难点对整个任务产生的影响，以便准备好相应的措施，降低完不成任务的风险。

(4)易掌握

网络计划技术把图示和数学方法结合起来，计算简便，直观性强，容易掌握运用，有利于普及推广。同时，由于网络图可以通过计算机进行运算，所以采用网络计划技术还有利于实行计算机管理，从而提高管理效率。

不过，网络计划技术也不是万能的。它推动了计划工作，但它并不是计划工作；它建立了一种正确理解和使用合理控制原则的工作环境，但它不会使控制自动进行。如果计划本身模糊不清，并对时间进度作出不合理的估计，那么网络计划技术也许毫无用处。所以,网络计划技术的有效性取决于对该项技术的正确运用。

(三)投入产出法

投入产出法是1936年提出的,现已有100多个国家采用投入产出法进行经济方面的研究。我国从1973年正式引用投入产出法编制各种计划。

投入产出法,是对物质生产部门之间或产品之间的数量依存关系进行科学分析,并对再生产进行综合平衡的一种方法。它以最终产品为经济活动的目标,从整个经济系统出发确定达到平衡的条件。它的基本原理是:任何系统的经济活动都包括投入和产出两大部分,投入是指在生产活动中的消耗,产出是指生产活动的结果,在生产活动中投入与产出之间具有一定的数量关系。投入产出法就是利用这种数量关系建立投入产出表,根据投入产出表对投入与产出的关系进行科学分析,再用分析的结果来编制计划并进行综合平衡。投入产出表的基本形态如表6-2所示。

表6-2 投入产出表

<table>
<tr><td colspan="2" rowspan="2">产品的分配去向(产出)
产品的消耗来源(投入)</td><td colspan="5">中间产品</td><td colspan="3">最终产品</td><td rowspan="2">总产品</td></tr>
<tr><td>部门1</td><td>部门2</td><td>……</td><td>部门n</td><td>合计</td><td>积累</td><td>消费</td><td>合计</td></tr>
<tr><td>物质消耗</td><td>部门1
部门2
⋮
部门n
合 计</td><td colspan="5">Ⅰ</td><td colspan="3">Ⅱ</td><td></td></tr>
<tr><td>净产值</td><td>劳动报酬
纯 收 入
合 计</td><td colspan="5">Ⅲ</td><td colspan="3">Ⅳ</td><td></td></tr>
<tr><td colspan="2">总产值</td><td colspan="5"></td><td colspan="3"></td><td></td></tr>
</table>

投入产出法的优点:

(1)通过分析,可确定整个国民经济或部门、企业经济发展中的各种比例关系,并为制定合理的价格服务。

(2)这种分析可预测某项政策实施后所产生的效果。

(3)可从整个系统的角度编制长期或中期计划,并且易于搞好综合平衡。

第四节 日益重要的战略管理计划

一、战略管理是计划的一种特殊形式

希腊文"战略",原指将军指挥军队的艺术。没有战略,也就没有目标,更无从计划,战略是计划的依据和动力。我国《辞海》对"战略"一词的解释是:"军事名词。对战争全局的筹划和指挥。它依据敌对双方的军事、政治、经济、地理等因素,照顾战争全局的各个方面,规定军事力量的准备和运用。"但是随着社会经济的发展和加强管理的需要,"战略"一词的运用无论在国外还是在我国都已经大大超出军事领域,特别是在现代企业的经营中运用最为普遍和频繁。

所谓战略管理是指为实现组织目标,使组织和其所处的环境之间高度协调,而在制定和实施战略的过程中所采取的一系列决策和行动的总和。

战略不同于战术,它们之间既有密切联系,又有明显区别。一般来说,战略与战术主要是整体与局部的关系。战略是指企业为实现目标而制定的全盘的总体谋划,而战术是指为实现目标所采取的具体行动。美国学者菲利普·科特勒说:"不能把战略与战术混为一谈,战略是公司如何赢得一场战争的概念,战术是公司如何赢得一场战役的概念。"

战略与策略主要是目的与手段的关系,先有战略,后有策略,策略必须服从和服务于战略,如企业为达到某一战略目标,在投资、技术改造、人才培训等方面所采取的措施和办法,一般就叫做投资策略、技术改造策略和人才培训策略等。

二、战略管理的层次

一般将战略层面分为公司层面战略、业务层面战略和职能层面战略三种。

(一)公司层面战略

公司层面战略适用于公司整体以及构成公司实体的全部业务部门和产品线。公司层面上的战略行动通常涉及:拓展新的业务;增加或裁减经营单位、生产厂或产品线;在新领域与其他公司建立合资企业。如博士伦公司收购了奇耳(Miracle Ear)助听设备厂、生产 Interplak 牌电动牙刷的工厂以及许多生产牙科用移植器械的公司。另外,博士伦又启动了自己的洗液与护肤品业务。这些战略使博士伦公司从一家生产隐形眼镜和防辐射产品制造商重新定位为一个服务于颈部以上所有器官的企业。

(二)业务层面战略

业务层面战略和每个业务部门及产品线有关,其核心是如何争夺本行业的顾客。其战略决策的内容包括广告投放量、研发的方向和深度、产品更新、新产品开发、仪器设备及产品线的扩张和收缩等。如西尔斯加拿大公司为迎接沃尔玛公司的挑战，投资上百万美元重新装修店铺，引进了像雅诗兰黛这样的名牌产品，并且提升了对顾客的服务品质。

(三)职能层面战略

职能层面战略从属于业务单位内部的主要职能部门。职能战略涉及财务、研发、营销、生产等主要职能部门。如西尔斯加拿大公司营销部采用的职能战略是采用“女性系列”战略，以女性顾客作为自己的目标市场，这一战略曾在美国获得巨大成功。

职能层面战略诸如营销战略、财务职能战略等尽管是低层次的战略，但有时候也可能会扩展到业务层甚至是总体战略中。

三、战略管理过程

战略管理过程一般采取以下步骤：首先，主管人员从使命、目标和战略方面对企业当前所处位置进行评估。然后，审视组织内部和外部环境，找出需要变革的战略因素。外部和内部环境出现的情况可能需要重新确定企业使命、目标，或需要在公司层面、业务层面或职能层面重新制定一个新的战略。实施新的战略是战略管理过程的最后一步(见图 6-7)。

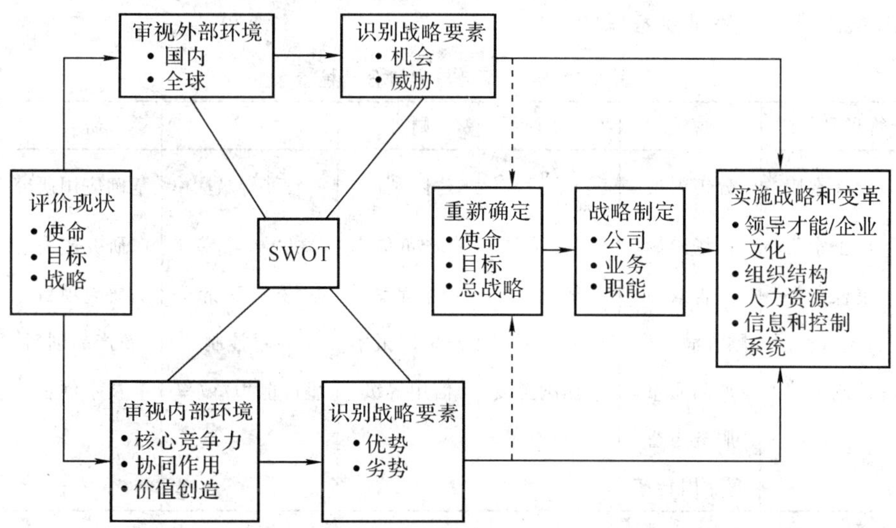

图 6-7　战略管理过程

四、主要的战略管理方法

(一)SWOT 分析法

环境分析通常采用 SWOT 分析法对影响组织绩效的优势、劣势、机会和威胁进行研究。SWOT 分析是优势(Strength)、劣势(Weakness)、机会(Opportunity)和威胁(Threat)分析方法的简称。这种分析方法把环境分析结果归纳为优势、劣势、机会和威胁四部分,形成环境分析矩阵,如图 6-8 所示。

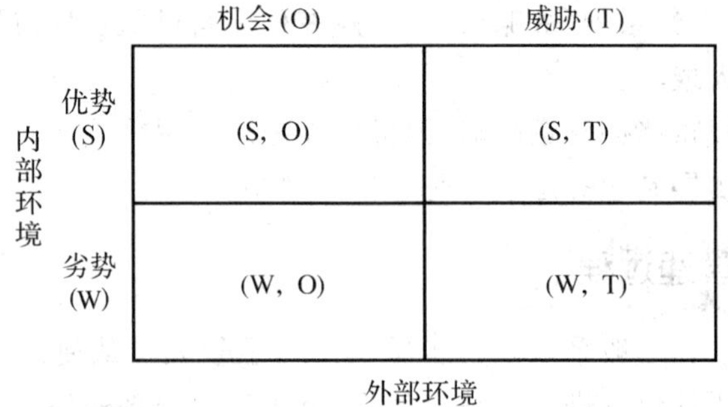

图 6-8　SWOT 分析图

优势指组织可借以实现其战略绩效目标的内部有利特征因素;劣势是指那些阻碍或限制组织绩效取得的外部特征因素。表 6-3 是管理者评估和分析组织优势和劣势时要考虑的一些要素。

表 6-3　组织优势与劣势分析检查表

管理和组织	营销	人力资源	财务	生产	研发
管理素质	分销渠道	员工经验及教育程度	边际利润	工厂位置	基础应用研究
员工素质	市场份额	工会状况	资产负债率	机器成新率	研究能力
集权程度	广告效力	离职率	存货率	采购系统	研究项目
组织流程图	顾客满意度	缺勤率	投资回报率	质量控制	新产品创新
控制系统	产品质量	工作满意度	信用等级	生产能力/效率	技术创新
	服务声誉	抱怨			
	商品周转率				

威胁是指外部环境中那些可能阻碍组织战略目标实现的特征因素。机会是指那些有潜力帮助组织实现或超越其战略目标的外部环境特征因素。与战

略行为密切相关的是其运营的环境因素，包括竞争者行为、顾客、供应商、劳动力供应。一般环境包括的因素对组织没有直接影响力，但在战略决策及实施中必须予以理解，在战略行为中加以体现。一般环境因素包括技术发展、经济、法律政治、国际事务及社会文化的变化。其他可以揭示组织机会和威胁的因素有施压群体、利益相关群体、债权人、自然资源及潜在的竞争行业。

SWOT 分析的基本步骤如下。

1. 分析环境因素

运用各种调查研究方法，分析组织所处的各种环境因素，即外部环境因素和内部环境因素。外部环境因素包括机会因素和威胁因素，它们是外部环境对组织的发展直接有影响的有利和不利因素，属于客观因素，一般归属为相对宏观的如经济、政治、社会等的不同范畴；内部环境因素包括优势因素和弱点因素，它们是组织在其发展中自身存在的积极和消极因素，属主动因素，一般归类为相对微观的如管理、经营、人力资源等的不同范畴。在调查分析这些因素时，不仅要考虑历史与现状，更要站在未来的发展角度来衡量。

2. 构造 SWOT 矩阵

将调查得出的各种因素根据轻重缓急或影响程度等排序方式，构造 SWOT 矩阵。在此过程中，将那些对组织发展有直接的、重要的、大量的、迫切的、久远的影响因素优先排列出来，而将那些间接的、次要的、少许的、不急的、短暂的影响因素排列在后面。

3. 制订行动计划

在完成环境因素分析和 SWOT 矩阵的构造后，便可以制订出相应的行动计划。制订计划的基本思路是：发挥优势因素，克服弱点因素，利用机会因素，化解威胁因素；考虑过去，立足当前，着眼未来。运用系统分析的综合分析方法，将排列与考虑的各种环境因素相互联系起来加以组合，得出可选择对策。这些对策包括：

(1)最小与最小对策(WT 对策)，即考虑弱势因素和威胁因素，目的是努力使这些因素都趋于最小。

(2)最小与最大对策(WO 对策)，着重考虑弱势因素和机会因素，目的是努力使弱势趋于最小，使机会趋于最大。

(3)最小与最大对策(ST 对策)，即着重考虑优势因素和威胁因素，目的是努力使优势因素趋于最大，使威胁因素趋于最小。

(4)最大与最大对策(SO 对策)，即着重考虑优势因素和机会因素，目的在于努力使这两种因素都趋于最大。

SWOT 分析之所以能广泛地应用于各行各业的管理实践中，成为最常用的管理工具，其原因在于：

(1)它把内外部环境因素有机地结合起来，进而帮助人们认识和把握内外部环境之间的动态关系，及时调整组织的经营策略，谋求更好的发展机会。

(2)它把错综复杂的内外部环境因素用一个二维平面矩阵反映出来，直观而且简单。

(3)它促使人们辩证地思考问题。优势、劣势、机会和威胁都是相对的，只有在对比分析中才能辨别。

(4)SWOT 分析可以组成多种行动方案供人们选择，加上这些方案又是在认真地对比分析基础上产生的，因此可以提高管理者决策的质量。

(二)波士顿矩阵图法

波士顿(BCG)矩阵是分析业务组合战略的一种非常实用的方法。BCG 是波士顿咨询公司的简写(Boston Consulting Group)。BCG 矩阵按业务增长率和市场份额两个维度来区分业务，业务增长率与整个行业的增长速度有关。如图 6-9 所示，市场份额用来表示某业务单位的市场份额是高于还是低于其竞争对手。市场份额的高低和业务增长率的快慢，共同构成了一个公司业务组合的四种类型。

业务增长率 \ 市场份额	高	低
高	明星类业务 (快速增长与扩充)	问题类业务(充满风险与不确定性，有可能成为明星，也有可能被剥离)
低	金牛类业务 (为问题类业务和明星类业务提供支持)	瘦狗类业务 (没有投资的必要，如果盈利就保留，否则就剥离)

图 6-9　波士顿矩阵法

波士顿矩阵法将一个公司的业务分成四种类型：问题、明星、金牛和瘦狗。

明星类业务是指在快速增长的行业中占据较大市场份额的业务。明星业务的重要性在于其具有持续增长的潜力。公司应对这样的业务进行投资，以使公司在未来仍能实现成长和利润。明星业务成绩卓著，富有魅力，即使在行业成熟、市场增长变慢时，也可产生利润，带来正的现金流。

金牛类业务是指在成熟的、缓慢增长的行业中拥有很大市场份额，并处于主导地位的业务。由于这类业务不再需要大量的广告和工厂扩张投资，公司可以获取正的现金流，并可以把这些现金流投资于其他风险业务。

问题类业务存在于新兴、快速增长的行业，但所占市场份额很小。问题类业务具有风险性，要么成为明星业务，要么失败。公司可以把从金牛类业务中所获取的现金流投资于问题类业务，以培养未来的明星业务。

瘦狗类业务是指那些业绩较差的业务。这类业务在慢速增长的市场中只占有小部分份额。瘦狗类业务难以为公司带来利润，如果转变无望，有可能被剥离或清算。

（三）波特的竞争力战略

波特的竞争力战略是战略形成的一种模式。波特对大量商业组织进行研究后认为，业务层面战略是公司所处环境下五种竞争力作用的结果。图 6-10 列示了公司所处环境中存在的各种竞争力量。这些力量决定了公司相对于其他竞争对手的行业竞争地位。

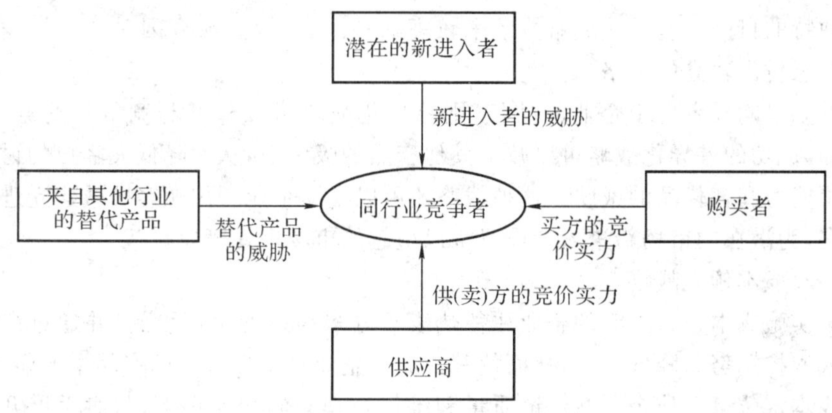

图 6-10 影响行业竞争的五种力量

（1）潜在的新进入者。对于潜在的新进入者来说，资本需求与经济规模是两种典型的进入障碍。

（2）买方的竞价实力。信息灵通的顾客可以成为竞价实力强的客户。借助于广告和购买信息，客户可以了解产品的全部价格和市场上可选的产品，他们对公司的影响日益增强。尤其是当企业的主要销售额依赖于 1～2 个有实力的大客户时，这种情况更为突出。

（3）供（卖）方的竞价实力。供应商的多寡与替代品供应商的可获性是影响供方力量的关键因素。另外一些影响因素包括某个特定购货方是否对供应商的生存至关重要，或购买者是否会以自行生产所需产品相威胁。

（4）替代产品的威胁。替代产品的威胁在于成本的改变和消费趋势的变化。如消费意识的增强会影响顾客对于公司的忠诚度，随着环保意识的增强，许多顾客选购其他替代品。

(5)竞争对手的挑战。波特常常把为争夺竞争市场位置所采用的不规则、图谋不轨的竞争比喻为“广告性群殴”。这些竞争对手除了受前面所述的四种力量的影响之外,同时还受成本和产品差异化的影响。如百事可乐与可口可乐之间的竞争。

为在五种力量中寻找竞争优势,波特建议公司可从以下三种常用的竞争战略中选择其中的一种:差异化战略、成本领先战略和集中化战略。表6-4列示了与每种战略紧密相连的组织特性。

1.差异化战略

差异化战略是一种试图使自己公司的产品或服务区别于本行业其他公司的战略。公司通常使用广告、特色产品、超值服务和新技术来实现产品被认知为独特的目的。差异化战略能带来较高的利润率,因为顾客因对产品的偏爱而愿意付出较高的价格。

如果购买者忠于企业的品牌,则差异化战略可以降低与竞争者的竞争。例如,成功的差异化战略可以减少其他产品的吸引力,从而降低大客户的讨价还价能力和替代品的威胁。这种战略还可以帮助企业利用顾客忠诚建立进入壁垒,为潜在的市场新进入者设置难以逾越的市场进入障碍。

2.成本领先战略

实施成本领先战略的企业往往热衷于寻求高效的生产设施,并通过严格的成本控制努力降低成本,从而使其比竞争企业具备更有效的产品生产能力。低成本定位可以使企业在保证质量和维持合理利润的前提下,与对手展开价格竞争。

运用低成本战略可以有效地抵御上述的五种竞争力量。例如,最有效的实施低成本战略的公司在价格战中能成功胜出,同时仍有利可图。同样,低成本的制造商容易获得大顾客与供应商的偏爱,因为顾客在别处找不到更低价位产品的供应商。别的购买者也不可能忽视与供应商的价格谈判。如果有潜在的对手或替代品进入,在防止市场份额流失方面,低成本企业比高成本企业处于更有利的位置。低成本也可以作为防范新进入者和替代产品的一种壁垒。

3.集中化战略

采用集中化战略的组织通常将全力集中于某一特定区域市场或消费群体。这类公司要么采用低成本战略,要么采用差异化战略,但仅关注于特定的目标市场。

管理者需要深思熟虑的是究竟哪种战略才能给他们的公司带来竞争优势。波特在研究中发现，一些企业因为没有有意识地采用这三种战略中的一种，所以没有获得竞争优势。没有战略优势的企业，与行业中那些使用差异化、低成本或集中化战略发展的企业相比，只能获得低于平均水平的利润。

表 6-4　波特竞争战略的组织特征

战　略	组　织　特　征
差异化	行动灵活、合作方式富有弹性、部门间的协作能力很强
	基础研究实力雄厚
	创造性天赋、超常思维
	很强的营销能力
	鼓励员工创新
	公司质量声誉或技术领先能力
成本领先	高度集权、严格的成本控制
	标准化、稳定的运作流程
	易于使用的生产技术
	高效的采购与分销体系
	严密监管、有限的员工授权
	定期的、内容详尽的控制报告
集中化	可能需要整合上面所述的政策以应用于特定的战略目标
	价值观与灵活的激励机制，客户关系密切
	计算提供服务和维持客户忠诚的成本
	推行员工授权，以便更好地接触客户

（四）合作战略

在有些情况下，与其他企业开展合作比对抗更能赢得竞争优势。当一个行业中的企业开始与其他企业联合起来推动创新、开拓市场、追求共同目标之时，合作战略便开始大行其道。建立合作伙伴关系曾经是小企业增强市场控制能力或追求进入国际市场主要采用的战略。然而今天，不管企业大小，合作已成为许多企业的生存之道。现在的问题已不再是是否合作，而是如何合作、合作达到什么样的程度以及与谁合作。竞争与合作并存。在纽约，时代-华纳拒绝让福克斯公司24小时的新闻频道使用时代-华纳的有限电视系统，这两家公司因此陷入了包括法律诉讼和媒体报告的火拼之中。但这激烈的冲突却掩盖不了一个简单的事实：两个企业相互依存。福克斯与时代-华纳在世界各地的不同行业相互联手，共同处理不同的事务。在纽约本上的竞争并没有影响他们全球性的合作主流。

在合作方式上，组织可以采用多种方式来建立合作关系，如建立优先供应商制、战略业务伙伴、合资关系，或兼并与接管等。图6-11根据合作程度的不同罗列了各种类型的合作战略关系。如，通过采用优先供应商制，沃尔玛与包括宝洁公司在内的主要供应商建立起特殊的关系。它们取消中间商，实行信息共享，降低销售和分销成本。优先供应商制为企业双方带来了长期稳定的合作关系，但这种合作的层次仍然很低。战略业务伙伴关系需要更高层次的合作。

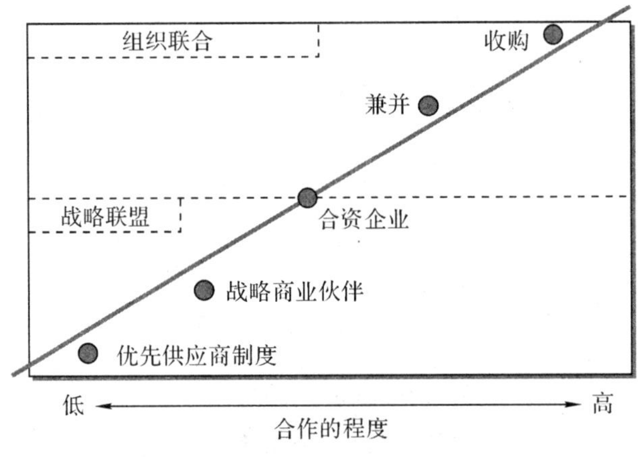

图6-11 合作战略的连续体

建立合资企业是更高程度的合作方式。这是由两个或更多的发起企业作为投资方共同创建的一个独立实体。阿尔卡特作为当今世界上第一大电信基础设施供应商，是最早扎根于中国，与中国通信业长期合作的强大合作伙伴。1984年，阿尔卡特的第一家合资企业——上海贝尔有限公司正式成立。1994年，阿尔卡特组建了阿尔卡特中国有限公司，负责协调与支持其在中国的业务活动。2000年初，阿尔卡特将其亚太区总部迁至上海，成为第一家将亚太区总部设在中国的国际性电信公司。

信息产业部决定将阿尔卡特在华的主要业务包括大部分合资企业与上海贝尔公司合并，以建立中国通信领域的第一家股份制企业——上海贝尔阿尔卡特股份有限公司。2002年5月28日，得益于中国政府和阿尔卡特公司总部的大力支持，上海贝尔阿尔卡特股份有限公司正式成立。与此同时，阿尔卡特还直接从事在中国的卫星、交通自动化、海底网络、手机等方面的业务。迄今为止，阿尔卡特在中国的投资总额已超过 8 亿美元。

收购或兼并是合作关系的终极形式。波音兼并麦道，重组为世界最大的飞机制造企业。美国花旗与旅行者集团联手，出资 700 亿美元创办资产达 7000 亿美元的超大型银行。这两个组织都想构建一个综合的金融服务巨无霸，认为通过合并可以实现协同效应。花旗公司在账户查询、开放式基金和信用卡方面在美国有很强的直销力量，而旅行者集团则有更广、更便利的国际市场渠道。为重视合作，双方各派出一人联袂出任新的金融服务公司的首席执行官。

在今天，企业往往会同时运用竞争与合作战略。在国际竞争、技术革新和新规则的持续挑战面前，很少有公司仅仅采用其中一种方式就能得以生存。在新的环境下，企业只有把竞争与合作这两种战略结合起来，才能形成持久全面的竞争优势。

五、战略实施

战略实施即把战略付诸行动。战略实施是战略管理中最困难也是最重要的组成部分。无论战略制定得多么有创造性，如果不能正确实施，企业也不会从中受益。在当今的竞争环境下，人们日益认识到，在制定和实施战略的过程中，需要引入更多的动态方法。战略管理不是静态的分析过程，它既需要领导者的远见卓识，也需要员工的直接参与。目前，许多企业已经放弃了中心计划部门，战略在组织的各个层面正日益成为工作人员日常管理的一部分。如图 6-12 所示，战略实施涉及使用的几种服务工具——公司的组成部分进行调

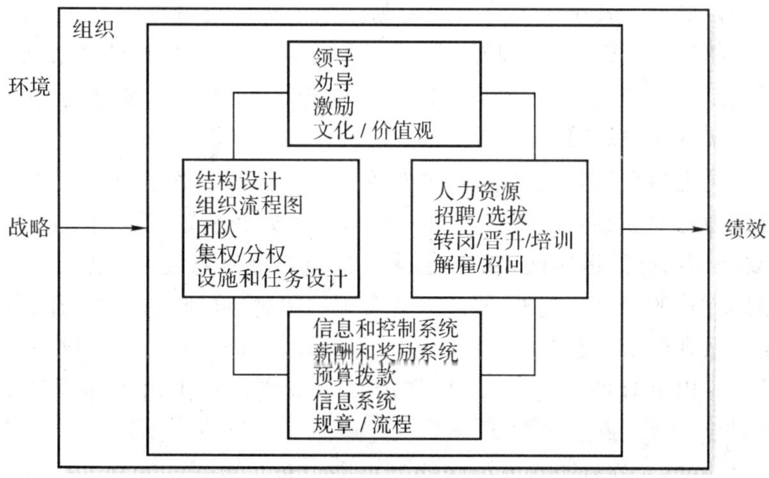

图 6-12　战略实施的工具

整，以使战略转化为具体实施的行动。新战略一旦选定，就会通过领导、组织架构、信息和控制系统以及人力资源的变革等方式具体实施。

（一）领导

领导是使组织成员做出有利于战略实施行动的一种影响力。它包括劝导、激励和改变企业价值观与文化。管理者寻求实施一项新战略时，常常要向员工发表演讲，发布规章，建立团队，说服中层管理者一起为公司共同的远景目标奋斗。在战略制定过程中，领导如果让员工参与，将会使战略实施变得比较容易，因为经理人员和员工在内心里已经理解并认同了新的战略。领导的作用在于激励员工采取符合战略实施的行为，向其灌输一些新的价值观和新的态度。

（二）结构设计

组织结构设计的起点通常是组织结构图，它涉及管理者的职责、授权程度及机构、部门和分部的调整。结构还与分权的程度、任务设计和生产技术有关。

（三）信息与控制系统

信息与控制系统包括薪金体系、奖金激励体系、资源配置预算、信息系统和组织制度、政策和程序。变革这些系统是完成战略实施的主要工具。例如，如果新的战略需要的是增加广告投入，而不是产品技术创新，就可以把资源由研发部门转而配置到营销部门。对于经理与员工也必须进行相应的激励，以引导他们坚持新的战略并促使其成功。

（四）人力资源

组织内的员工就是组织的人力资源。为了实现战略目标，人力资源部门的职能是招聘、挑选、培训、调任、提拔以及解雇员工。例如，员工培训的目的是帮助员工理解新战略的意图和重要性，或培养其必要的特殊技能和行为。

（五）实施全球战略

当公司走向全球时，战略实施的难度更大。在国际竞争中，灵活性和高超的沟通能力已变成必要的领导技能。组织结构设计在成功融入国外文化的同时，还要把国内外的运作模式结合起来。信息与控制系统必须适合本土文化及其激励方式的需要。此外，国际人力资源的招聘、培训、调任、提升和解雇也会产生一系列的新问题，而劳动法规、工作保障等方面的差异也会给战略实施带来特别难以处理的问题。所以，在国际领域应比在国内更加重视战略的实施。

总之，战略实施对于有效的战略管理来说至关重要。管理者通过领导手段、组织结构设计、信息与控制系统和人力资源等工具来实施战略。如不能有效地贯彻实施,即使最有创造力的战略也只能以失败告终。

【案例研究】

跨国合并路难行

1998 年 5 月,美国汽车制造商克莱斯勒公司与梅塞德斯——奔驰的生产者德国戴姆勒—奔驰公司共同宣布了一份价值高达 360 亿美元的合并计划。《华尔街杂志》将此举称作"有史以来绝无仅有的一起工业并购案"。戴姆勒与克莱斯勒的联姻必将给整个汽车业界带来巨大的震撼,并将以前所未有的气势勾勒出国际间巨额并购的雄伟蓝图。

然而,戴姆勒—克莱斯勒自合并后股票价格就一直处于低迷状态,两者之和还不及合并前戴姆勒本身的股价高,投资者对此颇为不满。

1. 大企业间合并磨合难,跨国合并磨合更难

对于合并后的戴姆勒—克莱斯勒而言,合二为一的合并成功与否不仅取决于两家公司总部的有机结合,还需两家公司分布在世界各地的文化背景、运作模式各异的工厂、办事机构的完美整合。

为了克服彼此间的差异,合并后的公司必须采取特殊的措施。

在戴姆勒公司为合并做准备的计划中,对这一桩合并的跨国性质没有给予足够的重视,认为这一合并案与其他的企业间合并一样,没有什么大不了的地方。

据参与合并谈判的戴姆勒公司管理层"三驾马车"之一的考德斯回忆,即使是在两家公司合并的大体框架确定之后,这一桩合并案的跨国本质还没有作为一个特别的问题,放到桌面上认认真真讨论过。

考德斯称,当时有三件大事让戴姆勒公司的谈判小组忙得不可开交:

首先,针对汽车行业的兼并风潮,要使两家公司合二为一,发挥各自的优势和特点,最好能做些什么?

其次,以前从未有过类似的合并,那么,这一合并行得通吗?

最后,戴姆勒公司和克莱斯勒公司是否有足够的勇气去克服合并后面临的重重困难?

说到底,正如考德斯所言,谈判小组考虑的问题没有一件与合并案的跨国因素有直接的关联,他们仅仅把这一合并看作是两家德国公司的合并。

合并后的"上策"无非就是千篇一律地在提高效率和加强策划方面狠下工

夫，而用不着过多去考虑管理模式是否因地制宜、有的放矢。但是，随着时间的推移，合并双方的管理层越来越感到，要使合并取得圆满的成功，就得认真处理好不同地域、文化的深层次矛盾。

这些矛盾更因美国方面的心理不平衡而雪上加霜。克莱斯勒公司的中层管理人员认为，这不是一桩平等的合并，更像是克莱斯勒把自己出卖给了外国人，因而担心德国公司严格的劳动纪律会破坏克莱斯勒自由的氛围。因此，合并双方的企业文化和民族文化的碰撞似乎在所难免。办事讲究效率、积极进取的德国工程师和敢于冒险的美国老板搭档，也能够共同唱好双簧吗？

2. 一家公司，两种文化

从某种意义上讲，戴姆勒—克莱斯勒自1998年合并以来所走过的历程基本上没有惊天动地的奇迹。尽管有这样那样的磕磕碰碰，合并后新公司还是把大家维系在了一起。戴姆勒公司负责奔驰汽车生产的董事胡伯特对合并进程十分满意。

新公司的所有员工都深深懂得：合并后是一家公司，一个老板，一个目标，两种文化。

当然，戴姆勒—克莱斯勒公司还要跨越许多障碍，才能到达胜利的彼岸。即使是像美国与德国间的时差这样简单的问题也不容忽视。

两家公司合并以后，经常需要召开一些会议，探讨如何进一步减少开支、共同承担研究开发成本等一系列事关公司未来发展的重大问题。为了减少人员往来的差旅开支，公司专门改造了一架专机，供赴会人员在飞机上睡眠休息。除此之外，戴姆勒—克莱斯勒公司还在纽约克莱斯勒大厦租了“一席之地”，以进一步减少差旅开支。

除了节流以外，合并后的新公司还广开财源，频频出击，不断对外扩张。

2000年3月27日，戴姆勒—克莱斯勒公司与日本三菱汽车公司做成一笔大买卖，从而使其小汽车生产部门如虎添翼。6月26日，戴姆勒—克莱斯勒公司又斥巨资4.28亿美元，收购韩国现代集团10%的股份。

尽管合并后的新公司成绩喜人，但在有些方面还不尽如人意，与原来设想的蓝图相距甚远。直到1999年秋天，两家公司还在讨论维持两个总部的问题，“合并”一词仍挂在嘴边。

事实上，据胡伯特先生透露，当初戴姆勒集团“友好”吞并美国三大汽车集团中的老三主要还是为了解决自己战略上的问题。

两年过去了，问题依旧成堆，有些是财务上的问题。戴姆勒—克莱斯勒公司雄心勃勃，为新公司设立了一系列降低成本的目标。但公司管理层也承认，为了提升公司业绩,还得层层加码,进一步加大降低成本的力度。

7月26日,戴姆勒—克莱斯勒公布了第二季度盈利为17亿美元,稍稍好于投资者预期。

不过,据说为达成全年盈利预期,公司正在拼命努力,以不辜负投资者的期望。

尽管如此,股市从不相信眼泪,戴姆勒—克莱斯勒公司的股价却从1999年的高位跌去了40%以上。看来投资者并不看好合并后新公司的未来。

新公司的日常运作也问题不少,公司内牢骚声仍不绝于耳。

汽车市场的竞争愈演愈烈,特别是克莱斯勒公司在国内市场长期占据的那一块肥肉正面临严峻的挑战。

其竞争对手,如日本的本田也已在生产自己的面包车,克莱斯勒公司为了保住市场份额,不断给汽车经销商"慷慨"打折。尽管如此,销售额还是停步不前,为了提升业绩,克莱斯勒公司最近不得不开始了一项节约20亿美元成本的计划。对合并后的新公司而言,只有少数几种车型获得了成功,公司靠其吃饭的新车型上市还是几个月以后的事情,远水解不了近渴。

戴姆勒—克莱斯勒公司与三菱汽车公司的合作表明:仅仅是跨大西洋"结婚"还不够,它虽然优势互补了在美国和欧洲整车生产,却未能弥补其在高速成长的亚洲和拉美市场上的劣势。

一年半以前,董事长舒拉姆普先生想通过投资日产汽车公司,扭转公司在亚洲市场上的弱势。只可惜他的建议被公司管理层否决了,他们认为公司不能一口气消化两个大的合并。

但是,尽管存在这样那样的问题,现在就断言这是一桩失败的合并为时尚早。真正的考验在于未来的2～3年里。届时,真正合并后的产品将走下流水线,接受消费者的检验。如果戴姆勒—克莱斯勒能够将运作效率转化为成功的新车种和滚滚而来的财源,那么,它将证明合并是完全合乎逻辑的正确选择。不过,即使是在合并的初级阶段,这桩合并案也为跨国合并提供了有益的经验教训。

3."相爱"不易,"相处"亦难

透过两家公司当时所处的经营环境,就不难理解,尽管跨国合并不是一种容易的事情,但两家公司还是走到一起来了。

20世纪90年代中期,克莱斯勒公司陷入困境,濒临破产;加之公司最大的股东想乘人之危,借机拣个便宜,盘下克莱斯勒,好在克莱斯勒后来侥幸躲过这一劫。

克莱斯勒船小掉头快，而且又有良好的产品设计能力，但它又该向何处去呢？克莱斯勒的顾问——瑞士信用第一波士顿向克莱斯勒提供6条计策，这6条计策都建议克莱斯勒与德国的汽车生产厂家结成某种形成的联盟。

自1995年开始，戴姆勒和克莱斯勒公司开始了断断续续的合并谈判历程。

但克莱斯勒的董事长伊顿早已认识到，克莱斯勒迟早要投入他人的怀抱。所以，在1997年，当戴姆勒公司董事长舒拉姆普提出要与克莱斯勒重开合并谈判时，他得到了积极的响应。不过，此后的谈判进程并非一帆风顺，特别是在伊顿宣布将在3年内下岗以后，伊顿更是成了众矢之的。

从戴姆勒和克莱斯勒合并以来的业绩来看，伊顿的战略眼光应该赢得更多的赞誉。

相对于伊顿在合并中接受的低级职位而言，他为克莱斯勒的股东带来了巨大的好处。如果克莱斯勒还是一家独立的汽车生产厂家的话，那么处境要糟糕得多。

尽管如此，戴姆勒与克莱斯勒的合并也许可以做得更漂亮一些。

两家将工作重点放在了一般的问题上，而没有充分认识到这是一桩跨国合并案，因而忽视跨国界因素对整个合并案的影响。整个谈判过程中，甚至是合并以后，跨国界问题始终像幽灵一般不时地浮现出来，要求给予足够的关注。但双方的最高管理层似乎倾向采取“捣糨糊”的态度，能回避就回避，能混就混；而不是勇敢地面对这些问题，认认真真、踏踏实实地解决。

在磨合两家公司迥然不同的企业运作模式方面，老戴姆勒正规得近乎于官僚衙门，一次标准的高级经理会议会“生产”出成堆的文件和会议记录。合并以后的几个月里，受美国同行更为自发性行为的影响，德国人也把书面的官样文章改成了口头的东西。

与上述问题相比，两家公司合并以后，还有更大的困难有待克服。

合并之初，由于克莱斯勒高级经理层手头握有的股票期权一下子变得价值连城，因而这些经理也在一夜之间跟着暴富。这也引出了一系列的问题：戴姆勒的老板们也许会变得贪得无厌，两家公司员工的收入差异等深层次问题也一同浮出水面。美国人拿回家的工资是其德国同行的2倍、3倍，甚至是4倍；但同时美国人抱怨德国人花钱大手大脚，有些戴姆勒的高级经理为了开会经常坐头等舱飞来飞去，或是周末待在高级宾馆享乐。

要想在两种文化之间找到新的平衡点，恐怕还得花一定的时间采用双方都能接受的新办法。

戴姆勒和克莱斯勒之间合并平稳磨合的法宝之一就是合并后的新公司既不完全按美国人的模式运作，也不照抄“伊顿人”的做法，特别是在管理的高层，更是如此。

克莱斯勒已不再是80年代底特律胆小如鼠的汽车生产厂家。如今克莱斯勒的董事长伊顿曾是通用汽车公司的一个经理，全身上下具有通用汽车公司工程师的本能。

而戴姆勒公司董事长舒拉姆普常年生活在南非，至今还经常去那儿度假，放松一下身心。他是一个务实、明智、雷厉风行的企业领袖，在作决定前总是虚心听取方方面面的意见。然而，一旦作出决定以后，又是那样的义无反顾，“独断其行”干到底。

在底特律圈外人士来看，合并引起的摩擦似乎相对很少。

戴姆勒—克莱斯勒有一些高层人士离开了公司，其中大部分是在两家公司合并后，高级管理职位各有其主的时候跳槽的。

克莱斯勒前总裁的离职最为引人注目，他坚信戴姆勒和克莱斯勒应该进行完全彻底的合并。他在1999年9月离开了公司，杰米·霍尔登取而代之。

不过，人才流失不仅限于高层，公司从上到下人心惶惶，纷纷自找出路，另谋高就，越是基层，情况越严重。1999年一段时期，才华横溢的克莱斯勒设计师成群结队离开公司另谋出路。如今，“胜利大逃亡”的节奏已有所减慢。胡伯特指出，德国人应该从中吸取深刻的教训：不要对员工的忠诚抱太大的期望。当然，员工“离家出走”也有可能引起公司高层的关注，真正反思原克莱斯勒内部存在的问题。

德国人在合并过程中的专断也引起了克莱斯勒的不满。例如，德国人以其他的合并案例为鉴，一开始就坚持要事先明确分清楚经理们的管理条线，这引起克莱斯勒的不快。

中央集权控制模式也许会破坏双方的团结，但为了统一处理成百上千个合并项目，戴姆勒—克莱斯勒设立了一个由5名高级经理组成的强有力的汽车委员会，所有合并项目的进展情况每隔4～6周都得向该委员会报告。委员会成员之一考德斯先生称，这对于合并工作有条不紊地进行极为重要。

4.国界鸿沟不可逾越

这类合并的经验教训是：只有当其他的路都已证明走错，跨国界问题才会露出水面。说到底，戴姆勒—克莱斯勒合并案的经验教训与其他的合并案没有什么大的不同，只不过是多了几分困难而已。

舒拉姆普及其小组将精力集中在运作方面，而将文化问题和管理上的摩擦放在了一边，他认为这些问题是不可避免的，但还没有到不可收拾的地步。

最棘手的问题恐怕还是层层分解的节约成本目标，公司上上下下都被要求降低成本的任务压得喘不过气来。

1998 年 5 月，合并后的新公司预计 1999 年可节约成本 14 亿美元，后来他们如期完成了任务。

但戴姆勒—克莱斯勒公司在设定 2000 年和 2005 年合并成本节约内部目标时，决定不再对外公开下一步的降低成本目标。

原因之一是被压得喘不过气来的各级经理对公司越来越不满，而投资者和媒体对成本节约又漠不关心。

但更重要的原因是，随着时间的推移，以及挖掘合并所带来的成本节约效应的工作不断深化，进一步降低成本的任务变得越来越困难。

所以，戴姆勒—克莱斯勒公司决定还是不公布成本节约目标为好，以免日后完不成任务脸上无光。

戴姆勒—克莱斯勒公司试图创造出一种就像一个实体一样高效、切实可行的企业运作模式，但目前却陷入了当初合并未曾想到的困境。

就以戴姆勒和克莱斯勒分享零部件这样一桩简单的创意为例，如果戴姆勒和克莱斯勒想生产两款相类似的车子，从理论上讲，他们可以通过采用相同的零部件而降低成本，例如，大家都用相同的车轴和油泵。但如果其中的一款计划在年内推出，而另一款到下一年还投不了产，则该如何呢？产品的投产是否应该协调一致，以最大限度提高效率？开发成本该如何分担？这也是戴姆勒—克莱斯勒公司所遇到的极为棘手的问题之一。

——《国际金融报》，2000 年 10 月 11 日第四版

【思考题】

1. 计划的表现形式有哪些？
2. 计划能起到什么作用？
3. 计划的制订过程分几步？常见的错误有哪些？
4. 网络计划技术的优缺点是什么？
5. 主要的战略管理方法有哪些？

第七章
组　织

【内容提要】

本章在系统介绍组织含义及类型的基础上，阐述古典组织理论、行为组织理论、系统组织理论的主要内容，概括组织结构设计的一般步骤、基本原则，分析组织中权力的类型及关系，介绍常见的组织结构。

【本章重点】

1. 组织的类型及理论。
2. 组织结构设计的基本原则和步骤。
3. 权力的类型及授权的方法。
4. 常见的组织结构和新型的组织结构。

第一节　组织概述

一、组织的含义及特点

组织是人类社会的普遍现象。在人类生产发展基础上形成的协作劳动和共同生活过程中，人们一直以组织作为集体力量的凝聚方式。在现代社会，组织更是社会存在的基本形式，在社会生活的各个领域、各个层次和各个方面，广泛存在着不同的组织，一切社会成员都生活和活动在不同的组织之中，都是特定组织的成员。从这个意义上可以认为，组织是现代社会的基本特征。

关于组织的含义，目前尚不存在一个统一的、权威性的定义。不同学者从各自研究的视角进行界定。有学者强调组织的共同目的，认为组织是人类为了实现共同目的而结成的一种形式；有学者强调组织的层次隶属关系，认为组织是由层层授权而连接起来的相互关联的职位的模式;有学者则从人们的协作关系出发解释组织的含义,认为组织就是结构性和整体性的活动,即在相互依存关系中共同工作或协作。

根据组织的一般特性和学者关于组织的各种定义,可以认为,组织是特定的群体为了共同的目标,按照特定原则通过组织设计,使得相关资源有机组合,并以特定结构运行的结合体。

一般来说,组织具有如下特点:

(一)目标的一致性

组织是特定社会群体为了实现特定的共同目标而组合起来的,因此,共同的目标是组织的基础和第一要素。组织的共同目标使得组织目标具有一致性的特点,这种一致性主要体现在:①目标价值的一致性。不同组织的目标具有不同的价值取向,同一组织也具有多种目标价值取向。对于不同的组织来说,具有符合其组织性质的目标只是其重要特征;对于同一组织的多种目标价值来说,在多种目标价值取向中必有支配性的主导价值取向,而其他价值取向则服从于主导价值取向并与其保持统一。②层级目标的一致性。按照层级,组织目标可以划分为组织的整体目标、部门目标和个人目标,尽管这些目标在具体内容方面有差异性,但是,相对于组织的整体目标来说,它们却具有统一性。③阶段目标的一致性。按照实现时间的不同,组织的目标可以划分为近期目标和中长期目标。一般来说,近期目标是中长期目标的实现途径,必须保持与中长期目标的本质一致性。

(二)原则的统一性

组织原则是组织构建和运行的基本规范和规则的总和,它既是组织目标和价值的规范性体现,又是组织形成和活动的基本依据和规则标准。组织原则包括:关于组织活动的价值规范;组织构建的原则;组织结构中职位、职权和人员配置原则;组织活动和运行的原则;等等。在一个组织中,各种原则构成了统一的有机整体,这些组织原则之间具有统一配合性。

(三)资源的有机结合性

为了实现组织目标,组织必须动员和组合相应的组织资源。因此,现实的组织是各种组织资源要素的组合。组织资源要素包括人、财、物、权力、权利、信息、价值和规范等。组织以实现目标所要求的职位设定为中心,使这些资源在组织职位上实现有机结合和合理分布,从而形成资源要素集合的力量,汇总为组织的整体力量,协同实现组织的目标。

(四)活动的协作性

从活动的角度看,组织本质上是人们之间的相互协作关系。组织产生和有效发挥作用的原因,是人在生产和社会活动中个体能力的不足,因此,必须通过相互协作和帮助来完成个人所不能完成的任务。另一方面,人们通过组织形式的相互协作和共同活动,会形成大于参与组织和协作的单个成员的算术和的力量,以实现组织的目的。组织的协作性,体现为组织中职位角色的明确规定性和相互协调性,体现为组织成员在实际活动中的合作性和配合性,体现为组织的整体功能。

(五)结构的系统性

组织结构具有系统性,这种系统性主要体现在:组织的结构由各系统构成,这些系统包括组织的职位系统、组织的运行系统、组织的文化系统、组织的关系系统等。这些系统自身构成了完整的系统,同时,又与其他系统形成有机联系,构成了组织结构的总体系统。组织结构的系统具有确定的边界。组织整体与组织外部系统之间,有着组织与非组织的边界。在组织内部,各系统之间也有其边界。组织的边界可能是显现的,也可能是隐性的。组织结构的系统化,使得组织的整体系统功能大于各部分系统的功能之和。

二、组织的类型

人们可以根据不同的标准,对组织进行不同的分类。在管理学中,划分组织类型的两大标准通常是根据组织的目标和组织是否由人为设计来确定。

(一)根据组织的目标对于组织的分类

在管理学中,较早根据组织目标对组织形态进行分类是由管理学者布劳和斯科特提出的。按照这一标准,他们把组织划分为四类:互益组织,包括政党、宗教、工会、俱乐部;工商组织,包括工业企业、银行、商会;服务组织,包括医院、学校、社会机构;公益组织,包括政府、研究组织、消防队。

在现代社会中,根据组织的公共目标和非公共目标,人们把组织划分为公共组织和非公共组织。公共组织是以实现公共利益为目标的组织,它一般拥有公共权力或者经过公共权力的授权,负有公共责任,以提供公共服务,包括以管理公共事务、供给公共产品为基本职能的组织。政府是典型的公共组织。除此之外,以特定的公共利益为目标,提供公共服务的非营利性的非政府组织,也构成了现代社会公共组织的重要组成部分。

非公共组织一般不以公共利益作为组织的目标,在市场经济条件下,作为市场主体的企业是典型的非公共组织,以营利为目的的社会中介组织也属于非公共组织。另外，在政治生活中，服务于非公共利益的特定利益集团属于非公共组织；在社会生活中，基于特定的宗教信仰而形成的宗教组织，基于特定的生活兴趣而形成的组织，一般也属于非公共组织。

（二）根据人为设定还是自发形成对于组织的分类

根据这一标准，可以把组织划分为正式组织和非正式组织。

1. 正式组织

正式组织是为了有效实现组织目标，经过人为的筹划和设计，并且具有明确而具体的规范、规则和制度的组织。一般来说，它带有明确的管理者的意图和价值取向。正式组织一般具有如下特点：

(1)具有专业分工。按照组织总体目标及其分解目标和组织工作的特性，正式组织具有明确的内部专业化分工，并按照这些分工设置相应工作职位，配置资源。

(2)具有明确的科层。根据分工的要求，正式组织按照科层设计，配置人员，由此形成了组织人员之间的科层等级。

(3)具有法定的权威。正式组织是经过法定权力配置和职位授权的结构，因此，正式组织的管理活动具有合法权威性，以保证管理组织意志的贯彻和信息的沟通，这种权威性对于组织成员具有强制性的约束力。

(4)具有统一的制度性规范。正式组织一般制定统一的制度、规范和规则，以支撑组织的结构，保证组织的秩序，维持组织的正常运行，实现组织的目标和任务。

(5)组织形态相对稳定。在正式规划和建立的组织中，组织秩序和结构功能相对稳定，其制度规范和规则程序也相对稳定，因此，正式组织具有相对稳定的内部环境。

(6)职位承担者可以替代。正式组织按照工作要求设置职位，因此，担任职位工作的成员，必须符合职位的要求，如果特定成员不能达到职位的要求，则随时有被取代的可能。

(7)内部正式交换关系的存在。正式组织拥有自己的组织资源，因此，正式组织可以运用自己拥有的物质资源，换取组织成员的工作和能力发挥，这就使得正式组织与成员之间形成了物质交换关系。

2. 非正式组织

非正式组织是组织成员为了满足特定心理或情感需要而在其实际活动和共同相处的过程中自发和自然形成的团体。非正式组织一般具有的特点是：

(1)非正式组织的形成是基于特定的需要。非正式组织形成的组织成员的心理和情感需要是多种多样的，其中包括组织成员的情感交流、社会交往、获得社会承认和尊重的需要，包括组织成员在遭受挫折或者威胁时，维护自己的权利和权益的需要，等等。一般来说，组织成员形成非正式组织的心理需要，都是正式组织所不能满足的。

(2)非正式组织没有明确的组织目标。与正式组织具有明确的组织目标不同，非正式组织只是基于组织成员的心理需要而形成的，除了这种心理需要之外，非正式组织本身并没有明确的组织目标。非正式组织形成的心理需要可能与它所存在的正式组织的目标指向是一致的，也可能是不一致的，但它并不以正式组织的目标作为自身追求或反对的目标。

(3)非正式组织是组织成员自发形成的。非正式组织是组织成员在实际工作接触和相处中自然和自发形成的，而不是组织的管理者按照特定目的人为构建的，因此，在一个正式组织中形成非正式组织是不以管理者的意志为转移的。就此而言，非正式组织是与正式组织共生的必然现象。

(4)非正式组织没有明确或者成文的制度和规则。一方面，非正式组织形成于组织成员的多种心理需要，产生于组织成员的自发行为；另一方面，特定非正式组织的形式和成员是经常变动的。因此，非正式组织的形成和实际存在并没有一定之规，它也没有正式组织那样的明确成文的制度性规定。

(5)非正式组织一般具有三种基本形式。①水平集体，一般由地位大致相同，同属一个工作单元或者组织的成员构成，这是非正式组织的常见形式。②垂直集体，由一个工作单元或者组织内不同层次和职级的人员组成。垂直集团形成的重要原因是组织成员之间具有特殊的利益或者心理需要。③混合集团，由组织不同工作单元、不同地位和职级的成员交叉构成，在非正式组织中，混合集体往往呈现出复杂多样的特点。

(6)非正式组织对于正式组织的功能具有两面性。其正面的功能主要是：它可以增强组织成员对于特定组织的归属感，从而形成有利于组织稳定和目标实现的凝聚力；它可以协调组织成员之间的关系，弥补组织成员之间由于能力和职位而形成的差异，调节他们之间的矛盾和纠纷，形成有利于组织成员协作的关系和氛围；它有利于组织成员的相互沟通，尤其有利于不同层次和职级的成员之间的沟通，不仅使得组织的管理者获得组织成员工作和心理的真实状况和信息，可以有利于形成和谐的管理者与被管理者的关系，从而有利于管理目标的实现；它可以在一定程度上调节组织成员的精神状态，提供组织成员宣泄其心理紧张、不安、焦虑的途径，从而有利于组织成员工作积极性的发挥；它可以为管理者在执行特殊管理任务时提供制度外的途径。

非正式组织也具有负面功能：组织成员形成非正式组织的心理需要与正式组织目标指向相反或者相悖时，会阻碍正式组织目标的实现；非正式组织以心理需要和情感为联系纽带，在组织实际运行中，往往会破坏以理性为基础的正式组织的制度和规则；非正式组织形成的人际集团，可能造成组织中的成员分裂，甚至造成与管理者抗衡的团体，从而严重妨碍组织的稳定和团结，妨碍管理者意志的贯彻和实际管理活动的进行。

第二节 组织理论

一、古典组织理论

古典组织理论包括20世纪初由泰罗等人创立的科学管理理论、法约尔的行政管理理论和由马克斯·韦伯发展起来的官僚模型理论。古典组织理论的主要贡献在于第一次运用科学的方法将组织问题系统化、理论化与科学化。

泰罗的科学管理理论包含组织理论的早期萌芽，其组织理论的思想主要有：设置计划部门，实行职能制和实行例外原则。

法约尔的行政管理理论中的主要组织理论：一是从组织管理过程的角度提出了管理的5项基本职能；二是从组织职能角度提出了管理的14条基本原则；三是提出了建立层级组织的管理幅度概念；四是研究了企业职能机构的设置，构建了直线职能制的组织结构形式；五是提出了解决组织内部管理效率问题的“法约尔桥”思路。

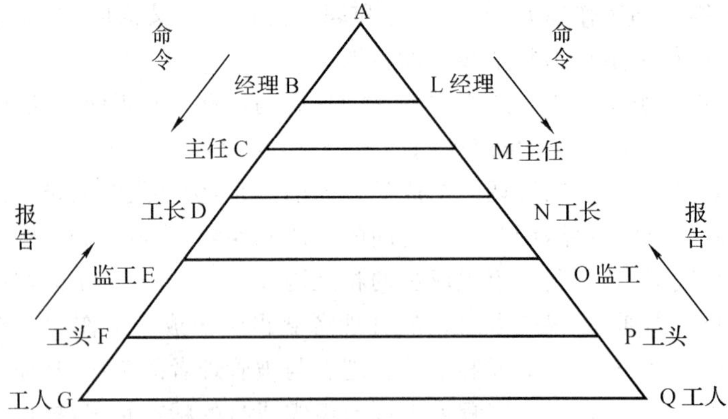

图 7-1 法约尔桥（Fayol bridge）

在图7-1中，A代表这个组织的最高领导，按照组织系统，F与P之间发生了必须两者协议才能解决的问题，F 必须将问题向 E 报告，E 再报告 D，如此层层由下而上，由上而下到达 P，然后由 P 将研讨意见向 O 报告，层层上报到 A，再经过 B、C……最后回到 F。这样往返一趟，既费时又误事，所以，法约尔提出作一个“跳板”，使 F 与 P 之间可以直接商议解决问题，再分头上报。

马克斯·韦伯被称为“组织理论之父”，他对组织理论的主要贡献是提出了以“官僚模型”为主体的“理想的行政组织体系”。他的行政组织理论产生的历史背景，正是德国企业从小规模世袭管理到大规模专业管理转变的关键时期。马克斯·韦伯认为组织结构应该是科层结构，并且认为官僚组织是理想的组织模式。

韦伯认为，任何组织都必须以某种形式的权力作为基础，没有某种形式的权力，任何组织都不能达到自己的目标。人类社会存在三种为社会所接受的权力：①传统权力(Traditional Authority)。由传统惯例或世袭得来。超凡权力(Charisma Authority)。来源于别人的崇拜与追随。法定权力(Legal Authority)。来源于理性——法律规定的权力。

对于传统权力，韦伯认为：人们对其服从是因为领袖人物占据着传统所支持的权力地位，同时，领袖人物也受着传统的制约。但是，人们对传统权力的服从并不是以与个人无关的秩序为依据，而是在习惯义务领域内的个人忠诚。领导人的作用似乎只为了维护传统，因而效率较低，不宜作为行政组织体系的基础。

而超凡权力的合法性，完全依靠对于领袖人物的信仰，他必须以不断的奇迹和英雄之举赢得追随者，超凡权力过于带有感情色彩并且是非理性的，不是依据规章制度，而是依据神秘的启示。所以，超凡的权力形式也不宜作为行政组织体系的基础。

韦伯认为，只有法定权力才能作为行政组织体系的基础，其最根本的特征在于它提供了慎重的公正。原因在于：①管理的连续性使管理活动必须有秩序地进行。②以“能”为本的择人方式提供了理性基础。③领导者的权力并非无限，应受到约束。

有了适合于行政组织体系的权力基础，韦伯勾画出理想的官僚组织模式(Bureaucratic Ideal Type)具有下列特征：

(1)组织中的人员应有固定和正式的职责并依法行使职权。组织是根据合法程序制定的，应有其明确目标，并依靠这一套完整的法规制度，组织与规范成员的行为，以期有效地追求与达到组织的目标。

(2)组织的结构是一层层控制的体系。在组织内，按照地位的高低规定成员间命令与服从的关系。

(3)人与工作的关系。成员间的关系只有对事的关系而无对人的关系。

(4)成员的选用与保障。每一职位根据其资格限制(资历或学历),按自由契约原则,经公开考试合格予以使用,务求人尽其才。

(5)专业分工与技术训练。对成员进行合理分工并明确每人的工作范围及权责,然后通过技术培训来提高工作效率。

(6)成员的工资及升迁。按职位支付薪金,并建立奖惩与升迁制度,使成员安心工作,培养其事业心。

韦伯认为,凡具有上述6项特征的组织,可使组织表现出高度的理性化,其成员的工作行为也能达到预期的效果,组织目标也能顺利达成。韦伯对理想的官僚组织模式的描绘,为行政组织指明了一条制度化的组织准则,这是他在管理思想上的最大贡献。

总之,古典组织理论主要是针对组织内部的分工与活动安排来进行研究,这一理论体系为组织内部分工的合理化与活动安排以及组织内部制度建设提供了良好的理论指导。所有古典组织理论的共同出发点都是为了提高企业组织的管理效率。古典组织理论是围绕四大支柱建立起来的,这四大支柱分别是劳动分工、等级与智能方法、结构以及控制幅度理论。

二、行为组织理论

行为组织理论认为,任何一个组织,其成员的行为都会影响该组织的结构和功能,并影响该组织所适用的管理原则,组织成员不仅为组织工作,而且他们本身就是组织。

行为组织理论认为,人是组织中的灵魂,组织结构的建立只是为了创造一个良好的环境,使这个组织中的人能比较顺利地实现他们的共同目标。行为组织理论从动态的角度出发,以建立良好的人际关系为目标,寻求建立一个符合人际关系原则的组织。在行为组织理论中,以美国著名行为学家利克特的管理新模式为代表。

利克特的管理新模式以密执安大学社会研究所自1947年以来进行的数十项研究成果为依据,总结了美国企业经营环境的变化趋势和部分绩效显著的管理特点,提出了一种“新型管理原理”,并且比较详细系统地阐述了“支持关系理论”和以工作集体为基本单元的新型组织机构。在此基础上,利克特于1967年提出了领导的四系统模型,即把领导方式分成四类系统:剥削式的集权领导、仁慈式的集权领导、协商式的民主领导和参与式的民主领导。他认为，只有第四系统——参与式的民主领导才能实现真正有效的领导，才能正确地为组织设定目标和有效地达到目标。

利克特和他的同事经过大量调查研究，认为在20世纪60年代的高效企业和政府部门由于环境的变化，正在创造一种不同于50年代管理系统的新的管理方式，其核心是如何有效地管理企业的人力资源。这种新型管理系统通常具有以下特征：

(1)组织成员对待工作，对待组织的目标，对待上级经理采取积极和合作的态度；他们互相信任，与组织融于一体。

(2)组织的领导者采用各种物质和精神鼓励的办法调动员工的积极性。首先是让员工认识到自我的重要性和价值，如鼓励组织成员不断进步，取得成就，承担更大责任和权力，争取受表扬和自我实现。同时也要让员工有安全感，发挥自己的探索和创新精神。当然，物质刺激手段也是必不可少的。

(3)组织中存在一个紧密而有效的社会系统。这个系统由互相连接的许多个工作集体组成，系统内充满协作、参与、沟通、信任、互相照顾的气氛和群体意识，信息畅通，运转灵活。

(4)对工作集体的成绩进行考核主要是用于自我导向，不是单纯用作实施监督控制的工具。参与式管理和集体决策要求所有成员分享考核的结果和其他信息，否则很容易导致敌对态度的出现。

在这种管理系统中，组织成员的态度是非常重要的，而他们的态度又主要受到利克特提出的"支持关系"的影响。支持关系理论是管理新模式的核心，也是应用于实践的指导原则。其主要内容是：领导以及其他类型的组织工作必须最大限度地保证组织的每个成员都能够按照自己的背景、价值准则和期望所形成的视角，从自己的亲身经历和体验中确认组织与其成员之间的关系是支持性的，组织里的每个人都受到重视，都有自己的价值。如果在组织中形成了这种"支持关系"，员工的态度就会很积极，各项激励措施就会充分发挥作用，组织内充满协作精神，工作效率当然很高。支持关系理论实际上要求组织成员都认识到组织担负着重要使命和目标，每个人的工作对组织来说都是不可或缺、意义重大和富有挑战性的。所谓"支持"是指员工置身于组织环境中，通过工作交往亲自感受和体验到领导者及各方面的支持与重视，从而认识到自己的价值。这样的环境就是"支持性"的，这时的领导者和同事也就是"支持性"的。

在优秀组织里，其成员并不是只作为单个员工发挥作用，而是作为高效工作集体的一员发挥作用。领导者应该在组织内建立起这样的集体，并通过"双重身份成员”把各个工作集体连接起来，形成组织的有机整体。“双重身份成员”指的是某一工作集体的领导者，同时充当上一级工作集体的成员或下属。以工作集体为管理的基本单元的组织，强调的不是“一对一”的等级层次观念，而是集体负责、集体决策和整体利益。这种工作集体不仅存在于企业的高层，同样适用于企业的中层和基层。为了保证整个组织以工作集体为基本单元一环扣一环地层层联结起来，领导者不仅要与直接被领导的集体成员接触，间或还要与由下属领导的更下层工作集体成员接触，以检查自己的下属是否有效地发挥了领导和连接作用。另外，还可以通过职能部门工作集体和委员会、工作组等非经常性工作集体在组织内形成另一个或多个平行的重叠工作集体网络系统，以保证将组织的各个部分连接成整体。

在任何组织里，领导者以支持的态度对待下属，领导者与下属间形成支持关系，都有一个重要的前提，即组织的目标与组织成员的个人需要和谐一致。否则领导者无法做到既支持下属，又为达到组织的总体目标而竭尽全力。而且组织的目标和成员的个人需要都在随着环境的变化而不断变化，所以就必须不断调整和修正以保持两者之间的和谐。此外，对企业来说，其总体目标除了体现员工的利益，还应当反映其他利益相关者的愿望和要求，按照新型管理原理构件的重叠式工作集体组织能够比较有效地实现上述和谐一致。

三、系统组织理论

系统组织理论的代表人物是切斯特·巴纳德。他认为，社会各级组织包括军事的、宗教的、学术的、企业的等多种类型的组织都是一个协作的系统，它们都是社会这个大协作系统的某个部分和方面。这些协作组织是正式组织，都包含三个基本要素：协作的意愿、共同的目标和信息联系。管理者的主要作用是在沟通和激励下级方面尽最大努力。在巴纳德看来，组织成功取决于与员工和组织与之打交道的外部机构保持良好关系。

系统组织理论认为，组织是一个开放的系统，它由若干个子系统所组成，并且受到组织内外部各种环境因素的影响。主要的影响因素包括以下方面：

(一)组织规模与组织所处的发展阶段

规模是影响组织结构的一个重要因素。适用于小企业的组织形式一般不太适用于巨型企业，组织规模越大，工作越专门化，标准化操作程序和规章制度越多，分权的程度越高，也越倾向于正规。组织的规模往往是与组织的发展相联系的，伴随着组织的发展，组织活动日趋复杂，规模也会越来越大，组织的结构也随之需要调整。

美国学者坎农(J. Thomas Cannon)认为,组织的发展过程要经历“创业”、“职能发展”、“分权”、“参谋激增”和“再集权”阶段,在不同的发展阶段,要求有与之相适应的组织结构形式。

1. 创业阶段

新的组织面临许多未知的挑战,一般采用灵活的非正规化的组织形式,决策主要由高层管理者个人作出,结构比较简单,信息沟通网络也不复杂,主要建立在非正式沟通基础上。

2. 职能发展阶段

当组织取得经验和自信以后,随着业务的增多,组织内部开始形成权力线,决策越来越多地由其他管理者作出,组织结构也越来越多地建立在职能专业化的基础上。

3. 分权阶段

组织采用分权的方法来解决职能专业化引起的各种问题,此时,事业部制变得很有吸引力,通过在组织内部划小经营单位,使各部门按创业阶段的特点来管理。

4. 参谋激增阶段

划小经营单位使各部门成了组织内部的不同利益集团,本位主义严重,高层管理者对各部门有“失控”之感。为了加强对各部门的控制,组织内部增设了许多参谋和高级助手。

5. 再集权阶段

参谋激增又导致了直线与参谋之间的矛盾,为了解决分权和高度职能化所带来的问题,诱使高层管理者再度高度集中决策权力。

(二)技术

这里的技术主要是指为了完成组织目标而进行的各项活动中所需要的仪器、设备、控制方法等。例如,采用计算机信息系统就需要对权力线进行重组。美国管理学家伍德沃德(Joan Woodward)曾将企业技术分成三种类型,并据此对其组织结构进行了分析和比较,结果如表 7-1 所示。

表 7-1 制造技术与组织结构之间的关系

	制造技术		
	小批量	大规模生产技术	连续生产技术
生产技术的复杂度	低	中	高
组织结构			
程式化	低	高	低
集中度	低	高	低
高层管理者比率	低	中	高
间接/直接员工比率	1/9	1/4	1/1
管理跨度	23	48	15
沟通			
书面(垂直)	低	高	低
口头(水平)	高	低	高
整体结构	灵活	僵化	灵活

资料来源:Based on John Woodward, Industrial Organizations: Theory and Practice, London: Oxford University Press, 1965.

从表 7-1 中可以看出,随着工艺技术复杂程度的提高,组织内的管理层次和参谋人员数也增加,中级以上管理人员的管理幅度也就增加。伍德沃德认为,在技术简单(第一类型)和技术最复杂(第三类型)的企业组织中,参与型的组织结构形式占主导,在中等技术(第二类型)企业中,其组织结构以官僚型组织形式居多。

(三)外部环境因素

任何一个组织的运作都不可能脱离一定的外部环境,有效的组织结构是那些与外部环境相适应的结构。一般地,环境可分为相对稳定的环境和不稳定的环境。与此相适应,有两种不同的组织结构:机械结构和有机结构。处于相对稳定环境中的组织宜采用机械结构,而处于不稳定环境中的组织多采用有机结构。这两种结构的不同特点如表 7-2 所示。

表 7-2　机械结构与有机结构的特点比较

比较项目	机械结构	有机结构
适用环境	外部环境稳定、简单、确定	外部环境变动、复杂、不确定
专业化程度	工作高度专业化	工作专业化水平低
职权集中程度	集中于高层管理者	集中于每一层中有能力的人
如何解决冲突	由领导来解决	由相互作用来解决
信息沟通	通过上下垂直的信息通道	通过劝告、协商和互通信息增加平行的横向沟通
对什么忠诚	对组织制度最忠诚	对任务和群体最忠诚
影响力的基础	建立在职权基础上	建立在个人的能力基础上
规则制度的数量	多	少

(四)其他

除上述因素以外,其他如工作性质、组织的发展战略、下属管理人员的素质等,都会影响到组织结构的设计。

系统组织理论认为,由于内外环境因素的变化,不存在某种一成不变的组织模式,每个组织都必须根据自己的具体情况来对组织结构加以调整。

第三节　组织结构的设计

一、组织结构的设计步骤

组织是管理的重要因素,作为实体的组织是管理的载体,而作为活动的组织是管理的职能。在实际社会生活中,具有各种各样的组织,尽管如此,这些组织也有若干共同特征。

一般认为,组织是一种由人们组成的、具有明确目的和系统性结构的实体。任何组织都具有以下三个特征:一是每个组织都有一个明确的目的,这个目的一般是以一个或一组目标来表示的;二是每一个组织都是由人组成的;三是每一个组织都发育出一种系统性的结构,用以规范和限制成员的行为。

在现代社会组织中,由于组织活动内容的复杂和参与活动的人员数量的增加,以及日益复杂化的劳动分工,组织结构的必要性和重要性随之增强。现实中大量的案例也证明,组织的高效率运行,首先要求设计的组织结构合理。

虽然高明的管理人员能使任何一个组织发挥作用,但合理的组织结构必然提高管理人员成功的机会。

所谓组织结构,描述的是组织的框架体系,可用结构图来表示。组织结构图通过直观的图示方式,明确表明组织中的部门设置情况和层次结构,直观反映了组织内部的分工和各部门上下隶属关系。

组织结构的设计一般可以分为以下三个步骤。

(一)岗位设计

岗位是根据组织目标需要设置的具有一个人工作量的单元,是职权和相应责任的统一体。岗位设计的目标是最大限度地提高工作岗位的效率,同时又能够适当地满足员工的个人发展的要求。在此基础上,进行岗位分析,并形成岗位说明书。在岗位调查以后,如发现岗位设计不合理、存在严重缺陷时,应采用有效措施改进设计,使工作说明书、岗位规范等人事文件建立在科学的岗位工作设计的基础之上。

(二)部门化

根据各个岗位所从事的工作内容的性质以及岗位间的相互关系,依照一定的原则,可以将各个岗位组合成被称为“部门”的管理单位。组织活动的特点、环境和条件不同,划分部门所依据的标准也是不一样的。对同一组织来说,在不同时期的背景中,划分部门的标准也可能会不断调整。组织设计中经常运用的部门划分的标准是:职能、产品、地区、顾客和综合部门化。

1. 职能部门化

按工作的相同或类似性进行归类,如企业把从事相同工作的人进行归类,形成生产线、销售线、财务线和人事线等。由于职能部门化与工作专门化有密切联系,因此,许多组织都采用职能部门化的方式。职能部门化的优点是有利于对专业人员进行归口管理,便于监督和指导,可提高工作效率。缺点是容易出现部门主义,整体管理较弱。

2. 产品部门化

由于不同的产品在生产、技术、市场和销售等方面可能很不相同,就出现了根据不同的产品种类来划分部门的需要。在这种情况下,各产品部门的负责人对某一产品或产品系列,在各方面都拥有一定的职权。产品部门化的优点是便于本部门内进行更好的协作,可提高决策效率,易于保证产品质量和进行核算。缺点是易出现部门化倾向;整个组织行政管理人员过多,管理费用增加。

3. 地区部门化

按地理区域设立部门，这种形式不像职能和产品部门化那样普遍，但许多全国性或国际性的大组织通常采用这种方式。地区部门化的优点是能对本地区环境的变化作出迅速的反应。缺点是与总部之间的管理职责划分比较困难。

4. 顾客部门化

根据顾客的需要和顾客群设立相应的部门。不同类型的顾客，在产品品种、质量、服务、价格等方面会有不同的要求。实行顾客部门化的优点是可更加有针对性地按需生产、按需促销。缺点是只有当顾客群达到一定的规模时，才比较经济。

5. 综合部门化

在同一个组织中，既有按职能划分的部门，也有按其他方面划分的部门，以适应各种不同的需要。

(三)确定组织层次

在一个组织中，从高到低存在着层层的委托—代理关系，这也说明任何个人在一个组织中能够直接有效地指挥和监督下属的数量总是有限的，这个有限的直接领导的下属数量被称作管理幅度。同样由上到下，从组织的最高主管到具体工作人员之间形成了不同的管理层次。

管理层次受到组织规模和管理幅度的影响，它与组织规模成正比：组织规模越大，包括的成员越多，则层次越多。在组织规模既定的条件下，它与管理幅度成反比：主管直接控制的下属越多，管理层次越少；相反，管理幅度越小，则管理层次增加(见图 7-2)。

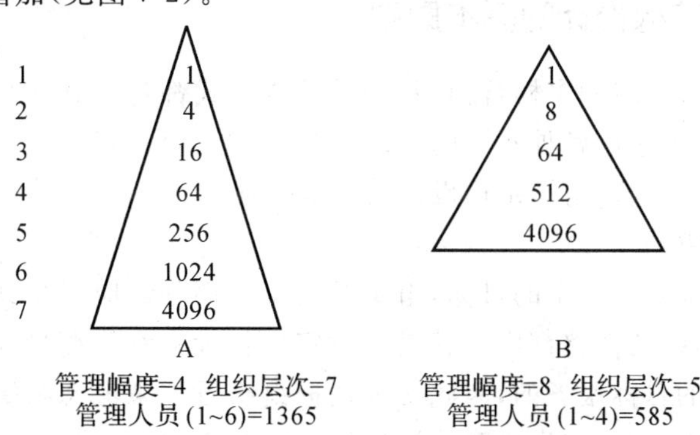

图 7-2　组织层次与管理幅度

管理层次与管理幅度的反比关系决定了两种基本的管理组织结构形态：

扁平结构形态和锥形结构形态。

扁平结构是指在组织规模已定、管理幅度较大、管理层次较少的一种组织结构形态。这种形态的优点是：由于层次较少，信息的传递速度快，从而可以使高层尽快地发现信息所反映的问题，并及时采取相应的纠偏措施；同时，由于信息传递经过的层次少，传递过程中失真的可能性也较小；此外，较大的管理幅度，使主管人员对下属不可能控制得过多过死，从而有利于下属主动性和首创精神的发挥。但由于过大的管理幅度，也会带来一些局限性：比如主管不能对每位下属进行充分、有效的指导和监督；每个主管从较多的下属那儿取得信息，众多的信息量可能淹没了其中最重要、最有价值者，从而可能影响信息的及时利用，等等。锥形结构是管理幅度小、管理层次较多的高、尖、细的金字塔形态。其优点和局限性正好与扁平结构相反：较小的管理幅度可以使每位主管仔细地研究从每个下属那儿得到的有限信息，并对每个下属进行详细的指导；但过多的管理层次，不仅影响了信息从基层传递到高层的速度，而且由于经过的层次太多，每次传递都被各层主管加进了许多自己的理解和认识，从而可能使信息在传递过程中失真；同时，过多的管理层次，可能使各层主管感到自己在组织中的地位相对渺小，从而影响积极性的发挥；最后，过多的管理层次也往往容易使计划的控制工作复杂化。

组织设计要尽可能地综合两种基本组织结构形态的优势，克服他们的局限性。

根据以上几步，即可明确岗位、部门、组织层次等，形成相应的组织结构，并绘出组织结构图。

二、组织结构设计的基本原则

组织结构形式多种多样，而且每一种结构形式都各有其优缺点。对于某一特定的组织，可采用各种不同的组织结构形式。但不管最终决定采用何种结构，管理者都应遵循组织结构设计的基本原则。

（一）目标原则

任何组织都有其特定的目标，组织及其每一部分都应当与其特定的任务目标相联系，组织的调整都应以其是否对实现目标有利为衡量标准。组织的建立是为一定的目标服务的，因此必须根据组织目标来考虑组织结构的总体框架。在组织设计时，首先要明确该组织的发展方向、经营战略目标要求等，这是组织设计的前提。另外，为了保证组织目标的实现，在岗位设置时，应坚持因事设岗的原则。

(二)分工与协作原则

组织设计中坚持分工与协作原则，就是要做到分工合理、协作明确，对于每个部门和每个岗位的工作内容、工作范围、相互协作方法等，作出明确规定。一般来说，分工越细，专业化水平越高，责任越明确，效率也越高，但也就越容易出现机构增多、协作困难、协调工作量增加等问题。分工太粗，则机构减少，易于培养多面手，但专业化水平低，且容易产生推诿责任的现象。组织设计时，要根据需要和可能合理确定分工。

(三)信息沟通原则

组织成员只有通过相互之间的沟通，才能把组织的目标变成每一个成员的具体行动。沟通的作用就在于能把组织的总目标与那些愿意在组织中工作的人的行为结合起来。据此原则，在进行组织结构设计时，要保证最短的信息联系线；避免因划分过细而增加不必要的组织界线，影响信息沟通；要明确各部门之间的协作关系以及各项跨部门工作的流程，防止因接口不清而导致责任不明；要有利于开展非正规的讨论，有利于组织成员间的相互理解及和谐气氛的形成。

(四)有利于人才成长和合理使用原则

组织结构的建立要有利于人员在工作中得到培养、提高与成长，有利于吸引人才，发挥员工的积极性和创造性。

根据这一原则，在组织结构设计时要根据不同情况，采取因人定岗和换岗定人的方法。因人定岗，是根据各人的各方面能力设置相应岗位，适用于各项工作的工作量较少，且可以兼顾的情况，这样有利于人尽其才、降低成本、减少内耗和调动员工积极性。换岗定人，是指根据岗位要求，选择最符合工作能力要求的人上岗，适用于工作量大且工作性质要求专职的情况，它着眼于发挥每一个人的特长。

(五)逐步发展和经济原则

组织是人们为了实现共同目标而采用的一种手段，因此，组织结构要根据变化了的情况及时调整。刚开始时，要随着环境、业务、目标的改变逐步、稳妥地发展，以免人浮于事、效率低下；当组织发展迅速时，要加快发展，以免发展太慢，管理跟不上。另外，由于组织所拥有的资源是有限的，所以组织结构的设计也要讲求经济效益。机构要精简，要减少不必要的管理层次，但又要为组织将来的发展做好人员储备，并有利于各种资源的有效利用。

三、影响和制约组织结构的因素

组织结构是组织内部分工协作的基本形式或框架。随着组织规模的扩大，仅靠个人指令或默契远远不能使分工协作达到高效，它需要组织结构提供一个基本框架，事先规定管理对象、工作范围和联络路线等事宜。评价一种组织结构的优劣，不能离开具体的条件，即影响和制约组织结构的六个方面：信息沟通、技术特点、经营战略、管理体制、企业规模和环境变化。

（一）信息沟通

信息沟通贯穿于管理活动的全过程。组织结构功能的大小，在很大程度上取决于它能否获得信息、能否获得足够的信息以及能否及时地利用信息。在组织结构上，有六项具体要求：①明确工作内容和性质、职权和职责的关系；②沟通渠道要短捷、高效；③信息必须按既定路线和层次进行有序传递；④要在信息联系中心设置称职的管理人员；⑤保持信息联系的连续性；⑥重视非正式组织在信息沟通中的作用，它可以沟通正式组织所不能提供的信息。

（二）技术特点

技术特点主要包括技术复杂程度和稳定性两方面。技术复杂程度决定着组织的分工和作业的专业化程度，进而决定着部门规模的大小及其构成，管理层次的多少、管理幅度的大小、管理人员的比例、技术人员的比例、生产经营活动特点等一系列因素，造成组织结构方面的很大差异。从技术稳定性角度看，对于较少变革、比较稳定的技术，适宜采用机械式组织结构形态，组织内部的关系以垂直的上下级等级关系为主；与此相反，对于多变的、不稳定的技术来说，具有较强适应性的有机式的组织结构形态则是最有效的。

（三）经营战略

经营战略包括确定长期目标以及为实现这一目标所必须实施的计划和资源分配。组织结构必须服从于经营战略，随经营战略的变化而调整。在组织的起步阶段，其战略重点是扩大规模，因此并不需要系统、完整的组织结构；在地区开拓阶段，则需要设立若干职能部门，以解决地区分散而产生的协调、标准化和专业化等问题；进入纵向发展阶段，需要进一步扩大组织功能，提高组织效率；而到了产品多样化阶段，就可能引起组织结构的重大变革，即从集权制结构转向分权制结构。

（四）管理体制

在一定条件下，管理体制的制约力是不可忽视的。以行政手段为主的管理体制，强调企业组织结构与政府行政组织结构的上下对口，这极易带来机构臃肿、部门重叠、人浮于事、效率低下等弊端，管理成本高而市场适应能力差。随着市场经济体制的建立和完善，企业将逐步成为独立的经济组织，并拥有组织结构设置和调整的自主权。其组织结构设计将面向市场，以提高效率为目标。

（五）企业规模

一般来说，企业规模小，管理工作量小，为管理服务的组织结构也相应简单；企业规模大，管理工作量大，需要设置的管理机构多，各机构间的关系也相对复杂。可以说，组织结构的规模和复杂性是随着企业规模的扩大而相应增长的。

（六）环境变化

企业面临的环境特点，对组织结构中职权的划分和组织结构的稳定性有较大的影响。如果企业面临的环境复杂多变，有较大的不确定性，就要求在划分权力时给中下层管理人员较多的经营决策权和随机处理权，以增强企业对环境变动的适应能力。如果企业面临的环境是稳定的、可把握的，对生产经营的影响不太显著，则可以把管理权较多地集中在企业领导手中，设置比较稳定的组织结构，实现程序化、规模化管理。

总之，组织结构设计必须认真研究以上六个方面的制约因素，并与之保持相互衔接和相互协调。

第四节　权力的配置

在组织结构的设计中，伴随着任务的分配和责任的明确，必然要对权力进行配置。在一个组织的各种关系中，权力的分布或委派是最重要的，它是每一个人得以履行其职责的必要条件。

一、权力的类型及关系

（一）权力的类型

所谓权力是指为了实现组织目标而拥有的开展活动或指挥他人行动的权利。在一个组织中有三种不同性质的权力：直线权力、参谋权力与职能权力。

直线权力是组织中上级指挥下级工作的权力，表现为上下级之间的命令权力关系。直线权力是管理者所拥有的特殊权力，它与等级链相联系，在组织等级链上的管理者一般都拥有直线权力，他们一方面接受上级指挥，另一方面有指挥下级的权力。

参谋权力是组织成员所拥有的向管理者提供咨询或建议的权力，属于参谋性质。组织中的任何一位成员都拥有参谋权力，他们可以就组织发展中存在的问题发表自己的意见，管理者当然也拥有这种权力。随着组织的日益扩大与日趋复杂，管理者可能越来越难以有足够的时间、精力与知识，来有效地完成其职责，因此他们还会设立专门的参谋人员来协助自己，以减轻其负担。

人们经常把直线权力、参谋权力直接与业务部门、辅助部门相联系，认为直线权力就是业务部门的管理人员所拥有的权力，是对于实现组织目标具有直接贡献、负有直接责任的权力；而参谋权力则是辅助部门的管理人员的权力，旨在协助直线权力有效地完成组织目标。据此，他们把企业中的生产和销售，有时也把财务划分为直线部门，而把采购、人事、质检等部门划分为参谋部门。但是，这种分法是有问题的。直线部门中有上下级关系，在参谋部门中也有上下级关系。在一个组织中，除了参谋部门具有参谋权力外，其他人员也可以向其上司或同事提供建议。采购工作是辅助性的，但是，如果采购工作不得力，也会影响组织的整体效益。质量检验也是如此，没有严格的质量检验，企业将缺乏生命力。

事实上，直线和参谋的概念不应该按部门或其所干的工作来划分，而应按权力关系来理解。我们可以把某一主要从事参谋性质工作的部门称为参谋部门，但在这种部门内部仍有直线权力：部门对于其直线下属拥有直线指挥权。与此相反，负责生产的副总裁，领导着一个直线部门，但当他就整个公司的生产政策向总裁提出建议时，他使用的就是参谋权力。

而职能权力产生的原因是多方面的。当一位总经理认为采购程序、质量控制部门、生产计划等专门事务不需要他人处理时，他就会设立采购部门、质检部门、计划部门等，把有关此方面的直线权力授予相应的职能部门，由这些部门代为行使。当下属的管理人员由于缺乏专业知识而难以行使某些直线权力时，当上级管理人员缺乏监督过程的能力时，组织都可能设立专门的部门或确定某一位专家、另一部门的管理人员来行使有关此方面的权力。

直线权力、参谋权力和职能权力都不限于特定类型部门的管理人员。不过参谋权力和职能权力大多由参谋部门和职能部门的管理者行使，因为这两种部门通常是由专业人员所组成，他们的知识正是行使参谋权力和职能权力的基础。

(二)直线权力与参谋权力的关系

直线权力是命令和指挥的权力，参谋权力是协助和建议的权力，参谋的职责是建议而不是指挥，他们的建议只有当被管理者所采纳后并通过等级链向下发布指示时才有效，由此可见直线权力与参谋权力之间的关系是“参谋建议，直线指挥”的关系。

“参谋建议，直线指挥”有两层意思，一是指直线人员（管理者）在进行重大决策之前要先征询组织成员或参谋人员的意见。管理者和操作者只是为了实现共同目标而进行的一种分工，操作者有权了解管理者的经营策略并对此发表自己的意见；而参谋人员的设立就是为了减轻管理者的负担，或弥补管理者的不足，以避免重大失误。因此，管理者在具体行使职权时要充分发挥参谋人员的智囊作用，否则就没有必要在组织中专门设立参谋人员或部门。二是指这两种权力之间性质的不同。参谋权力是咨询性的，行使参谋权力的人员可以向直线人员提出自己的意见或建议，但不能把自己的知识、想法等强加给直线人员，或超越权限，直接发号施令；指挥的权力应由直线人员来承担，由直线人员来决定方案的取舍及发布指令，并承担最后的责任。这是确保组织内部命令的统一性所必需的。

一般来说，在现实生活中，直线权力和参谋权力经常会发生摩擦和冲突，两者关系如果处理不好，会给组织带来灾难性的后果。为了协调好这两者之间的关系，必须注意以下几点：

(1)明确两种权力之间的关系。要通过规范化的文件，对直线权力和参谋权力之间“参谋建议，直线指挥”的关系作出明文规定，以便相应人员能各司其职，形成有序的管理。

(2)直线人员要注意倾听参谋人员的意见，并随时向参谋人员提供有关情况。直线人员若认为不需要参谋的协助，就不要设立参谋人员；若由于各种原因设立了参谋人员，那么就应当注意倾听参谋人员的建议，并为参谋人员开展工作提供必要的条件和信息。

(3)参谋人员要努力提高自己的工作水平。参谋人员只有努力提高自己的工作水平，才能为直线人员提供有效的帮助，从而体现出其存在的价值。

(4)创造相互合作的良好气氛。组织中人与人之间的友好合作关系常在减少矛盾方面发挥着重要的作用。直线权力和参谋权力的形成，都是为了实现组织目标，因此组织目标是双方友好合作的共同基础，应反复强调双方在实现组织目标中的相互依赖性，以形成彼此谅解、诚信合作的友好气氛。

(三)直线权力与职能权力之间的关系

与参谋权力不同，职能权力是由直线权力派生的限于特定职能范围内的直线权力。由于职能权力是高层管理者直接授予的特定权力，因此直线权力和职能权力之间的关系应是“直线有大权，职能有特权”的关系。

"直线有大权,职能有特权"是指在一个组织中,直线人员拥有除了其上层直线人员赋予职能部门的职能权力以外的大部分直线权力;职能部门的管理人员则除了拥有对本部门下属的直线权力外,还拥有上层管理者所赋予的特定权力,可在其职能范围之内对其他部门及其下属部门发号施令。直线人员在组织规定的各种职能范围内的事项要接受职能权力的指挥,如企业中各部门经费的使用要遵守财务部门的有关规定;职能权力则应限定在规定的职能范围之内,如采购部经理有权制定采购程序,但无权决定其他各部门要买什么和买多少等。

严格限制职能权力对于维护管理职位的完整性是十分重要的。由于各种原因,高层管理人员把一些直线权力委托给了某些部门或个人,使这些部门或个人拥有了对同级或下级直线组织的指挥权力,当这样的职能权力扩展到相当大程度时,同级或下级管理者就可能失去对本部门计划、组织、人事、财务等方面的控制,从而无法开展工作。为了维护一定程度的统一指挥,职能权力在组织结构中应限定其职能范围和作用层次范围。

二、授权及方法

在一个组织中,没有任何一个人可以把组织的所有任务都承担起来,因此,从上到下权力的授予就变得极为必要。所谓授权就是上级给予下级一定的权力和责任,使下属在一定的监督之下,拥有相当的自主权而行动。授权者对被授权者有指挥、监督权,被授权者对授权者负有汇报情况及完成任务之责。

(一)授权的益处

授权对于一个组织的发展来说是十分重要的。管理者进行授权的原因为:

(1)可使高层管理人员从日常事务中解脱出来,专心处理重大问题。随着组织规模的扩大,由于受一定的时间和空间及生理条件的限制,管理人员不可能事事过问,而通过授权可使管理人员既能从日常事务中解脱出来,又能控制全局。

(2)可提高下属的工作情绪,增强其责任心,并增进效率。通过授权,使下属有机会独立处理问题,从实践中提高管理的能力,从而为建设一支管理队伍打下基础,这对于一个组织的长期持续发展十分重要。

(3)可充分发挥下属的专长,以弥补授权者自身才能的不足。随着组织的发展和环境的日趋复杂,管理人员面对的问题越来越多,越来越复杂,而每一个人由于自身能力的限制,不可能做到样样精通。通过授权,可把一些自己不会或不精的工作委托给有相应专长的下属去做，从而弥补授权者自身的不足。

(二)授权的步骤

1. 任务的分配

权力的分配和委托来自实现组织目标的客观需要。因此，首先要明确被授权者所应承担的任务。所谓任务是指授权者希望被授权人去做的工作，它可能是要求写一个报告或计划，也可能是要其承担某一职务。不管是单一的任务还是某一固定的职务，都是由组织目标分解出来的作业或一系列工作的集合。

2. 权力的授予

在明确了任务之后，就要授予其相应的权力，即给予其行动的权力或指挥他人行动的权力，如有权调阅所需的情报资料，有权调配有关人员等。给予一定的权力是被授权者得以完成所分派任务的基本保证。

3. 责任的明确

当被授权者接受了任务并拥有了所必需的权力后，就有义务去完成所分派的工作并正确运用所委托的权力。被授权者的责任主要表现为向授权者承诺保证完成所分派的任务，保证不滥用权力，并根据任务完成情况和权力使用情况接受授权者的奖励或惩处。要注意的是，被授权者所负的只是工作责任，而不是最终责任。授权者可以分派工作责任，并且被授权者还可以把工作责任进一步分派下去，但对组织的责任是不能分派的。被授权者只是协助授权者来完成任务，对于组织来说，授权者对于被授权者的行为负有最终的责任，即授权者对组织的责任是绝对的，在失误面前，授权者应首先承担责任。

4. 监控权的确认

正因为授权者对组织负有最终的责任，因此，授权不同于弃权，授权者授予被授权者的只是代理权，而不是所有权。为此，在授权过程中，应明确授权者与被授权者之间的权力关系——委托与代理关系。委托人即授权者对被授权者即代理人有监控权，即有权对被授权者的工作情况和权力的使用情况进行监督检查，并根据检查结果，调整所授予权力或收回权力。

(三)授权的基本原则

1. 明确授权的目的

授权可以是具体的也可以是一般的，可以是口头的也可以是书面的，但不管采用何种形式，授权者都必须向被授权者明确所授事项的任务目标及权责范围，使其能十分清楚地工作。没有明确目的的授权，会使被授权者在工作中摸不着边际，无所适从。

具体的书面授权，对于接受和授予双方都很有益处，因此在组织设计中，对于各项职务的工作内容、权责范围可用书面的形式予以明确，这样不仅能使授权者更容易看到各职务之间的矛盾或重叠，而且也能更好地确定其下属能够且应该负起责任的事项。

2. 职、权、责、利相当

为了保证被授权者能够完成所分派的任务，并承担起相应的责任，授权者必须授予其充分的权力并许以相应的利益。只有职责而没有职权，就会使被授权者无法顺利地开展工作并承担起应有的责任；而只有职权而无职责，也会造成滥用权力、瞎指挥和官僚主义。因此，授权必须是有职有权，有权有责且有责有利。

不仅如此，授权还要做到职、权、责、利相当，即所授予的权力应是被授权者完成所授任务所必需的；而被授权者对授权者应负的责任大小应与授权者所授予的权力相当。权力太小是被授权者无法尽责的普遍原因；权力过大常常会造成对他人职权范围内事务的干预；而缺乏利益驱动是被授权者不愿过多承担责任的主要原因。

3. 保持命令的统一性

从理论上来说，一个下级同时接受两名以上上级的授权并承担相应的责任是可能的，但在实际工作中存在着较大的困难。因此，通常要求一个下级只接受一个上级的授权，并仅对一个上级负责。具体来说，可以从以下几个方面入手：

(1)全局性的问题要集中统一，由高层直接决策，不授权给下级。

(2)各部门之间功能分明，每一主管都有其一定的管辖范围，不可将不属于自己权力范围之内的权力授给下级，以避免交叉指挥，打乱正常的上下级关系和管理秩序，造成管理混乱和效率降低。

(3)授权者如发现下属职权范围内的事务有问题，可以向下属询问、建议和指示，甚至在必要时命令下属、撤换下属，但不要越过下级去干涉下级职权范围内的事务，即不要越级授权，这样会使直接下级失去对其职权范围内事务的有效控制，从而难以尽责。

4. 正确选择被授权者

由于授权者对分派的职责负有最终的责任，因此慎重选择被授权者是十分重要的。在选择被授权者时，应遵循“因事择人，视能授权”和“职以能授，爵以功授”的原则。即要根据所要分派的任务，来选择具备完成任务所需条件的被授权者，以避免出现力不胜任或不愿接受权力等情况；应根据所选被授权者的实际能力，授予相应的权力和对等的责任：对既能干又肯干的，要充分授权，对适合干但能力有所欠缺或能力强但有可能滥用权力的，要适当保留决策权。为了正确选择被授权者，在授权前，除对被授权者进行严格考察外，还可以“助理”、“代理”等名义先行试用，合格的再正式授权。

5. 加强监督控制

既然授权者要对被授权者的行为负责，那么，授权者加强对被授权者的监督控制就十分必要了。不愿授权和不信任下级的情况多半是因为担心失去控制。

为此，授权者要建立反馈渠道，及时检查被授权者的工作进展情况以及权力的使用情况。对于的确不适合此项工作的，要及时收回权力，更换被授权者；对滥用权力的，要及时予以制止；对需要帮助的，要及时予以指点，从而保证既定目标的实现。另外，要注意控制不是去干预被授权者的日常行动，否则就会使授权失去意义；监督也不是为了保证不出任何差错，因为人人都会犯错误，只有允许人们犯错误，才能使人们愿意接受授权，并在实践中培养出合格的管理人员。

三、集权与分权

当权力的授予或接受是在上下级之间进行时，授权就变成了分权。分权是授权的一种形式，是一个组织向下属各级进行系统授权的过程。分权是任何组织内部权力关系的基本手段。事实上，组织的不同部门拥有的权力范围不同，会导致部门之间、部门与最高指挥者之间以及部门与下属单位之间的关系不同，从而使组织的结构不同。例如，同是按产品划分设立的管理单位，既可以是单纯的生产车间或与其他职能部门的性质相同，也可是一个拥有相同自主权的分权化经营单位（事业部甚至分公司）。这涉及组织的集权与分权问题。前一种情况多半发生在权力相对集中的组织中，而后者则是分权化组织的主要特征。

（一）集权与分权的相对性

集权是指决策权在组织系统中较高层次的一定程度的集中，而分权是指决策权在组织系统中较低管理层次的一定程度的分散。

集权和分权主要是一个相对的概念。绝对的集权意味着组织中的全部权力集中在一个主管手中，组织活动的所有决策均由主管作出，主管直接面对所有的实施执行者，没有任何中间管理人员，没有任何中间管理机构。这在现代社会经济组织中显然是不可能的。而绝对的分权则意味着全部权力分散在各个管理部门，甚至分散在各个执行者、操作者手中，没有任何集中的权力，因此主管的职位显然是多余的，一个统一的组织也不复存在。

所以，在现实社会中的组织，可能是集权的成分多一点，也可能是分权的成分多一点。作为管理者，需要知道的是，不是应该集权还是分权，而是哪些权力宜于集中，哪些权力宜于分散，在什么样的情况下集权的成分应多一点，何时又需要较多的分权。

(二)影响集权与分权的主要因素

影响集权和分权的因素可能来自主观方面，也可能来自客观方面。从主观方面来说，组织首脑的个性、爱好、能力等都会影响职权分散的程度。有的人喜欢职权多分散点，以减轻自己的负担，也相信别人会做好工作；有的人喜欢独断专行，事必躬亲，集权程度就会高一点。但一般而言，客观因素比主观因素起着更为决定性的作用。这些客观因素包括：

1.组织规模

组织规模越大，要解决的问题就越多。由于高层管理人员的时间和所拥有的信息有限，为了防止组织反应迟钝、决策缓慢，他们就必然会把更多的决策权授予下级管理人员。

2.职责或决策的重要性

所涉及的工作或决策越重要，与此相关的权力就越可能集中在上层。如巨额的采购项目、基本建设投资，以及需要全体人员贯彻执行的统一政策的制定等，一般以集权为好。

3.组织文化

职权分散的程度，常与该组织的创建过程有关。一般而言，从内部发展起来的或独资创办的企业，如个体私营企业，往往表现出集权化倾向；合资或联合创办的组织则往往显示出职权分散化的倾向。另外，如果一个组织中的管理者对自己的下属充分信任，那么，这一组织就更有可能采用分权化的形式，高层管理人员及组织中的员工所信奉的价值观对职权分散到什么程度有很大的影响。

4.下级管理人员的素质

分权需要一大批素质良好的中下层管理人员来接受权力，如果组织中缺少合格的管理人员，高层管理者就可能倾向于集权，依靠少数人来管理组织。

5.控制技术的发展程度

分权不等于自治。分权的目的是为了有助于组织目标的实现，如果分权危及组织的生存和目标的实现，那么分权将被禁止。为了避免组织的瓦解，必须在分权的同时加强控制。防止在一些重大问题上失控，常常是进行集权的理由或借口。因此，控制技术的改进，将有助于管理职权的分散化。

6. 环境的影响

外部因素对集权与分权也有影响。其中，最为重要的是政府对各类组织的控制程度。政府的众多规定使得许多事情必须要由高层管理人员直接处理，从而会使分权受到一定的限制。

(三)集权与分权的平衡

集权的优点是可以加强统一指挥、统一协调和直接控制；缺点是使高层管理人员负担过重，经常陷于事务中，无暇考虑大政方针，并且限制各级人员的积极性，不利于管理人员的培养，难以适应迅速变化着的环境。分权可以减轻高层管理人员的负担，增强各级管理人员的责任心、积极性和自主性，增强组织的应变能力；缺点是可能会造成各自为政、各行其是的现象，增加各部门之间协调的复杂性，并且受到规模经济性、有无合格的管理人员等因素的限制。如何在集权和分权之间恰当地权衡得失，取得良好的平衡，做到"放得开又管得住"，是处理好组织集权与分权关系的核心。

在这方面，艾尔弗雷德·斯隆(Alfred P. Sloan)为我们提供了正确处理集权与分权关系的典范。在他任美国通用汽车公司董事长、总经理时，提出了"政策制定与行政管理相分离"、"分散经营与协调控制相结合"的组织管理体制。这种体制的总体精神是：集中保证整个公司的巩固和成功所必需的重大政策和规划的决策权，在此前提下，实行最大限度的职权分散化。这一体制的主要内容如下：

1. 确立两极职责

公司经营的方针、政策，由公司集中决策和控制，方针、政策的执行和运用则分散到各个部门。公司的各个经营部门，是公司的基层执行部门，是利润中心，具有较强的独立性；整个公司的生产经营活动，实际上是靠各经营部门的分工协作，在分散的情况下完成的。

2. 加强协调支援

各经营部门的这些分散的经营活动，又是在公司总管理处、总裁、部门主管及各职能部门的协调控制和支援帮助下进行的。正是由于这些协调和相互支援，使各分散的经营部门能按整个公司的总目标，积极地去完成任务。

3. 维护整体控制

始终把那些维护整个公司的成功与发展所必需的重大政策和方针的决策权保持在公司的最高领导层。经营和协调均要在公司董事会及其各个委员会所制定的方针、政策指导下统一进行，任何偏离大方向的行为，都将及时地予以制止。这一做法在美国通用汽车公司显现出了巨大的优势：

(1)各经营部门根据专业化协作的原则分工并分散经营，有利于组织大批量集中生产，能更好地利用各种资源以提高工作效率，并且提高了各部门工作的积极性和灵活性。

(2)由于各部门分散的经营活动是在高层管理部门所制定的政策和制度下进行的，因此保证了各部门分散努力的步调一致，维护了大方向的一致性。

(3)公司管理处出面对各经营部门进行协调控制和支援帮助，可使分散经营的各部门的分散努力在相互支援下发挥出最大效力。

(4)由于各经营部门拥有了必需的权力，就可以及时地评价各级人员的贡献，有利于人才的培养；而领导部门则摆脱了日常行政管理事务的纠缠，使之真正成为一个强有力的决策机构，能集中精力来考虑大政方针。

由于这种体制适应现代化大公司的需要并在实践中显露出了卓越成效，因而受到许多大公司、大企业的欢迎和管理学家的肯定，不少大公司都采用了这一管理体制。当然，随着全球经济的一体化、多种经营的跨国公司的大量涌现、计算机技术的不断发展、市场竞争的加剧，组织的机构越来越复杂，管理集中化和职权分散化也面临着越来越多的难题，需要我们在实践中不断探索。

第五节　组织结构形式

一、组织结构的基本形式

组织结构是组织内部各单位间关系、界限、职权和责任的沟通框架，是组织内部分工协作的基本形式。影响和制约组织结构设计和建立的因素主要来自信息沟通、技术特点、经营战略、管理体制、企业规模和环境变化六个方面。实践中应用最广泛的组织结构形式有：直线制、直线职能制、事业部制、模拟分权制和矩阵制。

(一)直线制

直线制是一种最早也最简单的集权式的组织结构形式，又称军队式结构。其领导关系按垂直系统建立，不设立专门的职能机构(见图 7-3)。

直线制结构的优点是：结构简单，指挥系统清晰、统一；责权关系明确；横向联系少，内部协调容易；信息沟通迅速，解决问题及时，管理效率比较高。

直线制结构的缺点是：缺乏专业化的管理分工，经营管理事务依赖于少数几个人，要求企业领导人必须是经营管理全才，但事实上这很难做到的，尤其是在企业规模扩大时，管理工作会超过个人能力所能承受的限度，不利于集中精力研究企业管理的重大问题。它只适用于那些规模较小或业务活动简单、稳定的企业。

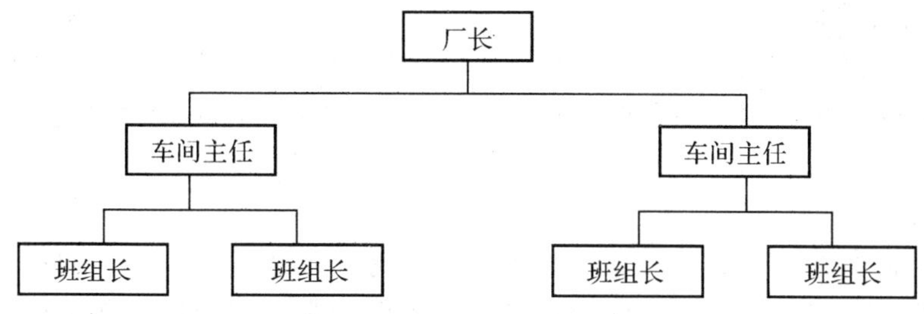

图 7-3　直线制组织结构形式示意图

(二)直线职能制

它是在直线制和职能制的基础上，取长补短，吸取这两种形式的优点而建立起来的。它是各类组织中最常采用的一种组织形式。

这种组织结构的特点是：以直线为基础，在各级行政领导之下设置相应的职能部门如财务部从事专业管理。在这种组织模式中，直线部门担负着实现组织目标的直接责任，并拥有对下属的指挥权；职能部门只是上级直线管理人员的参谋与助手，主要负责提供建议、信息，对下级机构进行业务指导，但不能对下级直线管理人员发号施令，除非上级直线管理人员授予他们某种职能权力(见图 7-4)。

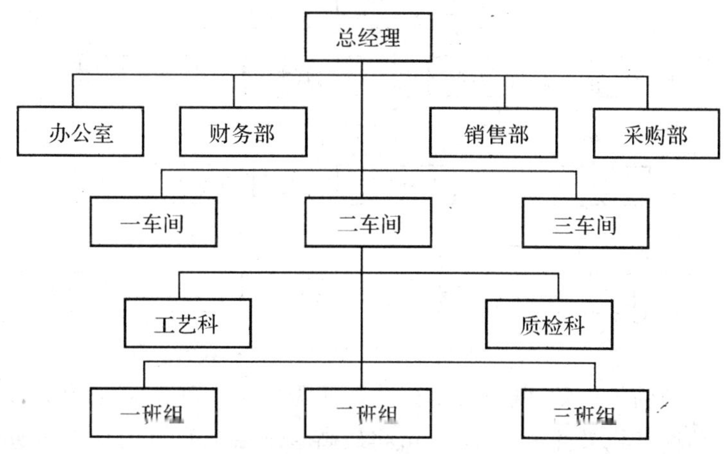

图 7-4　直线职能制组织结构形式示意图

直线职能制结构的优点是：它在保留直线制集中统一的优点上，引入管理工作专业化的做法，既能保证统一指挥，又可以发挥职能制管理部门的参谋、指导作用，弥补领导人员在专业管理知识和能力方面的不足，协助领导人员决策。

直线职能制结构的缺点是：不同的直线部门和职能部门之间的目标不易统一，相互之间容易产生不协调或矛盾，从而增加了高层管理人员的协调工作量；由于职能组织促使管理人员只重视与其有关的专业领域，因而不利于从组织内部培养熟悉全面情况的管理人才；由于分工细、规章多，因而反应较慢，不易迅速适应新情况。

（三）事业部制

事业部制也称分权制结构，是一种在直线职能制基础上演变而成的现代企业组织结构。事业部制结构遵循"集中决策，分散经营"的总原则，实行集中决策指导下的分散经营，即政策制定集权化，业务营运分权化。企业的最高管理层是企业的最高决策机构，它的主要职责是研究和制定公司的总目标、总方针、总计划以及各项政策。各事业部在不违背总目标、总方针和公司政策的前提下，可自行处理其经营活动。

事业部制是分级管理 、分级核算、自负盈亏的一种形式，即一个公司按地区或按产品类别分成若干个事业部，从产品的设计、原料采购、成本核算、产品制造，一直到产品销售，均由事业部及所属工厂负责，实行单独核算，独立经营，公司总部只保留人事决策、预算控制和监督大权，并通过利润等指标对事业部进行控制（见图 7-5）。

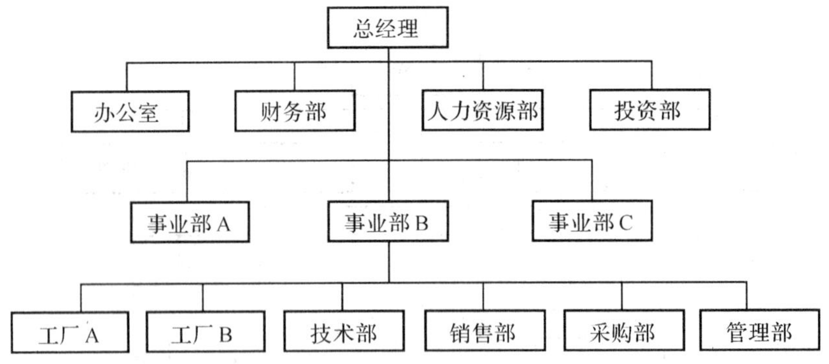

图 7-5　事业部制组织结构形式示意图

事业部制的优点是：既保持了公司管理的灵活性和适应性，又发挥了各事业部的主动性和积极性；可使总公司和最高管理层从繁重的日常事务中解放出来，得以从事重大问题的研究和决策；各事业部相当于公司内部独立的组织，不论在公司内外，彼此都可以开展竞争，比较成绩优劣，从而可克服组织的僵化和官僚化;它也有助于培养高层管理人员。

事业部制的主要缺点是:资源的重叠和高成本。在一个研究部门中,所有的研究人员可以使用同一设施,而在事业部结构中,可能需要多个相同设施供不同事业部使用,这使组织损失了效率和规模经济。由于每个事业部内部的部门都很小,技术分工、技能和训练相对缺乏;事业部结构增进了事业部内的良好合作,但跨事业部的合作关系却很差;而且,事业部之间会相互竞争,特别是分配总部给予的资源方面,这会导致不利于公司整体的争权夺利行为。另外,在事业部结构下高层管理者的控制在一定程度上被削弱,这也会影响各事业部的工作。

事业部制在组织规模很大且业务范围广或市场区域大时比较适宜。

(四)模拟分权制

模拟分权制是介于直线职能制和事业部制之间的一种组织形式。随着组织规模的扩大,直线职能制难以适应,比较适用的是事业部制。但是,许多大企业,如连续生产的化工企业,由于其产品品种或生产过程所限,无法分解成几个独立的事业部门。在这种情况下,就出现了模拟分权制(见图 7-6)。

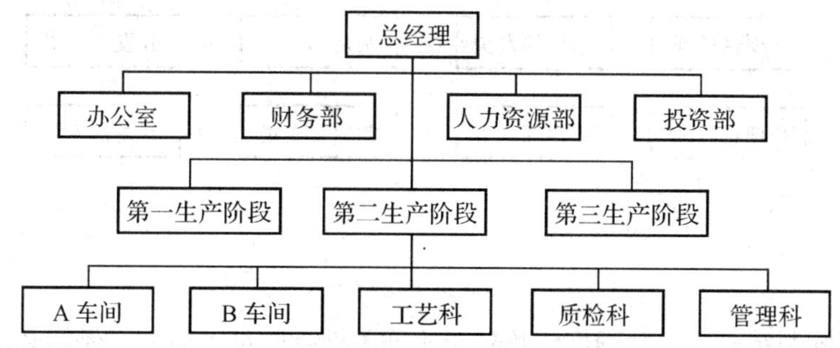

图 7-6 模拟分权制组织结构形式示意图

模拟分权制就是把企业分成若干“组织单位”,它们各自拥有自己的职能结构,给它们尽可能大的生产经营自主权,但不是真正的独立核算、自负盈亏,只是模拟这种经营形式。

模拟分权制的优点是:它解决了企业规模过大而不易管理的问题。在这种组织形式中,最高层管理人员可以在可能的范围内把权力分给各“事业部”,减少了自己的行政工作,从而能够把精力集中于战略性问题。

模拟分权制的缺点是:无法使组织中的每一个成员都能明确自身的任务,各个部门的领导人也不易了解整个组织的全貌,在沟通、决策权力分配上存在较大问题。

模拟分权制主要适用于大型的化学工业、原材料工业等企业和银行、医药等服务行业。

(五)矩阵制

矩阵制在组织的同一部门同时综合了直线职能制和事业部制两种结构。矩阵结构被发展成一种改善横向联系和信息共享的方式。矩阵制组织的特征是具有双重权力链。直线职能部门的权力分布呈垂直式,而事业部的权力分布则呈水平式。垂直结构可以在职能部门内形成传统的控制,水平结构可以实现跨部门合作。因此矩阵制结构为直线职能制和事业部制结构关系提供了一条正式的命令链,这种双重结构使得一些员工需同时向两位上司报告(见图 7-7)。

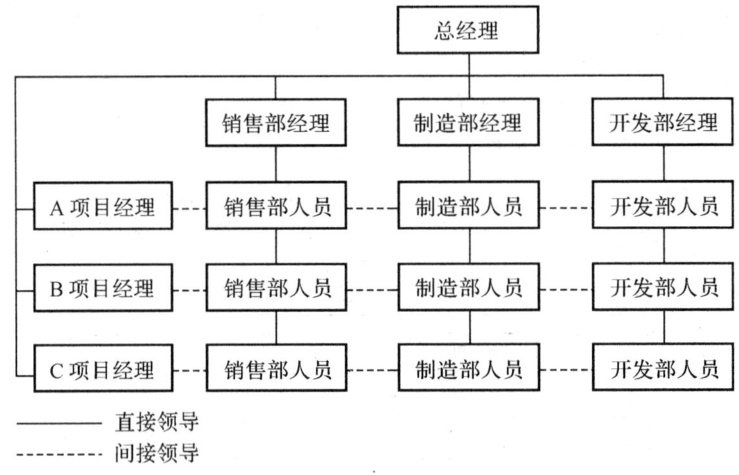

图 7-7　矩阵制组织结构形式示意图

矩阵制结构的成功程度依赖处于矩阵关键点的员工能力。他们必须解决矩阵主管之间的相互冲突的要求,面对高层经理做出令双方满意的决策。他们需要良好的人际关系技巧来面对不同的经理,解决冲突。

矩阵制结构的优点是:上下左右、集权分权实现了有效的结合,有利于加强各部门间的配合和信息交流;便于集中各种专门的知识和技能,加速完成某一特定项目;可避免各部门的重复劳动,加强组织的整体性;可随项目的开始和结束而组成和撤销项目组,增强了组织的机动性和灵活性。相对于职能结构来说,矩阵结构能给员工更大的任务,因此会挑战和激励员工。

矩阵制结构的缺点是:由双重命令链引起的混乱和冲突。矩阵主管和多头领导的员工由于双重报告关系而面临很多困难;为了在一个矩阵中生存和表现得更好,员工需要人际关系训练来学会如何应付多头上司,上司也要学习如何与不完全归自己管的下属打交道，以及如何面对和解决冲突。许多公司发现要使矩阵制成功运作，必须保持基本的权力平衡，但要做到这一点很困难，矩阵制的职能和事业部两方面必须有同等权力，如果一方获得更大的正式权力，矩阵制结构的优点也就消失了，整个组织就变成了带有非正式的横向关系的职能结构了。

二、新型组织结构形式

以上几种组织结构形式是较为常见的。随着组织内外经营环境的发展变化，企业的组织结构不断推陈出新，出现了许多新型的组织结构。新型组织结构的基本特点是强调快速、灵活和适应变化的能力。下面是当今最典型，也是最具影响力的新型企业组织结构。

(一)网络型组织

网络型组织是由多个独立的个人、部门和企业为了共同的任务而组成的联合体，它的运行不靠传统的层级控制，而是在定义成员角色和各自任务的基础上通过密集的多边联系、互利和交互式的合作来完成共同追求的目标。它的基本构成要素是众多的节点和节点之间的相互关系，在网络型组织中，节点可以由个人、企业内的部门、企业或是它们的混合体组成，每个节点之间都以平等身份保持着互动式联系，如果某一项使命需要若干个节点的共同参与，那么它们之间的联系会有针对性地加强。密集的多边联系和充分的合作是网络式组织最主要的特点，而这也正是其与传统企业组织形式的最大区别所在。[①]

网络型组织结构意味着企业将其许多主要职能分包给不同的公司，通过一个较小的总部组织来联合它们的行动(见图 7-8)。

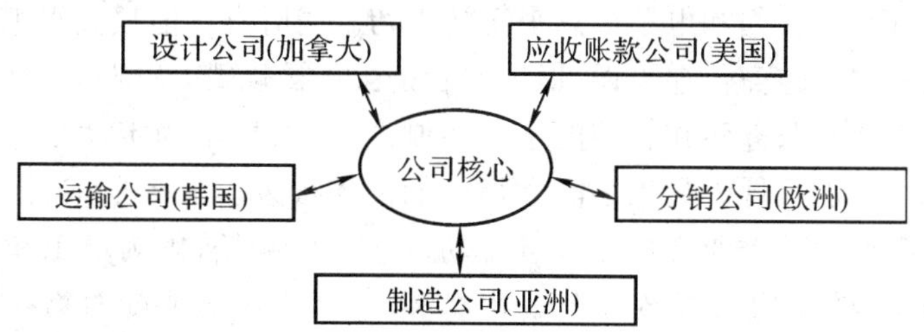

图 7-8　网络型组织结构形式示意图

组织可以被看成是一个核心的网络集成器，周围是外部专家网络，而不再

---

① 甘碧群，程凯:《网络型组织:知识经济时代的企业组织创新》,《经济评论》,2001 年第 2 期。

是同一屋檐下的几间房子的模式。诸如财务、设计、制造和分销等服务从不同的外部组织获得。这些组织通过电子网络同总部相联系。网络结构的性质意味着分包商就如同建筑模块一样可以在必要时从系统中自由进出,可以随需求的变化增加或减少。它可以将精力集中于最擅长的部分,其他的进行资源外取。如耐克和锐步这样的企业之所以成功,就是因为它们的核心力量集中于设计和市场方面,而将生产任务交给外部供应商。

网络组织的进一步发展是虚拟网络组织,它是一个持续进化的企业群,暂时联合起来寻找独特的机会或战略优势,目的达到后即解散。数据和信息在成员企业中通过网络实现共享。不过,与网络组织结构中控制分包商的核心组织不同,在虚拟网络中,每个独立的公司都暂时放弃一部分控制,而形成一个新的更大的组织系统。

网络结构的优点是:一是具有全球性竞争能力。网络组织即使规模很小,也可以是全球性的。网络组织可以在世界范围内获得资源,从而实现最优的品质和价格,并在全球范围内提供其产品和服务。二是劳动力的灵活性和挑战性。灵活性来自可以按照需要购买所需服务,如工程和仓储,并在几个月之后改变这一切,而不被拥有工厂、设备和设施所拖累。组织可以不断地改变自身以适应新的产品和市场机会。对那些属于公司固有部分的员工来说,挑战性来源于更大的工作变动性和在精干的组织中工作而获得的工作满意度。另外,这一结构也许是所有组织结构中最精干的一种,因为它需要的管理者极少,且不需要大批的参谋和管理人员。一个网络组织结构可能只有两到三层,而传统的组织可能要达到10层以上。

网络组织结构的缺点:一是缺乏实际控制。经理不控制全部操作,而必须依靠合同、合作、谈判和电子信息来运转一切。同时有可能损失组织的某些部分。如果一位承包商传递失误、退出或者是工厂被烧毁,总部组织就可能被扰乱。由于必要的服务不在直接的管理控制之下,所以不确定性很高。二是员工的忠诚度可能很低。员工可能觉得他们能够被外包服务所取代,因而很难发展出有凝聚力的企业文化。人员流动可能比较频繁,因为员工和公司之间的感情联系很弱。为了应对变化的市场和产品,组织需要随时撤换员工以获得正确的技能组合。

(二)学习型组织

所谓学习型组织,这是以共同愿景为基础,以团队学习为根本特征,对顾客负责的组织系统。学习型组织是一个"不断创新、进步的组织,在其中,大家得以不断突破自己的能力上限,创造真心向往的结果,培养全新、前瞻而开阔的思考模式，全力实现共同的抱负，以及不断一起学习如何共同学习。”①

学习型组织把学习的重要性提到了前所未有的重要地位，它强调的是组织的自我变革能力和对环境的适应能力。这是因为在以知识化为重要特征的当今社会，消费者的全球化、技术的突飞猛进、竞争对手日益增多，组织环境呈现出空前的复杂性和不确定性，因此创新能力成为企业持续发展的最重要的动力，而学习、获取、创新知识无疑是企业提高创新能力的最重要途径。正如彼得·圣吉所说的那样，唯一持久的竞争优势，就是具备比你的竞争对手学习得更快的能力。

怎样才能成为学习型组织呢？彼得·圣吉认为，企业的管理者和全体员工都必须经过五个方面的修炼：

(1)自我超越(Personal Mastery)。指突破极限的自我实现，或技巧的娴熟，自我超越的修炼是学习型组织的精神基础。作为一个渴望成功的人，在其心中必然有一个远大理想和目标，而这个理想和目标就成为激励其不断学习和进取的动力，这就是个人的自我超越。以个人追求和自我超越为起点，就形成了学习型组织的自我超越精神。对于学习型组织来讲，管理者关键是要设计出鼓励成员不断成长的个人职业生涯，帮助他们不断建立新的奋斗目标。

(2)改善心智模式(Improving Mental Models)。心智模式就是人的心理素质和思维方式，它影响着一个人看世界和对待事物的态度，有时可能直接决定人的成功与否。怎样才能改善心智模式呢？一是把镜子转向自己，审视和反思自己的心智模式，这是心智模式修炼的起步；二是有效地表达自己的想法；三是以开放的心灵容纳别人的想法。心智模式的修炼在企业管理中具有重要意义，因为相同或近似的心智模式和共同的奋斗目标会使企业产生和谐感，增强企业适应环境变化的能力。

(3)建立共同愿景(Building Shared Vision)。共同愿景是指组织中人们共同愿望的景象，它要求组织的全体成员拥有一个共同的目标、价值观和使命感，把大家凝聚在一起。共同愿景有三个层次：个人愿景、团队愿景和组织愿景。组织管理者必须鼓励个人愿景的发展，并努力使组织的共同愿景与个人愿景保持一致，使共同愿景成为员工自己的愿景。

(4)团队学习(Team Learning)。团队学习是指通过组织成员之间互相学习、取长补短，提高整体合作能力，并把个人能力汇成组织能力，使组织的集体智慧高于个人智慧的过程。学习型组织理论认为，当团队真正在学习的时候，

① 彼得·圣吉：《第五项修炼——学习型组织的艺术与实务》，上海三联书店2002年版。

不仅整体产生出色的成果，成员成长的速度也比其他学习方式更快。

(5)系统思考(Systems Thinking)。系统思考要求人们运用系统的观点看待组织的发展。它引导人们从看局部到综观整体，从看事物的表面到洞察其背后的结构，以及静态的分析到认识各种因素的相互影响，进而寻找一种动态的平衡。系统思考是了解和研究学习型组织最重要的部分，彼得·圣吉将它放在其他四项修炼之上，作为整合其他四项修炼的理论与实务。这就是说，若缺少了系统思考，就无法探究其他每一项修炼，五项修炼就无法形成完整的理论模式。

(三)发展型组织

发展型组织是美国学者杰瑞·W.吉利(Jerry W. Gilley)和安·梅坎尼克(Ann Maycunich)在学习型组织的基础上提出的一种更新型的企业组织。在他们的代表作《超越学习型组织》中认为，人力资源在实现组织战略中的重要程度以及组织再造能力及提高竞争能力的愿望是衡量组织发展能力和组织形态最重要的两个指标。根据这两个指标，他们提出了企业组织演变的三种形态：传统型组织、学习型组织和发展型组织，并认为发展型组织是组织形态演变的最终形式(见图 7-9)。

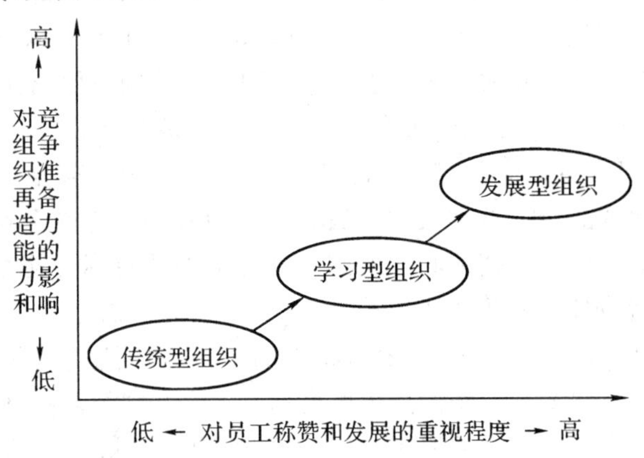

图 7-9 组织形态的演变

发展型组织在接受学习型组织理论提出的学习是发展的先决条件这一观点的基础上，更进一步强调人力资源的重要性，认为组织存活并发展壮大的最佳途径是确保每位员工的全部潜能都充分发挥出来。发展型组织理论强调员工的发展型学习，即不仅要获取新知识、新能力，而且在工作中理解、转化、整合这些新知识和新技术，并能够分析、综合、评价绩效结果，促进自身的成长和再造能力。当每个员工都提高了自身的再造能力和绩效水平时，组织总的再造能力和绩效水平也就随之增强了。

在发展型组织中,领导者的角色定位和领导模式与传统组织形式也具有很大进步,认为管理者必须从传统的控制者、监督者的角色转变为绩效教练的角色,发展型领导的首要原则就是公仆式的领导,他们不考虑自己的私利,全心帮助员工成长和发展。领导者行为应遵循以下10条原则:①个人义务原则;②信任原则;③保护员工原则;④员工自尊原则;⑤绩效伙伴原则;⑥组织的提高绩效原则;⑦有效沟通原则;⑧组织连续性原则;⑨全盘考虑原则;⑩组织隶属原则。

发展性组织中组织结构的变化主要体现在其可塑性和自由流动方面,强调在人、部门和客户之间没有障碍,打破隔离人们的藩篱,因此组织结构更具有开放性和弹性。很显然,发展型组织倡导的组织结构提高了组织的适应性,更适合现代企业面临的复杂多变的经营环境。

(四)团队型组织

团队型组织实际上是一种员工广泛参与企业管理的组织制度。跨职能团队是由来自不同职能部门、可相互信赖的、为解决共同问题而共同工作的员工组成。它的特点是团队成员仍向其职能部门报告,但同时也向团队报告,其中一个团队的成员是领导。

团队型组织结构的优点是:有助于克服职能式的、自上而下的组织特点。由于跨职能团队的存在,团队型组织能够保持一些职能结构的优势,如规模经济和深层次的培训,同时还可以从团队关系中受益。团队概念还可以使组织迅速适应客户需求和环境变化。由于决策不需经过高层同意,团队结构也加快了决策速度。团队组织的另一个重要优势在于提高士气。员工热心参与大项目而不是完成狭隘的部门任务。在团队型组织中,工作变得丰富,团队的建立使责权得到下放,需要的管理人员更少。

团队型组织结构的缺点是:员工热心参与团队,但也会遭遇冲突和双重忠诚问题。跨职能团队和部门经理对队员提出的要求不同,参与多个团队的员工必须解决这些冲突,因而大量的时间花在会议上,因而增加了磨合时间。除非组织真的需要团队来应付复杂项目、适应环境,否则会造成生产效率损失。另外,团队可能会引起权力过度分散,原来作决策的部门经理在团队自行其是时会感到被忽视,队员们认识不到公司的全景,可能作出一些对团队有利但对公司整体不利的决策。

【案例研究】

斯隆的管理模式

威廉姆·C.杜兰特创建通用汽车公司之后,即开始了其扩张的进程,仅在两年多的时间里就先后购进了17家小汽车公司。后来又兼并谢尔顿汽车公司、费舍汽车公司60%的股份和加拿大的麦克劳林汽车公司。急速扩张,又疏于管理,特别是把经营决策权过分地分散,致使通用汽车公司犹如一盘散沙,经营状况每况愈下。在公司管理的最高层的组成人员中,除了威廉姆·C.杜兰特本人和7个私人助理及秘书之外,别无他人。公司在密执安州,而决策者却常驻纽约,许多紧急事情往往得拖上数周才能采取行动。总公司对所属各单位缺乏集中的管理和政策上的指导,各部门的负责人可以任意决定产品价格,处理存货和收入,可以随心所欲地同银行发生借贷关系。第一次世界大战后美国爆发了经济危机,通用汽车公司大量的成品汽车堆积在仓库里,占用资金高达8490万美元。公司的股票价格由此大幅度下跌。威廉姆·C.杜兰特已濒于破产境地。杜邦公司和摩根公司趁机发难,买下威廉姆·C.杜兰特手中持有的迫不得已而出售的所有股票,通用汽车公司易主。

皮埃尔·杜邦就任通用汽车公司的新总裁,他立即建立了庞大的公司高层管理机构,并采纳艾尔弗雷德·斯隆撰写的《企业组织研究》的报告中所提出的改组通用汽车公司的方案。1923年,皮埃尔·杜邦又把管理通用汽车公司的权力交给艾尔弗雷德·斯隆,全面推行"斯隆管理模式"。

"斯隆管理模式"的指导思想是"企业组织结构的设置在于谋求公司决策权力集中与分散的最佳结合点"。企业经营决策权力的集中,可以统一指挥、统一步调,获得较高的效率;分散权力有利于调动所属各单位的主动性和责任心,对变化多端的市场情况能够及时作出反应。为了达到"集中与分散"的最佳结合,斯隆把通用汽车公司的业务分为决策和执行两类,即建立领导部门来担负决策任务,建立直线指挥部门来指挥各级的生产经营活动。此外,还要建立必要的职能部门,作为各级直线指挥部门的参谋和助手。

总体来说,"斯隆管理模式"包括领导部门、直线指挥部门和职能部门三大块。

1.领导部门。由董事会以及其所属机构组成,董事会按规定是由股东大会提出,代表全体股东利益,负责制定公司的重大方针政策并检查其执行情况的机构。其主要职能包括:协调公司与股东之间的矛盾,任免总公司重要职员,审议决定公司的重大方针政策和管理原则,对公司活动进行持续而全面的考察，在处理公共关系和履行社会职责方面提出指导意见。董事会一般每月开会一次。董事会下设执行委员会、财务委员会、经营委员会、人事任免委员会、分红和酬赏委员会、公共关系委员会共6个委员会加1个法律部。

2. 直线指挥部门。由总经理处（总公司）、事业部（子公司）及工厂三级组成。

总经理处（总公司）的总负责人是总裁。其下设立若干部门组，各部门组根据所属生产的产品或提供的服务来划分，分别由一名副总裁兼管。副总裁不仅担负着承上启下和左右协调的任务，而且对下属各事业部具有管理权力。

事业部是公司内完整的自主经营单位，也是利润中心，一般是按产品对象设置的，如别克汽车部、费台车身部、德尔可产品部等。根据分散经营、协调管理的原则，各事业部的总经理在经营管理方面具有全面的权力，负有全面的责任。在一定限额之内，他有权决定固定资产投资，可自选安排生产计划，决定零部件的供应来源，负责产品销售，并在一定限额内可以自由支配其销售收入。各事业部拥有一批工厂。

工厂是事业部领导下的生产单位，它只管生产，不管销售，一切规章制度、标准、方法都由上层事业部制定，工厂及其所属车间、科室只负责组织实施和进行监督。

3. 职能机构。各级直线管理机构都设有职能部门。职能部门是各级直线领导下的助手，也参加相应各级直线管理人决策的顾问工作，但它们对下级直线领导人和职能人员不能下达命令，只能提供参考意见，充当后勤。通用汽车公司的职能部门分服务部门和财务部门两大类。职能部门的主要任务是：拟定制度；组织报表；监督有关方针、政策、计划、制度的执行情况；总结交流经验，提出改进工作的建议。

斯隆设计的通用管理模式是成功的。该创新模式推行4年之后，也就是1927年，通用汽车公司的产值首次超过福特公司，通用汽车公司国内市场占有率由1920年的17%迅速提升到43%，成为美国汽车制造业的新霸主。“斯隆管理模式”以美国式的管理与组织成为资本主义世界的楷模。1956年，艾尔弗雷德·斯隆退休，1963年，出版《我在通用汽车公司的岁月》一书，该书成为管理学的经典著作。

——[美]艾尔弗雷德·斯隆著：《我在通用汽车公司的岁月》，华夏出版社2005年版.

【思考题】

1.正式组织和非正式组织的特征有哪些?

2.官僚组织模式的特征是什么?

3.组织结构设计的基本步骤是什么?

4.组织结构设计的原则有哪些?

5、影响和制约组织结构的因素有哪些?

6.授权的基本原则是什么?

7.影响集权和分权的因素有哪些?

8.如何选择不同的组织结构?

第八章

人员配备

【内容提要】

本章在介绍人员配备的任务、程序和基本原则的基础上，系统阐述人力资源规划的制订流程和主要内容，人员招聘的途径、人员培训的方法、绩效考核的目的和方法等一系列问题。

【本章重点】

1. 人员配备的任务和原则。
2. 人力资源规划的制订流程。
3. 人力资源招聘的主要途径。
4. 人力资源培训的主要方法。
5. 绩效考核的目的和方法。

在设计了合理的组织机构和结构的基础上，还需为这些机构的不同岗位选配合适的人员，人员配备是组织设计的延续。这项工作的任务是：通过分析人和事的特点，谋求人与事的最佳组合，实现人与事的不断发展。

第一节　人员配备的任务、程序和原则

一、人员配备的任务

人员配备是为每个岗位配备适当的人，也就是说，首先要满足组织的需要；同时，人员配备也是为每个人安排适当的工作，要考虑满足组织成员的个人的特点、爱好和需要。因此，人员配备的任务可以从组织和个人这两个不同

的角度去考察。

(一)人员配备应能满足组织的需要

1.要通过人员配备使组织系统得以运转

设计合理的组织系统要能有效地运转,必须使机构中每个工作岗位都有适当的人去占据,使实现组织目标所必须进行的每项活动都有合格的人去完成,这是人员配备的基本任务。

2.适应组织发展的需要

组织是一个动态系统。组织处在一个不断变化发展的社会经济环境中,组织的目标、战略需要经常根据环境的变化和组织的发展作出适当的调整,由目标和战略决定的组织结构不仅会发生质的变化,而且在部门内和岗位的设置数量上也会出现相应的增减。因此,在根据当前的组织机构设置配备相应人员时,也要考虑到组织机构和岗位设置将来可能发生的变化,通过建立客观的考核体系和制度化的培养体系,来适应组织未来发展的需要。

3.维持成员对组织的忠诚

人们总是力图获得最能发挥自己才能并能给自己带来最大利益的工作,而常用的方式就是通过流动和尝试不同的工作。流动对个人来说可能是重要的,它可以使人才自己通过不断的尝试,找到最合适自己的工作岗位。但是对组织来说,人才流动虽然能给组织带来新鲜的血液,但过高的流动率,尤其是优秀人才的外流,往往会导致组织出现知识真空,从而影响组织的正常运转和持续发展。因此,在人员配备过程中,要注意通过轮岗、转岗或岗位的重新设计,为员工才能的充分发挥和实现个人的发展目标创造良好的条件,从而维持员工对组织的忠诚,稳定人心,留住人才。

(二)人员配备应考虑组织成员的需要

要做到人与事的最佳组合,人员配备必须能够充分发挥员工的才能,并使其自觉积极地履行好岗位职责,为实现组织目标而努力工作。为此,在人员配备过程中,要考虑到组织成员个人的才能特点、兴趣爱好和需要,做好以下两方面的工作。

1.使每个人的知识和才能得到公正评价和运用

工作的要求与自身的能力是否相符,工作目标是否具有挑战性,工作内容是否符合兴趣爱好,是否“大材小用”从而使员工“怀才不遇”,或“小材大用”使员工“不堪重负”,这些都会在很大程度上影响人们在工作中的积极性、主动性,进而影响工作绩效。

2.使每个人的知识和能力得以不断发展和提高

知识与技能的提高,不仅可以满足人们较高层次的心理需要,而且往往是通向职业生涯中职务晋升的阶梯。因此,在人员配备过程中,应使每个组织成员能看到这种机会和希望,从而稳定人心、提高工作绩效和适应组织发展需要。

二、人员配备的工作内容

为了达到上述目标,在人员配备过程中,一般要进行以下几项工作。

(一)人力资源规划:确定人员需要的种类和数量

由于组织是发展着的,所需要设置的岗位和各岗位编制数也会随之发生变化。人力资源规划就是管理者为了确保在适当的时候,组织能够为所需要的岗位配备所需要的人员并使其能够有效地完成相应的岗位职责,而在事先所做的工作。人力资源规划主要包括三项任务:评价现有的人力资源配备情况;根据组织发展战略预估将来所需要的人力资源;制订满足未来人力资源需要的行动方案。通过人力资源规划,可以明确为了实现组织发展目标,在什么时候需要哪些人员、各需要多少,从而为人员的选配和培养奠定基础。

(二)招聘与甄选:选配合适人员

岗位设计和分析指出组织中需要具备哪些素质的人,而为了获得符合岗位要求的人,就必须对组织内外的候选人进行筛选,以作出合适的选择。为此就要进行招聘和甄选。

招聘是指组织按照一定的程序和方法招募具备上岗素质要求的求职者担任相应岗位工作的系列活动。求职者可能来自组织内部,也可能来自组织外部。不管求职者来自哪里,为了招聘到合适的人员,都需要依据相应的岗位要求对求职者进行素质评价和选择。甄选是指依据既定的用人标准和岗位要求,对应聘者进行评价和选择,从而获得合格的上岗人员的活动。通过招聘与甄选,组织为相应的岗位配备合适人员。

(三)培训与考核:使人员适应组织发展需要

培训是指组织为了实现组织自身和员工个人的发展目标,有计划地对员工进行辅导和训练,使之认同组织理念、获得相应知识和技能以适应岗位要求的活动。组织处于不断的发展过程中,对于组织在发展中所产生的人力资源需求,除了以招聘方式从外部吸引合适人员加以补充外,更主要的是通过开发组织现有的人力资源来加以满足。人的思想的统一、技能的提高需要一定的时间过程,组织未来发展所需要的人员和技能需要在现在就加以培训,培训是组织开发现有的人力资源、提高员工的素质和同化外来人员的基本途径。同时，为员工提供学习机会，使其看到在组织中的发展前景，是组织维持组织成员对组织忠诚的一个重要方面，因此培训的最终目的既是为了适应组织发展的需要，也是为了实现员工个人的充分发展。

为了了解现有的员工是否仍然适应岗位要求，需要通过考核对组织现有的人力资源质量作出评估。所谓考核是指按照一定的方法及程序对现职人员的工作情况作出客观评价，从而为员工改进工作提供指导，为培训、奖惩和人事晋升提供客观依据。

通过不断的培训和考核，不仅为组织获得合适的人员提供了保障，而且促使员工随着组织的发展不断成长，从而始终保持人与事的动态最佳组合，最终达到组织发展和员工成长的双重目的。

三、人员配备的基本原则

为求得人与事的优化组合，人员配备过程中必须遵循一定的原则。

(一)因事择人、适应发展原则

事是指组织中各种各样的任务。组织中配备一定人员的目的在于希望其能够做好组织所分配的任务，从而为实现组织目标作出其应有的贡献。为此就要求在人员配备过程中，根据工作需要配备具备相应知识技能的人员。

同时，为了适应组织发展的需要，在岗位设置和人员配备过程中，要留有一定的余地。不能仅根据组织目前的需要配备人员，以至于当组织发展需要员工履行更多的职责或需要进一步提高技能时，现有的员工难以胜任或提高，从而延缓组织的发展。在人员配备过程中，要做好人力资源储备，配备一定的培养性人员，或在配备某些岗位的人员时给其留出一定的学习和培训时间。

(二)因才施用、客观公正原则

在人员配备过程中，根据一个人的特长和兴趣爱好来分配不同的工作，以最大限度地发挥其才能和调动其积极性。不同的工作需要不同才能的人得以胜任，而不同的人因为具有不同的素质与能力，能够从事不同的工作。所以，从人的角度来考虑，只有根据人的特点来安排工作，才能使人的潜能得到最充分的发挥，使人的工作热情得到最大限度的激发。因此，要根据不同的人的兴趣爱好和才能结构，分配其合适的工作内容，在条件允许的情况下，尽可能地把一个人所从事的工作与其兴趣爱好、能力特长结合起来。

客观公正原则要求在人员配备过程中，明确表明组织的用人理念，为员工提供平等的就业、上岗和培训机会，对素质能力和工作绩效进行客观的评价，以最大限度地获得社会和员工的理解与支持。

(三)合理匹配、动态平衡的原则

合理匹配是指人员配备处理除了要根据各个岗位职责要求配备相应的符合岗位素质要求的人员以外,还要求合理配置同一部门中不同岗位和层次间的人员,以保证同一部门中的人员能协调一致地开展工作,充分发挥群体功能。

同一部门中人员的合理配置,一是要考虑到能级问题,二是要考虑互补问题。为了保证组织具有高效率和高可靠性,不仅要合理划分组织中人员的能级,而且要使不同能级的人员有一个合理的组合。一般来说,稳定的能级结构应是正立三角形,即较少的高级人员、较多的中级人员、更多的低级人员。一个组织中人员能级分布如果不是这样,就会显得不稳定。

能级问题是从纵向考虑人员配置,要求形成一个合理的等级。而互补问题是从横向考虑人员的配置,认为同一层次的人员相互之间应是能力互补的。若成员相互之间能力互补,各有所长,又有共同语言,就能较好地进行分工协作;若各成员虽各有所长,但无共同语言,则不易合作;若各成员之间能力相似,则容易相互争斗,形成内耗。

处在动态环境中的组织是在不断发展的。工作中人的能力和知识的适应性以及组织对其成员素质的认识也在不断地发展变化,因此,人与事的配合也需要不断地调整。动态平衡原则要求组织根据组织和员工的变化,对人与事的匹配进行动态调整。补充组织发展所需要的人员,辞退多余的或难以适应组织发展需要的人员;将能力提高并得到充分证实的员工提拔到更高层次、需要承担更多责任的岗位上去;将能力平平、不符合现在岗位要求的人通过轮岗或培训使其有机会从事力所能及的工作。通过人与工作的动态平衡,使绝大多数员工能够得到合理使用,实现组织目标所需要开展的工作都有合适的人来承担。

第二节　人力资源规划

人力资源的有效利用首先依赖于科学的人力资源规划。科学的人力资源规划,使组织能够对未来的人力资源供求关系作出预测,有利于对现有的人力资源的充分利用和对未来的人力资源的合理配置。

一、人力资源规划的制订流程

(一)评价现有的人力资源配备情况

评价现有的人力资源配备情况通常需要搜集以下三方面的信息:

1. 人员统计信息

反映现有的人力资源状况，主要有员工个人情况和组织人员整体结构情况两部分。员工个人情况包括员工的性别等自然状况以及受教育程度、技能水平、工作经历、受训情况、工作岗位和收入情况等，可通过员工自行填表登记或由人力资源管理部门查阅人事档案材料汇总而成。组织人员整体结构情况是在个人信息的基础上通过综合性统计分析形成的，包括反映组织现有人力资源结构形态的年龄结构、文化程度结构、专业技能结构和岗位等级结构等。

2. 工作岗位信息

人力资源规划就是在组织发展中把一定数量和质量的人力资源配置到特定工作岗位的筹划活动，因此进行人力资源规划必须了解组织内部工作岗位信息。工作岗位信息调查主要包括了解组织内岗位设置情况、岗位职责规范化程度、各岗位对于人员素质的要求和在岗人员的称职高低等。

3. 组织发展信息

人力资源规划必须考虑到组织的变动因素，组织发展信息调查主要包括两方面：一方面是组织以往的历史发展数据，如员工数量变化情况、员工晋升和受训情况等；另一方面是组织未来的发展目标和发展战略。在人力资源规划过程中，这两方面的信息对于进行人力资源需求预测具有重要的参考价值。

（二）评估未来的人力资源需求

未来的人力资源需求是由组织的发展目标和发展战略决定的。未来的人力资源需求评估是指根据组织发展目标和战略，对未来一段时间内各类人员的需求情况所作的预测。

评估未来的人力资源需求首先应全面而综合地分析决定或影响未来人力资源需求变化的各个因素。一般地，影响未来人力资源需求的因素有：

1. 组织的发展目标

任何组织都会制订新的发展目标和规划，如扩大组织产品数量和种类、提高劳动生产率、进入新的领域等。这些发展目标的确立，意味着未来人力资源需求将发生相应的变化。

2. 员工的可能变动

组织的员工队伍总是处于不断的变动之中，处理内部晋升、调动之外，还存在着由于退休、辞职、解雇而产生的员工的减少。当这种正常的员工减少累积到一定程度时，即使不考虑组织的发展，单纯为维持组织运作现状也需要补充新员工。

3.其他方面的因素

此外，像劳动力成本的高低、部门的增减、生产技术或管理方式的变化以及组织的财务状况都影响人力资源的需求。

(三)进行人力资源供给预测

人力资源供给预测也称为人员拥有量预测，是人力资源预测的又一个关键环节，只有进行人员拥有量预测并把它与人员需求量相对比之后，才能制订各种具体的规划。人力资源供给预测包括两部分：一是内部拥有量预测，即根据现有人力资源及其未来变动情况，预测在规划各时间点上的人员拥有量；另一部分是对外部人力资源供给量进行预测，确定在规划时间点上的各类人员的可供量。

(四)制订相应的人力资源规划

在对现有人力资源状况和未来人力资源需求作出相应评估后，就可以测算出人力资源现在和未来数量和结构方面的短缺程度，并指出组织中已经或将会出现超员配置的领域。将这些与未来人力资源的可获得推测结合起来，就可以着手制订人力资源规划。

人力资源规划通常由组织中的人力资源管理部门或计划管理部门负责组织制订，但因为人力资源规划涉及业务活动和财务问题，因此应有财务部门和相关部门人员参与制订。制订人力资源规划的内容主要包括：

1.确定人员净需求量

这一步主要是把预测到的各规划时间点上的供给与需求进行比较，确定人员在质量、数量、结构及分布上的不一致之处，从而得到人员净需求量。

2.制定匹配政策，以确保需求与供给的一致

这一步实际是制订各种具体的规划和行动方案，保证需求与供给在规划各时间点上的匹配。主要包括晋升规划、补充规划、培训开发规划和配备规划等具体行动方案。

当然，在完成人力资源规划的制订工作以后，人力资源部门还要执行规划并对规划的实施情况进行监控，以便评估人力资源规划，为未来的人力资源规划工作积累经验。

二、人力资源规划的内容

(一)晋升规划

实质上是组织晋升政策的一种表达方式。对组织来说，有计划地提升有能力的人员，以满足岗位对人的要求，是组织的一种重要职能。从员工个人角

度上看，有计划的提升会满足员工自我实现的需求。晋升规划一般用指标来表达，如晋升到上一级职务的平均年限和晋升比例。

在晋升规划中，既要避免职业体系频繁变动，在员工心理上造成不安全感，又要防止其硬化，使员工看不到个人发展前途，影响员工积极性和能动性的发挥。

(二)补充规划

补充规划即合理填补组织中在一定时期内可能出现的职务空缺，避免组织工作因某一岗位空缺而出现断层现象。同时，及时补充人员有利于员工锻炼，为组织发展提供充足的准备性人才。补充规划与晋升规划是密切相关的。由于晋升规划的影响，组织内的职位空缺逐级向下移动，最终积累在较低层次的人员需求上。同时这也说明，低层次人员的吸收录用，必须考虑若干年后的使用问题。

(三)培训开发规划

培训开发规划即组织为可能出现的岗位空缺事先准备具有一定资历的人员，从基础知识、专业技能、管理思维等方面对其进行系列培训，确保未来用人需求；同时，还能调动员工积极性，将组织发展与个人发展有机地联系起来。培训开发规划往往是有目的的，在缺乏有目的、有计划的培训开发规划情况下，员工自己也会培养自己，但是效果未必理想，也未必符合组织中岗位的要求。

(四)调配规划

调配规划即通过有计划的人员内部流动，合理调整组织内人员在未来职位的分配。调整规划既有利于员工多方向发展，激发其潜在能力，又能在组织内部形成良性人员循环系统，使组织工作充满活力。

(五)工资规划

工资规划即确保未来的人工成本不超过合理的支付限度。未来的工资总额取决于组织内的员工是如何分布的，不同的分布状况的成本是不同的。在工资规划中，企业应争取建立一套具有激励性、富有挑战性的工资分配体系，使工资切实成为调动员工积极性强有力的经济杠杆。

第三节 人员招聘

一、招聘目标和计划

人员招聘的目标是为了及时满足组织发展的需要，弥补岗位的空缺。最直接的目的是获得组织所需要的人，并降低招聘成本，规范招聘行为，确保人员质量等。

制订招聘计划是人力资源部门在招聘中的一项核心任务，通过制订计划来分析组织所需的人才的数量和质量，以避免工作的盲目性。招聘计划一般包括：①人员需求清单；②招聘信息发布的时间和渠道；③招聘团人选；④招聘者的选择方案；⑤招聘的截止日期；⑥新员工的上岗时间；⑦招聘费用预算；⑧招聘工作时间表；⑨招聘广告样稿。

二、招聘的主要程序与步骤

人员选拔和聘用工作是一个复杂的、系统的而又连续的程序化操作过程，同时涉及组织内部各个用人部门以及相关环节。所以，招聘工作中各部门、各管理者的协调就显得十分重要。为了使人员招聘工作固定化、规范化，有助于招聘工作的有序进行，应当严格按一定程序组织招聘工作。

从广义上讲，人员招聘包括招聘准备、招聘实施和招聘评估三个阶段；狭义的招聘即指招聘的实施阶段，主要包括招募、选择和录用三个步骤。

(一)准备阶段

1.招聘需求分析

招聘需求分析主要是进行人员需求分析与预测，决定预计招聘的职位与部门数量、时限、类型等因素。产生招聘需求的情况主要有以下几种：

(1)组织人力资源自然裁员。即因员工的调动、离职、退休、休假等产生的岗位空缺。

(2)组织业务量变化。因组织成长发展导致的岗位空缺。

(3)现有的人力资源配置不合理。即人与岗位的不匹配导致的岗位空缺。

2.明确招聘工作特征和要求

招聘工作主要是完成工作描述或工作说明书，这是组织录用人员的主要参考依据。主要内容有工作标识、工作综述、工作任务、工作程序、工作条件与物理环境、社会环境、工作权限、工作绩效标准、工作规范和聘用条件。

3.制订招聘计划和招聘策略

在上述两方面工作的基础上，制订具体的、可行性高的招聘计划和招聘策略。同时，确定招聘工作的组织者和执行者，并明确各自的分工。

招聘策略主要包括招聘地点策略、时间策略、渠道策略和方法的选择及招聘宣传战略的选择等。

(二)实施阶段

招聘工作的实施是整个招聘活动的核心,也是最关键的一环,先后经历招募、选择和录用三个步骤。

1. 招募阶段

根据招聘计划确定的策略,根据组织需求所确定的用人条件和标准进行决策,采用适宜的招聘渠道和相应的招聘方法,吸引合格的应聘者,以达到适当的效果。一般来说,每一类人员均有自己习惯的生活空间、喜欢的传播媒介,组织欲吸引到符合标准的人员,就必须选择该类人员喜欢的招聘途径。

2. 选择阶段

在吸引到众多符合标准的应聘者之后,还必须善于使用恰当的方法挑选出最合适的人员。在通过比较选择的过程中,不能光用定性比较,应尽量以工作业务为依据,以科学、具体、定量的客观指标为准绳,把人的情感因素降到最低点,排除凭经验、印象进行大概、差不多的确定,更不能以领导者的意志和权力来圈定。常用的人员选拔方法有初步筛选、笔试、面试、情景模拟、心理测验等。需要强调的是,这些方法之间经常是相互交织在一起并且相互结合使用的。

常用的选择方法见表 8-1。

表 8-1 常用选择方法及其特点

类 型	特 点
笔试	让应聘者在试卷上笔答事先拟好的试题,然后根据应聘者解答的正确程度予以评定成绩的一种选择方法。通过测试应聘者基础知识和能力的差异,判断其对岗位的适应性。
面试	应聘者与考官直接交谈,面试考官根据应聘者在面试中的回答情况和行为表现来判断应聘者是否符合应聘岗位的要求。
情景模拟测试	将应聘者放在一个模拟的真实环境中,让应聘者解决某方面的一个"现实"问题或达到一个"现实"目标。通过考察应聘者的行为过程和行为效果来鉴别其工作能力、人际交往能力和语言表达能力等综合素质。
心理测试	通过一系列的手段,将人的某些心理特征数量化,来衡量应聘者的智力水平和个性方面差异的一种测量方法,其结果是对应聘者能力特征和发展潜力的一种评定,具有客观性、确定性、可比较性。

3. 录用阶段

做完评估之后,招聘工作便进入录用阶段。在这个阶段,招聘者和求职者都要做出自己的决策，以便达成个人和工作的最终匹配。一旦有求职者接受组织的聘用条件，劳动关系就正式建立起来了。

(三)评估阶段

招聘录用工作结束后，还应该有一个评估阶段。对招聘活动的评估主要包括两个方面：一是对照招聘计划对实际招聘录用的结果(数量和质量两方面)进行评价总结；二是对招聘工作的效率进行评估，主要是对时间效率和经济效率(招聘费用)进行招聘评估，以便及时发现问题，分析原因，寻找解决的对策，及时调整有关计划并为下次招聘总结经验教训。

三、招聘渠道分析与选择

(一)招聘来源分析与选择

要进行有效的人员招聘，必须首先明确人员的招聘来源。根据招聘对象的来源，可将招聘分为内部招聘和外部招聘。人们通常认为招聘都是对外的，而事实上，组织内部人员也是空缺工作的后备人员，而且越来越多的组织注重从内部招聘人员。

内部招聘与外部招聘各有其优势与不足。而且，内部招聘的优点，又常常是外部招聘的缺点，两者在一定程度上是互补的(见表 8-2)。因此，组织在选择人员招聘渠道时，要进行综合考虑，通常选用内外部结合的方式效果最佳，既可以发挥内外招聘各自的优势，又可以在一定程度上避免其不足。具体的结合力度，取决于组织的战略计划、招聘的岗位、上岗速度以及对组织经营环境的考虑等因素。唯一的原则是，人员招聘最终要有助于提高组织的竞争能力和适应能力。

表 8-2　内部招聘与外部招聘的利弊

	内部招聘	外部招聘
优点	对人员了解全面，选择准确性高，了解本组织，适应更快，激励性强，费用较低	来源广，有利于招到高质量人员，带来新思想、新方法，树立组织形象
缺点	来源少，难以保证招聘质量，容易造成“近亲繁殖”。可能会因操作不公等造成内部矛盾	筛选难度大，时间长，进入角色慢，了解少，决策风险大，招聘成本大，影响内部员工积极性

从表 8-2 中可以看出，尽管内部招聘有许多好处，但必须实现内部工作的合理化、管理的规划化，并建立完整的员工培训开发体系，才能取得明显的成

效。如果缺少这些必要条件,就会形成"近亲繁殖"的不良局面。这就说明,要妥善处理好内部招聘和外部招聘的关系。很显然,组织内部较重要的岗位如果全由内部招聘产生,容易因缺乏新观念的输入而逐渐孕育出一套趋于僵化的体系,对组织的长期发展是不利的。

因此,对于本组织缺少而又需要的人才,还是应从外部招聘。问题的关键是如何使外部招聘和内部招聘之间达成某种程度的均衡,实践中的做法可能各不相同。但应该明确的是,倘若在内部员工之中找不到足以胜任岗位所需的人选,则一定要借助外部招聘;倘若内部员工可以胜任空缺岗位的要求,也应至少保留一部分岗位供外部招聘。研究表明,至少应保留10%的中上层岗位由外部招聘。这样,既可以给内部员工更多的发展机会,也可以促使外部新鲜血液的输入。一般情况下,下列需求需要从外部招聘中满足:补充初级岗位,获取现有员工不具备的技术,获得能够提供新思想的并具有不同背景的员工。

(二)各种招聘渠道的分析与选择

招聘渠道是指吸引招聘对象所使用的方法。由于招聘岗位不同、人力资源需求数量与人员要求不同、新员工到位时间和招聘费用的限制,决定了招聘对象的来源与范围,决定了招聘信息发布的方式、时间与范围,因而也决定了招聘渠道的不同。招聘渠道有很多,有发布广告、上门招聘、熟人推荐、借助中介机构包括人才交流中心、职业介绍所、猎头公司等。在招聘渠道选择上要能够综合分析各种招聘渠道的优劣,确定适合不同招聘对象的招聘途径(见表8-3)。

1.应选择适合招聘人员的招聘渠道

不同的招聘渠道各有利弊,其适用招聘人员的特点也不一样。

表 8-3 常见的外部招聘途径

招聘途径	基本说明	优点	缺点	适用岗位
广告	通过在媒体刊登招聘启事的方式招聘人员	辐射面广,也可有目的地针对某一特定群体	信息不充分,常有许多不合格的应聘者	常用招聘途径,适用于招聘各类人员
校园招聘	由组织派人到学校招聘毕业生中的求职者	可面对大量的不同层次和专业的人员	应聘者大多缺乏实际工作经验	专业技术岗位、技术工人和初级行政管理岗位等

续表

招聘途径	基本说明	优点	缺点	适用岗位
劳动力市场	一种由人力服务机构组织的有众多用人单位参加的大型招聘活动	面广、费用少	人员杂，双向选择困难	适用于招聘操作人员和大众化岗位人员
职业介绍所（包括人才网、猎头公司）	以付费方式委托外部职业介绍机构物色组织所需人员	牵涉精力少、有可能获得短期的担保	费用相对较高，并需要花费时间筛选	招聘专业技术人员或中高级管理人员
员工推荐	由本企业员工推荐和介绍合适人选	可通过现有员工进行初步筛选，招聘成本低并可能获得高素质的候选人	可能会导致今后员工之间复杂的人际关系	适合各类岗位的招聘
直接申请	外部求职者以发送求职信或登门求职的方式谋求工作	成本低、求职者对组织比较认同	被动，不一定适合要求，需专人处理	通常发生在形象好、知名度高、待遇较好的组织中
其他途径	如通过参加各类培训班、行业协会等结识和招聘人员，通过租赁机构招聘短期雇用人员等			

2.应根据组织和岗位特点选择招聘来源与渠道

每个组织都有其独特的一面，对员工的要求也各不相同。因此，成功的招聘必须符合组织自身的要求。假如一家公司需要招聘10位初级机械操作工，并且这家公司愿意对他们提供培训。那么，可能最好的招聘来源是职业学校。采用的招聘方法有派招聘者去职业学校上门招聘、内部员工推荐、通过职业介绍所、发布广告等。

此外，由于岗位类型的不同，招聘的来源与方法也不同。根据国外资料的统计分析可以看出，组织在招聘办公室员工时，大多采用内部提升的方法，其次是采用员工推荐介绍、报纸广告、职业介绍所等招聘途径。由此可以看出，与办公室工作性质相似的岗位普遍采用的是内部招聘的方法。而组织中的经理或主管等岗位的首选途径也是从内部提升，因为从内部招聘的员工相对于从外部招聘来的员工而言，更加了解本组织的情况，有利于新工作的开展。而对于生产服务类、专业技术类、销售类的岗位，首先是采用外部招聘的方法，其次是从组织内部进行选拔。需要特别说明的是，以上方法适合于最普遍的情况，每个组织应根据自身的实际，决定采用什么样的方式、方法，招聘不同岗位的人员，为组织及时提供优秀的人才。

3.使用猎头公司招聘的技巧

对于高级人才和尖端人才，用传统的渠道往往是很难获取的，但这类人才对组织的作用却非常大。因此，在招聘高级人才时，一些组织已经逐渐习惯于聘请猎头公司进行操作。但是，不同的组织选用猎头公司的效果却大相径庭。实际上，猎取人才的成败，在很大程度上取决于组织自身，特别是组织猎取人才的前期工作。

组织在猎取高级人才时首先要做的是，尽可能在标准流程的基础上准确地描述岗位职责和任职资格。一般来讲，猎头公司会协助组织完成这项工作。为了切实理解委托客户的需要，有的猎头公司甚至派人去客户公司工作一段时间，亲自了解和体会其文化、员工关系、组织结构等因素，尽可能在标准流程的基础上准确地描述岗位职责和任职资格，掌握组织的需求和特殊之处。

猎头公司的收费比较高，通常能达到所推荐人才年薪的25％～35％。但是，如果把组织自己招聘人才的时间成本、人才素质差异等隐性成本计算进去，猎头服务或许不失为一种经济、高效的方式。此外，猎头公司往往对组织及其人力资源需求有较详细的了解，对求职者的信息掌握较为全面，猎头公司在供需匹配上较为慎重，其成功率比较高。

第四节　人员培训

一、人员培训的含义及意义

组织通过学习、训导的手段，提高员工的工作能力、知识水平和潜能发挥，最大限度地使员工的个人素质与工作要求相匹配，进而促进员工现在和将来的工作绩效提高。培训的目的主要有：

(1)培训是提高员工素质和技能的手段。通过培训，可以使员工更好地胜任所承担的工作，或者是为今后的提升做准备。

(2)培训是一种高收益的投资项目。培训实际上是对人力资源的投资，人力资源具有高增值性的特点，因此，培训是一种回报率极高的投资。

(3)培训能增强组织或个人的应变和适应能力。为了应付一个不断变化的世界，所有的人或组织都必须培养应变能力和创新能力，而学习培训正是适应环境和不断成长壮大的重要途径。

(4)培训是一种重要的福利。为员工提供培训学习的机会,已经成为组织吸引人才、留住人才的重要手段之一。

二、培训的组织过程

(一)确定培训的需求和目的

培训需求分析是整个培训开发工作流程的出发点,其准确与否直接决定了整个培训工作有效性的大小。简单地说,培训需求分析,就是了解与掌握组织为什么培训(Why),谁需要培训(Whom)、培训什么(What)、培训的目标等一系列的分析过程。

培训需求分析的内容有三大块:层次分析、对象分析以及阶段分析。

(1)培训需求的层次分析

层次分析包括三方面的内容,一是组织层次分析。主要是确定组织范围内的培训需求,保证培训计划符合组织的整体目标与战略要求。二是工作岗位层次分析。主要是确定各个工作岗位的员工达到理想的工作业绩所必须掌握的技能和能力。工作分析、绩效评价、质量控制报告和顾客反映等都为这种培训提供了重要信息。三是员工个人层次分析。寻找绩效差距,为将来评价培训结果和评估未来培训的需要。

(2)培训需求的对象分析

对象分析包括两方面的内容,一是新员工培训需求分析。主要由于其对组织文化、组织制度不了解而不能融入企业,或是不熟悉工作岗位而不能胜任新工作。通常使用任务分析法决定其在工作中需要的技能。二是在职员工培训需求分析。由于新技术在生产过程中的应用,在职员工的技能不能满足工作需要等方面的原因而产生培训需求,通常采用绩效分析法评估在职员工的培训需求。

(3)培训需求的阶段分析

包括两方面的内容,一是目前培训需求分析。针对企业当前存在的问题而提出的培训要求,主要是分析企业现阶段的生产经营目标,生产经营目标实现状况,未能实现的生产任务、企业运行中存在的问题等方面,指出原因,确认培训是解决问题的有效途径。二是未来培训需求分析。主要是满足企业未来发展过程中的需要而提出的培训需求。采用前瞻性培训需求分析方法,预测企业未来工作变化、职工调动情况、新工作职位对员工的要求及员工知识技能方面的缺陷部分。

(二)培训需求分析的实施程序

1.做好培训前期的准备工作

培训活动开始前,培训者就要有意识地搜集有关员工的各种资料。这样不仅能在培训需求调查时很方便地调用,而且能够随时监控组织员工培训需求的变动情况,以便在恰当的时候开展培训。

(1)建立员工背景档案。培训部门应建立起员工的背景档案,培训档案应注重员工素质、员工工作变动情况以及培训历史等方面内容的记载。

培训者应密切关注员工的变化,随时在档案中增添新的内容,以保证档案的监控作用。

(2)同各部门人员保持密切联系。培训工作性质决定了培训部门通过和其他部门之间保持更密切的合作联系,随时了解组织的发展方向、人员配置等方面的变动,使培训活动开展起来更能满足组织发展需要。

(3)向主管领导反映情况。培训部门应建立一种途径,使员工可随时反映个人培训要求。培训部门了解到员工需要培训的要求后要立刻向上级汇报,并提出下一步工作。

(4)准备培训需求的调查。培训者通过某种途径意识到有培训的必需时,在得到领导认可的情况下,就要开始调查的准备工作。

2.制订培训需求调查计划

培训需求调查计划应包括以下几项内容:

(1)培训需求调查工作的行动计划。安排活动中各项工作的时间进度以及各项工作应注意的一些问题,这对调查工作的实施很有必要。

(2)确定培训需求调查工作的目标。培训需求调查工作应达到一个什么目标,一般来说,完全出于某种培训的需要。

(3)选择合适的培训需求调查方法。根据组织的实际情况以及培训中可利用的资源选择一种合适的培训方法。

(4)确定培训需求调查的内容。从培训时间和费用的角度考虑,培训需求调查的内容不应过于宽泛。

3.实施培训需求调查工作

在制订了培训需求调查计划以后,就要按计划依次开展工作。实施培训需求调查主要包括以下步骤:

(1)提出培训需求动态。由培训部门发出制订计划的通知,请各责任人针对相应岗位工作需要提出培训动态。

(2)调查、申报和汇总。相关人员根据组织或部门的理想需求与现实需求、预测需求与现实需求的差距，调查、搜集来自不同部门和个人的各类需求信息，整理、汇总培训需求的动态，并报告组织培训管理部门。

(3)分析培训需求。由于培训需求往往是由一个岗位或一个部门提出的，存在着一定的片面性，所以对申报的培训需求要进行分析。从整体考虑，需要组织的计划部门、相关岗位、相关部门以及培训组织管理部门共同协商确定。

(4)汇总培训需求意见，确认培训需求。培训部门对汇总上来并加以确认的培训需求列出清单，参考有关部门的意见，根据重要程度和迫切程度排列培训需求，并依据所能搜集到的培训资源制订初步的培训计划和预算方案。

4.分析与输出培训需求结果

(1)对培训需求调查信息进行归类、整理。由于培训需求调查的信息来源于不同的渠道，信息形式有所不同，因此，有必要对搜集到的信息进行分类，并根据不同培训调查内容的需要进行信息的归档，同时要制作一套表格对信息进行统计，并利用图表将信息表现的趋势和分布进行形象化处理。比如利用直方图、分布曲线图等工具。

(2)对培训需求进行分析、总结。对搜集上来的调查资料进行仔细分析，从中找出培训需求，应注意个别需求和普遍需求、当前需求和未来需求之间的关系。要结合业务发展需要，根据任务的重要程度和紧迫程度进行排序。

(3)撰写培训需求分析报告。对所有的信息进行分类处理、分析总结以后，就要根据处理结果撰写培训需求调查报告。主要包括调查背景、概述需求分析实施的主要方法和过程、阐明分析结果、主要建议与说明、附录、报告提要。

(三)培训需求信息搜集的方法

1.面谈法

面谈法可以进行面对面的交流，充分了解相关方面的信息，相互了解，建立信任关系，但需要花费较长的时间，而且对面谈技巧要求高，但它是一种非常有效的需求分析方法。

2.重点团队分析法

它是指培训者在培训对象中选出一批熟悉问题的员工作为代表参加讨论，以调查培训需求信息。小组成员不宜太多，通常由 8～12 人组成一个小组，一人组织讨论，一人负责记录。需求就是成员必须能代表所培训对象的培训需求，成员要熟悉需求调查中讨论的问题。

3.工作任务分析法

以工作说明书、工作规范和工作任务分析记录表作为确定员工任职的依据，通过岗位资料分析和员工现状进行对比，寻找员工的素质差距。是一种非常正规的培训需求调查方法，结论可信度高。

4. 观察法

最原始、最基本的需求调查工具之一，比较适合生产作业和服务性工作人员，不太适应于技术人员和销售人员，通常要设计一份观察记录表。

5. 调查法

调查结果间接取得，问卷设计、分析工作难度大。应注意的问题：一是问题清楚明了，不产生歧义；二是语言简洁；三是问卷尽量采用匿名方式；四是多采用客观问题方式，易于填写；五是主观问题要有足够的空间填写意见。

(四)如何确定培训对象

培训对组织来说是一件重要而又必须付出代价的事，因此，判断一个组织应如何选择培训对象，如何实施培训计划，必须以"真正的需要"作为标准，而不能出于其他的考虑。如何选择培训对象？将最需要培训的人送去培训，充分体现员工个人发展愿望与组织需要的结合。一般来说，采用以下几种方法。

1. 用绩效分析方法确定培训需求和培训对象

绩效评价本身就是需求分析与缺失检查的一种类型，主要分析工作人员个体现有状况与应有状况之间的差距，在此基础上确定谁需要和应该接受培训，以及培训的内容。它为培训决策的制定提供了机会和依据。

运用绩效分析方法确定培训对象，主要经过以下步骤：

(1)通过绩效考评明确绩效现状。绩效考评能够提供员工现有绩效水平的有关证据。绩效考评的结果是对目标员工工作效率的种种表现(如技能、知识、能力)所做的描述。在操作上，可以运用从纯粹主观判断到客观的定量分析之间的各种方法。

(2)根据工作说明书或任务说明书分析绩效标准或理想绩效。工作说明书明确工作对任职者的绩效要求。

(3)确认理想绩效与实际绩效的差距。

(4)分析绩效差距的成因及绩效差距的重要性。把绩效差距分解为知识、技能、态度和环境等具体方面，分析造成绩效差距的具体原因是什么；了解在过去一段时间内，这种差距的变化趋势如何，分析这种差距对个人、部门、组织所造成的后果。

(5)根据绩效差距原因分析确认培训需求和培训对象。根据绩效差距原因分析确认：是否需要培训，需要在哪些方面培训，需要多少人培训，哪些人员需要培训以及哪些人员可以优先获得培训。

(6)针对培训需求和培训对象拟订培训计划。包括选择何种类型及内容的培训规划、培训期限、培训费用等方面。

2.运用任务与能力分析方法确定培训需求和培训对象

(1)根据任务分析获取相关信息。对于每个特定工作的具体培训需求来说,任务分析可以提供三方面的信息:一是每个工作所包含的任务;二是完成这些任务所需要的技能;三是衡量完成该工作的最低绩效标准。通过对这些问题的分析,可以设计出一套培训权衡表。

(2)对工作任务进行分解和分析。以工作说明书、工作规范和工作任务分析记录表作为确定员工任职的依据,通过岗位资料分析和员工现状进行对比,寻找员工的素质差距。

(3)根据工作任务分析结果确定培训需求和培训对象。它的重点在于提供改善和提高的机会。培训者根据员工的素质差距,为他们提供必要的指导、培训,使他们获得必需的技术和能力。

3.根据组织发展需要分析确定培训需求和培训对象

主要步骤如下:

(1)确认培训标准。根据组织需要分析培训需求,准确找出组织存在的问题,即现有状况与应有状况之间的差距,并确定培训是否是解决这类问题的最有效的方法。

(2)确认培训可以解决的问题。组织发展需要分析不是集中在个体、工作、部门现在有效运作所需要的知识、技能和能力上,而是集中在它们未来有效运作所需要的知识、技能和能力上。

(3)确认培训资源。分析培训需要哪些资源(包括人、财、物),及组织能否满足这些要求,以此决定培训实施的可行性及培训方式。

(4)确定培训对象。根据组织需要确定培训对象时应考虑的因素有:一是反映组织未来要求的人事计划;二是营造有利于培训成果转换的组织培训气候;三是改善组织气氛与个体满意度。

三、培训方法的选择

培训方法是指为了有效地实现培训目标而确定的手段和技法。它必须与教育培训需求、培训课程、培训目标相适应,它的选择必须结合培训对象的特点。

基本的培训方法有五类:直接传授法、实践法、参与法、适宜行为调整和心理训练的培训方法、科技时代的培训方式。下面分别介绍这几种培训方法的适用性及其特点。

(一)适宜知识类培训的直接传授培训方式

直接传授培训方式是指培训者通过一定途径向培训对象发送培训中的信息。这种方法的主要特征就是信息交流的单向性和培训对象的被动性。其具体形式主要有:

1.讲授法

讲授法又称课堂演讲法,即教师按照准备好的讲稿系统地向受训者传授知识,它是最基本的培训方法。主要有灌输式讲授、启发式讲授和画龙点睛式讲授三种方式。

优点:①传授内容多,知识比较系统、全面,有利于大面积培训人才;②对培训环境要求不高;③有利于教师的发挥;④学员可利用教室环境相互沟通;⑤能够向教师请教疑难问题;⑥员工平均培训费用比较低。

局限性:①传授内容多,学员难以吸收、消化;②单向传授不利于教学双方互动;③不能满足学员的个性需求;④教师水平直接影响培训效果,容易导致理论与实践相脱节;⑤传授方式较为单一。

2.专题讲座法

专题讲座法是针对某一个专题知识进行讲授,一般只安排一次培训。比较适用管理人员或技术人员了解专业技术发展方向或当前热点问题等。

优点:①培训不占用大量时间,形式较为灵活;②可随时满足员工某一方面的培训需求;③讲授内容集中于某一专题,培训对象易于加深理解。

局限性:讲座中传授的知识相对集中,内容可能不具有较好的系统性。

3.研讨法

在教师引导下,学员围绕某一个或几个主题进行交流、相互启发的培训方法。适用各类学员围绕特定的任务或过程独立地思考、判断评价问题的能力及表达能力的培训。主要有集体讨论、分组讨论和对立式讨论三种形式。

优点:①强调学员的积极参与,有利于培养学员的综合能力;②多向式信息交流,加深对知识的理解,提高其运用的能力;③研讨法形式灵活,适应性强,可适应不同的培训需求。

局限性:①对研讨题目、内容的准备要求较高;②对指导教师的要求较高。

选题应注意:①题目具有代表性、启发性;②题目难度适当;③研讨题目应事先提供给学员,以便做好研讨准备。

(二)以掌握技能为目的的实践性培训方法

实践法是通过让学员在实际工作岗位或真实的工作环境中,亲手操作、亲身体验，掌握工作所需的知识、技能的培训方法，在员工培训中应用最为普遍。这种方法将培训内容和实际工作直接相结合，具有很强的实用性，是员工培训的有效手段。适用于从事具体岗位所应具备的能力、技能和管理事务类培训。

实践法的主要优点包括：①经济。受训者边干边学，一般无需教室等培训设施。②实用、有效。受训者通过实干来学习，使培训的内容与受训者将要从事的工作紧密结合，而且受训者在干的过程中，能迅速得到关于他们工作行为的反馈和评价。

实践法常用的几种方式：

1.工作指导法

它也称教练法、实习法，由一位有经验的工人或直接主管人员在工作岗位上对受训者进行培训。负责指导的教练的任务是教给受训者如何做，提出如何做好的建议，并对受训者进行激励。

这种方法的优点是应用广泛，可用于基层生产工人，或用于各级管理人员培训，让受训者与现任管理人员一起工作。后者负责对受训者进行指导，一旦现任管理人员因退休、提升、调动等原因离开岗位时，受训者便可立即顶替。从其缺点看，主要是缺乏系统的培训计划。

2.工作轮换

这种方法是让受训者在预定时间内变换工作岗位，使其获得不同岗位的工作经验。

这种方法的优点：①能丰富受训者的工作经验，增强对组织工作的了解；②使受训者明确自己的长处和弱点，找到自己适合的位置；③改善部门间的合作，使管理者能更好地理解相互间的问题。

不足之处：鼓励通才化，适合于一般直线管理人员的培训，不适用于职能管理人员的培训。

3.特别任务法

企业通过为某些员工分派特别任务对其进行培训，此法常用于管理培训。一般采取两种形式：一是委员会或初级董事会。这是为有发展前途的中层管理人员提供分析全公司范围内经验和问题的培训方法。一般初级董事会由10～12名受训者组成，受训者来自各个部门，他们针对高层次的管理问题，如组织结构、经营管理人员的报酬以及部门间的冲突等提出建议，这些建议提交给正式的董事会。通过这种方法为这些管理人员提供分析高层次问题的机会以及决策的经验。二是行动学习。这是让受训者将全部时间用于分析、解决其他部门而非本部门问题的一种课题研究方法。受训者由4～5人组成一个小组,定期开会,就研究进展和结果进行讨论。这种方法为受训者提供了解决实际问题的真实经验,可提高他们分析、解决问题以及制订计划的能力。

4. 个别指导法

它是一种帮带式的培训方法,类似于我国以前的学徒工制度。通过资历较深的员工的指导,使新员工能够迅速掌握岗位技能。

优点:①新员工在师傅指导下开始工作,可以避免盲目摸索;②有利于新员工尽快融入团队;③可以消除刚从高校毕业的学生进入工作的紧张感;④有利于组织传统优良工作作风的传递;⑤新员工可从指导人处获取丰富的经验。

缺点:①为防止新员工对自己构成威胁,指导者可能会有意保留自己的经验、技术,从而使指导流于形式;②指导者本身水平对新员工的学习效果有极大影响;③指导者不良的工作习惯会影响新员工;④不利于新员工的工作创新。

(三)适宜综合性能力提高与开发的参与式培训

参与式培训法是调动培训对象积极性,让其在培训指导者与培训对象双方互动中学习的方法。这类方法的主要特征是:每个培训对象积极参与培训活动,从亲身参与中获得知识、技能和正确的行为方式,开拓思维,转变观念。一般有六种方式:自学、案例研究法、头脑风暴法、模拟训练法、敏感性训练法和管理者训练法。

1. 自学

适用于知识、技能、观念、思维、心态等多方面的学习。既适用于岗前培训,又适用于在岗培训,而且新员工和老员工都可以通过自学掌握必备的知识和技能。

优点:费用低,不影响工作;学习者自主性强,可体现学习的个别差异,培养员工的自学能力。

缺点:学习的内容受到限制,学习效果存在很大差异,学习中遇到疑难问题往往得不到解答,自学者感到单调乏味。

2. 案例研究法

它是一种信息双向性交流的培训方式,将知识传授与能力提高融合到一起,是一种非常有特色的培训方法。可分为案例分析法和事件处理法两种。

(1)案例分析法。又称为个案分析法。它是围绕一定的培训目的,把实际中真实的场景加以典型化处理,形成供学员思考分析和决断的案例,通过独立研究和相互讨论的方式,来提高学员的分析及解决问题的能力的一种培训方法。

案例分析法可分为两种类型：一是描述评价法，即描述解决某种问题的全过程，包括实际后果，留给学员的分析任务是对案例中的做法进行事后分析。二是分析决策法。即只介绍某一待解决的问题，由学员去分析并提出对策，培养学员分析决策、解决问题的能力。

这两种方法不是截然分开的，中间存在着一系列过渡状态。解决问题的过程有 7 个环节(见图 8-1)。

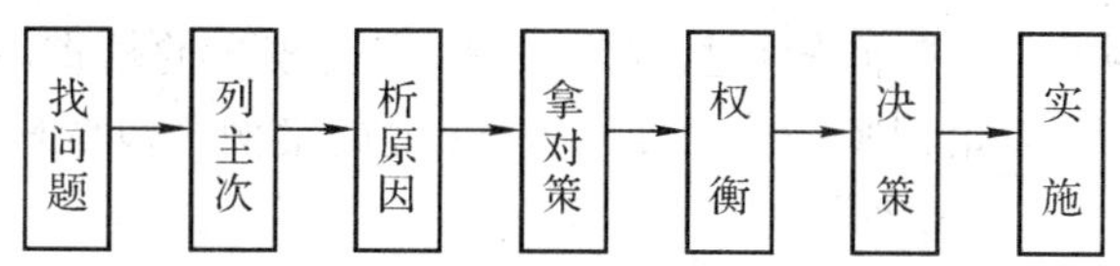

图 8-1 解决问题的 7 个环节

一个案例可以终止于 7 个环节中的任何一个。例如，在第 3 个环节上，即问题产生原因已找出，留给学员去做的事便是对症下药，列出若干备选对策，逐一权衡比较，然后制定决策等；若只指出问题，列出主次，则原因这一环节也有待学员去做，学员的任务加重了，案例的分析难度也相应增加。如此逐步上溯到案例只介绍了头绪纷繁的一种管理情景，这一环节即找出此情景中究竟存在哪些问题留待学员去解决，案例难度就更大了。反之，案例中的 7 个环节均已覆盖，即只介绍了解决问题的全过程及其后果，学员已能对此做法作一番评价，这就成为描述评价案例。

(2)事件处理法。让学员自行搜集亲身经历的案例(自编案例)，将这些案例作为个案，利用案例研究法进行讨论，并用讨论结果来警戒日常工作中可能出现的问题。学员通过彼此亲历事件的相互交流和讨论，可使组织内部信息得到充分利用和共享，同时有利于形成一个和谐、合作的工作环境。

自编案例的要求是案例由学员根据自身的工作经历编写。一方面是对个人工作经验的总结，另一方面有助于学员理解案例的背景，并使讨论的内容与工作实际更紧密地结合。

记录案例发生背景依据的原则是 5W2H：Who(何人)、When(何时)、Where(何地)、What(何事)、Which(何物)、How(如何做)、How much(费用)。自编案例的内容包括：案例的内容简介，案例方式的背景(依 5W2H 原则逐条列出)，实际解决的对策(若为已解决的事件，应记下从发生到解决的经过；若是未解决的事件，应记下自己准备采取的对策)，从这个案例中得到的经验教训。

案例研究法的适用范围：适宜各类员工了解解决问题时搜集各种情报及

分析具体情况的重要性;了解工作中相互倾听、相互商量、不断思考的重要性;通过自编案例及案例的交流分析,提高学员理论联系实际的能力、分析解决问题的能力及表达、交流能力;培养员工间良好的人际关系。

优点:参与性强,变学员被动接受为主动参与;将学员解决问题能力的提高融入知识传授中;教学方法生动具体,直观易学;学员之间能通过案例分析达到交流的目的。

缺点:案例准备的时间较长且要求较高;需要较多的培训时间,对学员的能力有一定要求;对培训师的能力要求高;无效的案例会浪费培训对象的时间和精力。

3.头脑风暴法

头脑风暴法又称研讨会法、讨论培训法、管理加值训练法。它的特点是培训对象在培训活动中相互启迪思想、激发创造性思维、最大限度地发挥创造能力、提供更多更佳解决问题的方案。

它只规定一个主题,即明确要解决的问题,保证讨论内容不泛滥。把参加者组织在一起无拘无束地提出解决问题的建议或方案,组织者和参加者都不能评议他人的建议和方案。事后再搜集各参加者的意见,交给全体参加者。然后排除重复的、明显不合理的方案,重新表达内容含糊的方案。组织全体参加者对各可行方案逐一评价,选出最优方案。头脑风暴法的关键是要排除思维障碍,消除心理压力,让参加者轻松自由、各抒己见。

优点:①培训过程中为组织解决了实际问题,大大提高了培训的效益;②可以帮助学员解决工作中遇到的实际困难;③培训中学员参与性强;④小组讨论有利于加深学员对问题理解的程度;⑤集中集体的智慧,达到相互启发的目的。

缺点:①对培训师要求较高,如果不善于引导讨论,可能会使讨论漫无边际;②培训师主要扮演引导者的角色,讲授的机会很少;③研究的主题能否得到解决也受培训对象水平的限制;④主题的挑选难度大,不是所有主题都适合讨论。

4.模拟训练法

以工作中的实际情况为基础,将实际工作中可利用的资源,约束条件和工作过程模型化。学员在假定的工作情景中参与活动,学习从事特定工作的行为和技能,提高其处理问题的能力。

它所采取的基本形式是由人和机器共同参与模拟活动,侧重于对操作技能和反应敏捷的培训,它把参加者置于模拟的现实工作环境中,让参加者反复操作装置,解决实际工作中可能出现的各种问题,为进入实际工作岗位打下基础。比较适用于对操作技能要求较高的员工的培训。

优点:①学员在培训中工作技能将会获得提高;②通过培训有利于加强员工的竞争意识;③可以带动培训中的学习气氛。

缺点:模拟情景准备时间长,而且要求质量高;对组织者要求高,要求熟悉培训中的各种技能。

5. 敏感性训练法

敏感性训练法(Sensitivity Training),简称ST,又称T小组法。这种方法要求学员在小组中就参加者的个人情感、态度及行为进行坦率、公开的讨论,相互交流对各自行为的看法,并说明其引起的情绪反应。目的是要提高学员对自己的行为和他人行为的洞察力,了解自己在他人心目中的形象,感受与周围人群的相互关系和相互作用,学习与他人的沟通方式,发展在各种情况下的应变能力,在群体活动中采取建设性行为。

适用于组织发展训练,晋升前的人际关系训练,中青年管理人员的人格训练、新进人员的集体组织训练等。

6. 管理者训练法

管理者训练法(Manager Training Plan),简称MTP法,是产业界最为普遍的对管理人员的培训方法。旨在使学员系统地学习,深刻地理解管理的基本原理和知识,从而提高其管理能力。一般采用专家授课、学员间研讨的培训方式。

适用于培训中低层管理人员掌握管理的基本技能、知识,提高管理的能力。

(四)适宜行为调整和心理训练的培训方法

1. 角色扮演法

在一个模拟的工作情境中,让参加者按照他在实际工作中应有的权责来担当与实际类似的角色,模拟性地处理工作事务,从而提高处理各种问题的能力。这种方法的精髓在于以工作和行为作为练习的内容来进行设想。也就是说,它不针对某问题相互对话,而针对某问题实际行动,以提高个人及集体解决问题的能力。

适宜对各类员工开展以有效开发角色的行为能力为目标的训练。如客户关系处理、销售技术等行为能力的学习和提高。

优点:①学员参与性强,学员与教师之间交流充分,可以提高学员参加培训的积极性;②特定的模拟环境和主题有利于增强培训效果;③通过观察其他学员的扮演行为，可以学习各种交流技能，通过模拟后的指导，可以及时认识到自身存在的问题并进行纠正；④在提高学员业务能力的同时，加强了其反应能力和心理素质。

缺点：①场景的人为性降低了培训的实际效果；②模拟环境并不代表现实工作环境的多变性；③扮演中的问题分析限于个人方面，不具有普遍性。

2. 行为模仿法

行为模仿法是通过向学员展示特定行为的范本，由学员在模拟的环境中进行角色扮演，并由指导者对其行为提供反馈的训练方法。

适宜于对中层管理人员、基层管理人员和一般员工的培训。根据培训的具体对象确定培训内容，如基础主管指导新员工，纠正下属的不良工作习惯，使学员的行为符合其职业、岗位的行为要求，提高学员的行为能力；使学员能更好地处理工作环境中的人际关系。

这种方法的优点是情境性，如身临其境，在模拟实践中加深对管理原理的领会，以及对管理技巧的掌握，对提高管理人员的演讲能力和表达能力也有一定价值。缺点是费时较多。

3. 拓展训练

它起源于第二次世界大战中的海员学校，旨在训练海员的意志和生存能力，后被应用于管理训练和心理训练等方面，用于提高人的自信心，培养把握机遇、抵御风险的心理素质，保持积极进取的态度、培养团队精神等。它以外化型体能训练为主，学员被置于各种艰难的情境中，在面对挑战、克服困难和解决问题的过程中，使人的心理素质得到改善。包括拓展体验、挑战自我课程、回归自然活动等。

(五)科技时代的培训方式

1. 网上培训

将现代网络技术应用于人力资源开发领域而创造出来的培训方法。网上培训就是老师将培训课程储存在培训网站上，分布在各地的学员利用网络浏览器进入该网站接受培训。根据培训进程的不同，网上培训有同步培训与非同步培训两种类型。

网上培训的优点：①无须将学员从各地召集到一起，便于培训的开展；②可及时、低成本地更新培训内容；③可充分利用网络上大量的声音、图片和影音文件等资源，增强课堂教学的趣味性，从而提高学员的学习效率；④网上培训的进程安排比较灵活，学员可以充分利用空闲时间进行学习，而不用中断工作。其缺点是：①网上培训要求组织建立良好的网络培训系统，需要投入较多的培训资金;②某些内容不适用于网上培训方式。

2.虚拟培训

利用虚拟现实技术生成实时的、具有三维信息的人工虚拟环境,培训学员通过运用某些设备接受和响应该环境的各种感官刺激而进入其中,并可根据需要通过多种交互设备来驾驭该环境以及用于操作的物体,从而达到提高培训对象各种技能或学习知识的目标。

优点在于它的仿真性、超时空性、自主性和安全性。在培训中,学员能自主地选择或组合虚拟培训场地或设施,而且学员可以在重复中不断增强自己的训练效果;更重要的是这种虚拟环境使他们避免了现实环境培训中的风险,并能从这种培训中获得感性知识和实际经验。

四、培训效果评估的步骤与方法

培训效果是指组织和受训者从培训当中获得的收益。培训评估是指搜集培训成果以衡量培训是否有效的过程。一般说来,培训评估包括以下几个步骤:

(一)分析培训需求,暂定评估目标

进行培训需求分析是培训项目设计的第一步,也是培训评估的第一步。在培训项目实施之前,必须把培训评估的目的明确下来。多数情况下,培训评估的实施有助于对培训项目的前景做出决定,重要的是,培训评估的目的将影响数据搜集的方法和所要搜集的数据类型。

(二)建立培训评估数据库

进行培训评估之前,组织必须将培训前后发生的数据搜集齐备,因为培训数据是培训评估的对象。培训的数据按照能否用数字衡量的标准可以分为两类:硬数据和软数据。硬数据是对改进情况的主要衡量标准,以比例的形式出现,是一些易于搜集的无可争辩的事实。这是最需要搜集的理想数据。硬数据可以分为四大类:产出、质量、成本和时间。几乎在所有组织机构中,这四类都是具有代表性的业绩衡量标准。有时候很难找到硬数据,这时,软数据在评估人力资源开发培训项目时就很有意义。常用的软数据类型可以归纳为6个部分:工作习惯、氛围、新技能、发展、满意度和主动性。

(三)确定培训评估的层次,选择评估方法

评估方法的类型包括课程前后的测试、学员的反馈意见、对学员进行的培训后跟踪、采取的行动计划以及绩效的完成情况等。

(四)调整培训项目

基于对搜集到的信息进行认真分析，人力资源开发部门就可以有针对性地调整培训项目。如果培训项目没有什么效果或是存在问题，人力资源开发人员就要对该项目进行调整或考虑取消该项目。如果评估结果表明，培训项目的某些部分不够有效，例如内容及授课方式不当、对工作没有足够的影响或受训人员本身缺乏积极性等，人力资源开发人员就可以有针对性地考虑对这些部分进行重新设计或调整。

(五)沟通培训项目结果

一般来说，企业中有 4 种人是必须要得到培训评估结果的。最重要的一种人是人力资源开发人员，他们需要这些信息来改进培训项目。只有在得到反馈意见的基础上精益求精，培训项目才能得到优化。管理层是另一个重要的人群，因为他们当中有一些是决策人物，决定着培训项目的未来。评估的基本目的之一就是为妥善地决策提供基础。应该为继续这种努力投入更多的资金吗？这个项目值得做吗？通过诸如此类的问题应该向管理层沟通并给予答案。第三个群体是受训人员，他们应该知道自己的培训效果怎么样，并且将自己的业绩表现与其他人的业绩表现进行比较。这种意见反馈有助于他们继续努力，也有助于将来参加该培训项目学习的人员不断努力。第四个群体是受训人员的直接主管。

培训评估的方法见表 8-4 所示。

表 8-4　培训评估层次与方法列表

层次	评估内容	评估方法	评估时间	评估单位
反应评估	衡量学员对具体培训课程、讲师与培训组织的满意度	问卷调查 面谈观察 综合座谈	课程结束时	培训单位
学习评估	衡量学员对于培训内容、技巧、概念的吸收与掌握程度	提问法 笔试法 口试法 模拟练习与演示 角色扮演 演讲 心得报告与文章发表	课程进行时 课程结束时	培训单位

续表

层次	评估内容	评估方法	评估时间	评估单位
行为评估	衡量学员在培训后的行为改变是否因培训所导致	问卷调查 行为观察 访谈法 绩效评估 管理能力评鉴 任务项目法 360度评估	3个月或半年以后	学员的直接主管上级
结果评估	衡量培训给组织的业绩带来的影响	个人与组织绩效指标、生产率、缺勤率、离职率、成本效益分析、客户与市场调查、360度满意度调查	半年、一年后组织绩效评估	学员的单位主管

第五节 绩效考核

一、绩效考核的含义

绩效考核是一种正式的员工评估制度，它通过系统的方法、原理来评定和测量员工在职务上的工作行为和工作效果。绩效考核是企业管理者与员工之间的一项管理沟通活动。绩效考核的结果可以直接影响到薪酬调整、奖金发放及职务升降等诸多员工的切身利益。

二、绩效考核的作用

绩效考核的最终目的是要改善员工的工作表现，以达到企业的经营目标，并提高员工的满意度和未来的成就感。因此，绩效考核最显而易见的用途是为员工的工作调整、职务变更提供依据。但它的作用不仅仅是这些，通过绩效考核还可以让员工明白企业对自己的评价，自己的优势、不足和努力方向，这对员工改进自己的工作有很大好处。另外，绩效考核还可以为管理者和员工之间建立起一个正式的沟通桥梁，促进管理者和员工的理解与协作。

具体而言，有以下几个方面：

（一）为员工的薪酬调整、奖金发放提供依据

绩效考核会为每位员工得出一个评价考评，这个考评结论不论是描述性的还是量化的，都可以作为员工的薪酬调整、奖金发放提供重要的依据。这个考评结论对员工本人是公开的，并且要获得员工的认同。所以，它作为依据是

非常有说服力的。

(二)为员工的职务调整提供依据

员工的职务调整包括员工的晋升、降职、换岗甚至辞职。绩效考核的结果会客观地对员工是否适合该岗位作出明确的评判。基于这种评判而进行的职务调整,往往会让员工本人和其他员工接受与认同。

(三)为上级和员工之间提供一个正式沟通的机会

考核沟通是绩效考核的一种重要环节,它是指管理者(考核者)和员工(被考核者)面对面地对考核结果进行讨论,并指出其优点、缺点和需要改进的地方。考核沟通为管理者和员工之间创造了一个正式的沟通机会。利用这个沟通机会,管理者可以及时了解员工的实际工作状况及深层次的原因,员工也可以及时了解到管理者的管理思路和计划。考核沟通促进了管理者与员工的相互了解和信任,提高了管理的穿透力和工作效率。这种沟通使得管理者及其下属人员有机会通过制订计划来克服在工作绩效评价过程中所揭示出来的那些低效率行为,同时还可以帮助管理者强化下属人员已有的正确行为。

(四)让员工清楚组织对自己的真实评价

虽然管理者和员工可能经常会见面,并且可能经常谈论一些工作上的计划和任务,但是员工还是很难清楚地明白组织对自己的评价。绩效考核是一种正规的、周期性地对员工进行评价的系统,由于考核结果是向员工公开的,员工就有机会清楚组织对他的评价。这样可以防止员工不正确地估计自己在组织中的位置和作用,从而减少一些不必要的抱怨。

与此同时,绩效考核还可以让员工清楚组织对他的期望以及自己需要改进的地方,这就为员工的自我发展铺平道路。工作绩效评价能够而且应当被运用于员工的职业发展规划制订过程,这是因为它为组织根据员工已经表现出来的优点和弱点制订员工的个人职业发展规划提供了一个绝好的机会。

(五)组织及时准确地获得员工的工作信息,为改进组织政策提供依据

通过绩效考核,管理者和人力资源部门可以及时准确地获得员工的工作信息。通过这些信息的整理和分析,可以对组织的招聘制度、选择方式、激励政策及培训制度等一系列管理政策的效果进行评估,及时发现政策中的不足和问题,从而为改进组织政策提供有效的依据。

(六)绩效考核是对员工进行激励的手段

奖励和惩罚是激励的主要内容,奖罚分明是劳动人事管理的基本原则。要做到奖罚分明,就必须科学地严格地进行考核,以考核结果为依据,决定奖或罚的对象以及奖和罚的等级。

考核本身也是一种激励因素。通过考核，肯定成绩，肯定进步，指出长处，鼓舞斗志，坚定信心；通过考核，指出缺点和不足，批评过失和错误，指明努力的方向，鞭策后进，促其进取。使员工保持旺盛的工作热情，出色地完成组织目标。

三、绩效考核的方法

（一）行为导向型主观考评方法

1. 排列法

它也称排序法，是绩效考核中比较简单易行的一种综合比较的方法。通常由上级主管根据员工工作的整体表现按照优劣顺序依次排列。有时为了提高其精度，也可以将工作内容作出适当分解，分项按照优良的顺序排列，再要求总平均的次顺序，作为绩效考核的最后结果。

这种方法的优点是简单易行，花费时间少，能使考评者在预定的范围内组织考评并将下属进行排序，从而减少考评结果过宽和趋中的误差。在确定的范围内可以将排列法的考评结果，作为薪资奖金或一般性人事变动的依据。但是，由于排序法是相对对比性的方法，考评是在员工间进行主观比较，不是用员工工作的表现和结果与客观标准相比较，因此具有一定的局限性，不能用于比较不同部门的员工，个人取得的业绩相近时很难进行排序，也不能使员工得到关于自己优点和缺点的反馈。

2. 选择排列法

它也称交替排列法，是简单排列法的进一步推广。选择排列法利用的是人们容易发现极端，不容易发现中间的心理，在所有员工中挑出最好的和最差的，把他们作为第一名和最后一名，接着在剩下的员工中再挑选出最好和最差的，分别排列在第二名和倒数第二名，以此类推，最终将所有员工按照优劣顺序全部排列。

选择排列法是较为有效的一种排列方法，采用本法时，不仅上级可以直接完成排序工作，还可将其扩展到自我考评、同级考评和下级考评等其他考评的方式之中。

3. 强制分布法

它也称硬性分布法。假设员工的工作行为和工作绩效整体呈正态分布，那么按照正态分布的规律，员工的工作行为和工作绩效好、中、差的分布存在一定的比例关系，在中间的员工应该最多，好的、差的是少数。强制分布法就是按照一定的百分比，将被考评的员工强制分配到各个类别中。类别一般是5类，从最优到最差的具体百分比可根据需要确定，既可以是10%、20%、

40%、20%、10%,也可以是5%、20%、50%、20%、5%等。

采用这种方法,可以避免考评者过分严厉或过分宽容的情况发生,克服平均主义。但是,如果员工的分布呈偏态,该方法就不合适。这种方法只能把员工分为有限的几种类别,难以具体比较员工差别,也不能在诊断工作问题时提供准确可靠的信息。

4. 成对比较法

它也叫配对比较法、两两比较法。基本顺序是:首先根据某种考评要素如工作质量,将所有参加考评的人员逐一比较,按照从最好到最差的顺序对被考评者进行排序;然后根据下一个考评要素进行两两比较,得出本要素被考评者的排列次序。以此类推,经过汇总整理,最后求出被考评者所有考评要素的平均排序数值,得到最终考评的排序结果。

应用成对比较法时,能够发现每个员工在哪些方面比较出色,哪些方面存在明显的不足和差距,在涉及的人员范围不大、数目不多的情况下宜采用本方法。如果员工的数目过多,不但费时费力,其考评质量也将受到制约和影响(见表8-5)。

表8-5 成对比较法:工作质量要素考评表

	A	B	C	D	E	F	排序
A	0	+	+	+	+	+	6
B	−	0	+	+	−	+	4
C	−	−	0	−	−	+	2
D	−	−	+	0	−	+	3
E	−	+	+	+	0	+	5
F	−	−	−	−	−	0	1
汇总	−5	−1	+3	+1	−3	+5	

注:纵列员工与横行员工对比,优者划"+",差者划"−"。

(二)行为导向型客观考评方法

1. 关键事件法

关键事件法也叫重要事件法。在某些工作领域,员工在完成工作任务过程中,有效的工作行为导致成功,无效的工作行为导致失败。重要事件法的设计把这些有效或无效的工作行为称为"关键事件",考核者要记录和观察这些关键事件,因为它们通常描述员工的行为以及工作行为发生的具体背景条件。这样,在评定一个员工的工作行为时,就可以利用关键事件作为考评的指标和衡量的尺度。

关键事件法对事不对人,以事实为依据,考核者不仅要注重对行为本身的评价,还要考虑行为的情境,可以用来向员工提供明确的信息,使他们知道自己在哪些方面做得比较好,而在哪些方面做得不好。

采用该方法具有较大的时间跨度,可以贯穿考评期的始终,与年度、季度计划密切地联系在一起。它可以有效弥补其他方法的不足,为其他考评方法提供依据和参考。它的优点是:为考评者提供了客观的事实依据;考评的内容不是员工的短期表现,而是一年内整体表现;以事实为依据,保存了动态的关键事件记录,可以全面了解下属是如何消除不良绩效,如何改进和提高绩效的。其缺点是:对关键事件的观察和记录费时费力;能作定性分析,不能作定量分析;不能具体区分工作行为的重要性程度,很难使用该方法在员工之间进行比较。

2. 行为锚定等级评价法

行为锚定等级评价法也称行为定位法,行为决定性等级量表法或行为定位等级法。它是关键事件法的进一步拓展和应用。它将关键事件和等级评价有效地结合在一起,通过一张行为等级评价表(见表 8-6)可以发现,在同一个绩效维度中存在一系列的行为,每种行为分别表示这一维度中的一种特定绩效水平,将绩效水平按等级量化,可以使考评的结果更有效更公平。

表 8-6　行为锚定等级评价法(BARS)实例 1:员工在工作中的行为表现考评表

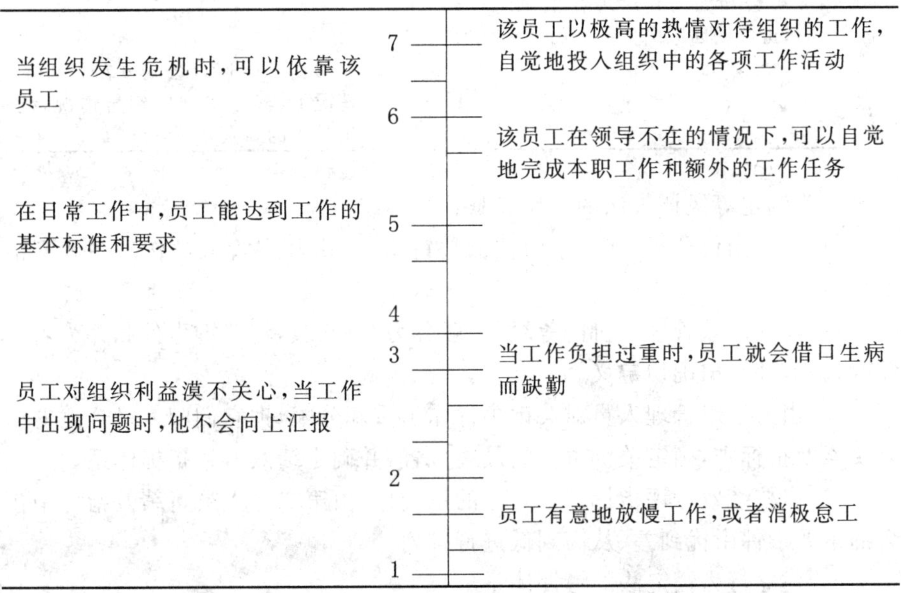

表 8-7 行为锚定等级评价法(BARS)实例 2:销售营业部经理管理绩效考评表

左侧行为描述	等级	右侧行为描述
	9	能全权领导一个全天办公的电器销售营业部,并能把其中两名新工作人员培养成本部门的优秀人员
充分信任销售人员,并把很多重要工作交给他们,使他们具有很强的责任心	8	
	7	能够胜任培训销售人员的工作任务,满足每期的培训计划和培训大纲的要求
能够听取销售人员所提出的意见和合理化建议	6	
	5	能够及时提醒销售人员热情接待客户和用户,认真遵守劳动纪律,在店面不交头接耳、闲谈
根据销售部的实际情况,能够制定并修订本部门严格的规章制度(在可能引起不满的情况下)	4	
	3	不论下属个人情况如何,都能够要求下属坚守岗位,甚至是在其身体不适或有私事要做的时候
能够收回对某人某事的承诺,例如,某下属事先被告知如果其对现在工作岗位不满意,可以调回原岗位的承诺	2	
	1	能够在可能违背公司薪酬制度的情况下,根据本部门销售情况,确定员工的薪资水平

行为锚定等级评价法的工作步骤:

(1)进行岗位分析,获取本岗位的关键事件,由其主管人员作出明确简洁的描述。

(2)建立绩效管理评价的等级,一般分为 5～9 级,将关键事件归并为若干绩效指标,并给出确切定义。

(3)由另一组管理人员对关键事件作出重新分配,把它们归入最合适的绩效要素及指标中,确定关键事件的最终位置,并确定绩效考评指标体系。

(4)审核绩效考评指标登记划分的正确性,由第二组人员将绩效指标中包含的重要事件由优到差、从高到低进行排列。

(5)建立行为锚定法的考评体系。

这一方法的缺点是设计复杂，实施费用高，费事费力。优点是对员工的绩效考评更加准确。由于参与本方法设计的人员众多，对本岗位熟悉，专业技术强，所以精确度更高；绩效考评标准更加明确。评定量表上的等级尺度是与行为表现的具体文字描述一一对应的，或者说通过行为表述锚定评定等级，使考评标准更加明确；具有良好的反馈功能，评定量表上的行为描述可以反馈提供更多必要的信息；具有良好的连贯性和较高的信度。使用本方法时，对被考评者使用同样的量表，对同一个对象进行不同时间段的考评，能够明显提高考评的连贯性和可靠性；考核的维度清晰，各绩效要素的相对独立性强，有利于综合评价判断。

3. 行为观察法

它也叫观察评价法，行为观察量表法，行为观察量表评价法。它是在关键事件法的基础上发展起来的。它与行为锚定等级评价法大体接近，只是在量表的结构上有所不同。它不是首先确定工作行为处在何种水平上，而是确认员工某种行为出现的概率，它要求评定者根据某一工作行为发生频率或次数多少来对被评定者打分。如：从不（1 分），偶尔（2 分），有时（3 分），经常（4 分），总是（5 分）。即可以对不同工作行为的评定分数相加得到一个总分数，也可按照对工作绩效的重要程度赋予工作行为的不同权重，加权后再相加得到总分。总分可以作为不同员工之间进行比较的依据。发生频率过高或过低的工作行为不能选取作为评定项目。

行为观察量表法克服了关键事件法不能量化、不可比，以及不能区分工作行为重要性的缺点，但是编制一份行为观察量表较为费时费力，同时，完全从行为发生的频率考核员工，可能会使考核者和员工双方忽略行为过程的结果。

表 8-8　行为观察量表实例

评定管理者的行为[①]，用 5～1 和 NA 代表下列各种行为出现的频率，评定后填在括号内：

5 表示 95％～100％都能观察到这一行为；

4 表示 85％～94％都能观察到这一行为；

3 表示 75％～84％都能观察到这一行为；

2 表示 65％～74％都能观察到这一行为；

1 表示 0～64％都能观察到这一行为；

NA 表示从来没有这一行为。

续表

克服对变革的阻力： (1)向下级详细地介绍变革的内容(　　　)； (2)解释为什么变革是必须的(　　　)； (3)讨论变革为什么会影响员工(　　　)； (4)倾听员工的意见(　　　)； (5)要求员工积极配合参与变革的工作(　　　)； (6)如果需要经常召开会议听取员工的反映(　　　)。
6～10 分：未达到标准；11～15 分：勉强达到标准；16～20 分：完全达到标准；21～25 分：出色达到标准；26～30 分：最优秀。

资料来源：唐军编著：现代人事学．北京：北京经济学院出版社，1997。

4．加权选择量表法

它是行为量表法的另一种表现形式。具体的形式是用一系列的形容性或描述性语句，说明员工各种具体的工作行为和表现，并将这些语句分别列在量表中，作为考评者的评定依据。在打分时，如考评者认为被考评者的行为表现符合量表中所列出的项目，就做上记号，如划“√”或打“×”(见表 8-9)。

表 8-9　加权选择量表法实例 1

如果该员工有下列行为描述的情况则打“√”，否则打“×”	考评结果
①布置工作任务时，经常与下级进行详细的讨论	□
②识人能力差，不能用人所长	□
③在进行重要的决策时，尽可能地征求下属的意见	□
④不但对工作承担责任，也能放手让下属独立地进行工作	□
⑤经常深入员工，观察他们，并适时地加以表扬	□
⑥对下级进行空头许诺	□
⑦能耐心倾听别人提出的批评，或下级的意见和建议	□
⑧在作出重大决策之前，不愿意听取其他人的意见	□
⑨为保住自己的面子，不考虑下级会有何感受	□
⑩明明是自己失误，错怪了下属，也不向下属道歉	□

加权选择量表法的具体设计方法：

(1)通过工作岗位调查和分析，采集涉及本岗位人员有效或无效行为表现的资料，并用简洁的语言作出描述。

(2)对每一个行为项目进行多等级(9～13 级)评判，合并同类项，删除缺乏一致性和代表性的事项。

(3)求出各个保留项目评判分的加权分的加权平均数,将其作为该项目等级分值(见表 8-10)。

表 8-10　加权选择量表法实例 2:某公司对面包店经理考评使用的加权量表

考评项目	等级分值	考评结果
他偶尔买一些竞争对手的产品	6.8	□
在开列烘烤订单的时候,他从来不与销售领班商量	1.4	□
他加入了一个地方的行业协会	5.9	□
他常常无故指责他的员工	0.9	□
商店橱窗的陈列总是显得比较合理	3.1	□
他偶尔组织店里的销售人员进行销售技能考试	6.7	□
在他的店里,烘烤工作要持续到凌晨两点或更晚	8.7	□
他总是抱怨他的员工,但是并不采取补救措施	4.5	□
他已经组织实施了一次以上的有效的面包配方	5.6	□
他的店里有时某种产品会出现异乎寻常的积压	3.5	□
他喜欢与顾客建立私人关系	4.4	□
他不知道如何计算生产成本	0.5	□
他在经营中目光短浅	3.5	□
他的产品总是高质量	8.5	□
他对员工的期望值过高	3.3	□
他的周和月工作报告有时是不准确的	4.3	□
他对产品订货问题经常考虑不够	1.5	□
员工喜欢与他一起工作	7.5	□
他不能对其他人行使充分的职责	2.8	□
他对大部分产品都有准确的成本核算	7.5	□
他但愿仅仅是个面包师	0.8	□
他店堂的清洁程度属于中等	4.4	□
当店中设备出现一些小故障时,他不积极主动地修理	1.8	□
为保证产品的质量,他定期要对所有的产品进行抽样检验	8.5	□

加权选择量表法具有打分容易、核算简单、便于反馈等优点;其主要缺陷是适用范围较小。采用本方法,需要根据具体岗位的工作内容,设计不同内容的加权选择量表。

(三)结果导向型评价方法

1. 目标管理法

目标管理体现了现代管理的哲学思想,是领导者与下属之间双向互动的过程。目标管理法是由员工与主管共同协商制订个人目标，个人目标依据企业的战略目标及相应的部门目标而确定，并与他们尽可能一致；以制订的目标作为对员工考核的依据，从而使员工个人努力目标与组织目标保持一致，降低管理者将精力放到与组织目标无关的工作上的可能性。

目标管理法的评价标准直接反映员工的工作内容，结果易于观测，所以很少出现评价失误，也适合对员工提出建议，进行反馈和指导。由于目标管理的过程是员工共同参与的过程，因此，员工的积极性大为提高，增强了责任心和事业心。但是，目标管理法没有在不同部门、不同员工之间设立统一目标，因此难以对各员工和不同部门间的工作绩效作横向比较，不能为以后的晋升决策提供依据。

2.绩效标准法

绩效标准法与目标管理法基本接近，它采用更直接的工作绩效衡量指标，通常适用于非管理岗位员工，衡量所采用的指标要具体、合理、明确，要有时间、空间、数量、质量的约束限制，要规定完成目标的先后顺序，保证目标与组织目标的一致性。

绩效标准法比目标管理法具有更多的考评标准，而且标准更加详细具体。依照标准逐一评估，然后按照各标准的重要性所确定的权数，进行考评分数汇总。

由于被考评者的多样性，个人品质存在明显差异，有时某一方面的突出业绩和另一方面的较差业绩表现有共生性，采用这种方法可以克服此类问题，能对员工进行全面的评估。它为下属提供了清晰明确的努力方向，对员工具有更加明确的导向和激励作用。局限性是需要占用较多的人力、物力和财力，需要较高的管理成本。

3.直接指标法

直接指标法在员工的衡量方式上，采用可监测、可核算的指标构成若干考评要素，作为对下属的工作表现进行评估的主要依据。如对于非管理人员，可以衡量其生产率、工作数量、工作质量等。工作数量的衡量指标有工时利用率、月度营业额、销售量等。工作质量的衡量指标有顾客不满意率、废品率、产品包装缺损率、顾客投诉率等。对管理人员的工作评估可以通过对其员工的缺勤率、流动率的统计来实现。

直接指标法简单易行，能节约人力、物力和管理成本。运用时，需要加强企业基础管理，建立健全各种原始记录，特别是一线人员的统计工作。

4.成绩记录法

成绩记录法是新开发出来的一种方法，适合于从事科研教学工作的人员，如对教师、工程技术人员等。因为他们每天的工作内容不尽相同，无法用完全固化的衡量指标进行考量。

这种方法的步骤是：先由被考评者把自己与工作职责有关的成绩写在一张记录表上，然后由其上级主管来验证成绩的真实准确性，最后由外部的专家评估这些资料，决定个人绩效的大小。

因该方法需要从外部请来专家参与评估，因此人力、物力耗费很高，时间也很长。

5.360度考核法

360度考核法又称为“全方位考核法”，最早由英特尔公司提出并加以实施运用。传统的绩效考评，主要由被考评者的上级对其进行考评，360度考核法则由与被考评者有密切关系的人，包括被考评者的上级、同事、下属和客户等，分别匿名对被考评者进行考评。被考评者自己也对自己进行考评。然后，由专业人员根据有关人员对被考评者的考评，对比被考评者的自我考评向被考评者提供反馈，以帮助被考评者提高其能力水平和业绩。作为一种新的业绩改进方法，360度考核法得到了广泛的应用。

360度考核法的主要目的，应该是服务于员工的发展，而不是对员工进行行政管理，如提升、工资确定或绩效考核等。实践证明，当用于不同的目的时，同一考评者对同一被考评者的考评会不一样；反过来，同样的被考评者对于同样的考评结果也会有不同的反应。当360度考核法的主要目的是服务于员工的发展时，考评者所做出的考评会更客观和公正，被考评者也更愿意接受考评的结果。当360度考核法的主要目的是进行行政管理，服务于员工的提升、工资确定等时，考评者就会考虑到个人利益得失，所做的考评相对来说难以客观公正；而被考评者也就会怀疑考评者考评的准确性和公正性。因此，当公司把360度考核法用于对员工的行政管理时，一方面可能会使得考评结果不可靠，甚至不如仅仅由被考评者的上级进行考评；另一方面，被考评者很有可能会质疑考评结果，造成公司人际关系紧张。

四、绩效考核的程序

绩效考核的程序一般可分为“横向程序”和“纵向程序”两种。

(一)横向程序

横向程序是指按考核工作先后顺序形成的过程进行。主要有以下环节：

1. 制定考核标准

这是考核时为避免主观随意性而不可缺少的前提条件。考核标准必须以岗位分析中制定的岗位职责要求与职务规范为依据，因为那是对员工所应尽职责的正式要求。

2. 实施考核

即对员工的工作绩效进行考核、测定和记录。

3. 考核结果的分析与评定

考核的记录需与既定标准进行对照来作分析与评判，从而获得考核的结论。

4. 结果反馈与实施纠正

考核的结论通常应告知被考核者员工，使其了解组织对自己的看法与评价，从而发扬优点、克服缺点。另一方面，还需对考核中发现的问题，采取纠正措施。

(二)纵向程序

纵向程序是指按组织层级进行考核的程序。考核一般是先对基层考核，再对中层考核，最后对高层考核，形成由下而上的过程。

(1)以基层为起点，由基层部门的领导对其直属下级进行考绩。考核分析的单元包括员工个人的工作行为、工作效果，也包括影响其行为的个人特征及品质。

(2)基层考核之后，则会上升到中层部门的层次进行考核，内容既包括中层部门的个人工作行为与特性，也包括该部门总体的工作绩效。

(3)待逐级上升到公司领导层时，再由公司所隶属的上级机构(或董事会)，对公司这一经营最高层次进行考核，其内容主要是经营效果方面硬指标的完成情况，如利润率、市场占有率等。

【案例研究】

跨国公司领导人培养模式

在长期的业务发展和规模扩张中，多数跨国公司形成了较为完善的领导人培养机制。通用电气、欧莱雅、摩托罗拉无疑是其中突出的代表。

通用电气：培养 CEO 的黄埔军校

通用电气以其庞大的规模和广泛的多元化发展战略而闻名于世，正是由于其规模和多元化的因素，通用的领导人培养成为其经营的重中之重。通用认为对领导人的培养是其成功的重要原因之一。杰克·韦尔奇认为,他一生中最大的成就莫过于培育人才。"这是一家由众多杰出人物管理的公司,我最大的功劳莫过于物色这些杰出人物,他们比大多数公司的总裁要来得精明。他们非常杰出,在这里成长起来。"

通用对领导人培训高度重视,每年有超过8亿美元的资金投入在领导人培训上。通用举世闻名的约翰·韦尔奇领导发展学院位于纽约的克劳顿村,这里是通用造就全球经理人的大本营。通用前任CEO拉尔夫·科迪纳(Ralph Cordiner)1956年开始创建这所通用自己的商学院,在杰克·韦尔奇手中,它又焕发了更加夺目的光彩,一批批的优秀经理人从这里走向世界,杰克·韦尔奇自己和通用现任CEO杰夫·伊梅尔特都曾经在这里学习过,杰克·韦尔奇曾经在自传里说:"克劳顿村成了我们最重要的工厂。"

在克劳顿村,通用针对最具潜力的高级经理人开设"高级管理开发课程(EDC)",同时也针对中层经理开设"商务管理课程(BMC)",为初级管理人员开设"管理开发课程(MDC)"。在具体教学中,通用采取"教学实践相互结合,学与干结合"的培训方式,并且为被培训人提供进一步发展和实践的机会,使培训更具有实用性和针对性。譬如通用采用的"工作外露"培训课程,学员将工作中遇到的问题带到课堂来与老师和其他学员共同讨论;企业在经营中的问题也可以带到课堂来交给学员和教师探讨,教学与工作相结合,直接催生了通用的许多经营策略;此外,最重要的是,通用让富于实践经验的高级经理直接担任培训教师,杰克·韦尔奇本人对教学也亲力亲为,使课堂成为企业经营的前线,有力地促进了通用的领导人培养。

欧莱雅:"诗人"与"农民"相结合

欧莱雅业务遍布全球,需要大批跨文化的高层领导人,位于欧莱雅法国巴黎总部的"欧莱雅管理教育中心",与通用的克莱顿村一样,负责欧莱雅高层领导培训。欧洲著名的INSEAD商学院与欧莱雅合作,开设"Leadership for Growth"领导力培训课程,由INSEAD商学院的知名教授、相关经济领域的学者以及欧莱雅的高层领导人担任教师,提供综合性、全方位的培训课程。通过领导人培训,学员不仅能够学到先进的管理经验和业务知识,而且可以与来自全球各地的高级管理人员相互沟通和交流,这对于欧莱雅这样跨国界、跨文化的世界性企业尤为重要。

与通用类似,欧莱雅的领导人培养同样紧密结合工作实践。尤为突出的是,欧莱雅注重发挥责任的激励作用,鼓励自己的各级经理人和员工接受挑战,承担责任,培养领导能力,也就是要具有像"诗人"一样的热情与自主精神,激发智慧,快速成长。与此同时,欧莱雅注重培养一丝不苟、认真做事的精神,也就是其推崇的另一种文化——“农民”般的勤劳、严谨和执著。“诗人”与“农民”相结合,造就了欧莱雅独特的领导人培训文化。

此外,欧莱雅的领导人培训体系具有“按需培训”的特色,可以让学员根据自身具体情况主动提出培训要求,公司培训总部会按照具体需要安排培训,欧莱雅的经理人同样负有培养领导人的责任,欧莱雅认为最好的人事经理就是各业务部门的经理。

摩托罗拉:发展员工领导力

同样,作为业务遍布世界、历史悠久的跨国公司,摩托罗拉通过广泛培养员工的领导力来建立公司的“领导人才储备”。摩托罗拉的领导人培养指导原则主要包括:①培养关键性人才成为“下一代的领导者”;②留住最佳人才;③通过标杆学习来不断提高;④培养全球型领导人才。

摩托罗拉根据长期经营实践中摸索总结的经验,制定了独特的领导力衡量标准和行为规范,这就是著名的摩托罗拉的领导力4E:Envision,前瞻,即要有远见与创新精神;Execute,即执行,要迅速行动和实施,以结果为导向;Energize,即激励,要能够激励自己和领导团队达到目标;Edge,即果断,在复杂的情境中勇于决策,敢于冒险。除此之外,摩托罗拉还在所有的经营活动中着重强调永恒的E,即Ethics,即道德,对他人的尊重和自我的操守和诚信。

摩托罗拉拥有比较系统的培训制度和机制。人力资源部门为员工提供“领导人才标准评估服务”,具体包括180度或360度的评估、评估报告分析、制订个人培养计划、后续辅导等部分。这样可以使员工清晰地认识自己的能力和在组织中的位置,系统地制订自己长期职业规划,开发个人发展计划(IDP),与此同时也为组织提供客观的数据,有利于组织有效地选拔人才,进行更为有效和有重点的人员接替规划,从而建立领导人储备机制。通过领导人才培养,摩托罗拉使关键性人才能够达到以下要求:掌握新技能;根据业务战略开展实践教学项目;与其他下一代领导者缔结关系;快速发展。

为了防止在领导人培养方面产生派系斗争,可以采用在企业最高层面集中培养各个层次的领导人的方式,减少内部的摩擦和条块分割。

具体而言,摩托罗拉的领导人才课程包括业务开发学院项目(BDI)、公司强化管理培训项目高级班(CAMP-A)、基础班(CAMP-E)和领导效力强化培训项目(LEAD),这些项目以提升绩效为核心,提供多种培训课程、领导人才评估的工具和咨询服务。它们可以根据“公司客户”的具体需要量身定制,以便将公司管理层的培养与业务目标及战略结合起来,使所学的知识和技能得到最佳的应用。

——跨国公司:领导人培养的经典案例,http://start-up. whbi. com. cn/,2005 年 6 月 13 日

【思考题】

1. 人员配备的任务和原则是什么?
2. 人力资源招聘的途径有哪些,有什么特点?
3. 人力资源培训的方法有哪些?
4. 绩效考核的方法有哪些?

第九章
领　　导

【内容提要】

本章在分析领导含义及实质的基础上，阐述领导影响力的构成及影响因素，介绍领导者的素质及理论、领导行为理论、领导权变理论，提出学习型组织的新的领导方式。

【本章重点】

1. 领导影响力的构成及影响因素。
2. 领导者的素质。
3. 领导行为理论。
4. 领导权变理论。
5. 领导在学习型组织中的作用。

第一节　领导者的影响力

一、领导的含义及实质

领导是管理工作中的一项重要职能，领导职能贯穿于管理工作的各个方面。目前，各种社会组织之间的竞争日益激烈，领导的作用更加突显。

关于领导的含义，很多学者提出了他们各自的看法。约翰·科特指出，“领导”一词在日常生活中有着两种截然不同的含义。有时，领导指的是有助于引导和动员人们的行为和(或)思想的过程；有时，它指的是处于正式领导职位的一群人，希望他们起着引导和动员人们行为或思想的作用。实际上，并非处于领导职位的每个人都具有领导才能。

约翰·纽斯特罗姆和基斯·戴维斯指出,领导是影响和支持其他人为了达到目标而富有热情地工作的过程。在帮助个体或群体确认目标以及激励和协助他们达到一定目标的过程中,领导是一个重要的因素。

哈罗德·孔茨和海因茨·韦里克指出,我们把领导定义为影响力,这是影响人们心甘情愿地和满怀热情地为实现群体的目标而努力的艺术或过程。领导者的行动即在于帮助一个群体尽其所能地实现目标。领导者并不是站在群体的后面推动和激励,而是要置身于群体之前,促使群体前进,鼓舞群体为实现组织目标而努力。

斯蒂芬·罗宾斯指出,我们把领导定义为一种影响一个群体实现目标的能力。这种影响的来源可能是正式的,如来源于组织中的管理职位。由于管理职位总与一定的正式权威有关,人们可能会认为领导角色仅仅来自组织所赋予的职位。但是,仅仅由于组织提供管理者某些正式权力并不能保证他们实施有效的领导。那些非正式任命的领导,即影响力来自组织的正式结构之外的领导,他们的影响力与正式影响力同等重要,甚至更为重要。也就是说,一个群体的领导者可以通过正式任命的方式产生,也可以从群体中自发产生。

综上所述,领导是引导和影响人们为实现组织和群体目标而作出努力与贡献的过程,是为完成组织目标而影响他人的能力。从本质上而言,领导是一种影响力或者说是对下属施加影响的过程,这种影响力或通过这个影响过程,可以使下属自觉地为实现组织目标而努力。领导的实质是组织成员的追随与服从。正是组织成员的追随与服从,才使领导者在组织中的地位得以确定,并使领导过程成为可能。

领导的影响力有两个基本来源:一是职权,即领导者的地位权力,它是伴随着工作岗位而拥有的正常的权力,是由组织正式授予管理者的权力,与特定的个人没有必然的联系,职权是管理者实施领导行为的基本条件;二是威信,是伴随着领导者个人的素质而形成的影响力,它是建立在他人认同的基础之上的、与其在组织中的必然联系。威信可使他人自觉地服从指挥。

二、领导影响力的构成及影响因素

领导影响力主要来源于权力影响力和非权力影响力两个方面。

(一)权力影响力及其组成因素

权力影响力是一种法定权,它由组织正式授予管理者,并受法律保护的权力。这种权力与特定的个人没有必然的联系,它只同职务相联系。

1. 支配权

即管理者在一定的职责范围内具有确定目标、建立机构、制定规章、开展活动的决策与指挥权，及对下属的人事调配权。这种支配权是管理者的地位或在组织权力阶层中的角色所赋予的。

组织正式授予领导者一定的职位，从而使领导者占据权势地位和支配地位，使其有权对下属发号施令。

2. 强制权

强制权是和惩罚权相联系的迫使他人服从的力量。在某些情况下，领导者是依赖于强制的权力与权威施加影响的，对于一些心怀不满的下属来说，他们不会心悦诚服地服从领导者的指示，这时领导者就要运用惩罚权迫使其服从。这种权力的基础是下属的惧怕。这种权力对那些认识到不服从命令就会受到惩罚或承担其他不良后果的下属的影响力是最大的。

3. 奖励权

奖励权采取奖励的方法来引导下属作出所希望的行动。在下属完成一定的任务时给予相应的奖励，以鼓励下属的积极性。

这种奖励包括物质的，如奖金等，也包括精神的，如晋职等。依照交换原则，领导者通过提供心理或经济上的奖酬来换取下属的遵从。

（二）影响权力影响力的主要因素

1. 传统的观念

几千年的社会生活，使人们对领导者形成了这样一种心理观念，即认为领导者不同于普通人，他们或者有权，或者有才干，总之是比普通人要强。由此产生了对领导者的服从感。由于这种传统观念从小就影响着每一个人的思想，从而增强了领导者言行的影响力。

2. 职位因素

由于领导者凭借组织所授予的指挥他人开展具体活动的权力，可以左右被领导者的行为、处境，甚至前途、命运，从而使被领导者对领导者产生敬畏感。领导者的职位越高，权力越大，下属对他的敬畏感越强，领导者的影响力也越大。

3. 资历的影响

一个人的资历与经历是历史性的东西，反映了一个人过去的情况。一般而言，人们对资历较深的领导者，心目中比较尊敬，因此其言行也容易在人们的心灵中占据一定的位置。

权力是通过正式的渠道发挥作用的。当领导者担任管理职务时，由传统心理、职位、资历构成的权力的影响力会随之产生；当领导者失去管理职位时，这种影响力将大大削弱甚至消失。这种权力之所以被大家所接受,是因为大家了解这种权力是实现组织共同目标所必需的。

(三)非权力影响力及其组成因素

非权力影响力不是由领导者在组织中的位置产生的,而是由领导者自身的特殊条件产生的。这种权力不随职位的消失而消失,这种权力所产生的影响是以组织成员发自内心的、长时间的敬重与服从。非权力影响力包括专长的影响力、品质的影响力。

1.专长的影响力

专长的影响力是指领导者具有各种专门的知识和特殊的技能或学识渊博而获得同事及下属的尊重和佩服,从而在各项工作中显示出的在学术上或专长上的一言九鼎的影响力。这种影响力的影响基础通常是狭窄的,仅仅被限定在专长范围之内。

2.品质的影响力

品质的影响力是指由于领导者优良的领导作风、思想水平、品德修养,而在组织成员中树立的德高望重的影响力。这种影响力是建立在下属对领导者承认的基础之上的,它通常与具有超凡魅力或名声卓著的领导者相联系。

(四)构成非权力影响力的主要因素

1.品格

品格主要包括领导者的道德、品行和人格等。品格是一个人的本质表现,好的品格能使人产生敬爱感,并能吸引人,使人模仿。

2.才能

才能主要反映在工作成果大小上。一个有才干的领导者,会给事业带来成功,从而使人们对他产生敬佩感,吸引人们自觉地接受其影响。

3.知识

一个人的才干是与知识紧密联系在一起的。知识水平的高低主要表现为对自身和客观世界认识的程度。知识丰富的领导者,容易取得人们的信任,并由此产生信赖感和依赖感。

4.感情

感情是人的一种心理现象,它是人们对客观事物好恶倾向的内在反映。人与人之间建立了良好的感情关系,便能产生亲切感;相互的吸引力越大,彼此的影响力也越大。因此,一个领导者平时待人和蔼可亲,关心体贴下属,与群众的关系融洽,他的影响力往往较大。

由品格、才干、知识和感情因素构成的非权力影响力,是由领导者自身的素质与行为造就的。在领导者从事管理工作时,它能增强领导者的影响力。在不担任管理职务时,这些因素仍会对人们产生较大的影响。由于这种影响力来源于下属服从的意愿,有时会比权力显得更有力量。

三、领导者的作用

在带领和指导群众为实现共同目标而努力的过程中,领导者要发挥指导、协调和激励的作用。

(一)指导作用

在人们的集体生活中,需要有头脑清晰、胸怀全局且能高瞻远瞩的领导者来帮助人们认清所处的环境,明确活动的目标和实现目标的途径。因此,领导者有责任指导组织各项活动的开展。其中包括明确大方向,并指导下属制订具体的目标、计划及明确职责、规章、政策;开展调查研究,了解组织和环境正在发生和可能或将要发生的变化,并引导组织成员认识和适应这种变化。

(二)协调作用

在集体生活中,即使有了明确的目标,由于每一位成员的能力、态度、性格、地位等不同,加上各种外部因素的干扰,人们在思想上发生各种分歧、行动上出现偏离目标的情况也是不可避免的,因此,需要领导者来协调人们之间的关系,把大家团结起来,朝着共同的目标前进。

(三)激励作用

对于大多数人来说,劳动仍然是谋生的手段,人们各种需要的满足还受到各种条件的限制。当一个人在生活、工作和学习中遇到困难、挫折或不幸,某种物质的或精神的需要得不到满足时,就必然会影响到其工作热情。

这就需要有通情达理、关心群众的领导者来为他们排忧解难,以高超的领导艺术激发下属的事业心、忠诚感和献身精神,充实和加强他们积极进取的动力。

由此可见,领导的作用是带头、引导、指挥和服务,是帮助下属尽其所能以达到目标。领导不是在群众的后面推动或鞭策,而是在群众的前面促进、鼓励群众达成组织的目标。

第二节　领导者素质及其理论

领导者素质理论是探讨领导者素质与领导绩效之间的相关性,其科学价值在于对实践的指导作用。这主要表现在:第一,领导者素质是培训和考察领导者的依据;第二,领导者素质是领导者自身为之努力的方向。

所谓领导者素质，是指领导者在一定先天禀赋的生理素质的基础上，通过后天的实践锻炼和学习所形成的、在领导活动中经常发挥作用的本质要素。

领导者素质具有时代性、综合性和层次性的特征。

（一）领导者素质的时代性

不同的时代对领导者的素质有不同的要求，而领导者的素质既有稳定性的一面，一经形成，便相对稳定地发挥作用；又具有变动性的一面，或是积极地上行变化，或是消极地下行变化。

（二）领导者素质的综合性

领导者不是具体解决某方面问题的“硬专家”，而是综合处理多方面问题的“软专家”，所以必须具体解决工作问题和协调人际关系的综合素质。美国管理学家华伦·班尼斯有一个形象的比喻，即领导者必须靠三条腿来支撑：一是坚定的雄心壮志，二是领导工作的才能，三是优秀的领导品质。这是领导者素质的最基本结构。

（三）领导者素质的层次性

对于处于不同层级、肩负不同责任的领导者的素质要求是不同的。法约尔曾经提出一个重要论点：管理人员的能力和素质具有“相对重要性”，即随着领导者等级地位的提高，管理能力的相对重要性增强，技术能力的重要性减弱。罗伯特·卡茨认为，领导者必须具备三种技能，即技术技能（专业业务能力）、人际技能（处理人际关系的能力）和概念技能（抽象和决策能力）。如果把领导者分为低、中、高三个层次，那么三种技能的结构比例如下：低阶层是 47∶35∶18；中阶层是 27∶42∶31；高阶层是 18∶35∶47。

对领导者的研究有多种途径，主要有领导素质的研究、领导行为的研究和领导情境（权变）的研究途径。它们之间的相互关系见表 9-1。

表 9-1　不同领导理论之间的比较

领导理论	基本观点	研究基本出发点	研究结果
领导素质理论	领导的有效性取决于领导者的个人特性	好的领导者应具备怎样的素质	各种优秀领导者的图像
领导行为理论	领导的有效性取决于领导行为和风格	怎样的领导行为和风格是最好的？	各种最佳的领导行为和风格
领导权变理论	领导的有效性取决于领导者、被领导者和环境的影响	在怎样的情况下，哪一种领导方式是最好的？	各种领导行为权变模型

从领导理论变迁的历程来看，自 20 世纪开始，管理学家、心理学家们就对

领导者素质进行了大量研究，希望发现领导者与非领导者在个性、能力、智力和生理等因素方面的差异，从而比较领导者与非领导者具有哪些人格特质，这称为“领导的特质理论”。

领导特质理论按其对领导特性来源所作的不同解释，可分为传统领导特质理论和现代领导特质理论。

传统领导特质理论认为，领导者所具有的品质是天生的，是由遗传决定的，只要是领导就一定具备超人的素质。

从上世纪七八十年代起，人们对领导素质的研究进入一个新的阶段。这一时期，领导者素质的研究有以下三个特点：

(1)试图在新的历史条件下，确定那些被公认为领导者的个体身上所隐含的一系列特质，认为领导者是内在素质和外在风格的统一体。领导者素质的研究不但强调领导者的实质，也强调领导者的外在表现，如形象、魅力和风格等。

(2)对领导者的研究已从行为实验室进入了化学实验室和自然科学领域，以寻找与领导者素质有关的生物学根源、先天遗传的禀赋因素，以及儿童早期生活环境和经历对其影响。有越来越多的证据表明，领导者素质与先天遗传的因素有关，但不是决定性的。

(3)领导者素质主要是后天学习和实践的结果。优秀的领导者，特别是高阶层的领导者，绝不是“培养”出来的，而是“实干”和“竞争”出来的，他们的领导素质中共同的财富就是经验。而这种经验只有在工作第一线才能学到，是在不同的岗位上长期历练，从正面和反面学习的结果。

斯托迪尔曾经整理了1904—1947年有关领导者特质的120篇文献，发现有的领导特质与领导有效性有关，如智力、自信、主动精神，关心下级人员的需要，勇于承担责任，以及占据支配和控制地位(有知名度和社会地位)。到1974年，斯托梯尔再次对20世纪50年代至70年代间的163篇文献进行分析，发现除上述特质外，还有一些特质不能忽视，如面对复杂的情况善于应变，注意外部环境的动向，有雄心，渴望取得成就，果断，善于与人共事，当机立断，忠诚可靠，充满活力，能承受压力等。此外，还有一些技巧也在领导者身上存在，如聪明灵巧，观点清楚，有创新意识，有交际手段，口才流利，明确团体目标与任务，有组织能力，有说服力，容易相处等。

在关于领导者素质的研究中，美国心理学家吉赛利的研究有较大影响。他于1971年出版的《管理才能探索》一书中认为，有八种素质特征和五种激励特征同能否成为有效的领导者有关。八种素质特征是：①才智、语言和言辞方面的才能;②首创精神,开拓新方向,创新的愿望;③督察能力;④指导别人的能力;⑤自信心,自我评价较高;⑥平易近人,能为下属所亲近;⑦决断能力;⑧男性或女性:成熟程度。五种激励特征是:①对工作稳定的需求;②对金钱奖励的需求;③对指挥别人的权力的需求;④对自我实现的需求;⑤对事业成就的需求。

概括地讲,素质研究以领导者的个性、生理和智力等因素为观测点,企图界定有效领导者的标准,以作为选拔领导者的依据。该研究一般从以下五个方面入手:①生理特质,如领导者的体格、心理;②个性特质,如自信、热情、外向、正直、勇敢、独立性和内控性等;③智力的质量,如记忆力、判断力、逻辑能力、反应灵敏程度等;④工作特质,如责任感、首创性和事业心等;⑤社会特质,如沟通能力、指挥协调能力、人际关系处理能力等。

巴斯(Bass)通过研究认为,有效领导者的特性是:在完成任务中具有强烈的责任心,能精力充沛地执著追求目标,在解决问题中具有冒险性和创造性,在社会环境中能运用首创精神,富于自信和特有的辨别力,愿意承受决策和行为结果,愿意承受人与人之间的压力,愿意忍受挫折和耽搁,具有影响其他人行为的能力。

表 9-2 领导者的个人特性

生理特性	个性	社会特性
活动	警觉	谋求组织中合作的能力
精力	创意、创造力	受欢迎程度、声望
社会背景	个人整合能力、伦理导向	社会和人际交往技巧
活动能力	自信	社会参与
聪明才智和能力	与工作相关的特性	外交风范
判断、决断	实现的愿望、出类拔萃的愿望	
知识	为完成目标承担的义务	
讲话的流利程度	完成任务的愿望	

资料来源:Adapted from Bernard M. Bass, Stogdill's Handbook of Leadership, rev. ed(New York: Free Press,1981),75—76. This adaptation appearedin R. Albaness and D. D. Van Fleet, Organizational Behavior: A Managerial Viewpoint(Hinsdale, Ⅲ. : The Dryden Press,1983)

领导特质理论系统地分析了领导者应具备的条件,向领导者提出了要求和希望,这对培养、选择和考核领导者也是有帮助的。

这一研究的缺陷主要是:并非所有领导人都具有这一切品质,许多凡人也可能具备其中的大部分或全部品质;同时,对一个人应该具备的任何品质达到多大的程度没有加以说明。另外,不同的研究对哪些品质是领导品质的结论并不一致,对品质同实际的领导情况是什么关系也不一致。

目前,关于领导者素质的研究仍在继续进行,并且取得了很大的成绩,但由于领导类型的多样性和领导情境的复杂性,要开列一个一般的、普遍适用和有效的领导者素质清单是困难的。

第三节 领导行为理论

在管理思想发展史上,比较典型的领导行为理论主要有以下几种。

一、勒温理论

关于领导作风的研究最早是由心理学家勒温(P. Lewin)进行的,他通过试验研究不同的工作作风对下属群体行为的影响,认为存在着三种极端的领导工作作风,即专制作风、民主作风和放任自流作风。

(一)专制作风

专制的领导作风是指以力服人,靠权力和命令强制让人服从的领导作风,它把决策权力定位于领导者个人手中。其具体的行为特点是:

(1)独断专行,从不考虑别人的意见,所有的决策都由领导者自己决定。领导者亲自设计工作计划,指定工作内容和进行人事安排,从不把任何消息告诉下级,下级没有任何参与决策的机会,而只能察言观色,奉命行事。

(2)主要依靠行政命令、纪律约束、训斥和惩罚来管理,只有偶尔的奖励。有人统计具有专制作风的领导人和别人谈话时,有60%左右采用命令指示的口吻。

(3)领导者很少参加群体的社会活动,与下级保持一定的心理距离,没有感情交流。

(二)民主作风

民主的领导作风是指以理服人、以身作则的领导作风,它把决策权力定位于群体,使每个人做出自觉的、有计划的努力,各施其长,各尽所能,分工合作。其行为特点为:

(1)所有的政策都是在领导者的鼓励和引导下由群体讨论而决定的。决策是领导者和下级共同智慧的结晶。

(2)分配工作时尽量照顾到个人的能力、兴趣和爱好,对下属的工作也不安排得那么具体,下属有较大的工作自由、较多的选择性与灵活性。

(3)主要运用个人权力和威信,而不是靠职位权力和命令使人服从,谈话时多使用商量、建议和请求的口气,下命令只占5%左右。

(4)领导者积极参加团体活动,与下属无任何心理上的距离。

(三)放任自流作风

放任自流的领导作风是指工作事先无布置,事后无检查,权力定位于组织中的每一个成员,一切悉听尊便的领导作风。实行的是无政府管理。

勒温在试验中发现:在专制型领导的团体中,各成员之间攻击性言论显著;而在民主型团体中则彼此比较友好。在专制型领导的团体中,成员对领导者服从,但表现自我或企图引人注目的行为多;在民主型领导的团体中,则彼此以工作为中心的接触多。专制型团体中的成员多以“我”为中心,而在民主型领导的团体中,“我”字的使用频率较低且具有“我们”的感觉。当出现挫折时,专制型团体彼此推卸责任或进行人身攻击,民主型团体则团结一致,试图解决问题。领导者不在场时,专制型团体的工作动力大为降低,也无人出来组织作业,民主型团体则像领导在场一样继续工作。专制型团体的成员对团体活动没有满足感,民主型团体的成员则对团体活动有较高的满足感。

勒温根据试验认为放任自流的领导工作作风工作效率最低,只能实现社交目标,而实现不了工作目标。专制作风的领导虽然通过严格的管理实现了工作目标,但群体成员没有责任感,情绪消极,士气低落,争吵较多。民主型领导作风工作效率较高,不但实现了工作目标,而且群体成员关系融洽,工作主动积极,有创造性。

二、四分图理论

1945年,美国俄亥俄州立大学商业研究所发起了对领导行为进行研究的热潮。研究工作以斯特格迪尔和沙特尔为核心,并有许多人参加。一开始,研究人员设计了一个领导行为描述调查表,列出了1000多种刻画领导行为的因素;后来霍尔平(Halpin)和维纳(Winer)将冗长的原始领导行为调查表减少到130个项目,并最终将领导行为的内容归纳为两个方面,即以人为重和以工作为重。

以人为重,是指注重建立领导者与被领导者之间的友谊、尊重和信任的关系。包括尊重下属的意见,给下属以较多的工作主动权,体贴他们的思想感情,注意满足下属的需要,平易近人,平等待人,关心群众,作风民主。

以工作为重，是指领导者注重规定他与工作群体的关系，建立明确的组织模式、意见交流渠道和工作程序。包括设计组织机构，明确职责、权力、相互关系和沟通办法，确定工作目标和要求，制定工作程序、工作方法和工作制度。

他们依照这两方面的内容设计了领导行为调查问卷，发给企业，由下属来描述领导人的行为。调查结果表明，以人为重和以工作为重并不是一个连续带的两个端点，这两方面常常是同时存在的，只是可能强调的侧重点不同，领导者的行为可以是这两个方面的任意组合，即可以用两个坐标的平面组合来表示，如图 9-1 所示。由这两方面形成四种类型的领导行为，就是所谓的领导行为四分图。

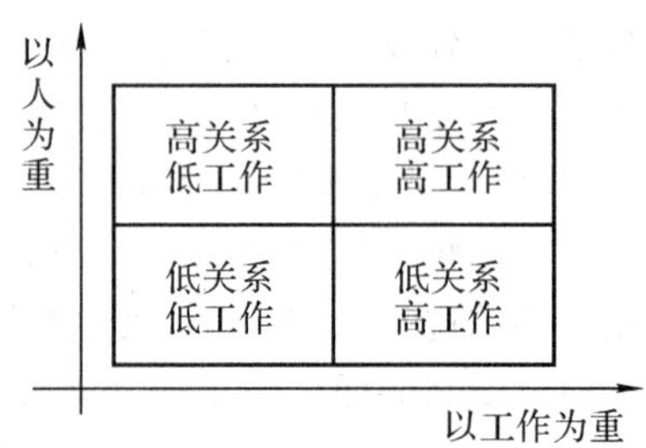

图 9-1　领导行为四分图

该项研究的研究者认为，以人为重和以工作为重，这两种领导方式不应是相互矛盾、相互排斥的，而应是相互联系的。一个领导者只有把这两者相互结合起来，才能进行有效的领导。

三、管理方格图理论

在俄亥俄州立大学提出的领导行为四分图的基础上，美国著名行为科学家罗伯特·布莱克(Robert R. Blake)和简·莫顿(Janes S. Moaton)在 1964 年出版的《管理方格》一书中，提出了管理方格图理论，又称管理坐标理论。他们将四分图中的以人为重改为对人的关心度，将以工作为重改为对生产的关心度，将关心度各划分为九个等分，形成 81 个方格，从而将领导者的领导行为划分成许多不同的类型，如图 9-2 所示。在评价管理人员的领导行为时，应按他们这两方面的行为寻找交叉点，这个交叉点就是其领导行为类型。纵轴的积分越高，表示他越重视人的因素，横轴上的积分越高，就表示他越重视生产。

布莱克和莫顿在管理方格图中把领导风格分成五种基本类型。

(1.1)型为贫乏型管理。采取这种领导方式的管理者希望以最低限度的努力来完成组织的目标，对职工和生产均不关心，这是一种不称职的管理。

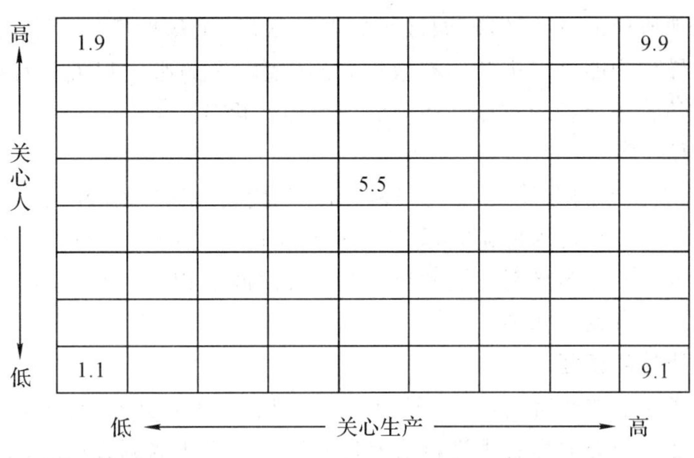

图 9-2 管理方格图

(1.9)型为俱乐部型管理。管理者只注重搞好人际关系,以创造一个舒适的、友好的组织气氛和工作环境,而不太注重工作效率,这是一种轻松的领导方式。

(9.1)型为任务型管理。管理者全神贯注于任务的完成,很少关心下属的成长和士气。在安排工作时,尽力把人的因素的干扰减少到最低限度,以求得高效率。这是一种只关心生产不关心人的领导方式。

(9.9)型为团队型管理。管理者既重视人的因素,又十分关心生产,努力协调各项活动,使它们一体化,从而提高士气,促进生产。这是一种协调配合的管理方式。

(5.5)型为中间型管理。管理者对人和生产者有适度的关心,保持完成任务和满足人们需要之间的平衡,既有正常的效率完成工作任务,又保持一定的士气,都过得去但又不突出。实行的是中间式管理。

到底哪一种领导方式最好呢?布莱克和莫顿组织了很多研讨会。绝大多数参加者认为(9.9)型最佳,也有不少人认为(9.1)型好,其次是(5.5)型。

这种管理方格图理论,对于培养有效的管理者是有用的工具,它提供了一种衡量管理者所处领导形态的模式,可使管理者比较清楚地认识到自己的领导行为,并指出改进的方向。布莱克和莫顿据此提出一套培训管理人员的方法。

第四节 领导权变理论

许多管理心理学家认为,管理者的领导行为不仅取决于他的品质、才能,还取决于他所处的具体环境，如被领导者的素质、工作性质等。事实上，领导品质和领导行为能否促进领导有效性，受环境因素的影响很大。有效的领导行为应当随着领导者的特点和环境的变化而变化，即

$$E=f(L,F,S)$$

式中，E 代表领导的有效性，L 代表领导者，F 代表被领导者，S 代表环境。

这种认为领导行为应随环境因素的变化而变化的理论就是领导权变理论。它所关注的是领导者与被领导者及环境之间的相互影响。这方面比较有代表性的理论有以下几种。

(一)费特勒模型

伊利诺大学的费特勒(Fred E. Fiedler)从 1951 年开始，首先从组织绩效和领导态度之间的关系着手进行研究，经过长达 15 年的调查试验，提出了“有效领导的权变模式”，简称费特勒模型。他认为任何领导形态均可能有效，其有效性完全取决于是否与所处的环境相适应。他认为不存在一种普遍“适用的”或“最好的领导方式”。理想的领导方式取决于组织的环境、任务和领导本人、下属的行为及领导对下属的关心等因素。

费特勒以一种“你最不喜欢的同事”(LPC)量表来反映和测定领导者的领导风格。他把领导方式假设为两大类：以人为主(大于 64)和以工作为主(小于 57)。

一个领导如果对其最不喜欢的同事能给予好的评价，则被认为对人宽容、体谅，注重人际关系和个人的声望，是以人为主的领导；如果领导者对其不喜欢的同事批评得一无是处，则被认为惯于命令和控制，是只关心工作的领导。与此同时，经过试验，费特勒把影响领导有效性的环境因素归结为以下几个方面：

1. 领导者与下属之间的相互关系

它是指领导者得到被领导者拥护和支持的程度，即领导者是否受下属的喜爱、尊敬和信任，是否能吸引并使下属愿意追随他。领导者与下属之间相互信任、相互喜欢的程度越高，领导者的权力和影响力也越大；反之，其影响力就越小。

2. 职位权力

它是指组织赋予领导者正式地位所拥有的权力。权力是否明确、充分，在上级和整个组织中所得到的支持是否有力，直接影响到领导的有效性。一个领导者对其下属的雇用、工作分配、报酬、提升等的直接决定性权力越大，其对下属的影响力也越大。

3. 任务结构

它是指下属所从事的工作或任务的明确性。如果所领导的群体要完成的任务是清楚的，组织纪律明确，成员有章可循，则工作质量比较容易控制，领导也可更加有的放矢；反之，工作规定不明确，成员不知道如何去做，领导者就会处于被动地位。

费特勒将这三个环境变数任意组合成八种群体工作情境，对1200个团体进行了观察，搜集了把领导风格与工作环境关联起来的数据，得出了在各种不同情况下使领导有效的领导方式，其结果如图9-3所示。

领导风格及工作环境 \ 序号		1	2	3	4	5	6	7	8
领导风格	以人为主 高 LPC↑ 低 以工作为主								
工作环境	上下级关系	好	好	好	好	差	差	差	差
	任务结构	明确	明确	不明确	不明确	明确	明确	不明确	不明确
	职位权力	强	弱	强	弱	强	弱	强	弱
	情境有利性	有利	有利	有利	适中	适中	适中	适中	不利

图9-3　费特勒模型

费特勒的研究结果表明：根据群体工作情境，采取适当的领导方式可以把群体绩效提高到最大限度。当情境非常有利或非常不利时，采取工作导向型领导方式是合适的；但在各方面因素交织在一起且情境有利程度适中时，采取以人为主的领导方式更为有效。

许多情况证明费特勒模型是不错的，但费特勒模型并没有解决一切有关领导效能的问题。对费特勒模型的主要批评在于："最难共事者问卷"有问题；情景因素不确切，忽视了领导风格可影响并相互作用于情景；忽视了大多数领导者的领导风格是多维的。

尽管如此，费特勒模型还是有意义的。

首先，费特勒领导方式权变理论将领导行为和情境的影响、将领导者和被领导者之间关系的影响联系起来，表明不存在绝对最佳的领导风格，管理者应视具体情况而进行选择。企业领导人必须具有适应力，自行适应变化的情况。

其次，它启发管理者根据条件选配领导人，如在情况最有利或最不利时，应任命以工作为中心的管理者,采取指令型领导方式为好;而处于中间状态工作环境时,则任命以员工为中心的管理者,采用宽松型领导方式为好。

第三,该理论还强调了领导有效需要采取什么样的领导行为,而不是从领导人的素质出发强调应当具有什么样的领导行为,这无疑为研究领导行为提供了新方向。

此外,费特勒认为领导者的领导方式是由其个性所决定的,基本上是固定无法改变的。所以他还主张有必要改变环境以符合领导者的风格。费特勒提出了一些改善领导关系、任务结构和职位权力的建议。领导与下属之间的关系可以通过改组下属构成加以改善,使下属的经历、文化水平和技术专长更为合适;任务结构可通过详细布置工作内容而使其更加定型化,也可以对工作只作一般性指示而使其非程序化;领导的职位权力可以通过变更职位、充分授权,或明确宣布职权而增强其权威性。

(二)不成熟—成熟理论

"不成熟—成熟理论"是由美国学者克里斯·阿吉里斯(Chris Argyris)提出的,其目的在于探索领导方式对个人行为和下属在环境中成长的影响。阿吉里斯认为,一个人由不成熟转变为成熟,主要表现在以下七个方面:

(1)由被动转为主动。

(2)由依赖转为独立。

(3)由少量的行为转为能做多种行为。

(4)由错误而浅薄的兴趣转为较深和较强的兴趣。

(5)由只顾眼前到能总结过去、展望未来。

(6)由附属地位转为同等或优越的地位。

(7)由不明白自我到能明白自我、控制自我。

阿吉里斯认为,每个人随着年龄的增长,会逐步从不成熟走向成熟,但成熟的进程不尽相同。领导方式是否得当对人的成熟进程有很大影响。如果把成年人当小孩对待,总是指定下属从事具体的、过分简单的或重复性的劳动,使其无法发挥也不必发挥创造性、主动性,这会束缚他们对环境的控制能力,从而阻碍下属的成熟进程;反之,如能针对下属不同的成熟程度采取不同的领导方式,对不成熟的人适当指点,促其成熟;对较成熟的人创造条件,增加其责任,给予更多的机会,便会激励其更快地成熟。

(三)应变领导模式理论(领导生命周期理论)

赫塞(Paul Hersey)和布兰查德(Kenneth Blanchard)提出的应变领导模式理论把注意力放在对下属的研究上,认为成功的领导者要根据下属的成熟程度选择合适的领导方式。

在领导有效性研究中注重下属正是反映了下属决定接受或拒绝领导者这一事实。不管领导者做什么，有效性取决于下属的行为，但在很多领导理论中都没有注意到这一因素的重要性。

赫塞和布兰查德认为，所谓成熟度，是指人们对自己的行为承担责任的能力和愿望的大小。它取决于两个方面：任务成熟度和心理成熟度。任务成熟度是相对于一个人的知识和技能而言的，若是一个人具有无须别人的指点就能完成其工作的知识、能力和经验，那么他的工作成熟度就是高的，反之则低。心理成熟度是指做事的愿望或动机的大小，如果一个人能自觉地去做，而无需外部的激励，则认为他有较高的心理成熟度。

这一理论是建立在管理方格图理论和不成熟—成熟理论基础之上的。如图 9-4 所示，他们也画出一个方格图，横坐标为任务行为，纵坐标为关系行为，在下方再加上一个成熟度坐标，从而把原来由布莱克和莫顿提出的由以人为主和以工作为主构成的二维领导理论，发展成由关系行为、任务行为和成熟度组成的三维领导理论。在这里，任务行为是指领导者和下属为完成任务而形成的交往形式，关系行为是指领导者给下属以帮助和支持的程度。他们提出了四种领导方式：命令式、说服式、参与式和授权式。

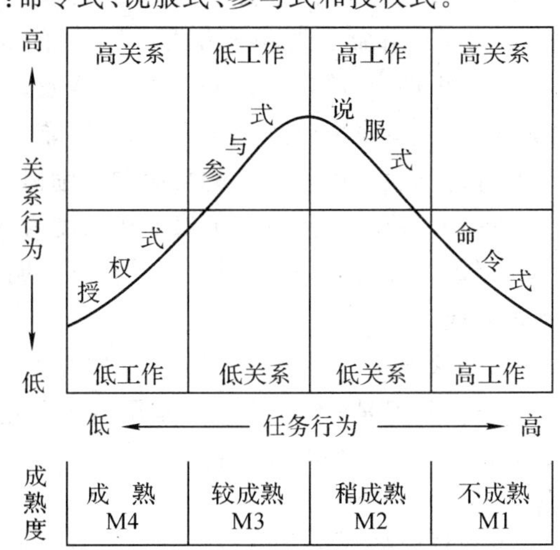

图 9-4　应变领导模式理论

1. 命令式(高工作—低关系)

领导者对下属进行分工并具体指点下属应当干什么、如何干、何时干等，它强调直接指挥。

2.说服式(高工作—高关系)

领导者既给下属以一定的指导,又注意保护和鼓励下属的积极性。

3.参与式(低工作—高关系)

领导者与下属共同参与决策,领导者着重给下属以支持,促其搞好内部的协调沟通。

4.授权式(低工作—低关系)

领导者几乎不加指点,由下属自己独立地开展工作,完成任务。

同时,赫塞和布兰查德把成熟度分成四个等级,即不成熟、稍成熟、较成熟、成熟,分别用 M1、M2、M3、M4 来表示 。

M1:下属缺乏接受和承担任务的能力与愿望,既不能胜任又缺乏自觉性。

M2:下属愿意承担任务但缺乏足够的能力,有积极性但没有完成任务所需的技能。

M3:下属具有完成领导者所交给任务的能力,但没有足够的积极性。

M4:下属有能力而且愿意去做领导者要他们做的事。

根据下属的成熟度和组织所处的环境,赫塞和布兰查德提出了应变领导模式理论,认为随着下属从不成熟走向成熟,领导者不仅要减少对活动的控制,而且要减少对下属的帮助。当下属成熟度为 M1 时,领导者要给予明确而细致的指导和严格的控制,采用命令式领导方式;当下属的成熟度为 M2 时,领导者既要保护下属的积极性,交给其一定的任务,又要及时加以具体的指导以帮助其较好地完成任务;当下属成熟度处于 M3 时,领导者主要是解决其动机问题,可通过及时的肯定和表扬以及一定的帮助和鼓励树立下属的信心,因此以采用低工作—高关系的参与式为宜;当下属的成熟度为 M4 时,由于下属既有能力又有积极性,因此领导者可采用授权式,只给下属明确目标和工作要求,由下属自我控制并完成。

应变领导模式理论形象地反映了领导工作行为和下属成熟程度的关系,对领导行为有一定指导作用,但是,不能教条地搬用这个理论,在现实的领导过程中,也不一定要求必须沿着这条曲线进行。

(四)途径—目标理论

加拿大多伦多大学教授罗伯特·豪斯(R. J. House)把激发动机的期望理论和领导行为理论结合在一起,提出了途径—目标理论。根据该理论,领导者的责任是激励下属去获得个人和组织目标。如图 9-5 所示,领导可通过下列两种方式中的一种激励员工:一是说明下属怎样做可以获得奖励;二是增加下属感兴趣的奖励的分量。第一点要求领导者与下属一起工作,以使其明白何种行为将会得到肯定与奖励。增加奖励分量意味着领导者必须与员工交流以了解何种奖励是员工珍惜的，是工作本身的满足感还是加薪或升职。领导者的工作就是增加员工的个人回报，并使得获得回报的道路更加平坦。

作为权变理论中的一个模型，途径—目标理论有三种权变因素：领导风格和行为、情境权数、满足下属需求的奖励。领导者可以而且应该根据不同的环境因素来调整自己的领导方式和作风。领导方式是由环境因素决定的，环境因素包括两个方面：一是下属的特点，包括下属受教育的程度，下属对于参与管理、承担责任的态度，对本身独立自主性的要求程度等，领导者对于改变下属的特点一般是无能为力的，但可通过改变工作环境来充分发挥下属的特长；二是工作环境特点，主要指工作本身的性质、组织性质等。

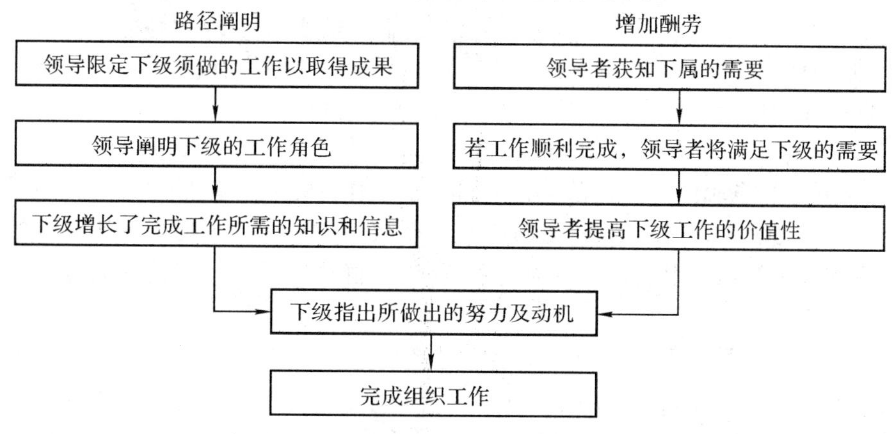

图 9-5 途径—目标理论中领导的作用

途径—目标理论认为，对于一个领导者来说，没有什么固定不变的领导方式，要根据不同的环境选用适当的领导行为。领导行为可分为四类：

1. 支持型领导

领导行为表现为关心下属福利和个人需求。领导行为公开、友善并容易接近。领导者创造出一种团队的气氛并平等对待下属。这种领导方式特别适用于工作高度程序化，让人感到枯燥乏味的情境。既然工作本身缺乏吸引力，下属就希望上司能成为满意的源泉。

2. 指导型领导

对下属行为进行严格定义，领导者经常做计划、安排日程、设定业绩目标和行为准则，强调严格遵守规章制度。当工作任务模糊不清、变化大或下属对工作不熟悉，没有把握，感到无所适从时，这种领导方式是合适的。

3.参与型领导

鼓励下属参与任务目标决策和解决具体问题。这种领导经常征求下属意见,在决策时鼓励他们参与,并在下属的工作场所中与他们交谈。他们鼓励群体参与讨论和提交书面意见。当任务相当复杂需要组织成员间高度的相互合作时,或当下属拥有完成任务的足够能力并希望得到尊重和控制时,采用这一方式是比较合适的。

4.导向型领导

领导为下属设置明确并具有挑战性的目标。这种领导强调高质量的业绩和不断改进现有业绩。他们对下属很信任并能帮助下属学习如何实现较高的目标。

途径—目标理论的两大情境权变因素:一是群体成员中的特性,如下属的主动性,能力、技巧、需求以及激励等因素。如果下属的能力和技能很低,领导就要考虑提供一些额外的培训,以使该员工改进自己的业绩;如果下属是以自我为中心的,领导则需用奖励来激励。二是工作环境,包括任务结构性的程度、正式授权系统的实质以及工作群体本身。任务结构性包括任务定义的范围及对工作和工作过程的明确描述;正式授权系统包括经理使用合法权力的多少和政策及规章限制员工行为的程度;工作群体特性指下属的受教育程度和他们之间的关系质量。

途径—目标理论中奖励的使用,是指领导者的责任之一就是为下属指明受到奖励的途径和如何增加被奖励的数量以增强满意度和提高工作业绩。在某些环境中,领导要与员工一起工作,以帮助下属获取完成任务及得到奖励的知识和信心。在其他环境中,领导可能要开发出新的奖励来满足下属的特殊需求。

图 9-6 是领导行为如何适应环境的四个例证。在第一种环境中,下属缺乏信心,于是,支持型领导为下属提供社会支持以鼓励他们采取适宜的工作方法,获取报酬。在第二种环境中,工作本身是模糊的,员工的工作表现出缺乏效率。指导型领导向下属发出指示并澄清工作任务,以使他们知道应怎样完成工作从而获得报酬。在第三种环境中,下属未受到来自工作任务的挑战,于是,领导者就可以使用成就导向型的行为为员工设定较高的目标,这样就向员工清楚地指明了获取报酬的途径。在第四种环境中,领导给予了下属不正确的报酬,因此,参与型领导方式在改变这一不正确的报酬时发挥作用。领导者通过了解下属的需要,从而改变薪酬的方式或结构。在所有四种情况中,将领导行为与环境相结合,由此使下属明确怎样做才能获得报酬,或是使报酬符合

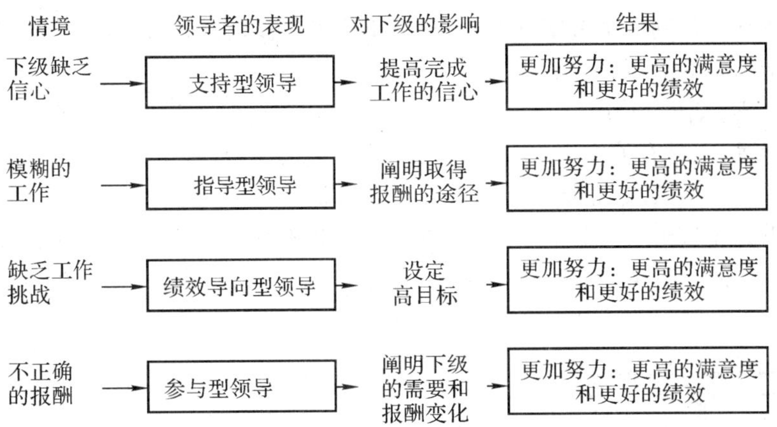

图 9-6　途径—目标情境和期望的领导行为

下属的需要，这会激励下属更加努力工作。

途径—目标理论分析方法虽然复杂，但其所得出的结论大部分是鼓舞人心的。使用这一模式来精确分析领导风格并预测员工行为是很难的，但是将领导行为与不同的环境相结合以激励员工，却为领导者提供了一个激励员工的新的思维方式。

第五节　学习型组织与新的领导方式

一、学习型组织的含义

学习型组织是人们关于组织发展的一种态度或哲学理念。可以界定为组织中所有员工都致力于识别和解决问题，并促使组织持续地进行试验、变革和改进，从而使其成长能力、学习能力和实现其目标的能力不断提高。与旨在获得高效率为目的的传统组织相比，其核心的思想是解决问题。在学习型组织中，所有员工都在寻找问题，同时员工也在解决问题，即以独特的方式把资源组合一起以满足顾客的需要。

领导是企业能够演变为学习型组织的唯一方式。领导者就是设定目标进行决策、指导军队的人，有关领导者的传统观点反映的是个人的观点，而学习型组织的领导则要求更多的东西。在学习型组织中，管理者学会了“合作控制”的思考方式，摆脱了“纯粹控制”的思考方式。通过构建起基于共享远景的关系和培育出有助于发展这种关系的文化：他们与其他员工一起开展控制活动。领导者帮助员工考察整个系统、为团队工作提供便利、推进变革和提高员工塑造未来的能力。

在学习型组织中,领导者最重要的职能之一是创造共享的远景。所谓共享的远景,就是有关组织未来理想状况的一幅蓝图,代表着一种长期结果,包括组织未来的状态、业绩结果和未来的价值观念。它既可以是领导者创造的,也可以是在员工的参与下完成的,但其目的必须得到广泛的理解,并深深地铭刻在员工的心目中,只要有助于远景的实现,员工可以自由地识别和解决各种问题。

二、领导的变化

何种领导能够带领组织度过各式各样的变化时期?答案是有领袖气质的领导和具有创新精神的领导。要更好地理解他们,应将其与传统的领导进行比较。

(一)传统型领导

这类领导界定下属职务并说明对下属的任务要求,制订任务结构,还提供相应的报酬,并试图了解和满足下属的社会需求。通过有效的领导,提高下属满意度可以达到提高生产力的目的。传统型领导工作的核心是围绕管理的基本职能。他们非常勤奋、有耐心并且公正,为自己能使组织有效率、平稳地运转而感到骄傲。同时,他们强调完成工作的客观方面,比如计划、时间安排以及预算等,这些人对组织有一种归属感并完全遵从组织的价值观念。

(二)领袖型领导

领袖型领导超越了传统型领导的管理技巧。领袖指的是具有能够调动下属工作积极性和归属感,激励他们创造出更大成绩的气质。领袖气质有助于提高群体凝聚力并取得成就,但也有可能被用来谋求个人利益。在谋求个人利益时,常见的手段包括欺诈、操纵、剥削他人等。当领导根据整个群体的需求而不是其个人需要来处理组织问题的时候,他们对组织行为有强大而积极的影响力。

领袖型领导能激励人们超水平发挥,下属在其激励下会为了组织而放弃个人利益。领袖型领导的影响力通常来自:①向下属描述可想象的崇高目标;②形成某种组织价值体系;③信任下属从而赢得下属的尊重。领袖型领导通常比传统型领导较少做出各种预言。他们总是创造一种变革的氛围,致力于能使人们工作更加勤奋的想法。该种领导对下属有某种情绪影响力,他们代表着某种事物,对未来有洞察力,并能向下属传达这种洞察力,从而激励他们去实现它。

(三)变革型领导

变革型领导与领袖型领导有共同点,其不同之处在于他们总能带来一些变化。他们会使员工和组织产生某些重要变化。他们具有在组织任务、战略、结构和文化方面领导变革的能力。此外,他们还能促成产品和技术方面的革新。变革型领导不完全依赖组织纪律和传统的激励方式来控制员工。他们主要关注无形的质量如洞察力、共同价值以及建立良好关系的想法,他们赋予各种行为以更多的重视,并在变化过程中力求找出共同点以谋求下属的支持。

三、领导在学习型组织中的作用

在学习型组织中,领导者帮助人们了解整个系统,促进团队工作、引发变革并拓展人们的能力以建设更美好的未来。学习型组织的领导有三种显著的作用:

(一)创建组织共同蓝图

共同蓝图是对组织未来的描述,包括组织将来的外部形象、业绩目标和内在价值。蓝图可由领导者创立或由员工参与共同创立。但这一目标必须被大家广泛接受并深深印入脑海。它代表人们预期的长期结果,员工们可以自由解决问题,这有助于实现这一蓝图。若没有一个共同蓝图,员工行为可能与整体无关,因为决策是分散的,不同的决策指导人们采取不同的行为。

(二)设计结构

领导者负责设计组织的结构,这其中包括政策、战略及支持学习型组织的形式。学习型组织的优势在于良好的横向联系,包括团队、工作组以及由来自不同部门的人员参加的频繁的会议。结构向"无边界化"发展,人们可以跨部门沟通而不是相互竞争。领导者同时还要帮助员工认识到企业的重组过程是持续进行的,人们必须不断变换自己的角色才能学到新的知识。在学习型组织中,员工的工作岗位是流动的,因为员工要根据需要而不断地重组以解决新的问题。

(三)服务型领导

服务型领导要帮助他人和确定组织的目标。服务型领导模式存在的前提是对员工成长所需做的工作量和组织需要员工们做的工作量大致相同。这种领导在两个层面上工作:实现员工的目标与需求,同时实现组织目标。他将权力、观念、信息、赏识和完成业绩的信用等统统置于身外,他应当能为其他人带来价值、鼓励合作、分享权力、增强他人的自我价值,以及释放他人的创造力和自己的工作热忱，并发掘人类渴望学习的本性。

【案例研究】

艾柯卡的领导艺术

李·艾柯卡是美国当代最优秀的企业家之一。他先后任福特汽车公司的总裁和克莱斯勒汽车公司的董事长，他因领导才能出众、管理成就卓著而蜚声美国。第一次是在1964年，他因为在福特汽车公司推出野马牌畅销车而闻名全美国。第二次是1985年4月，《时代》的封面上登了他的肖像，通栏大标题是："他一说话，全美国都洗耳恭听！"

人们在总结艾柯卡的成功之道时，都十分看重他的知人善任和人际交往的魅力。用艾柯卡自己的话来说："我设法寻求那些有劲头的人。那样的人不需要多，有25个我就足以管好美国政府。在克莱斯勒，我大约有12个这种人。""我见过许多比我精明的人和许多对汽车行业懂得比我更多的人。然而，我已超过他们，为什么？因为我厉害吗？不，待人粗暴而轻率的人成功的日子是不长的。"

艾柯卡用好这12个人的关键在于他的知人善任。首先，他善于了解部下的心理，并且注重针对他们的心理讲话。他说："使用听众自己的语言同他们讲话是重要的，这件事如果做得好，他们就会说'上帝，他说的就是我想的'。他们一旦开始尊重你，就会跟你到底。他们跟随你的原因不是因为你有什么神秘的方法，而是因为你在跟随他们的想法。"

其次，他尽力鼓励部下提出实际的想法和建议。在他们拿出具体办法前，他尽量做到不去干预和影响他们的设想。他还习惯在与下属交谈后，让对方将所说的意见或建议写成书面文字，使这些想法具体化，以弥补口头交谈的缺陷，防止自己只是被娓娓动听的语言所打动而采纳了不成熟或者不切实际的意见。

艾柯卡还十分注重保护下属的积极性，当某位下属的意见没有被采纳时，他总是会让对方知道自己的建议是十分有效的，只是由于条件限制而不能立即被实现，以此鼓励下属今后再提出新的建议。当需要对下属进行表扬或批评时，他使用这样的原则："假如你要表扬一个人，请用书面方式；假如你要使被批评者不至于过分难看，那么请用电话。"书面表扬能体现对成绩的看重和充分肯定。当下属在工作中出现失误时，过分的难堪则会大大地挫伤乃至毁灭他们的积极性。

艾柯卡在任福特公司总裁时,他的周围聚集了一大批优秀的管理人才。而当他离开福特到克莱斯勒汽车公司任董事长时,这批人又纷纷涌向克莱斯勒,他们放弃了福特的优厚待遇,谢绝了福特的一再挽留,而甘愿和艾柯卡一起冒风险。由此可见,艾柯卡的用人艺术为企业产生了强大的凝聚力。

艾柯卡认为,拥有人才,却不善于使用人才,发挥人才的作用,这是一些领导者不能有效开展工作取得成绩的原因所在。在实际工作中,一些领导者也知道人才的重要性,懂得拥有人才就拥有一切的道理,因此总是千方百计地广招贤才。然而,他们却不知道哪些人才能够为我用,怎么去用。他们在用人方面往往忽略了人才不在多而在于精这点,人才需要合理的搭配和使用,还需要尊重,人才的积极性需要保护和调动。一些领导者身边虽然不乏优秀的人才;但不善于合理使用,要么疏于管理,放任自流,以至于各自为政,另立山头,难以实现组织的整体目标;要么视部下为自己的附属物,动辄训斥,搞长官意志,结果关系越弄越僵。思想不统一,行动自然不能一致,其结果必然导致工作无法开展,人才难展其才。

艾柯卡指出,领导者在工作中要设法寻找那些有才能、有干劲、有创造精神的人,这样的人不仅可以有效地帮助领导者实现目标,而且常常可以起到以一当十、事半功倍的效果。

20 世纪 70 年代,克莱斯勒公司因管理不善以致亏损日益严重,到 1979 年亏损达到 11 亿美元,濒于倒闭。艾柯卡在接管克莱斯勒汽车公司的时候,为了开源节流,渡过难关,他决定缩减员工薪金 12 亿美元,其中最高层经理人员减薪 10%,而他自己的年薪只有象征性的 1 美元。由于他能够以身作则,得到了工会和全体员工的理解和支持,公司上下一心,共渡难关,使克莱斯勒汽车公司起死回生。艾柯卡在他的自传中说:“领导者意味着树立榜样。当你自知处于领导地位时,人们就仿效你的一举一动。我倒不是说,他们要干扰你的私生活,即使客观上有几分是这样。但是,领导人的谈话,人们听着;领导人的行动,人们注意着。因而,对任何自己所说的话和所做的事,你都要小心谨慎才好。我每年拿 1 美元不是为了做一个殉道者。我这么做是因为我必须进入战壕。我这样做了,去找工联主席道格·弗雷泽时我就好说话了。我可以问心无愧地正视着他说:‘现在我要求你的会员以及你自己分担点责任。’他不可能回答我说:‘你这滑头,你自己牺牲了什么?’这就是我为什么这样做——处于良好的经过周密的考虑和注重实效的原因。我要使我的职工和我的供应商都会这样想:‘他已经为我们树立了榜样,我们要效法他。’……我把这种做法叫做牺牲均等,当我开始做牺牲时,我看到凡是需要的地方别人也在做牺牲,也正是这样,克莱斯勒才渡过危机。”

——《他一说话,全美国都要洗耳恭听》,http://www.xait.net/.2006年5月26日

【思考题】

1.领导影响力的构成及影响因素有哪些?

2.领导者素质有哪些特征?

3.领导行为理论有哪些,其主要内容是什么?

4.领导权变理论有哪些,主要内容是什么?

第十章
沟　通

【内容提要】

本章在阐明沟通重要性及过程的基础上，阐述人际沟通的主要障碍及改善方法，分析组织沟通的主要类型，并提出管理建议。

【本章重点】

1. 沟通的重要性。
2. 人际沟通中的主要障碍及改善方法。
3. 组织沟通的类型。
4. 组织沟通的管理。

第一节　沟通及其过程

一、沟通的含义及重要性

沟通是指信息从发送者到接收者的传递过程。沟通在管理的各个方面得到了广泛的运用。美国著名未来学家奈斯比特说："未来竞争是管理的竞争，竞争的焦点在于每个社会组织内部成员之间及其与外部组织的有效沟通之上。"

沟通的重要性主要体现在以下几个方面。

(1)沟通把组织与外部环境联系起来，从而使组织得以不断发展。

一个组织如果与外界没有沟通，就无法获得组织生存和发展所需要的资源和信息，这个组织就无法正常运转。一个组织只有通过信息沟通才能成为一个与其外部环境发生相互作用的开放系统。由于外部环境始终处于变化之中，这就要求组织与外界保持持久的沟通，以把握变化所带来的机会、避免变化可能产生的风险。

(2)对组织内部来说，沟通是确保组织成员团结一致、共同努力实现组织目标的重要手段。

组织是由众多人员组成的，只有通过沟通，才能把抽象的组织目标转变成为组织中每一个成员的具体行动。同时，一个组织中每天的活动都是由许多具体的工作构成的，没有良好的沟通，群体的协作就无法进行，既不可能实现相互协调合作，也不可能作出必要而及时的调整变革。

(3)沟通是管理者激励下属，履行领导职责的基本途径。

沟通不仅是信息的传递过程，而且这个过程还通常伴随有激励或影响行为的意图。一个领导者必须通过沟通将自己的意图和要求告诉下属，通过沟通了解下属的想法，从而进行有效的指导、协调和激励。

因此，沟通是管理者开展工作的重要手段，良好的沟通是组织内外部协调一致的重要基础，是组织贯彻、落实和完成其目标的必要条件。

二、沟通过程

任何一个沟通过程，都存在信息发送者与信息接收者。发送者指某个将其想法传达给另一方以寻找信息或解释某种想法或情绪的人。接收者是指该信息要送往的那一方。发送者将信息通过某种特定信号编码形成一条消息。该消息是将这种想法传送到接收者那里的一种有形方式。消息通过特定的渠道传送，这些渠道即为沟通载体。该载体可以是一种正式的书面报告、一个电话或面谈。接收者将所收到的消息译码以得出该信息的内涵。编码与译码极有可能产生沟通错误，因为知识、态度以及背景就好像过滤层，它们在信息加工过程中会产生“噪声”。最后，当接收者对发送者的信息做出反应即产生了反馈。若无反馈，该沟通就是单向的，有了反馈它才能成为双向式沟通。反馈是能够增强沟通效果的强有力因素，因为它能使得发送者判断接收者是否正确理解了信息。

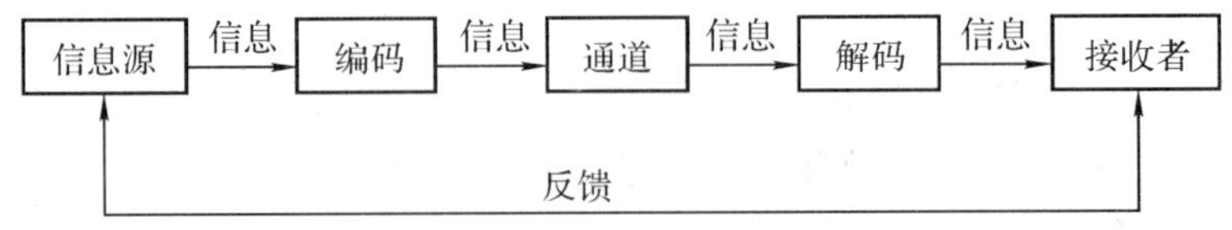

图 10-1　沟通过程模式图

一个完整的沟通过程(见图 10-1)，包括如下五个方面的要素：

1. 信息源

它又称为信息沟通主体。在一个沟通过程中，总有一方是信息的主动发送者。

2. 信息内容

信息内容即沟通的内容，组织中沟通的信息内容是多种多样的，它包括正式组织中上级下达的命令、指令、计划以及决策；下级按规定上报的报告，反应的情况，也包括在非正式场合中员工之间的感情交流、谈心。作为沟通内容的信息，既包括书面的，也包括口头的。

3. 信息的接收者

它又称为信息沟通客体，即沟通过程中处于被动地接收信息的一方。在沟通的不断循环过程中，信息的发送者与信息接收者的身份会不断改变，特别是在双方沟通中，无论哪一方，都既要充当信息发送者，又要充当信息的接收者。

4. 沟通渠道

沟通渠道即信息交流的渠道。不同的沟通渠道的沟通效率是不一样的。对于一个组织来说，不仅要建立完整的沟通渠道，而且要使沟通渠道保持畅通无阻的良好状态。

5. 信息反馈

信息反馈是客体对接受到的信息所作出的解释、理解和反应，也即体现出沟通效果。

第二节　人际沟通

一、人际沟通的含义

所谓人际沟通，是指两个或两个以上的人之间的信息沟通。顾名思义就是指人与人之间的信息和情感相互传递的过程。它是群体沟通、组织沟通乃至管理沟通的基础。从某种程度上来说，组织沟通是人际沟通的一种表现和应用形式，有效的管理沟通都是以人际沟通为保障的。

二、人际沟通中的主要障碍

一般来讲，沟通的障碍主要有主观障碍、客观障碍和沟通方式的障碍三个方面。

(一)主观障碍

(1)个人的性格、气质、态度、情绪、见解等的差别,使信息在沟通过程中受个人的主观心理因素的制约。比如,对信息的态度不同,使有些员工和主管人员忽视对自己不重要的信息,不关心组织目标、管理决策等信息,而只重视和关心与他们物质利益有关的信息,使沟通发生障碍;或是由于主管人员考虑不周,伤害了员工的自尊心;或决策错误所造成,而相互不信任也会影响沟通的顺利进行;或是由于主管人员管理严格,咄咄逼人使下级人员产生畏惧感也会造成沟通障碍。

(2)在信息沟通中,如果双方在经验水平和知识结构上差距过大,就会产生沟通的障碍。

(3)信息沟通往往是依据组织系统分层逐级传递的。然而,在按层次传达同一条信息时,往往会受到个人的记忆、思维能力的影响,从而降低信息沟通的效率。

(4)地位的差异,也往往造成沟通的障碍。一般人在接收信息时不仅判断信息本身,而且判断发送者的信誉,信息发送者的层次越高,人们便越倾向于接受。一个人地位高,似乎他的信息就是正确的、可信的;一个人地位低,其信息的可信度也将跟着打折扣。一般说来,地位高的人对地位低的人沟通是无所顾忌的,而下级对上级沟通时往往是有顾忌的。这样就使一个领导者不容易得到充分而真实的信息,特别是当领导者不愿意听取不同意见时,必然堵塞言路,使下级保持沉默。

(二)客观障碍

(1)信息的发送者和接收者如果空间距离太远,接触机会少,就会造成沟通障碍。社会文化背景不同,种族不同而形成的社会距离也会影响信息沟通。

(2)组织机构过于庞大,环节过多,引起信息损耗,信息从最高决策层传达到下级基层单位往往每经过一次信息传达就多一层丢失和错误,而且还会浪费时间,影响信息的及时发送。

(3)沟通要求不明,渠道不畅,导致沟通障碍。有的领导者并不明确为了完成组织的任务和作出正确的决策自己需要哪些信息。在组织设计的同时,领导者应当向各个岗位明确表示“你们应当向我提供哪些信息?你们还应当向谁提供什么信息?”从而构成整个组织的沟通渠道。如果没有明确的设计,企业的沟通渠道就必然呈现自发的无组织状态,以致别人提供的信息自己并不需要,而需要的信息又没有,效能很低。

(三)沟通方式的障碍

(1)语言系统所造成的障碍。语言是沟通的工具。人们通过语言、文字及其他符号将信息经过沟通渠道来沟通。但是语言使用不当,产生理解差异就会造成沟通障碍。这主要表现在:①误解。这是由于发送者在提供信息时表达不清楚,或是由于接收失误所造成的。②歪曲。这是由于对语言符号的记忆模糊所导致的信息失真。③信息表达方式不当。表现在措辞不当,词不达意,丢字少句,空话连篇,文字松散,句子结构别扭,使用方言、土语,千篇一律等。这些都会增加沟通双方的心理负担,影响沟通的进行。

(2)沟通方式选择不当,原则、方法使用不灵活所造成的障碍。沟通的形态和网络多种多样,且它们都有各自的优缺点。如果不根据组织目标及其实现策略来进行选择,不灵活使用其原则、方法,则沟通就不可能畅通进行。在管理工作实践中,既然存在着信息的沟通,也就必然存在沟通障碍。主管人员的任务在于正视这些障碍,为有效的信息沟通创造条件。

(3)条件不清,弹性太大。任何一项政策、制度和办法都有一定的边界条件,都有一定的前提和假设。而在传达信息时往往只注意传达信息本身,忽略了这些边界条件。这些边界条件不讲清楚,就会导致理解不一,行动失调。

三、改善人际沟通的方法

(一)要有勇气开口:成为信息发送者

作为信息发送者,首先是要有勇气开口。只有当你把心里想的表达出来时,才有可能与他人沟通。人与人之间存在很多矛盾的一个主要原因,就是当事人都只在自己心里想,没有勇气把自己的想法说出来,从而导致了很多的误解。

(二)态度诚恳:使对方成为信息接收者

人是有感情的。在沟通中,当事者相互之间所采取的态度对于沟通的效果有很大的影响。只有当双方坦诚相待时,才能消除彼此间的隔阂,从而求得对方的合作。

(三)注意选择合适的时机:创造良好氛围

由于所处的环境、气氛会影响沟通的效果,所以信息交流要选择合适的时机。对于重要的信息,在办公室等正规的地方进行交谈,有助于双方集中注意力,从而提高沟通效果;而对于思想上或感情方面的沟通,则适宜于在比较随便、独处的场合下进行,这样便于双方消除隔阂。要选择双方情绪都比较冷静时进行沟通;当大家都理解,但感情上不愿意接受时,信息发送者身体力行可能是最好的沟通方式。

(四)提高自己的表达能力:准确传递信息

对于信息发送者来说,无论是口头交谈还是采用书面交流形式,都要力求准确地表达自己的意思。为此,要了解信息接收者的文化水平、经验和接受能力,根据对方的具体情况来确定自己表达的方式和用词等;选择准确的词汇、语气、标点符号;注意逻辑性和条理性,对重要的地方要加上强调性的说明,借助于手势、动作、表情等来促进思想和感情上的沟通,以加深对方的理解。

(五)注重双向沟通:及时纠正偏差

由于信息接收者容易从自己的角度来理解信息从而导致误解,因此信息发送者要注重反馈,提倡双向沟通,请信息接收者重述所获得的信息,或表达他们对信息的理解,从而检查信息传递的准确程度和偏差所在。为此,信息发送者要善于体察别人,鼓励他人不清楚就问,注意倾听反馈意见,或者请信息接收者重述所获得的信息或表达他们对信息的理解,从而检查信息传递的准确程度和偏差所在。

(六)积极地进行劝说:达成沟通的目的

由于每一个人都有自己的情感,为了使对方接受信息,并按发送者的意图行动,信息发送者常有必要进行积极的劝说,从对方的立场上加以开导,有时还需要通过反复的交谈来协商,甚至采取一些必要的让步或迂回。

为此,交谈时间应尽可能地充分,以避免过于匆忙而无法完整地表达意思;要控制自己的情绪,不要采取高压的办法,进而导致对方的对抗;要尽可能开诚布公地进行交谈,耐心地说明事实和背景,以求得对方的理解;耐心地聆听对方的诉说,不拒绝对方任何有益的建议、意见和提问。

作为信息接收者,则要注意仔细地聆听。以前人们常常只注重说写能力的培养,而对听的能力则不那么重视。事实上,倾听的技术对于进行有效的沟通来说同样是非常重要的。在一个组织中,管理者不善于倾听会导致相互间沟通受阻,相互协同难以进行。作为管理者,要花大量的时间与其他人接触,以搜集和发布信息,若不善于倾听,则可能难以搜集到有用的信息。因此,作为管理者,要不断学习倾听的艺术。

表 10-1　有效倾听的 10 个关键要素

关键	差的倾听者	好的倾听者
①主动倾听	被动	问问题，用自己的语言说出对方的内容
②找出兴趣点	不听枯燥内容	寻找机会、学习新内容
③抗拒分散精力	易于分散	努力防止分散精力，容忍对方坏习惯，知道怎样集中注意力
④强调思维快于言语这一事实	当对方语速慢时走神	挑战、期待，在头脑内进行总结，区分事实的重要性，注意语调
⑤反应	极小	点头、表达兴趣、给予和接收、积极反馈
⑥内容判断、而不是发送	若发送不良则不予理睬	判断内容，发送错误则不予理睬
⑦控制情绪	有成见，开始争论	当完全理解时才做判断
⑧听别人的意见	听事实	听中心意思
⑨听时工作	没有任何能量输出，没有真正注意	努力工作，有积极的身体反应、眼神交流
⑩锻炼头脑	抵制难懂的信息，喜欢轻松娱乐性的内容	为锻炼大脑而喜欢运用困难的材料

资料来源：Adapted from Sherman K. Okum, "How to Be a Better Listener," Nation'S Business (August 1975), 62; and Philip Morgan and Kent Baker, "Building a Professional Improving Listening Behavior," Supervisory Management (November 1985), 34—38.

托尼·亚历山德拉在《魅力的七把钥匙》一书中，把听众分为四种典型的类型：①漫听型听众。这类听众其实很少在听，他们经常打断别人的话，而且总觉得应该由自己来下断语。②浅听型听众。这类听众喜欢避开艰难的话题，对于问题的实质他们深入不下去。③技术型听众。这类听众会很努力地去听别人的说话，他们重视字义、事实和统计数据，但在感受、同情和真正理解方面却做得很不够。④积极型听众。这类听众会为倾听付出许多，他们在智力和情感两方面都作出努力。

亚历山德拉提出了积极倾听的三点要求：①把听和说看得一样重要。换句话说，别人对你说的和你要对别人说的一样重要。②认识到善听有助于节省时间和精力。善听者较少犯错误，也较少误解别人。③懂得认真听别人说不仅重要，而且值得。要从每一个人身上去学习。

第三节 组织沟通

组织沟通是指在组织内部进行的信息交流、联系和传递活动。组织沟通的目的，是通过协调共同的资源投入活动，实现有利于合作各方的共同利益。组织内的沟通有四个方向：向下、向上、水平方向和斜向沟通。

一、组织沟通的类型

组织既是一个由各种各样的人所组成的群体，又是一个由充当着不同的角色的组织成员所构成的整体。在一个组织中，既有非正式的人际关系，又有正规的权力系统。因此，组织沟通可以分为两大类：正式沟通和非正式沟通。

(一)正式沟通

通过正规的组织程序，按权力等级链进行的沟通，或完成某项任务所必需的信息交流。例如组织与组织之间的公函来往，组织内部的文件传达、召开会议、上下级之间的定期情报交换等。在传统的垂直型组织结构中，向下和向上这两个方向的沟通是最主要的沟通方式。在学习型组织中，则更加重视水平沟通，人们不断地跨部门和跨层级地共享信息。

向下沟通最常采用的是通过报告、时事通信、电子邮件、信息手册、公告牌、政策规章手册等方式。主要内容一般包括目标和战略的实施、工作命令和理性、程序和实践、业绩反馈等。向下沟通的主要问题是信息离散，即信息内容的失去或扭曲。尽管正式沟通是能够通达所有员工的强有力方式，可许多信息还是丢失了，每一次信息从一个人传到另一个人的时候，要失去25%的内容。另外，如果信息从源头传到最后的接收者要通过较长的一段时间，信息就有可能被扭曲。

向上沟通是指在组织层级中自下而上传递的信息。主要的内容有问题与例外、改良建议、业绩报告、员工纠纷、财务与会计信息等。其采用的机制包括建议箱、员工调查、开放政策、管理信息系统报告、职工与管理层之间的直接交流。这类沟通存在的问题主要是管理层可能拒绝倾听员工的问题，或员工不信任管理层从而不进行向上沟通。

水平沟通是指员工之间的信息沟通，或者在部门之间或部门之内发生的沟通。其目的不仅是通知还有要求支持或协作的意图。水平沟通的形式主要有三种：一是部门内问题的解决，这类信息主要在同一部门内部，它关注的是任务的完成;二是部门间协作,有助于完成合作项目或任务;三是改变和改善,这类信息有助于小组和部门间分享信息以帮助组织改变、成长和改善。水平沟通在学习型组织中特别重要,许多组织是以任务小组、委员会甚至是矩阵结构等方式建立在水平沟通的基础上的。

斜向沟通是指发生在组织中不属于同一部门和等级层次的人员之间的信息沟通。主要目的是为了加快信息的传递,所以它主要用于相互之间的情况通报、协商和支持。为了克服其对等级链的冲击,斜向沟通往往伴随着自上而下的沟通或自下而上的沟通。

(二)非正式沟通

非正式沟通是指存在于正式沟通渠道之外的信息沟通。其沟通途径是通过组织内的各种社会关系,与组织等级的权力没有任何关系。

非正式沟通是正式沟通不可缺少的补充,也是一个正式组织中不可能消除的沟通方式。非正式沟通能够发挥作用的基础是组织中良好的人际关系,其特点是传递信息的速度快,形式不拘一格,并能提供一些正式沟通所不能传递的内幕消息。缺点是传递的信息容易失真,传递越广,失真就越多,容易在组织内引起矛盾,它可能导致小集团、小圈子,影响组织的凝聚力和人心稳定;非正式沟通的控制也较困难。管理人员不能阻止它的发生,而只能引导、利用它。

非正式沟通在自然状态下最常见的类型有:

1.单线式

单线式是指一个人传递给另一个人,通过一长串的人际关系来传递信息,而这一长串的人之间并不一定存在着正规的组织关系(见图 10-2(a))。

2.流言式

流言式是指信息发送者主动寻找机会,通过闲聊等方式向其他人散布信息(见图 10-2(b))。

3.偶然式

每一个人都是随机地传递给其他人信息,在这种方式下,信息是通过一种随机的方式传播。道听途说就是其中一种形式(见图 10-2(c))。

4.集束式

集束式是指信息发送者有选择地寻找一批对象传播信息,这些对象大多是一些与其亲近的人,而这些对象在获得信息后又传递给自己的亲近者(见图 10-2(d))。

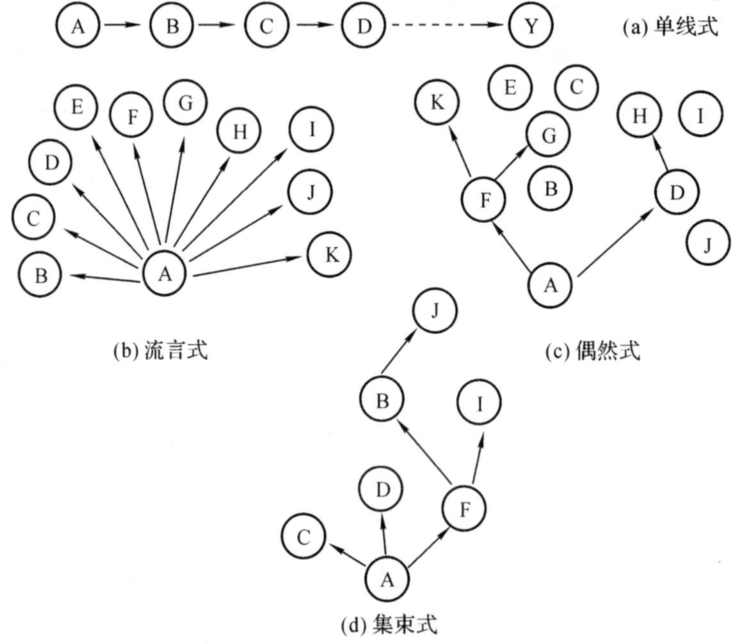

图 10-2　非正式沟通的信息传递方式

小道消息是非正式沟通中传播的重要内容，也是管理中应着重研究的问题。小道消息一般有以下五个特点：

(1)它在很大程度上与人们的切身利益有关，内容往往是当下人们关注的焦点问题。

(2)小道消息有时传播的是正式沟通渠道不愿意传播、有意不说开的信息。

(3)由于个人化和灵活性，小道消息传播速度往往比正式沟通网络快得多。

(4)很多人认为，小道消息比正式沟通网络传播的信息更可信。

(5)小道消息越新鲜，越为人们所熟悉，谈论得也越多。

小道消息至少有四个功能或目标：①建构或缓解焦虑。②使支离破碎的信息能够说得通。③把群体成员甚至局外人组织成一个整体。④表明信息发送者的地位或权力。

研究表明，小道消息是很有影响力的，包括有利和不利的方面。它的作用既有积极的一面，又有消极的一面。对于小道消息，管理中应掌握以下几点：

(1)小道消息有过滤和反馈双重机制，领导者应该对它进行分析并预测其流向。小道消息并非空穴来风，它至少说明工作人员或部分工作人员在关心什么，他们认为哪些事情更重要，因而激起了他们的焦虑感。领导者据此可以开展相应的工作。

(2)小道消息不可能彻底消除，简单禁止也无济于事，但领导者能够使其范围和影响限定在一定区域内，并使其消极结果减少到最低。为此，就要提高正式沟通的效率，公布真实情况，增强透明度，保证民主渠道畅通，多做宣传和解释工作，加强引导。

(3)改善人际关系，形成感情融洽、相互关心、彼此信任、协调一致的群体气氛和组织情境，提高组织成员的成熟度和抗干扰能力。

二、信息沟通网络

由组织正式沟通的四种沟通形式可组合成组织信息的多种模式，这些模式称为信息沟通网络。它表明了在一个组织中，组织信息是怎样传递或交流的，如图 10-3 所示是五种典型的信息沟通网络：链型、环型、Y 型、轮型和网型(全通道型)。为了说明各种信息沟通网络，假定这一组织由五个成员组成。

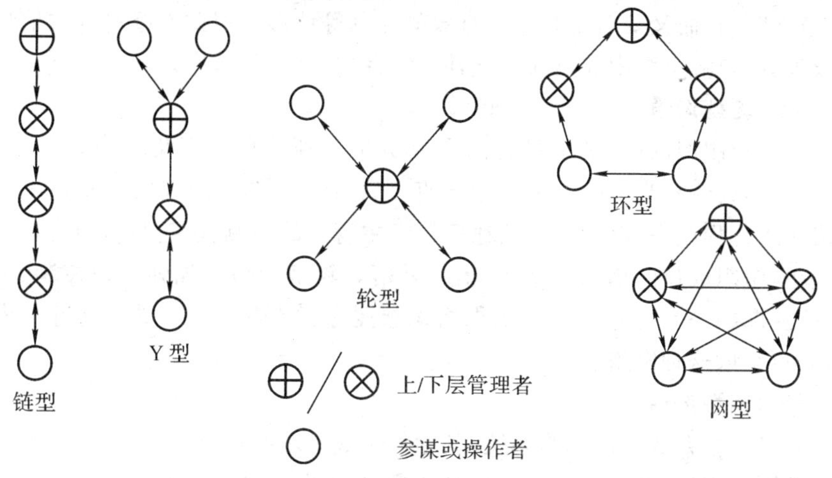

图 10-3　组织信息网络类型

(一)链型沟通

这是一个平行网络，其中居于两端的人只能与内侧的一个成员联系，居中的人则可分别与两个人沟通信息。在一个组织系统中，它相当于一个纵向沟通网络，代表一个五级层次，信息经层层传递、筛选，容易失真，各个信息传递者所接收的信息差异很大，平均满意程度有较大差距。此外，这种网络还可表示组织中主管人员和下级部属之间的中间管理者组织系统，属控制型结构。在管理中，如果某一组织系统过于庞大，需要实行分权授权管理，那么，链型沟通网络是一种行之有效的方法。

(二)环型沟通

此形态可以看成是链型形态的一个封闭式控制结构，表示5个人之间依次联络和沟通。其中，每个人都可同时与两侧的人沟通信息。在这个网络中，组织的集中化程度和领导人的预测程度都较低；畅通渠道不多，组织中成员具有比较一致的满意度，组织士气高昂。如果在组织中需要创造出一种高昂的士气来实现组织目标，环型沟通是一种行之有效的措施。

(三)Y型沟通

这是一个纵向沟通网络，其中只有一个成员位于沟通内的中心，成为沟通的媒介。在组织中，这一网络大体相当于组织领导，秘书班子再到下级主管人员或一般成员之间的纵向关系。这种网络集中化程度高，解决问题速度快，组织中领导人员预测程度较高。除中心人员外，组织成员的平均满意程度较低。此网络适用于主管人员的工作任务十分繁重，需要有人选择信息，提供决策依据，节省时间，而又要对组织实行有效的控制等情形。但此网络易导致信息曲解或失真，影响组织中成员的士气，阻碍组织提高工作效率。

(四)轮型沟通

属于控制型网络，其中只有一个成员是各种信息的汇集点与传递中心。在组织中，大体相当于一个主管领导直接管理几个部门的权威控制系统。此网络集中化程度高，解决问题的速度快。主管人的预测程度很高，而沟通的渠道很少，组织成员的满意程度低，士气低落。轮型网络是加强组织控制、争时间、抢速度的一个有效方法。如果组织接受紧急公关任务，要求进行严密控制，则可采取这种网络。

(五)网型沟通

这是一个开放式的网络系统，其中每个成员之间都有一定的联系，彼此了解。此网络中，组织的集中化程度及主管人员的预测程度均很低。由于沟通渠道很多，组织成员的平均满意程度高且差异小，所以士气高昂，合作气氛浓厚。这对于解决复杂问题，增强组织合作精神，提高士气均有很大作用。但是，由于这种网络沟通渠道太多，易造成混乱，且费时，影响工作效率。

上述种种沟通形态和网络，都各有其优缺点。作为一名主管人员，在管理工作实践中，要进行有效的沟通，就需发挥其优点，避免其缺点，使组织的管理工作水平逐步提高(见表10-2)。

表 10-2　五种沟通形态的比较

沟通形态 / 评价标准	链型	轮型	Y 型	环型	网型
集中性	中等	高	高	低	低
速度	中等	快	中等	慢	快
准确性	高	高	高	低	中等
控制可能性	中等	高	中等	低	低
士气	中等	低	中等	高	高

第四节　组织沟通的管理

一、沟通障碍

在沟通过程中，由于存在外界干扰以及其他种种原因，信息往往被丢失或曲解，使得信息的传递不能发挥正常的作用。沟通障碍存在于个体中，也存在于组织中。

(一)个体障碍

(1)人与人之间的障碍。包括由于员工的情绪和看法而带来的问题。具有不同文化背景和知识的人会以不同的方式进行沟通。

(2)选择错误的渠道或媒介发送信息。例如某信息是情感型的，面对面的传递方式比书面传递方式更为有效。

(3)语意不清。语意是指词语的意思以及它们被使用的方式。由于很多词语往往有不同的意思，因而沟通者必须仔细选择能够准确传递其信息的词汇。

(4)语言和非语言沟通中的不一致使信息接收者感到迷惘。如果某人的面部表情与其词句表达不一致，该沟通就带有噪声和不确定性。声音的语调以及身体语言必须与言辞一致，行动不得与言辞冲突。

(二)组织障碍

(1)地位与权力差异问题。权力低的人可能不太愿意将坏消息向上一层次传递，于是给上一层级带来了错误的印象。权力高的人可能没有注意到或感觉到下面层级的人没有做出任何贡献。

(2)部门间需求和目标的差异形成了对沟通的干涉。每一个部门都以自己的观点看待问题。生产部门关心生产效率,从不可能完全理解营销部门要将产品马上推销给消费者的需求。

(3)沟通渠道也许不适合团队或组织的任务。如果某种集权沟通结构被运用于非日常性任务,就有可能会产生信息不足,难以解决问题。当组织内的信息流与组织的目标配合好的时候,组织、部门或团队最有效。

(4)缺乏正式沟通渠道削弱了沟通效率。组织必须以员工调查、开放政策、时事通信、备忘录、任务小组以及人员联络等方式提供充足的向上、向下以及水平沟通渠道。缺乏这些正式渠道,组织就无法进行整体沟通。

二、克服沟通障碍

管理者可以设计形式以鼓励积极的、有效的沟通。设计包括个人技能及组织行动。

(一)个人技能

(1)积极倾听。积极倾听意味着提出问题、表示兴趣以及不时地用自己的话说出对方的想法。积极倾听还意味着向信息发布人反馈已完成沟通循环。

(2)个体应选择发送信息的正确渠道。某种复杂信息应通过各种渠道发送。日常信息以及数据可以通过备忘录、信件、或电子邮件等方式发送,因为它们产生误解的概率较小。

(3)发送者与接收者应共同努力以理解对方的观点或立场。管理者应使自己对信息接收者高度敏感,以使他们能更好地确定信息目标、找出其中的偏见并澄清未能理解之处。通过沟通者理解对方观点的方式,语意可以被澄清,观点可以被理解,由此可以达到沟通的目的。

(4)通过四处走动可以进行沟通。管理者必须不时走出办公室与他人进行沟通。通过直接观察和面对面的交谈,管理者扩展了对组织的理解并将其重要信息和价值观传送给其他人。

(二)组织行动

(1)管理者要为组织创造一种信任和公开的组织气氛。它可以鼓励人们开诚布公地与他人沟通。下属可以向上级报告坏消息而不必担心受到责备。员工之间发展人际交流技巧可以培养公开、诚实与信任。

(2)管理者应开发并使用来自各方的正式信息渠道。如时事通信、公告牌、直接信件、员工调查等,通过这些渠道,管理者可以获得员工的想法和反馈。

(3)管理者应鼓励使用多种渠道。包括正式和非正式渠道。多种信息渠道有书面指示、面对面讨论以及一些网络式沟通等。通过多种渠道发送信息增加了信息被恰当接受的可能性。

(4)结构应适合沟通需要。组织可以设计一种沟通团队作为组织结构的一部分。该团队包括各部门的一名成员,团队处理组织的紧急事务并帮助来自不同部门的人从其他部门的立场考虑问题,与团队内的每一个人进行沟通以解决问题。可以设计一种组织通过使用团队、任务小组、项目经理或矩阵结构以帮助信息的水平流动,进行协调和解决问题。组织结构还应该体现信息需求。当团队或部门任务很困难时,分权结构是一种好的选择,它可以鼓励讨论和参与。另外,对话有助于团队成员就复杂问题达成一致。

表 10-3　沟通障碍以及克服方式

障　碍	如何克服
个体	
人际间的变动	积极倾听
渠道和媒介	选择恰当的渠道
语意	对发话人的了解
间断暗示	巡回管理
组织	
地位和权力差异	信任的气氛
部门需求和目标	开发和运用正式渠道
沟通渠道不适合任务	改变组织和群体结构以适应沟通需求
缺乏正式渠道	鼓励多元渠道,允许正式和非正式同时存在

【案例研究】

从惠普文化看企业有效沟通

1938 年,惠普公司的创始人比尔·休利特和戴维·帕卡德利用业余时间在一个简陋的汽车房以 538 美元开始创业,并于 1939 年 1 月 1 日正式创办了仅由他们两人组成的合伙企业。从此以后,惠普公司经历了 60 多年的风风雨雨,逐渐成长为如今全球领先的面向大中小型企业、研究机构和个人用户的技术解决方案提供商，其服务能力遍及170多个国家和地区，在IT基础设施、全球服务、商用和家用计算机以及打印和成像等诸多领域居领导地位，在全球500强公司中居于前列的著名跨国公司。在截至2005年1月31日的过去的四个财务季度中，惠普公司的总收入达到了818亿美元。是什么让这个企业如此神奇般地、持续而又有活力地成长呢？其答案就在于惠普的企业文化，在于蕴含其中的有效沟通理念。

一、惠普文化及其沟通理念

惠普中国总裁孙振耀在接受《财富》记者访谈时说："企业文化就像一个人的价值观，平时看不见、摸不着，但关键时刻就会暴露无遗，高下分明。"细心探寻领悟惠普的发展历程，不难看出正是惠普的企业文化保证了它走过经济萧条时期，进而在激烈的市场竞争中脱颖而出。在一项题为"惠普精神：梦想成真"的网上员工问卷调查显示，有75%以上的惠普员工为惠普文化感到自豪和骄傲。著名的"惠普之道"成就了惠普卓越的企业文化，也使惠普公司赢得了业界的普遍尊敬，其中归纳为惠普的七个价值观，即："热忱对待客户，把客户放在一切事情的第一位；信任和尊重个人，相信人们想要做好工作，并且在给予恰当工具和支持时将能够做好工作；追求卓越的成就与贡献，意为不懈追求最佳成果；注重速度和敏捷性，即为要比竞争对手更快地取得成果；专注有意义的创新，是指惠普公司是发明有意义的、重要的技术公司；靠团队精神达到共同目标，意为有效协作是惠普成功的关键；在经营活动中坚持诚实与正直，不能因妥协而放弃正直。"1958年，戴维·帕卡德提出了惠普公司的11条原则，即：①优先考虑其他同事；②帮助他人建立自信心；③尊重他人的个性权利；④真诚称赞他人；⑤杜绝恶意批评；⑥不用试图直接改变他人；⑦尽力去理解他人；⑧反省对他人的初始印象；⑨注意细节；⑩发展合群的天性；⑪坚持不懈。

时至今日，这些基本原则在惠普已经成为全体员工的集体意识和行为习惯，形成了公司引以自豪的优秀企业文化，其中的"真诚称赞他人"、"杜绝恶意批评"、"不要试图直接改变他人"、"尽力去理解他人"、"发展合群天性"等几个原则都直接表明了惠普公司的沟通之道。惠普公司倡导，当发现他人把事情完成好的时候要毫不迟疑地让他知道，给予他应得的夸奖，但这并非是明显地去恭维；要尽量减少否定，因为批评很少能实现其使用者的意图，却总会带来怨恨，最小的否定有时也会导致怨恨，甚至会数年产生不利影响；避免公然地试图改变他人，因为即使人人都知道他是有缺点的，他也不会希望别人试图让他改正缺点。如果你想改进一个人，帮助他实现更高的标准、更加理想的工作目标时，他自身改正要远远有效于你帮他来改正；要尽量去理解他人，要考虑在类似的情况下自己会如何反应，了解他人的理由能使人们之间更好地相处；要发展处于人群中的真正的兴趣，只有拥有真实愿望去喜欢、尊重并帮助他人，才能成功地实现这一原则，获得与他人在愉快的环境下工作的乐趣。

二、惠普沟通的方式和特点

惠普公司非常重视为员工创造最佳的沟通氛围，为此制定了很多相关的政策，既增强了员工个人的满意度和成就感，更确保了公司能够有效进行信息沟通，及时制订并执行解决问题的方案。同时，惠普公司通过与客户进行有效沟通，既与客户之间建立了紧密的联系，更为其产品的开发与推广提供了高价值的全面信息。从惠普之道以及惠普公司的诸多政策、大量案例和调查问卷中可以总结出惠普的独特沟通方式。

首先，进行"走动式的管理"

这项政策是惠普公司的一个帮助经理们和监督者们了解其属下员工和他们正在做的工作，同时使他们自己也更加平易近人的办法。"走动式的管理"是经理们同工厂工人一起致力于解决问题的做法，它解决了书面指令难以面面俱到的缺点，使管理者亲自参与、深入实际。《惠普之道》中特别指出，"走动式的管理"虽然听起来简单明了，但做起来却也有一些微妙之处和必要的条件。

例如，并非每个经理都能轻松、自如地做到这一点。如果做得勉强或不经常做，那就不会管用。它必须是经常的、友好的、不特别专注某个问题的，而且是不安排时间表的——但绝不是漫无目标的。由于它的主要目的是要弄清楚人们的思想和意见，这就需要虚心倾听。

其次，实行"开放式管理"

这项政策是对员工、职能直线经理、人力资源经理、人力资源部雇员关系等的作用和责任进行明确规定，用以确保惠普的开放式工作环境。

例如，在员工的责任条款中规定：员工有责任公开提出问题；与直接上司讨论解决问题的最佳选择；明确而真实地进行沟通交流；了解解决方案应该包括与他人进行交谈；清晰表述具体需要的管理行动等等。在职能直线经理的责任条款中包括：公开倾听员工提出的问题和关注点，争取充分理解；做主解决问题；识别并寻求人力资源经理的帮助以找到解决方案；采取清晰、决定性的行动解决问题等。"开放式管理"政策旨在建立相互信任和理解，以及创造一种环境，使人们感到可以自由表达他们的思想、意见和问题。不管雇员的问题是属于个人的，还是同工作有关的，"开放式管理"政策鼓励他们同一个合适的经理讨论这种问题。从大量的情况来看，这个经理将是雇员的直接上司。但是，如果这个雇员不大愿意同这位上司谈，他(或她)可以越级同较高一级的经理讨论，寻求问题的解决。通过这项政策，人们乐意提出他们可能有的问题或关心的问题，而且经理们通常也能够很快地找出令人满意的解决办法。比尔·休利特和戴维·帕卡德都经常参加不同雇员的"开放式管理"的沟通工作，通常是讨论普遍关心的问题，而不是个人的不满。惠普公司的每个人，包括最高主管，都是在没有隔墙、没有门户的大办公室里工作的。这种开放式的做法虽然也有缺点；但是惠普公司发现这种做法的好处远远超过其不利之处。"开放式管理"政策是惠普管理哲学的不可分割的一部分，而且这个做法鼓励并保证了沟通交流不仅是自上而下的，而且也是自下而上的。

第三，比尔的"戴帽子过程"

在《惠普之道》中特别提到了一个有效的沟通案例就是比尔的"戴帽子过程"。惠普公司 1967 年在纽约市电气和电子工程师学会的贸易展览会上展示它的一台计算机。一位富有创造性的革新者满怀热情地提出一种新思想，第一次找到比尔。比尔马上戴一顶"热情"帽子，他认真地倾听着，在适当的地方表示惊讶，一般是表示赞赏，同时问一些十分温和的、不尖锐的问题。几天以后，他把创新者又叫来，戴的是"询问"帽子。这回提出了一些非常尖锐的问题，对他的思路进行了深入的探讨，有问有答，问得很详细，然后就休会了，未作出最后决定。不久以后，比尔戴上"决定"帽子，再次会见这位革新者。在严格的逻辑推理和敏感的思维下作出了判断，对这个思路下了结论。即便是最后的决定否定了这个项目，这个过程也给予这个创新者一种满足感。这是"惠普之道"中倡导的使人们继续保持热情和创造性的一种极为重要的沟通方式。

第四，亲密的情感沟通

惠普的创始人在公司内部营造了浓郁的家庭气氛，并在其年轻的企业里也创造了对这种亲密的情感沟通方式的认同感。"野餐"被惠普的创始人公认是"惠普之道"的重要内容之一。在早期，惠普公司每年在帕洛阿尔托地区为所有的雇员及其家属举行一次野餐。这是一件大规模活动，主要由雇员自己计划和进行。比尔·休利特和戴维·帕卡德以及其他高级行政人员负责上菜，从而有机会会见所有的雇员及其家属。这是一项很受欢迎的福利，因此后来决定在世界其他地区有惠普人聚居的地方也这样做。公司的发展壮大也波及了公司野餐的规模和性质，随着公司的扩大，每个分公司都将举行自己的野餐会。此外，惠普公司还采取了包括会见所有雇员及其家属的多种多样的感情交流方式。例如，惠普公司经理们很好地利用了喝咖啡时的交谈和其他非正式的雇员集会。雇员的刊物、电影和录像带都是有益的沟通工具,但是没有什么东西比亲自的相互沟通更能促进合作和团队精神,更能在雇员之间建立一种信任和理解的气氛了。

第五,有效的外部沟通——倾听客户

惠普公司获得成功的根本基础,是努力满足顾客的需要。惠普鼓励公司的每一个人经常考虑使自己的活动围绕为顾客服务这一中心目标,认真地倾听客户的意见。"热忱对待客户"位于惠普公司提出的七个价值观的首位,"倾听客户的意见"也是惠普之道的核心部分。在惠普公司,为顾客服务的思想,首先表现于倾听客户意见,并据此提出新的思路和新的技术,在这个基础上开发有用的重要产品。这些新的思路成为开发新产品的基础,而新产品将满足顾客潜在的重要需求。除此以外,惠普公司还提供许多不同种类的产品,以满足不同顾客的需求。兼备彩色打印功能的台式喷墨打印机的问世和成功推广就是惠普有效客户沟通的一个很好的例证。在 1991 年推出台式喷墨 500C 型彩色打印机以前,彩色打印机是很昂贵的,只有那些有特殊需要的用户,才肯出高价购买它。惠普公司的市场调查表明,顾客并不急于购买彩色打印机。当问他们最需要什么样的打印机时,顾客总是把彩色打印机放在末位,但是当问及"如果我们满足了你的黑白打印的所有需要,同时又使你具有彩色打印的能力,而且基本上不需要加钱,那么你是否买这样的打印机?"绝大多数的回答是肯定的。尽管顾客并不想买彩色打印机,但他们对兼有彩色打印功能的打印机是非常感兴趣的。因此惠普公司在认真倾听客户的意见后决定提供兼备彩色打印功能的打印机,其成效是显著的。1991 年各种非撞击式彩色打印机在全世界的销售量约为 36 万台,而 1994 年仅惠普公司一家销售的彩色打印机就几乎达到 400 万台。惠普公司通过与客户有效的沟通,成功地打造了其业务上的辉煌。

三、由惠普沟通得到的启示

从以上的分析和总结中可以看出惠普公司在其企业文化中对沟通的重视和关注。惠普公司成功发展与不断壮大的事实,验证了惠普沟通的有效性。通过有效沟通,惠普公司实现着其"为客户创造价值,助员工实现梦想"的核心价值观。

首先,惠普公司通过有效的信息沟通,提高了决策力和执行力。

信息完全有助于决策判断的科学性和正确性。无论是"走动式管理",还是"开放式政策",也包括"比尔的戴帽子过程",都使得经理们和监督者们更加了解下属员工和他们正在做的工作,掌握了最真实、直接的信息。一方面,通过这些有效的信息沟通方式，有助于领导者掌握更真实、全面的信息，有利于他们在决策之前进行全面的科学分析和判断，进而作出科学的决策；另一方面，从"开放式政策"中的各项责任规定也可以看出，惠普公司的沟通交流不仅是自上而下的，而且也是自下而上的，这些信息沟通也有助于员工（被领导者）了解领导者所作出的决策。只有当被领导者真正理解领导者所作出的决策，才能更好地执行这些决策。惠普公司的信息沟通方式确保了沟通的有效性，进而提高了各项决策的决策力和执行力。

其次，惠普公司通过有效的情感沟通，增强了凝聚力。

感情是建立人际关系的重要基础。惠普公司的情感沟通既体现出公司对员工的关心，也增强了员工的凝聚力和归属感，拉近了经理层与员工之间的距离。一方面，情感沟通能够加深沟通双方之间的信任度，体现出领导者对被领导者的情感尊重，进而增强了企业的凝聚力；另一方面，通过情感沟通有助于消除冲突，消除误解和情感上的隔阂，进而提高了凝聚力。

惠普公司在 2004 年进行的一次内部问卷调查中，有 73％的被访员工表示为公司感到自豪，38％的人觉得温馨和感动，14％的人深受鼓舞。这一调查结果也反映出惠普公司通过有效的情感沟通在公司内营造出了一种友善、随和、信任、理解，而很少有压力的气氛。

再次，惠普公司通过良好的外部沟通，赢得了客户，在市场竞争中获得了成功。

惠普公司与客户的良好沟通，既沟通了有价值的信息，为决策的科学性提供了必要的保障，同时也增进了与客户间的情感，拉近了彼此间的距离，确立了惠普在客户心目中的地位。良好的外部沟通为惠普赢得市场竞争起到了非常重要的作用。

——http://www.kcsh.cn/.2006 年 3 月 12 日

【思考题】

1. 沟通的重要性表现在哪里？
2. 人际沟通中的障碍是什么？如何改善？
3. 正式沟通和非正式沟通有哪些类型？
4. 小道消息有什么特点？
5. 如何克服沟通中的障碍？

第十一章

组织中的激励

【内容提要】

本章系统阐述动机的来源、特点、功能以及激励的形成过程，介绍分析内容型激励理论中的需求层次理论、ERG理论、双因素理论、成就激励理论，分析过程型激励理论中的期望理论、公平理论、强化理论，进行激励工作设计，探讨实践中激励的一些做法。

【本章重点】

1. 内容型激励理论。
2. 过程型激励理论。
3. 激励的工作设计。

第一节　动机理论

一、动机理论

(一)动机的含义

根据心理学家所揭示的规律，人之所以会采取某种特定的行为是由其动机所决定的。一个人愿不愿意从事某项工作，工作积极性是高还是低，完全取决于他是否具有进行这项工作的动机及动机的强弱。动机强弱的不同会直接影响一个人工作的积极性，以及其努力程度，进而会影响到一个企业的经济绩效。在现实生活中，我们常常可以看到具有同样工作能力的人，工作的效率却差异很大，有时甚至是工作能力弱的人反而比工作能力强的人取得更好的业绩。究其原因，常常是因为后者的积极性没有被调动起来，即动机没有被激发。

那么,什么是动机呢? 所谓动机是个体试图通过某种行为满足其需要的直接动力,是一个人产生某种行为的直接原因。了解动机,对于管理者调动员工的积极性大有益处。

(二)动机的来源

行为科学认为,人的需要是动机的基础,动机是驱使人产生某种行为的内在力量,它是由人的内在需要所引起的。需要是指人们对某种目标的渴求,它是使某种结果变得有吸引力的一种心理状态。正是这种欲望驱使人去采取某种行为。而人之所以会有某种需要,是因为人自身的某些要求没有得到满足。当一个人要求满足这些未满足的需要时,他就会努力追求他所需要的东西。比如,当一个人出现饥饿症状时,他会想尽办法寻找食物;当一个人感觉无助时,他会去寻求帮助。等等。总之,为满足的需要是形成人的行为动机的根本原因,一个人的行为,总是直接或间接、自觉或不自觉地是为了实现某种需要的满足,因此,研究人的行为及其规律,必须研究人的需求。

(三)动机的形成

动机是个体和环境相互作用的结果,有的人之所以懒,不是他没有动机,而是因为他的动机没有被激发。人的行为举止,在正常情况下都是有动机的。动机是在需要的基础上产生的,动机的产生必然是因为其有某种未满足的需要,但反过来,并不是有需要就会产生引发动机的行为,只有当人的需要达到一定的强度时,动机才会形成。当人的需要还处于萌芽状态时,它以不明显的模糊的形式反映在人的意识之中,这时的需要是一种意向;当需要不断增强,人比较明确地知道,是什么使其不安,并意识到可能通过什么手段来满足需要时,意向转化为愿望;当人的心理进入愿望阶段后,在一定的外界条件刺激下就可能形成为满足此种需要而行动的动机。也就是说,有需要,还要有一定的诱因,才能产生现实的动机,导致行为的发生。可见,形成动机的条件一是内在的需要,二是外部的诱导、刺激。其中内在的需要是促使人产生某种动机的根本原因。

(四)动机的特点

根据以上的分析,动机具有以下几个特点:

(1)动机是一种内在力量,具有内隐性。我们无法直接了解别人的动机,而只能通过观察其行为来判断一个人的动机。

(2)动机是高度个性化的。同样的行为,不同的人可能具有不同的动机。因为不同的需求可以通过同样的行为来得到满足。

（3）动机是受目标控制的。人之所以愿意做某事，是因为做这件事本身能满足其个人的某种需求，或完成这件事能给他带来某种需求的满足。

（五）动机的功能

动机在人类活动中具有唤起、维持、强化人的行为这三大功能。

（1）动机能唤起人的行动。人的行为总是由一定的动机引起的，动机可驱使一个人产生某种行为。

（2）动机能维持人的行为趋向一定的目标。动机不仅能唤起行动，而且能使人的行为具有稳固的和完整的内容，沿着一定的方向前进。

（3）动机能巩固或修正行为。动机会因为良好的行为结果，使行为重复出现，从而使行为得到加强；动机也会因为不好的行为结果，而使这种行为减少以至于不再出现。

二、激励

什么是激励？美国管理学家贝雷尔森（Berelson）和斯坦尼尔（Steiner）认为，“一切内心要争取的条件、希望、愿望、动力等都构成了对人的激励。……它是人类活动的一种内心状态”。[①] 实际上，我们之所以做某件事情是由于一些激励因素的存在，激励指的是存在于人的内部或外部的，能唤起人们热情和耐力去做某件事的力量。员工的激励会影响到生产率，管理者工作的一部分就是把激励和完成组织的工作目标结合在一起。对激励的研究可以帮助管理者理解是什么因素促使员工主动采取行动，采取何种行动，以及他们为什么采取这种行动。

人类有一些基本需求，例如饮食、成绩和金钱等，这些因素转化成为内部压力，驱使人们采取一些专门的行动来满足这些需求。根据行为成功的程度，人们就得到了奖赏和认识到自己的需求获得了满足。这种奖赏也告诉人们，该种行为是恰当的，以后还可以继续做。

奖励可以分为内在的和外在的奖励。内在奖励是指人在执行某个特定行为的过程中所获得的满足感。如完成一个复杂的任务可以使人有一种愉悦的实现感；解决某个有益于他人的问题也可使人满足。外在奖酬是指别人给予的，特别是管理者，包括提升和奖金，它们来自外部，是他人施与之结果。

人们有各种各样生理的、社会的和心理的需求，在一个组织中，组织成员的个人目标就是满足这些需要。因此，各个组织可通过一系列针对员工需求

① 小倉姆斯等著：《管理学基础》，中国人民大学出版社 1982 年版，第 195 页。

的东西如金钱、工作保障、提升等来引导人们从事各种各样的工作。动机驱使人们工作,并且根据其工作业绩得到各种奖励。当员工对这些奖励感到满意时,他会重复其高效率的行为;如果他对奖励不满意,则会偷懒。在组织中,激励的过程如图 11-1 所示。

激励的重要性在于它可以使组织有更好业绩的行为发生。有研究表明,业绩和利润高的企业对员工的激励做得也很好。管理者可以运用激励理论来满足员工的需求,同时鼓励员工高质量地完成工作。

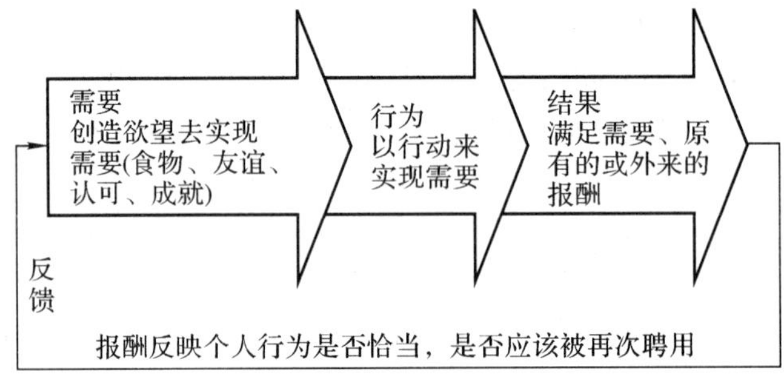

图 11-1 一个简单的激励模型

第二节 内容型激励理论

需求满足型激励理论强调被激励对象的需求。在任何时候,人们总有一些基本要求,比如饮食等。这些需求产生内在动力,使人们从事一些专门的活动以满足这些要求。只要管理者了解人们的需求,那么组织的奖励系统就会满足员工的要求,并驱使员工将自己的精力和财富贡献给组织。

一、需求层次理论

美国心理学家马斯洛在 1943 年所著的《人的动机理论》中,提出了需求层次理论。他认为人们的需要是多样的,并且是以层次的形式存在的(见图 11-2)。马斯洛按照等级顺序将人们的需要分为五大类,由低到高依次为生理需要、安全需要、社会需要、尊重需要和自我实现的需要。

(1)生理需要。这是人类最基本的需求,包括食物、水、住所以及其他方面的生理需要。在组织环境中,这一需要体现为对足够的热量、空气以及保障基本生存的工资的需要。

(2)安全需要。指人们对安全的生理与情感的需要,以及人们不受威胁的

工作之外需求的满足	需求层次	工作之内需求的满足
教育、宗教、习惯和个人成长	自我实现需要	培训机会、个人进步与发展、创造力
家庭成员、朋友和社会的承认	尊重需要	被承认，身份和地位提高，承担更多的责任
有家庭、朋友和自己的生活圈子	归属需要	处理好与工作小组、客户、同事和管理者的关系
远离战争、污染和暴力	安全需要	工作安全、奖金和额外福利、工作稳定
食品、水和性	生理需要	温暖、空气和基本的工资水平

图 11-2　马斯洛的需求层次论

需要。在组织环境中，这一需要体现为人们对安全的工作、工作场所的安全保护以及对附加福利的需要。

(3)社会需要。体现为人们希望被同代人接受，享有友谊，属于某个群体，为人所爱。在组织中，这种需要影响着人们，与同事形成良好的关系，参与团队工作，并与上级友好相处。

(4)尊重需要。指人们需要他人的注意、肯定和欣赏以建立良好的自我形象。在组织中，这一需要体现为希望受到肯定，增加其所承担的职责，地位提高，并对组织有所贡献。

(5)自我实现需要。这是人们需求的最高层次。它关注人们爱心的树立，强化人们的能力，使人们在自我发展的道路上有所提高。在组织内，自我实现的需要可以通过为人们提供成长和富有创造力的机会，以及使人们获得培训的机会以迎接新的工作任务的挑战而获得。

根据马斯洛的理论，低层次的需要应首先得到满足，这些需要的满足应按顺序进行。即生理的需要先于安全需要，安全需要先于社会需要，等等。一个追求生理需要的人会将其精力放在赢得一个安全的工作环境上，他不会关心是否受尊重或能否自我实现，一旦某种需要得到满足，这种需要的重要性就降低了，高层次的需要提上日程。一旦某一层次的需求得到满足，这种需要的重要性就降低了。

一般而言，生理需要和安全需要被认为是低级需要，而社会需要、尊重需要和自我实现需要被认为是高级需要，两级的划分建立在这样一个前提条件下：高级需要是从内部使人得到满足，低级需要主要是从外部使人得到满足。个体的需要是逐层上升的。从激励的角度来看，没有一种需要会得到完全的满足,但只要得到部分的满足,个体就会转向其他方面的需要。按照马斯洛的观点,如果希望激励某人,就必须了解此人目前所处的需要层次,然后着重满足这一层次或在此层次之上的需要。

二、ERG理论

阿尔德弗(Clayton Alderfer)1969年在《人类需要新理论的经验测试》一文中修改和简化了马斯洛理论,并填补了该理论缺乏实证研究的空白。

ERG理论将人类所有的需求归纳成三种:

(1)生存的需要。即人们生理方面的需要。

(2)相互关系的需要。指的是与外界发展友好关系的需要。

(3)成长的需要。关注对人们潜力的开发以及人们对个人成长和能力增长的需要。

ERG模式与马斯洛的需求层次理论相似:两者都认为人类的需要是层次化的。然而,阿尔德弗减少了需要层次的数量,并提出沿层次上升的过程是复杂的,表现了一种挫折——退步原则,即未能成功地达成一个高级需要可能会使人重新回到已经达成的低级需要上。ERG模式比马斯洛的理论更加灵活,表明个体在沿层次上升的同时也有可能下降,这取决于他们满足自己需求的能力。

三、双因素理论

20世纪50年代末期,美国心理学家赫茨伯格(F. Herzberg)与大量的受到工作激励的员工和对工作感到失望的员工交谈,结果表明与对工作不满相连的工作特性和与工作满意相连的工作特性截然不同。于是将其提炼为影响激励的双因素理论。

双因素理论的内容见图11-3。图的中心地带是中立部分,员工觉得工作满意程度一般。赫茨伯格认为两种完全不同的因素影响着员工的工作行为。第一类称为保健因素,这些因素有的可能会导致员工对工作不满,有些则不会。可归入此类的因素包括工作环境、薪水以及企业政策和人际关系。当外部环境不良时,员工对工作会产生不满。但良好的外部环境仅仅只能消除不满意因素,其本身不能促使人们感到满意并激励人们工作。

第二类因素是激励因素。即高层次的需求,包括业绩、赏识、责任、成长机会。赫茨伯格认为当缺乏激励因素时,员工对工作持无所谓态度,但存在激励机制时,员工感到高度满意并受到激励。因此,保健因素和激励因素体现着影

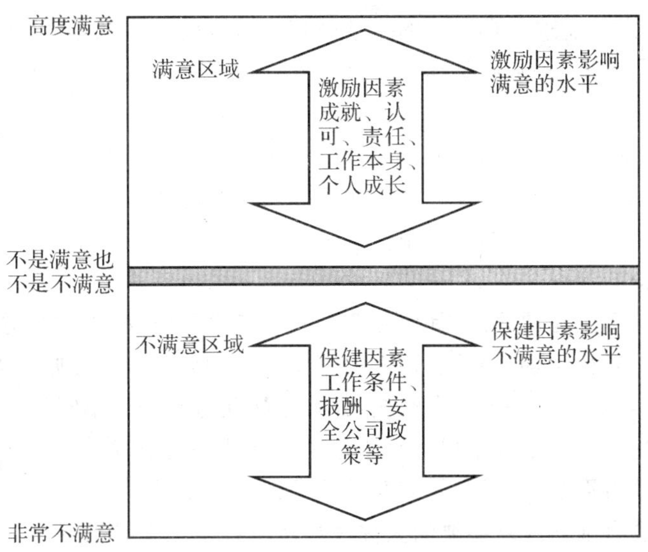

图 11-3　赫茨伯格的双因素理论

响在激励中起截然不同作用的两种因素。保健因素只在不满意区域起作用。例如，危险或嘈杂的工作环境会引起员工的不满，但解决这些问题并不能保证员工得到激励。而一些激励因素，如挑战性工作、责任和被人承认等，对于激励员工努力工作则起到无法替代的作用。

对于管理者来说，双因素理论的内涵是很清楚的。运用保健因素能消除人们的不满但并不能激励人们达到更高的业绩。另一方面，赏识、挑战以及个人成长的机会是强有力的激励因素，它们会带来高度的满意感并提高业绩。管理者的角色就是消除不满意因素，即提供保健因素以满足人们的基本需求，然后使用激励因素以满足人们高层次的需求并推动员工做出更好的业绩，获得更高的满足感。

需要注意的是，对于哪些属于激励因素，哪些属于保健因素，赫茨伯格是根据对美国 20 世纪 50 年代末部分工程师和会计师的调查得出的，并不一定符合各国的实际。对于每一个人来说，不仅需要因人而异，激励因素和保健因素也会各不相同，对一个人来说是激励因素，对另一个人来说可能是属于保健因素。因此，在实际运用中，应区别对待不同人的保健因素和激励因素，才能提高激励效果。

四、成就激励理论

大卫·麦克利兰(David McClelland)等人提出了这一理论。成就激励理论认为，特定的需求是在个人的生活过程中获取的。也就是说，人们的这种需求并不是与生俱来的，而是在其生活经历中不断产生的。这种理论将人的需要划分为三类：

(1)成就需要。达到标准、追求效率、争取成功的需要。

(2)归属需要。建立友好亲密的人际关系的愿望。

(3)权力需要。影响或控制他人且不受他人控制的欲望。

该理论的观点归纳如下：

(一)除了生理需要外，其他需要分别是归属需要、权力需要与成就需要

人们需要社交，需要得到别人的接纳与认可，这是大家所公认的；除此之外，人们还需要获得一定的支配权，并希望能获得成功。不同的人对这三种基本需要的先后次序和重视程度是不同的。追求事业的人，一般更重视追求成就需要和权力需要，而对归属需要的追求则相对较弱。

(二)具有强烈成就需要的人往往显示出以下三个特征

1.喜欢能够发挥独立解决问题能力的工作环境

他们喜欢独自面对挑战性的问题，如果某一问题不是他们能独立解决的，他们就不会有成就感。只有当问题是靠他们自己的努力解决的，他们才会感到满足。因此，高成就需要的人愿意对其行动承担责任，在工作中相信自己的能力，敢于作出个人决断。

2.往往倾向于谨慎地确定有限的成就目标

他们对成功有一种强烈的要求，同样也非常担心失败。他们对待风险采取一种现实主义的态度，倾向于承担中等程度的风险。因为如果目标过低，风险很大，则成功的机会过于渺茫，会使他们难以体会到成功的喜悦。

3.希望得到对他们工作业绩的不断反馈

高成就需要的人很想了解其工作业绩的优劣，如果能够从上级那里得到嘉奖或表扬，他们就会感到莫大的满足。

(三)培养人们高成就需要的方法

(1)个体应努力获得有关自己工作情况的反馈，以提高自己获得成功的信心，从而增强追求成功的欲望。

(2)选择一种获得成功的模式，如模仿成功人物的做法。

(3)努力改变自己的形象，把自己设想为某个追求成功和挑战的人。

(4)根据现实情况审时度势，提出切实可行的目标，并付诸实施。

这一理论把重点放在鉴别和培养成就需要上，丰富了马斯洛对自我实现需要的描述，它对于管理者发现高成就需要的人及培养下属的成就需要是非常有用的。但这一理论对于管理者应如何激励占绝大多数的低成就需求者的问题没有进行深入研究。

第三节　过程型激励理论

过程型激励理论解释了员工怎样选择其行为以满足他们的需要,从而决定他们的选择是否成功。过程型激励理论有三种基本理论:公平理论、期望理论和强化理论。

一、公平理论

公平理论主要研究个体对自己是否被平等对待的看法。该理论是美国心理学家亚当斯(J. S. Adams)于 20 世纪 60 年代首先提出来的,也称为社会比较理论,它探讨的主要是个人所做的贡献与他所得的报酬之间如何平衡的问题。

根据该理论,如果人们认为自己的贡献与获得的报酬是基本平衡的,他们就会认为自己受到了公平的对待。人们用投入产出比衡量是否公平。对工作的投入包括教育、经验、努力以及能力;产出包括薪水、赏识、利益、升职(见表 11-1)。如果员工感觉到自己的比率与他人相同,则为公平状态;如果感到两者的比率不相同,则产生不公平感,也就是说,他们会认为自己的收入过低。这种不公平出现后,员工们就会试图去纠正它。

表 11-1　公平理论

觉察到的比率比较	员工的评价
所得 A/付出 A＜所得 B/付出 B	不公平(报酬过低)
所得 A/付出 A＝所得 B/付出 B	公平
所得 A/付出 A＞所得 B/付出 B	不公平(报酬过低)

注:A 代表某员工;B 代表参照对象

在公平理论中,员工所选择的与自己进行比较的参照对象是一重要变量,一般有三种:“他人”、“制度”和“自我”。其中,“他人”包括同一组织中从事相似工作的其他个体,还包括朋友、邻居及同行。员工主要通过口头、报纸及杂志等渠道获得有关工资标准、最近的劳工合同等方面的信息,并在此基础上将自己的收入与他人进行比较。

“制度”是指组织中的薪金政策与程序以及这种制度的运作。对于组织层面上的薪金政策，不仅包括那些明文规定，还包括一些隐含的不成文规定。组织中有关工资分配的惯例是这一范畴中主要的决定因素。

“自我”是指员工自己在工作中付出与所得的比率。它反映了员工个人的过去经历及交往活动，受到员工过去的工作标准及家庭负担程度的影响。

特定参照对象的选择与员工所能得到的有关参照对象的信息，以及他们所感知到的自己与参照对象的关系有关。基于公平理论，当员工感到不公平时，他们可能会采取以下做法：

(1)曲解自己或他人的付出或所得。

(2)采取某种行为使得他人的付出或所得发生改变。

(3)采取某种行为改变自己的付出或所得。

(4)选择另外一个参照对象进行比较。

(5)辞职。

公平理论认为，每个人不仅关心由于自己的工作努力所得到的绝对报酬，而且还关心自己的报酬与他人报酬之间的关系。他们对自己的付出与所得和他人的付出与所得之间的关系进行判断。他们以对工作的付出，如努力程度、工作经验、教育程度及能力水平为根据，比较其所得，如薪金、晋升、认可等因素。如果发现自己的付出——所得比与他人的付出——所得比不平衡，就会产生紧张感，这种紧张又会成为他们追求公平和平等的动机基础。

具体而言，公平理论对报酬分配提出了以下四点建议：

(1)按时间付酬时，收入超过应得报酬的员工的生产率水平将高于收入公平的员工。按时间付酬能够使员工生产出高质量与高产量的产品，以增加自己收入—付出比率中的付出额，保持公平感。

(2)按产量付酬时，收入超过应得报酬的员工比那些收入公平的员工来说，产品生产数量增加不多，而主要是提高产品质量。计件付酬的方式将使员工为实现公平感而加倍付出努力，这将促使产品的质量或数量得到提高。然而，数量上的提高只能导致更高的不公平，因为每增加一个单位的产品导致了未来的付酬更多，因此，理想的努力方向是提高质量而不是提高数量。

(3)按时间付酬对于收入低于应得报酬的员工来说，将降低他们生产的数量或质量。他们的工作努力程度也将降低，而且相比收入公平的员工来说，他们将减少产出数量或降低产出质量。

(4)按产量付酬时，收入低于应得报酬的员工与收入公平的员工相比，他们的产量高而质量低。在计件付酬中，应对那些只讲产品数量而不管质量好坏的员工，不实施任何奖励，这种方式能够产生公平性。

二、期望理论

期望理论的提出者是美国的心理学家是 V. 弗鲁姆(Victor Vroom)。这一理论并不关注人们需求的类型，它关心的是人们用来接受奖励的思考方式。它以个人的努力和他所取得的成绩，以及与之关联的期望产生的成就之间的关系为基础。

这一理论认为，当人们预期到某一行为能给个人带来既定结果，且这种结果对个人具有吸引力时，个人才会采取这一特定行为。它包括以下三项变量或三种联系：

(1)努力—绩效的联系。个人感觉到通过一定程度的努力而达到工作绩效的可能性。

(2)绩效—奖赏的联系。个人对于达到一定工作绩效后即可获得理想的奖赏结果的信任程度。

(3)奖赏—个人目标的联系。这一奖赏能否满足个人的目标？吸引力有多大？

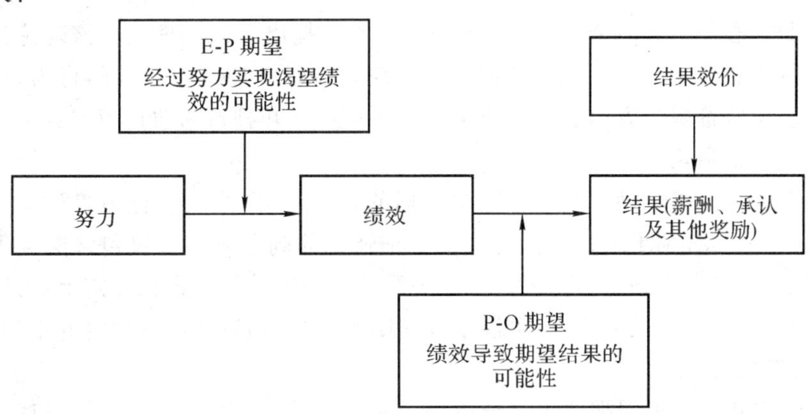

图 11-4　期望理论主要构成要素

一个人从事工作的动机强度取决于他认为自己能够实现的理想的工作绩效的信念程度。在期望理论中包含着四个步骤：

(1)员工感到这份工作能提供什么样的结果？这些结果可以是积极的，如工资、人身安全、同事友谊、信任等；也可以是消极的，如疲劳、厌倦、挫折、焦虑等。

(2)这些结果对员工的吸引力有多大？他们的评价是积极的、消极的还是中性的？这一问题与员工的态度、个性及需要有关。如果员工发现某一结果对他有特别的吸引力，他将努力实现它。反之，则放弃。

(3)为得到这一结果，员工需采取什么样的行动？只有员工清楚明确地知道为达到这一结果必须做些什么时，这一结果才会对员工的工作绩效产生影响。比如，员工需要知道在绩效评估中"工作出色"是什么意思，使用什么样的标准来评价他的工作绩效。

(4)员工是怎样看待这次工作机会的？在员工衡量了自己可以控制的决定成功的各项能力后，他认为工作成功的可能性有多大？

期望理论的基础是自我利益，它认为每一位员工都在寻求获得最大的自我满足。期望理论的核心是双向期望，管理者期望员工的行为，员工期望管理者的奖赏。期望理论的假设是管理者知道什么对员工最有吸引力。期望理论的员工判断依据是员工个人的知觉，而与时间情况不相关。不管实际情况如何，只要员工以自己的知觉确认自己经过努力工作就能达到所要求的绩效，达到绩效后能得到具有吸引力的奖赏，他就会努力工作。

三、强化理论

美国心理学家斯金纳(B. F. Skinner)首先提出了这一理论。该理论认为人的行为是对其所获刺激的函数。组织应该着眼于如何引导人的行为，使它朝着组织所希望的方向前进。斯金纳提出了以下几种行为改造策略：

(一)正强化

正强化是指奖励那些符合组织目标的行为，以便使这些行为得到进一步的加强，从而有利于组织目标的实现。正强化的刺激物不仅仅包含奖金等物质奖励，还包含表扬、提升、改善工作关系等精神奖励。在强化方式上，可以采取连续的、固定的正强化，也可以采取间断的、时间和数量都不固定的正强化。

(二)负强化

负强化是指惩罚那些不符合组织目标的行为，以使这些行为削弱直至消失，从而保证组织目标的实现不受干扰。负强化的刺激物包含减少奖酬或罚款、批评、降级等。在实施方式上，应以连续负强化为主，即对每一次不符合组织目标的行为都应及时予以负强化，消除人们的侥幸心理，减少直至完全避免这种行为重复出现的可能性。

(三)不强化

不强化是指对某种行为不采取任何措施，既不奖励也不惩罚。这是一种消除不合理行为的策略，因为倘若一种行为得不到强化，那么这种行为的重复率就会下降。

（四）惩罚

惩罚就是对不良行为给予批评或处分，它可以减少这种不良行为的重复出现，弱化行为。但惩罚一方面可能会引起怨恨和敌意，另一方面随着时间的推移，惩罚的效果会减弱。因此在采用惩罚策略时，要因人而异，注意方式和方法。

（五）综合策略

综合策略是指对某人的不同行为采取一种以上的策略。当有两种互不相容的行为，即一种合理另一种不合理时，可采用综合策略强化合理的行为，减少或消除其他不合理的行为。

在斯金纳强化理论的基础上，研究者又形成了一些有助于运用行为强化思想的规则，如哈姆纳（Hammer）提出的六项行为规则：

（一）不能以同样的方式奖酬所有的人，绩效大小不同，奖酬也应不同

如果管理者给每一个人以同样的奖励，其结果是惩罚了完成工作最好的，奖励了工作最差的。当这种情况发生时，前者会改变工作的积极行为。

（二）无反应本身具有强化的效果

管理者经常通过他们不做某些事和实际做某些事来塑造下属的行为。例如，不纠正一个员工上班迟到的行为，有可能被认为上班迟到是对的。管理者必须仔细检查他们作出反应或不作出反应将导致的后果。

（三）一定要告诉下属，他们怎样做才可能得到奖励

通过让下属清楚强化的灵活性，管理者能增加其下属的工作自由度。

（四）告诉下属他们正在做的哪些事是错误的

这个信息能帮助下属懂得如何改变工作习惯，否则下属就不可能明白为什么奖励被取消或为什么惩罚他。

（五）不要在下属的同事面前惩罚下属

如果这样做了，这个人实际上被惩罚了两次，可能导致下属寻找抵制管理的方式，其结果对在场的人都不好。

（六）使结果和行为相一致

这要求管理者公正地对待下属。如果一个人工作出色，就应得到适当的奖励；否则他们就会有意控制自己的努力和产出。如果某些人实际得到的比应得的多，就常常会使这些人认为没有理由再增加他们的努力。

强化理论是影响和引导员工行为的一种重要方法，通过表扬和奖励可以使动机得到加强，行为得到鼓励；通过批评、惩罚等可以否定某种行为，使不好的行为越来越少。不过，在运用强化理论时，要注意管理者应以正强化为主。同时，无论是表扬还是批评都要在调查研究的基础上，实事求是，及时准确；另外，针对不同的人，强化的方式应有所不同。

第四节　激励的工作设计

一、激励的工作设计

工作设计就是要把激励理论运用到工作结构中，以提高员工的生产率和满意度。工作设计的方法通常包括工作简化、工作轮换、工作扩大以及工作丰富化。

（一）工作简化

工作简化是建立在科学管理和工业工程技术的基础之上的，通过减少某一个员工必须要完成任务的数量来提高完成任务的效率。设计的任务必须简单、重复并且标准化。由于工作任务不复杂，员工就能集中注意力做好这一重复性的工作。一般来说，技术水平低的员工可以做这一类工作，企业的效率水平会因此而提高。事实上，员工还可以互换工作，因为这些工作不需要大量的培训或者技术。然而，作为一种激励技巧，工作简化并不成功。因为人们不喜欢枯燥乏味的重复性工作，他们采取的是消极抵抗的方式。

（二）工作轮换

工作轮换将员工有计划地从一个工种转换到另一个工种，从而使员工完成的工作数量增多却不增加任何工作的复杂度。工作轮换也要依靠工程技术的效率，但却为员工提供了变化和激励。尽管员工一开始也许觉得新工作比较有趣，随着他们对新工作的掌握加深，新工作也就越来越失去了吸引力。

（三）工作扩大

工作扩大是将几种任务综合成为一种任务。这是针对那些认为工作过于简单而情绪不满的员工制订的。此时，员工不是仅对一项任务负责，他可能要完成三到四项任务。工作扩大为员工提供了变化，并对员工的工作能力提出挑战。

（四）工作丰富化

工作丰富化不是仅仅改变工作的数量和频率，它包括工作责任、赏识、成长机会、学习以及成就等多种激励因素。在一个丰富化的工作环境中，员工对工作的要素有控制权，对于应该怎样完成工作有决策权，完成工作时能感受到个人的成长，并且能决定自己工作的速度。

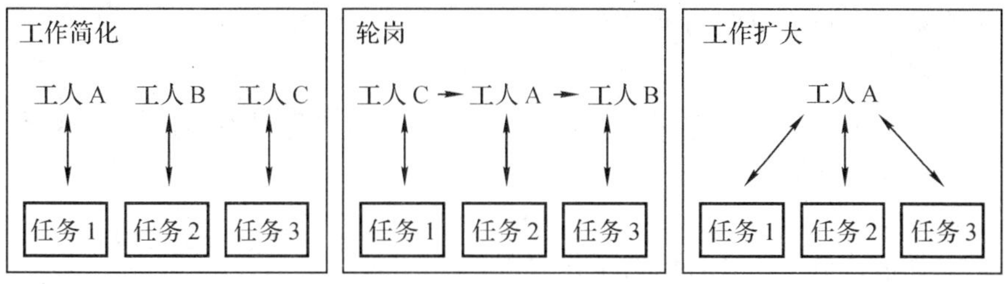

图 11-5 工作设计类型

二、工作特性模式

Richard Hackman 与 Greg Oldham 提出工作特性模式是工作设计的一种重要方法。他们的研究主要是工作的再计划，指改变工作以增加员工的工作质量与生产效率。在大量实证研究的基础上，他们总结出工作特点模式，图11-6 说明了这一模式。该模式由三个主要部分组成：工作内核、临界心理状态和员工成长需求的强度。

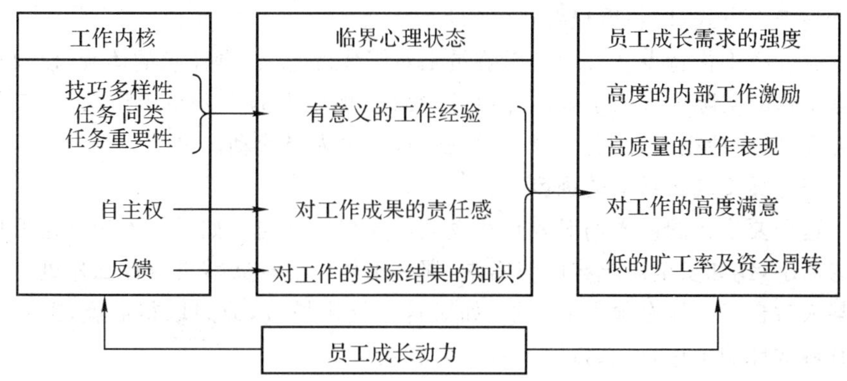

图 11-6 工作特性模式

(一)工作内核

Richard Hackman 与 Greg Oldham 区分了五种决定工作激励潜力的具体内容。

1. 技术种类

它是完成某种工作所需要的不同技能的组合。

2. 任务特性

它是指员工完成的工作具有明确的特征。

3. 任务重要性

它是指工作对企业的重要性。

4. 自治

它是指员工在多大程度上享有自由，对何种情况可以做出判断以及在计划和执行任务时有多少自决力。

5. 反馈

它是指让员工了解自己的工作表现。

工作特点模式认为在工作设计中，如果能更多地考虑这五个因素，员工所受到的激励就会更大，工作业绩和质量就会越高，员工的满意度就越大。

(二)临界心理状态

该模式假定当个体对工作设计的反应经历三种心理状态时，工作内核会更加有效。在图 11-6 中，技术种类、任务特性以及任务的重要性会影响员工体验工作意义的心理状况。工作本身令人满意会为员工带来内在的奖励；自治的工作特点影响着员工体验工作所赋予的责任感；反馈的工作特点使得员工能了解自己的工作实际效果如何。员工因而知道自己做得如何，并因此可以调整工作方式，以获得想要达到的目标。

这五个工作特点从心理上影响员工对工作的意义、责任感的体验，以及对自己工作的实际效果的了解。并由此导致出现以下的个人与工作结果：工作动力极高、业绩很好，高度满意，低缺勤率，较少人员流动。

(三)员工成长需求的强度

这一要素指的是人们对成长和发展需要程度如何。如果某人想满足低层次的需求，比如安全需求与归属需求，那么工作特点模式就没有什么用处。如果某人对自我发展有很大的需求，如对自己提出挑战，或想取得成就，或想做富有挑战性的工作，那么该模式就极为有效。

第五节　从理论到实践：如何激励员工

所有的激励理论都是一般而言的，而每个员工都有自己的特性，他们的需求、个性、期望和目标等个体变量各不相同。作为一名管理者，在进行激励时，必须针对部下的不同特点采用不同的方法，其中常用的主要有四种：工作激励、成果激励、批评激励及培训教育激励。工作激励是指通过分配恰当的工作来激发员工内在的工作热情；成果激励是指在正确评估工作成果的基础上给员工以合理奖酬，以保证员工行为的良性循环；批评激励是指通过批评来激发员工改正错误行为的信心和决心；培训教育激励则是指通过思想、文化教育和技术知识培训，通过提高员工的素质，来增强其进取精神，激发其工作热情。

一、合理设计，分配工作

根据激励理论，一个人的投入产出率取决于其所从事工作是否与其所拥有的能力、动机相适应。通过合理设计和分配工作，能极大地激发员工内在的工作热情，提高其工作业绩。这就要求在设计和分配工作时，做到分配给员工的工作与其能力相一致，所设计的工作内容符合员工的兴趣，所提出的工作目标富有挑战性。

（一）内容要考虑员工的特长和爱好

每个人都是一个不同于他人的独特的个体，其所拥有的文化水平和工作能力各不相同，而且不同的工作对于人的知识和能力的要求也各不相同。要做到人尽其才，就必须根据个人不同的知识和能力来设计和安排工作，把人与工作有机地结合起来。

这就要求管理者在设计和安排工作前，要事先对每个员工的才能结构有一个比较清楚的认识，这是合理安排人力资源的前提。为此，管理者在平时要注意观察个人的工作情况，通过工作轮换，从实践中了解每一个员工的才能结构。

与此同时，在设计和分配工作时，要从最大限度地发挥员工的才能结构出发来考虑问题。因为每一个人都有其特定的优势和劣势。这是因为一方面人的精力有限，一般人只能把自己有限的精力集中于一个或少数几个领域，因此，水平再高的人也总有自己的不足之处；另一方面，水平再低的人也总有些独到之处。况且，由于分工的不同，工作对人的要求也是不尽一致的。合理地使用人力资源，扬长避短，使每一个人都从事其最擅长的工作，是一个管理者的基本任务。

由于一个人的工作业绩与其动机强度有关，因此设计和分配工作时，还要求在条件允许的情况下，尽可能地把一个人所从事的工作与其兴趣爱好结合起来。当一个人对某项工作真正感兴趣，并爱上此项工作时，他便会千方百计地去钻研，去努力克服困难，努力把这项工作做好。

（二）工作目标应具有一定的挑战性

设计和分配工作，不仅要使工作的性质和内容符合员工的特点和兴趣，而且要使工作的目标和要求具有一定的挑战性，这样才能真正激发员工奋发向上的精神。

根据“成就激励论”，人们的成就需要只有在完成了具有一定难度的任务时才会得到满足，如果管理者为保险起见，把一项任务交给一位能力远远高于任务要求的员工去做，这位员工凭实力可马上开展工作。但当他了解到任务的实质，他就会感觉到自己的潜力没有得到充分的发挥，随着时间的推移，他会对该项工作越来越不感兴趣，越来越不满意，工作积极性也随之下降。

与此相反，管理者或许会从迅速提高员工的技术水平和工作能力出发，把这项任务交给一位工作能力远远低于该项工作要求的员工去做。那么，根据期望理论，这位员工也许一开始就觉得自己不可能完成这项任务而放弃一切努力；即使这位员工在管理者的鼓励下，开始时努力做，也会在经过几次努力而未获得成果后，灰心丧气，不愿再做新的尝试。

正确的方法是：把这项任务交给一个能力略低于工作要求的员工，或者说，应该对一位员工提出略高于其实际能力的工作要求与目标。如果这位员工努力，那么，这项工作就有可能完成，目标就有可能实现。这样，不仅能在工作中提高员工的工作能力，而且能使员工获得一种成就感，从而能较好地激发出员工内在的工作热情。

二、针对员工的需求给予合理的报酬

由于每位员工的需要不同，因此对某人有效的强化措施，可能并不适合于其他人。管理者应当根据员工的差异对他们进行个别化的奖励，管理者能够支配的奖励措施包括加薪、晋升、授权、参与目标设定和决策的机会等。管理者要控制员工的行为，使得它向着有利于组织目标的方向行动，就必须把奖励的内容与员工的需求相结合，奖励的多少与工作业绩的高低相挂钩。

（一）奖励必须能在一定程度上满足员工的需求

首先，管理者要了解员工希望从工作中得到什么，即要了解员工的需求，然后才能确定合适的奖励。管理者经常以为自己知道员工的需求，并以自己觉得不错的奖励来激发员工。遗憾的是，有时并不一定是员工所希望的。一旦发生这种情况，管理者设置奖励制度的有效性就非常有限。

那么，管理者应当怎样了解员工的需求呢？一种方法是根据前人的或组织内部进行的研究结果，例如，马斯洛对于人类需求的研究结果，它为管理者认识员工的需求提供了一个基本框架。另一种方法是直接询问员工或者通过与员工一起工作和生活来体验员工的需求。另外，与员工保持良好的人际关系，也会使管理者便于获得有关员工需求的信息。

知道了员工的需求之后，管理者就可以据此来设置奖品。奖励可以是物质奖励，也可以是精神奖励；可以是正强化，也可以是负强化。但不管怎样，都必须针对员工的需求，有效地引导员工的行为。

（二）奖励应与绩效挂钩

管理者必须使奖励与绩效相统一，只有奖励因素而不是绩效才能对其他因素起到强化作用。主要的奖励如加薪、晋升，应该授予那些达到了特定目标的员工。管理者应当想办法增加奖励的透明度，如消除发薪的保密性，代之以公开员工的工资、奖金及加薪数额，这些措施将使奖励更加透明，更能激励员工。在具体方法上，可以采用以下几种：

1. 按绩分配

按绩分配即直接根据工作业绩支付报酬。它使每一位员工都专注于自己的工作，根据工作成果领取报酬，业绩越好，报酬越多，如计件工资制。

2. 按效益分配

按效益分配即把奖励与员工对组织的贡献直接挂钩。这是一种把组织生产率与员工的收入相联系的管理方法，它有助于员工群策群力，以积极的态度去解决组织在质量、生产率和其他方面存在的问题，因为根据其所带来的组织业绩的提高，员工将获得相应的报酬。如合理化建议奖、新产品开发奖、利润分享制度等。

3. 按劳分配

按劳分配即根据工作量支付报酬。从理论上讲，工作业绩与工作数量之间并不一定存在着必然的联系，组织应该按员工的工作业绩而不是工作努力程度来支付报酬。但事实上，很多工作无法用客观的标准来衡量业绩的大小，而且一个组织中的很多工作的完成是团队努力的结果，个人在其中的努力成果很难量化。在这种情况下，管理者就只好根据对每一位员工工作量大小的评估进行奖惩，如工作量考核制。

4. 目标考核法

目标考核法即按一定的指标或评价标准来衡量员工完成既定目标和执行标准的情况，根据衡量结果给予相应的奖励。这种方法比较适合于管理人员的考核。它通过事先确定的目标和考评标准，然后对实际业绩进行衡量，根据目标达成度给予相应的奖酬，如岗位经济责任制。不管采用哪一种方法，在对员工进行成果评价时都必须做到客观公正。

三、通过教育培训，增强员工自我激励的能力

员工的工作热情和工作积极性通常与他们的自身素质有极大的关系。一

般而言,自身素质好的人,自信心和进取心就强,比较注重高层次的追求,因此,相对来说比较容易自我激励,表现出高昂的士气和工作热情。所以,通过教育和培训,增强员工的工作能力,提高员工的思想觉悟,从而增强其自我激励的能力,是管理者激励和引导下属行为的一种重要手段。

教育培训的内容主要包括思想教育和业务知识与能力培训两方面。

(一)通过思想教育,树立员工的理想和职业道德

通过思想教育调动员工的积极性,是我国组织管理的优良传统。通过对员工进行科学的世界观教育,可以帮助员工正确地认识自身的价值,树立正确的职业道德观,从而促使他们在工作中认真负责、勇于进取、积极肯干。

思想教育的内容主要包括爱国主义、集体主义教育,国内外形势分析,党和政府的方针政策宣传,厂纪、厂规教育,职业道德教育,先进模范任务事迹介绍,以及其他针对员工的思想情况而进行的个别教育等。

为了保证思想教育收到预期的效果,管理者在进行思想教育时,要注意坚持以经济建设为中心,理论联系实际,防止空洞说教;平等对待员工,防止以"教育者"自居;注意表扬与批评相结合,以表扬为主;在注重提高员工思想认识的同时,切实解决员工在工作和生活中遇到的实际困难;要以身作则,用行动去影响员工。只有这样,才能使思想教育对员工有吸引力、说服力,从而起到预期的激励效果。

(二)通过专业技能培训,提高员工的工作能力

进取心与个人的业务素质是相互促进的,强烈的进取心会促使员工努力地掌握新的知识和工作技能,从而可以实现个人素质的更加完善。反过来,良好的业务素质使个人有较多的成功机会,能够较多地带来心理上的满足。而成功以及由此带来的心理满足的体验会促使个人追求在事业上攀登新的高峰,从而会激发他们努力去掌握更多的新知识和新技能。

专业技能的培训,应根据本组织的特点和员工个人的特点,有计划、有组织、有重点地进行。例如,对于管理人员,既要注意通过理论学习,使他们掌握现代化管理的新知识、新方法,又要注重在实践中培养,以提高他们解决实际管理问题的能力;对于一般员工,既要进行基础教育,提高他们的文化水平,又要结合本职工作,进行相关作业的基本技能训练;对于工程技术人员,则既要使他们能够通过各种方式及时了解本学科的发展动态,掌握学科发展的最新知识,也要注意让他们有更多地运用新知识的机会,以使他们利用掌握的最新科技知识为企业的技术、工艺、材料、产品创新等作出贡献。有计划地派遣员工到培训基地或学校脱产学习,或到国外考察,能使员工感知组织对他的重视

和期望，从而极大地提高他们的责任心和积极性。

总之，只有从业务理论知识和实际操作技能这两个角度根据工作和员工的特点，去组织培训工作，才有可能提高员工素质，增强进取精神，从而激发劳动积极性。

四、授权及其他激励措施

为了提高员工的业绩水平，许多组织使用了多种激励方法。表 11-2 总结了几种激励性报酬方法。这些方法如果运用恰当并与激励措施结合起来，可以给员工带来内在的满足感，从而满足他们的高层次需求。当然，组织良好的企业不会仅仅使用激励性的报酬来激励员工，还必须有其他的激励措施配套使用。

表 11-2　新的富有激励性的报酬项目

名　称	目　标
业绩报酬	按员工的业绩进行奖励
利益分享	预期目标达到时，奖励所有为达成该目标做出贡献的员工与管理者，以鼓励团队精神
员工持股计划	给予员工企业的部分所有权，使他们能够分享增加的利润
一次性红利	按员工的业绩一次性支付一笔现金奖励
知识技能奖	将员工的薪水与其所掌握的技能挂钩，于是员工就有动力尽量多学技能，增加公司的灵活性与工作效率
弹性工作制	员工可自主安排工作时间。电子通信手段的便捷，使得员工可以在家或任何其他地方上班
团队精神奖	奖励员工对团队有益的行为，如合作、倾听、授权等

激励领域内最新的方法就是授权，即将权力授予组织内的下属。增加下属权力就是增加他工作的动力，因为一旦拥有了更多的权力，员工就能提高自己的工作效率，选择用最适宜的工作方法，运用自己的创造力。

今天，许多组织开始采用授权这一激励方法，但是他们对员工授权的程度是不一样的。在某些组织里，授权仅指鼓励员工提出各种建议，但最后的决定权还是在管理者手中；在另一些组织里，授权意味着员工有完全的自由与权力，决定自己的行为，充分运用自己的创造力。目前的授权已成为一个连续体，如图 11-7 所示。该连续体从第一线工人的毫无决定权到工人甚至可以参与制定工资策略的完全授权。

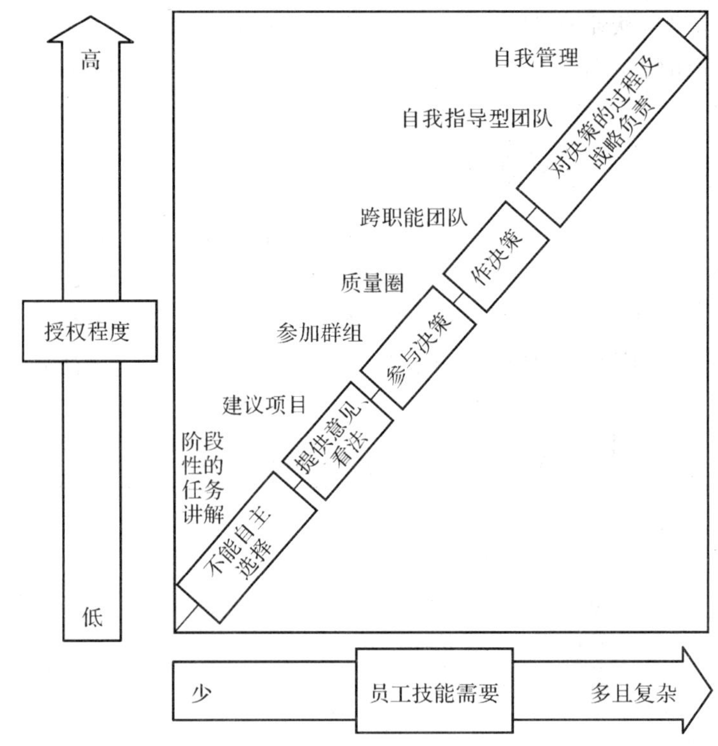

图 11-7 授权程度的连续区域图

通过授权，员工的动力加强了，因为他们有机会运用自己的头脑进行判断，并有权力对与工作有关的事作出决定。已有的研究成果显示，人们需要知道自己有能力创造出成果，从而产生成就感，通过满足高层次的需求，授权可以成为强有力的激励方法。

【案例研究】

摩托罗拉的激励策略

一、提供福利待遇

摩托罗拉公司在每年的薪资福利调整前，都对市场价格因素及相关的、有代表性企业的薪资福利状况进行比较调查，以便使公司在制定薪资福利政策时，与其他企业相比能保持优势和具有竞争力。摩托罗拉员工享受政府规定的医疗、养老、失业等保障。在中国，摩托罗拉公司为员工提供免费午餐、班车,并成为向员工提供住房的外资企业之一。

二、建立公正评估制度

摩托罗拉公司制定薪资报酬时遵循"论功行赏"原则,员工有机会通过不断提高业绩水平、为公司多做贡献而获得加薪。摩托罗拉业绩报告表参照美国国家质量标准制定,员工根据报告表制订自己的目标。个人评估一个月进行一次,部门评估一年进行一次,根据业绩报告表的情况,公司在年底决定员工的薪水涨幅及晋升情况。

三、尊重个人人格

在摩托罗拉,人的尊严被定义为实质性的工作、了解成功的条件、有充分的培训并能胜任工作、在公司有明确的个人前途、及时中肯的反馈、无偏见的工作环境。每个季度员工的直接主管会与其进行单独面谈,就以上6个方面或在更广阔的范围进行探讨,谈话中发现的问题将通过正式渠道加以解决。此外,员工享有充分隐私权,员工的机密档案,包括病例、心理咨询记录等都与员工的一般档案分开保存。公司内部能接触到员工所有档案的仅限于"有必要知道"的相关人员。

四、实现开放沟通

员工可以通过参加"总经理座谈会"、业绩报告会或在《大家庭》报、公司互联网页上畅所欲言等形式反映个人问题,进行投诉或提出合理化建议,也可以与管理层进行直接沟通。管理层也可以根据存在的问题及时处理员工事务,不断促进员工关系,创造良好的工作氛围。

五、提供发展机会

摩托罗拉的经理级别为初级经理、部门经理、区域经理(总监)、副总裁(兼总监或总经理)、资深副总裁。中国公司的经理中,72%的是中国员工,比5年前上升了60多个百分点。目前,女经理人数已占到经理总数的23%。

该公司亚太总部还制订了一项新规定,即女性管理者要占所有管理者总数的40%。而且,今后在中层领导招聘中每三个面试者中至少要有一个女性。在现代社会中,除极个别的行业外,绝大多数职位男女都可以胜任。在男女员工的使用上,摩托罗拉一视同仁。

在摩托罗拉,技术人员可以搞管理,管理人员也有做技术的,做技术的和做管理的在工资上具有可比性。许多公司看重职业经理人的位置,是因为拿钱多。而在摩托罗拉,做技术和做管理完全可以拿一样多的工资。

——资料来源:hc360慧聪网,2004年8月23日。

【思考题】

1. 动机的特点和功能是什么?
2. 内容型激励理论有哪些?
3. 过程型激励理论有哪些?
4. 如何进行激励工作设计?
5. 实践中应如何激励员工?

第十二章
控　　制

【内容提要】

本章系统阐述控制的基础理论，包括控制的含义、作用及类型，分析控制的前提与过程及有效控制的原则、控制的焦点，介绍控制的主要方法。

【本章重点】

1. 控制的类型。

2. 控制的基本过程。

3. 有效控制的原则。

4. 控制的方法。

第一节　控制的基础

一、控制的概念

（一）控制的含义

控制论（Cybernetics）是美国数学家罗伯特·维纳（Robert Wiener）于1948年在他的著作《控制论——关于在动物和机器中控制和通讯的科学》中创立的，它是研究系统的调节与控制的一般规律的科学，它的任务是使系统在稳定的运行中实现自己的目标。其后，控制论的概念、理论和方法被许多学科广泛借鉴和吸收，用来丰富各学科的理论和方法体系，管理学也不例外。控制论在管理科学中的应用是以研究管理中的控制实现为基础的。

关于控制的定义，管理学家们有很多不同的说法：法约尔认为，控制就是监视个人是否依照计划、命令及原则执行工作；霍德盖茨认为，控制就是管理者将计划的完成情况和目标相对照,然后采取措施纠正计划执行中的偏差,以确保计划目标的实现;孔茨则认为,控制就是按照计划标准衡量计划的完成情况和纠正计划执行中的偏差,以确保计划目标的实现;谢默霍恩认为,控制是衡量工作绩效、对比成果与目标,并且必要时采取纠正措施的过程。可见,控制(Controlling)是指管理人员监视各项活动以保证它们按计划进行并纠正各种显著偏差的过程。控制的实质就是使工作按计划进行,或者只对计划作适当的调整,以确保组织的目标以及为此而拟定的计划能够得以实现。

(二)控制与计划、组织和领导的关系

控制工作存在于管理活动的全过程,与其他管理职能紧密地结合在一起,它不仅可以维持其他职能的正常活动,而且在必要时,还可以通过采取纠正偏差的方法来改变其他管理职能的活动,使管理过程形成一个相对封闭的闭路系统。

1. 控制与计划的关系

控制是对管理系统的计划实施过程进行监测,将监测结果与计划目标相比较,找出偏差,分析其产生的原因,并加以处理。由此可见,控制和计划息息相关,要准确理解控制的含义,必须把它放在与计划工作的联系中加以说明。如果说管理的计划工作是谋求一致、完整而又彼此衔接的计划方案,那么管理控制工作则是使一切管理活动都按计划进行。

计划和控制是一个问题的两个方面。计划是产生控制的标准,是控制的前提,而控制是计划目标能够实现的保证。计划一旦付诸实施,控制工作就必须跟随、穿插其中,衡量计划的执行进度,揭示计划执行中的偏差以及指明纠正措施,以保证对工作发展态势的控制。计划越明确、全面和完整,控制的效果也就越好;反之,控制越是完善,管理者实现组织计划的目标就越容易。两者的关系具体表现在:①一切有效的控制方法首先就是计划方法,例如预算、政策、程序和规则,这些控制方法同时也是计划方法或计划本身。②之所以需要控制,是因为要实现目标和计划,控制到什么程度、怎么控制都取决于计划的要求。③控制职能使管理工作成为一个闭路系统,成为一个连续的过程。

在一般情况下,控制工作既是一个管理过程的终结,又是一个新的管理过程的开始。控制工作不仅限于衡量计划执行中出现的偏差,更在于通过采取纠偏措施,把那些不符合计划要求的管理活动引回到正常的轨道上来,使组织系统稳步地实现预定目标。纠偏措施有可能很简单,但更多的情况下,纠偏措施可能涉及需要重新拟订目标、修订计划、改变组织结构、调整人员配备,并对指导或领导方式做出重大的改变,等等。这实际上又是一个新的管理过程的开始。从这个意义上说，控制工作不仅是实现计划的保证，而且可以积极地影响计划工作。

2. 控制与组织的关系

要进行有效的控制，必须要有组织的保证，同时控制还必须反映组织结构的类型。组织职能是通过建立一种组织结构框架，为组织成员提供一种适合默契配合的工作环境。因此，组织职能的发挥不但为组织计划的贯彻执行提供了合适的组织结构框架，为控制职能的发挥提供了人员配备和组织机构，而且组织结构的确定实际上也就规定了组织中信息联系的渠道，为组织的控制提供了信息系统。如果目标的偏差产生于组织上的问题，则控制的措施就要涉及组织机构的调整、组织中的权责关系和工作关系的重新确定等方面。在控制进行过程中，必须知道组织在计划实施中发生的偏差情况以及采取纠偏行动的职责应归属于谁。如果各级组织机构职责不明确，那么承担偏差产生责任的部门和采取纠偏措施的部门就无法确定。因此，组织机构越明确、全面和完整，所设计的控制系统越是符合组织机构中的职责和职务的要求，控制工作就会越有效果。

3. 控制与领导的关系

控制要有效进行，还必须配备合适的人员，必须给予正确的指导和领导，必须调动广大参与者的积极性。领导职能是通过领导者的影响力来引导组织成员为实现组织的目标而做出积极的努力。这意味着领导职能的发挥影响到组织控制系统的建立和控制工作的质量。反过来，控制职能的发挥又有利于改进领导者的领导工作，提高领导者的工作效率。

一个有效控制系统的形成，还必须依赖于管理者的充分授权。在处理人际关系时，许多管理者认为授权是一件非常困难的事，其主要原因是由于管理者对下属的决策负有最终的责任，他害怕下属犯了错误而由他来承担责任，从而使许多管理者试图靠自己做事来避免授权给他人。但是，如果通过建立反馈机制，形成一种有效的控制系统，能积极、有效地提供授予了权力的下属工作绩效的信息和反馈，这种不愿授权的思想负担可以大大减轻。

二、控制的目的及控制的前提

(一)控制的目的及作用

控制与管理的其他职能紧密结合在一起，使管理过程形成了一个相对封闭的系统。法约尔指出，控制必须施之于一切的事、人和工作活动。这是因为即使有完善的计划，有效的组织与领导，都不能确保管理系统的目标一定能自动达到，都需要控制予以督促；工作是由人来完成的，因个人才能、动机和态度的不同，在执行同样工作任务时也往往出现不同的结果；计划是事先制订的，本身因环境变化也需要修正，这些都需要控制这个职能来加以管理。图 12-1 显示了控制的基本作用，良好的控制系统能防止上述各项问题的产生，使管理的各项职能朝着既定的目标前进。

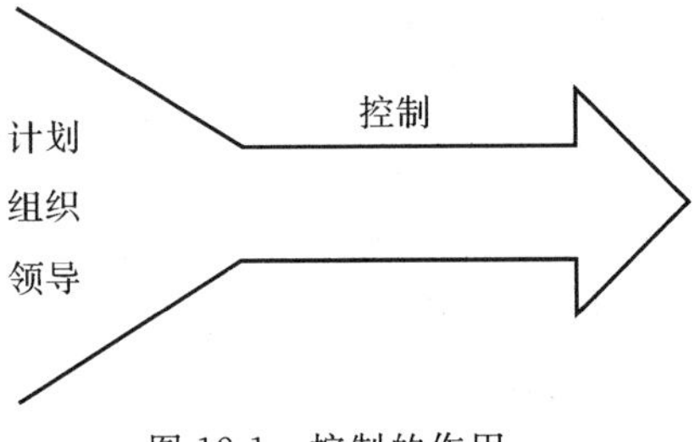

图 12-1　控制的作用

(二)控制的前提

在管理中，控制有着极为重要的作用，为了保证控制职能的发挥，有三个基本前提是要充分考虑的。

1.要有明确的计划和目标

控制要有计划，它包含以下两方面的内容。其一是控制要以计划为依据。即控制之前必须先有计划，没有计划无从控制。计划越全面、完整，控制工作的目标就越明确，控制的效果也会越好。其二是控制工作自身也应拟订计划，确定控制工作的目标、重点、要求、进度以及各种控制形式的正确使用和各种控制手段运用上的协调一致，等等。控制工作自身缺乏计划，软弱无力、混乱不堪，使控制工作放任自流，从而难以取得好的效果。同时，控制活动本身是为达到某个计划目标而采取的保证措施。目标决定控制活动的内容，没有目标，控制就没有意义。比如，库存控制的目标是使库存量维持在某一定量的水平上，库存控制活动就是围绕这一目标进行。当库存量在目标水平线上下波动时，则应采取相应的措施，使库存量回复到目标水平线上。一般地说，目标越明确、越具体，控制效果就越显著。

2.要有责权分明的组织结构

任何一项工作都是由许多部门共同合作完成的，何部门、何职位、何人来负责何种控制工作都应有明确的规定，即要有分工明确的组织结构。控制工作的计划设想再好，如无特定的组织机构来负责，那仍然是不落实的。不设立专职机构和专职人员，而期望很好地完成控制工作，无论从理论上还是实践上都证明是行不通的。如果责权分明，每件事都有专门的机构负责，信息能有效、畅通地传输，控制活动就易于开展。一旦发现偏差，马上就能判断偏差出在哪里，由哪个部门负责，以便及时采取措施纠正。否则，各部门不能切实地负担起自身的工作，出现偏差无法发现，或者发现了偏差也无法及时反馈，及时采取措施，以至于出现失控局面，给整个组织带来损失。同样，组织结构越明确、越完整，其控制效果也越明显。

3. 要有科学的控制方法和手段

控制的目的是使实际运行情况和计划方案相一致。而实际运行情况却需要通过一定的控制方法才能得到，如果发现偏差，纠偏措施也要通过一定的控制方法和手段来实现。在实际控制过程中，应根据具体的控制目标，采取相应的控制方法，才能取得较好的控制效果，否则就会事倍功半。

三、控制的类型

管理控制的类型很多。最常用的有以下几种分类方法：

(一)按控制的时间不同划分，可以分为前馈控制、现场控制和反馈控制

1. 前馈控制

前馈控制是一种在计划实施之前，为了保证将来的实际绩效能达到计划的要求，尽量减少偏差的预防性控制。由于事前控制把控制活动提前到组织活动开始之前，因而也称之为预先控制和事前控制。前馈控制的目的是保证高绩效，它在本质上有预防的作用，因此它属于一种预防性控制，它的工作重点并不是控制工作的结果，而是克服某些干扰或适应环境的变化，提前采取各种预防性措施，包括对投入资源的控制、主动修正指令，以防止工作过程中可能出现的偏差，保证预期目标的实现。他们可以通过提出一个重要的但是经常被忽视的问题来减少以后出现的问题：在开始之前，我们需要做些什么？例如，在麦当劳公司，食物成分的预先控制就是前馈控制，在公司的质量管理中起到了举足轻重的作用：在企业中制定一系列规章、制度让员工遵守，从而保证工作的顺利进行；为了生产出高质量的产品而对原材料质量进行的入库检查；员工的岗前培训等，都属于前馈控制。

前馈控制是一种面向未来的控制，它具有许多的优点：首先，从理论上讲，它是人们最乐于采用的类型，因为它能避免预期问题的出现，有防患于未然的效果；其次，前馈控制适用于一切领域中的所有工作，如企业、医院、学校、军队都可以运用这种控制方法，其适用范围很广；最后，前馈控制是在工作开始之前，针对某项计划行动所依赖的条件进行控制，不针对具体人员，因而不会造成心理抵触，易于被员工接受并付诸实施。

但是，由于未来的不确定性，要实行切实的前馈控制也不是一件容易的事情，它需要及时和准确的信息，必须对整个系统和计划有透彻的分析，懂得计划行动本身的客观规律性，从而建立前馈控制的模式，经常注意保持它与现实情况相吻合，并且输入变量数据，估算它们对预期的最终成果的影响，还要采取措施以保证最后结果合乎需要。由于管理人员不可能完全把握未来会发生的所有事件和可能导致的结果,因而,虽然前馈控制有许多优点,但在管理工作中也不能完全代替其他类型的控制工作。

2. 现场控制

现场控制是指在某项活动或工作进行过程中,在现场及时发现存在的偏差或潜在的偏差,即时提供改进措施以纠正偏差的一种控制方式。由于它是组织活动进行过程中同期发生的控制,因此又称之为同期控制。与前馈控制和反馈控制相比,现场控制活动往往是在偏差已经或将要出现但尚未造成严重后果的情况下进行的,可以分析研究造成偏差的根源,并预测偏差发展的可能方向,然后做出控制。

现场控制一般表现为两种方式:一是主管人员深入现场检查和指导下属的活动,它包括适当的工作方法和工作过程的指导,监督下属工作,发现偏差督促纠正;二是表现为基层工作人员的日常自我工作控制,控制的对象就是自我的操作控制过程。现场控制能及时发现偏差,及时纠正偏差,是一种较经济、有效的控制方法,也是一种难度较大的控制方法。由于现场控制对已经出现的偏差要进行即时纠正,需要对实时信息做出及时的反应,因而对主管人员的管理水平和领导能力要求较高,它要求控制人员具有敏锐的判断力、快速的反应能力以及灵活多变的控制手段,同时要注意避免凭主观意志进行控制。更要注意的是,即使是现场控制,从发现偏差到纠正偏差,也需要花费一段时间,故其控制效果有时也非完全的现时控制。

现场控制的有效性需要信息采集方便和传递快捷,这也就要求组织建立完善的信息网络和必要的计算机信息系统,并在管理制度上建立严格的信息搜集、分析和报告体系,确保信息传递的迅速,纠偏、调节措施的及时。

虽然现场控制效果明显,纠偏有力,但现场控制也有许多弊端。首先,运用这种管理方法容易受到管理者的时间、精力、业务水平的制约,管理者不能时时事事进行现场控制,只能在关键工作上予以使用。其次,现场控制的应用范围较窄。对生产工作容易进行现场控制,而对那些问题难以辨认、成果难以衡量的工作,如科研工作、行政管理等,几乎无法进行现场控制。再次,现场控制容易在控制者与被控制者之间形成心理上的对立,容易影响被控制者的工作积极性和主动精神。所以,现场控制一般不能成为日常性的主要控制方法,而只能是其他控制方式的补充。

3. 反馈控制

反馈控制是管理控制中最常见的控制类型,其控制作用产生于行动之后,所以也称之为事后控制。它是活动完成之后，主管人员根据已发生的情况分析工作的执行结果，将它与控制标准相比较，从中发现已经出现或即将出现的偏差，在分析原因的基础上采取措施纠正偏差，以防止偏差继续发展或在以后的工作中再次发生；或者是在组织内外环境条件已经发生重大变化，导致原定标准和目标脱离现实时，采取措施调整修正计划。如企业根据业绩对管理人员实施的奖惩，企业对不合格产品进行淘汰，发现产品销路不畅而减产转产或加强促销等，都属于反馈控制。

反馈控制的优点是：首先，反馈控制可以根据工作的实际结果对工作进行评价，既易于为工作人员接受，也有利于管理人员采取有效和有力的措施改进管理工作。如反馈控制可以为管理者提供关于计划的效果究竟如何的真实信息，如果反馈显示标准与现实之间只有很小的和可接受的偏差，说明计划的目标达到了；如果偏差很大，管理者就应该利用这一信息，发现问题，调整计划，追究责任，实施惩戒，使新计划制订和执行更为有效。其次，反馈控制可以增强员工的积极性。因为人们希望获得评价他们绩效的信息，并据此来调整自己未来的行为，而反馈正好提供了这样的信息。

反馈控制的不足是：反馈控制存在时间滞后性，当管理者获取信息时，可能的失误和损失已经发生，弥补的措施只能在新的工作中产生效果，成语"亡羊补牢"就是对反馈问题和工作效果的很好描述。虽然反馈控制存在这样的问题，但在实际工作中，比较而言，反馈控制依然是控制活动中运用得最多的一种控制方式。在管理中，使用最多的反馈控制有财务报表分析、生产成本分析、产品质量检验和组织成员绩效测评等。

以上三种控制方式的控制重点各不相同：前馈控制重在资源，包括人、财、物等；现场控制重在进行的活动，多为工作过程；反馈控制是对已结束工作的资源投入、工作过程进行评价，用于对下一次活动的开展进行控制。

（二）按控制程度不同划分，可以把控制分为集中控制、分散控制和分层控制

1. 集中控制

集中控制是指在组织中建立一个控制中心，由它对组织中各种信息反馈进行集中加工处理，并根据组织目标和状态直接发出控制命令，控制和操作组织中的所有活动。这种控制方式的结构比较简单，指标控制统一，便于整体协调。当组织规模不大，而且控制中心在信息的取得、加工和处理方面能够保持较高的效率和良好的可靠性时，这种控制方式能够收到较好的控制效果；但当组织规模较大、环境变化迅速、信息量巨大时，集中控制就会暴露出其控制过程复杂、信息传输效率低、适应性差等缺陷。

2. 分散控制

分散控制就是将大规模组织分解为相对独立的次级组织，然后分别建立次级组织的控制中心来控制次级组织的活动，通过次级控制中心对次级组织的控制活动来共同实现组织的目标。这种控制方式的特点是各种决策和控制指令通常都是由各个次级控制中心发出，各次级控制中心根据各自的实际情况，按照局部最优的原则实施控制。分散控制适用于环境结构比较复杂、职能划分较细的组织。

3. 分层控制

分层控制是一种把集中控制和分散控制结合起来的控制方式。它有两个特点：一是各子系统都具有各自独立的控制能力和控制条件，从而有可能对子系统的管理实施独立的处理；二是整个管理系统分为若干层次，上一层次的控制机构对下一层次的各子系统的活动，进行指导性、导向性的间接控制。

(三)按控制主体不同划分，控制可以分为直接控制和间接控制

1. 直接控制

直接控制就是用来改进管理者未来行动的一种方法。它注重对管理人员的遴选、培训和考核，使委派任务时有较大的准确性，并使管理者具有较高的素质，具有较强的管理能力，使他们能熟练地应用管理的概念、技术和原理，能以系统的观点来改进和完善他们的管理工作，从而防止出现因管理不善而造成的不良后果。自我控制也是一种直接控制，它要求员工对自己的工作及负责的范围进行自我检查、自我考核和自我评价，强调全员参与管理，这就要求全体员工具有自我管理的能力和主人翁精神，从而能减少控制系统中所需的人力和物力。

2. 间接控制

间接控制是通过建立控制系统对被控制对象进行控制。这种控制方法往往是预先制订计划和标准，通过对比和考核实际结果，追查造成偏差的原因和责任，并进行纠正。这时的控制主体是直接责任者的监督人。间接控制对比较规范、程序化的工作较为有效，但这种控制方法对复杂多变的环境反应较慢，而且是在出现了偏差造成损失之后才采取措施，所以它的费用支出是比较大的。

(四)按控制来源不同划分，可以分为正式组织控制、群体控制和自我控制

1. 正式组织控制

正式组织控制是由管理人员设计和建立起来的对一些机构或规定进行的控制，如规划、预算和审计部门是正式组织控制的典型例子。组织可以通过规划指导组织成员的活动，通过预算来控制消费，通过审计来检查各部门或个人是否按照规定进行活动，并提出更正措施。在大多数组织中，普遍实行的正式组织控制的内容包括实施标准化、保护组织的财产不受侵犯、质量标准化、防止滥用权力、对员工的工作进行指导和测量等。

2. 群体控制

群体控制是基于群体成员的价值观念和行为准则，由非正式组织实施和维持的。非正式组织有自己的一套行为规范。尽管这些规范并没有明文规定，但非正式组织中的成员都十分清楚这些规范的内容，都知道如果自己遵循这些规范就能得到其他成员的认可，强化自己在非正式组织中的地位。反之则可能受到排挤。群体控制在某种程度上左右着员工的行为，实施得好会有利于实现组织目标，但如果实施得不好，则会给组织带来很大的危害。

3. 自我控制

个人自我控制是指个人有意识地去按某一行为规范进行活动。自我控制能力取决于个人本身的素质。具有良好修养的人，一般自我控制能力较强。

第二节　控制的过程及原则

一、控制的过程

从管理控制的实施上看，组织的管理控制大致可以划分为四个步骤：建立标准、衡量实际绩效、将实际绩效与标准进行比较、采取管理行动来纠正偏差或不适当的标准(见图 12-2)。

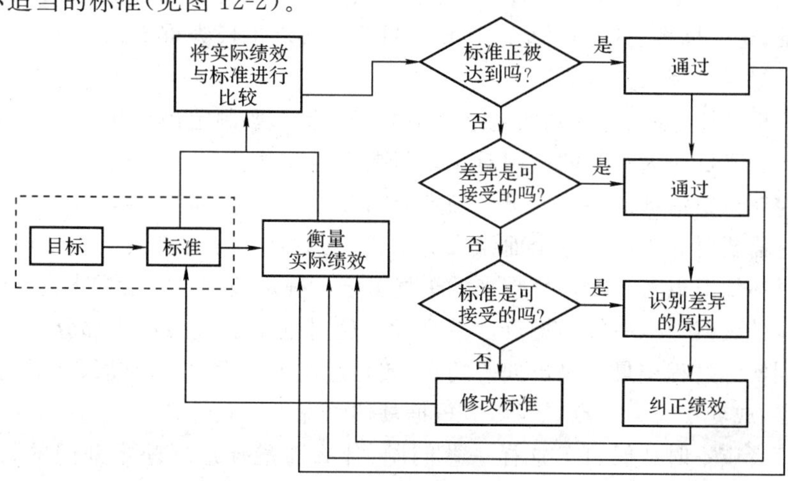

图 12-2　控制的过程

(一)建立标准

通过计划确立控制标准是控制过程的起点。如果没有控制标准,衡量成效和纠正偏差将失去客观依据。控制标准是控制过程中对实际工作进行检查的衡量尺度,是实施控制的必要条件,对计划工作和控制工作起着承上启下和链接的作用。一般来说,控制标准是从整个计划方案中选出的对工作绩效进行评价的关键指标,这些是计划已经制订了的具体的、可直接引用的标准。但因各种计划的详尽程度不同,有些计划是比较抽象的、概括的,是对组织工作目标及行动方案的总体规划和安排,这时需要将计划目标转换制订出一套更具体、可测量和考核的控制标准。控制标准要求尽可能简化明了,做到具体化、数字化,容易测定,便于执行。

1. 控制标准的分类

控制标准可以分为定量和定性两大标准。定量标准便于度量和比较,但定性标准也是不可缺少的。

定量标准包括:①实物标准。实物标准是企业在耗用原材料、能源,雇用劳动力,以及生产产品质量、性能和用途等方面的标准。例如,企业中的产品质量、单位台时定额、单位产品工艺消耗定额、废品的数量等。②价值标准。价值标准反映了组织的经营状况,包括成本标准、利润标准和资金标准等。如,单位产品成本、年利润额、销售收入、税金等。③时间标准。时间标准为工作的开展提供了时间限制,表现为一系列的时间标准。如,工时定额、工程周期、交货期、生产线的节拍、生产周期等。

定性标准主要是有关产品和服务质量、顾客满意度、组织形象等方面的衡量标准,这些标准的控制对组织计划和目标的实现也极为重要。

2. 寻找控制的关键点

一般来说,并不是计划实施过程中的每一步都要制定控制标准,而是要选择一些关键点作为主要的控制对象。只要对这些主要的关键点进行控制,就可以控制组织活动的整体状况。确定控制关键点的过程是一个分析决策的过程。它需要对计划内容做全面深入的分析,同时还要充分考虑组织实施过程中的具体情况以及外部环境带来的干扰影响。确定关键点需要有丰富的经验和敏锐的观察力。一般关键点都是目标实施过程中的重要组成部分,它可能是计划实施过程中最容易出偏差的点,或是起制约因素的点,或者是起转折作用的点,或变化度大的点,等等,应根据具体情况进行具体选定。为此,孔茨建议管理者应不时地问自己这样一些问题:什么能最佳地反映本部门的目标?当没有达到这些目标时,怎样能最佳地表明情况?最能表明偏差情况的是什么？能向主管表明谁应对此负责的是什么？哪些标准最省钱？经济适用的信息标准是什么？

3.确立标准的方法

在日常管理工作中，常用的确立标准的方法有三种：

(1)统计分析法。相应的标准称为统计标准。它是通过分析反映企业经营在各个历史时期状况的数据或对比同类型企业的水平，运用统计学方法为未来活动而建立的标准。最常用的有统计平均值、极大(或极小)值和指数等。统计分析法常用于确立与企业的经营活动和经济效益有关的标准。这种方法的优点是简便易行，但由于受历史的局限，而难以反映发展和变化的要求。

(2)经验判断法。它是由有经验的管理人员凭经验、判断和评估来确立控制标准。在这种方法中，管理人员的主观期望和个人价值系统将起决定性的作用，因此应尽量克服主观性，充分综合各方面的管理人员的知识和经验，进而确立标准。这种方法一般是作为另两种方法的补充。

(3)技术分析法。又称工程方法。相应的标准称为工程标准。它是以准确的技术参数和实测的数据为基础的，它主要用于测量生产者或某一工程的产出定额标准。例如，确定机器的产出标准，就是根据设计的生产能力确定的；劳动时间定额是利用秒表测定的受过训练的普通工人以正常的速度按照标准操作方法对产品或零部件进行某个工序的加工所需的平均必要时间。

以上三种确立标准的要求方法各有优劣，因此在日常管理工作中可根据标准的性质、工作的要求选择综合使用。

(二)衡量实际绩效

有四种信息常常被管理者用来衡量实际工作绩效，它们分别是：个人的观察、统计报告、口头汇报和书面报告。这些信息分别有其长处和缺点。但是，将它们结合起来之后，可以大大增加信息的来源并提高信息的可信程度。

个人观察提供了关于实际工作的最直接和最深入的第一手资料。通过观察得到的信息不同于阅读报告得到的信息，尤其是走动管理，可以获得面部表情、语调以及懈怠这些常被其他来源忽略的信息。

现在各组织中广泛地使用了计算机，因此管理者越来越多地依靠统计报告来衡量实际工作情况。这种报告不仅有计算机输出的文字，还包括多种图形、图表，如条状图等，并且按管理者的要求列出各种数据。尽管统计数据可以清楚有效地显示各种数据之间的关系，但它对实际工作提供的信息是有限的。统计报告只能提供几个关键的数据，忽略了其他许多重要因素。

信息也可以通过口头汇报的形式获得，如各种会议、一对一的谈话或电话交谈等。这种方式的优缺点与个人观察的方式相似。尽管这种信息是经过过滤的，但它是一种快捷的、有反馈的，同时可以通过语言语调和词汇本身来传达的信息。过去，这种口头搜集信息的一个主要缺点是不便于存档和以后重新使用。但随着最近几十年在技术上的进步，口头汇报很容易录制下来，并可在以后使用，就像书面文字能够永久保存一样。

实际工作情况也可以通过书面报告来衡量。与统计报告相比，它显得要随意一些；与口头汇报相比，它显得要正式一些。但是这种形式常常比口头汇报的形式更精确和全面。此外，书面报告更易于分类存档和查找。

由于这四种形式各有其优缺点，因此管理者在控制活动中必须综合地使用这四种信息。

（三）将实际绩效与标准进行比较

通过比较实际工作成效与控制标准，会出现两种情况：一是没有出现偏差，二是出现了偏差。一般来说，管理工作的实际绩效与控制标准不可能完全一致，两者之间总会有一定的偏差，因此，人们往往规定了一个可以浮动的范围（见图 12-3），只要实际结果在这个范围之内就可以认为不存在偏差，则该控制过程暂告完成；而一旦实际结果在允许范围之外，就可以认为存在偏差，则控制过程进入下一步骤。

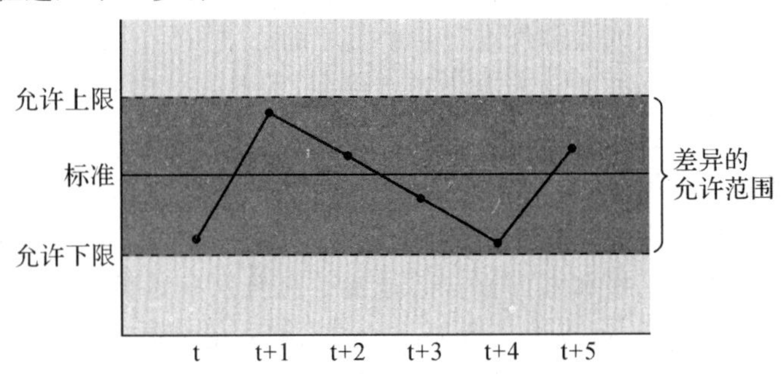

图 12-3 定义可接受的偏差范围

（四）采取管理行动来纠正偏差或不适当的标准

首先，要分清偏差的性质，偏差可分为正偏差和负偏差。正偏差是实际绩效比标准完成得还好；负偏差是实际绩效没有达到标准的要求。负偏差固然引人注目需要纠正，但是，出现正偏差时也不一定就没有问题，也必须引起注意并正确处理。例如，由于正偏差，生产超过了计划，造成库存大量积压、资金周转不灵，也会危及企业经营目标的实现。

其次，要分析偏差产生的原因。可能是由于未能严格按计划要求行动所致，如工作不负责、不认真或不能胜任、能力有限等；也可能由于外部环境发生了重大变化，而事先并没有估计到这些变化，如国家政策法规变化、国际政治风云变化、市场出现了新的强大竞争对手、某个大客户或大供应商突然破产等；还有可能是由于计划目标本身不合理造成，如盲目把目标订得太高而实际能力根本达不到。弄清原因是采取措施的基础。

最后，采取措施纠正偏差。管理者可以选择的方案有三种：

(1)不采取行动。当工作绩效与控制标准之间不存在偏差时，理所当然地不会采取任何行动。还有就是当偏差虽然出现，但未超过允许的偏差范围时，管理者也可以不采取任何行动。这种小范围的偏差有时可以通过组织的自适应控制来校正；还有一种可能是，通过成本—效益分析，管理者发现，如果采取纠偏行动，其费用可能会超过偏差带来的损失，此时最好的方案也许就是不采取任何行动。

(2)改进工作绩效。如果偏差是由于工作产生的，且偏差已超出了允许的范围，则需要采取纠偏措施，以改进工作绩效。具体采取的方式涉及各方面的管理工作，通常包括改进生产技术、改进流程、改进管理方式、调整组织结构、改进激励措施、重新配置人力物力资源、调整培训计划等。

(3)修订控制标准。可以采用提高标准和降低标准两种方式。如果标准脱离实际，导致多数员工、多数部门无法实现控制目标时，管理部门应适当降低标准；相反，如果实际工作绩效已远远超过了标准，则应在充分肯定工作的情况下，适当提高标准。标准的修订在管理控制中是不可避免的，这是由于在组织管理中，一些不确定因素的影响往往难以预测，同时，管理环境的变化会导致管理目标和标准的变化。从某种意义上说，管理控制就是一个不断制订标准、实施标准、修订和完善标准的过程。值得注意的是，在修订标准时，应从实际情况分析出发，强调标准的客观性，避免管理人员主观因素的消极影响。

二、有效控制的原则

无论采用何种控制方式，为了保证对组织活动进行有效的控制，控制工作必须遵循以下原则。

(一)重点与例外原则

重点原则是指任何组织都不可能对每一件事情进行全面控制。因为全面控制的代价太大，所以组织在建立有效控制时必须从实际出发，对影响组织目标成果实现或反映工作绩效的各种要素进行科学的分析研究，从中选择出关键性要素作为控制对象，并进行严格的控制，其他方面则相对放松控制。这样，管理人员可以省出很多时间和精力，收到事半功倍的效果。一般来讲，关键性因素包括：关于环境特点及其发展趋势假设、资源投入、组织活动过程等。在确立了重点的控制对象后，就必须在相关环节上建立预警系统或关键控制点。组织控制了关键点，也就控制了全局。选择关键点要注意：①影响整个工作过程的重要操作与事项；②能在重大损失出现前显示出差异的事项；③若干能反映组织主要绩效水平的实践与空间分布平衡的控制点。

控制也应当强调例外。例外原则是指主管人员越是只注意一些重要的例外偏差，也就是说越是把控制的主要注意力集中在那些超出一般情况的特别好或特别坏的情况，控制工作的效能和效率就越高。所以，管理者必须寻找那些有差错的、不寻常的、例外的事情。如质量控制中广泛地运用例外原则来控制工序质量。

需要指出的是，控制工作中只注意例外情况是不够的。在偏离标准的各种情况中，有一些是无关紧要的，而另一些则不然，某些微小的偏差可能比某些较大的偏差影响更大。比如说，一个主管人员可能对利润率下降了一个百分点感到非常严重，而对“合理化建议”奖励超出预算的20%则不以为然。

因此，在实际运用当中，例外原则必须与重点原则相结合。仅仅立足于寻找例外情况是不够的，我们应当把注意力集中在重点的例外情况的控制上。这两条原则有某些共同之处。但是，我们应当注意到它们的区别在于，控制重点原则强调选择控制点，而例外原则则强调观察这些点上所发生的异常偏差。

(二)及时性原则

法约尔曾指出，为了达到有效的控制目的，控制应在有限的时间内及时进行。有效的控制，要求能对组织活动中产生的偏差尽可能早地发现并及时采取措施加以纠正，避免偏差的进一步扩大，或防止偏差对组织产生不利影响的扩散。信息是控制的基础，要做到及时控制，信息的搜集和传递必须及时，管理人员必须及时掌握能够反映偏差产生及其严重程度的信息。如果信息处理的时间过长，即使信息是非常客观和完全正确的，其时间的滞后可能就失去了纠偏的实际意义，且会产生严重的后果。纠正偏差的最理想方法应该是在偏差未产生以前，就注意到偏差产生的可能性，从而预先采取必要的防范措施，防止偏差的产生。

预测偏差的产生，虽然在实践中有许多困难，但在理论上是可行的，即可以通过建立企业经营状况的预警系统来实现。我们可以为需要控制的对象建立一条警报线，反映经营状况的数据一旦超过这个警戒线，预警系统就会发出警报，提醒人们采取必要的措施防止偏差的产生和扩大。

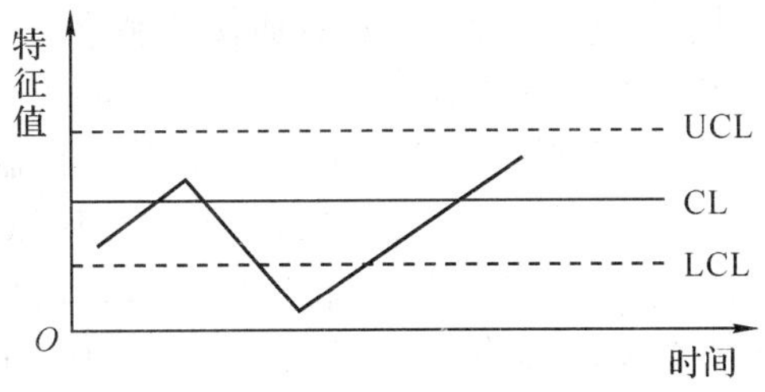

图 12-4 质量控制系统

质量控制图可以被认为是一个简单的预警系统(见图 12-4)。图 12-4 中纵轴表示反映产品某个质量特征值或某项工作质量完成程度的数值,横轴表示取值(即进行控制)的时间,中心线 CL 表示反映质量特征的标准状况,UCL 和 LCL 分别表示上、下警戒线。反映质量特征值的数据如果始终分布在 CL 周围,则表示质量"在控制中"。而一旦越过 UCL 和 LCL,则表示出现了质量问题。在这以前,质量控制人员就应引起警惕,注意质量变化的趋势,并制定或采取必要的纠正措施。

(三)灵活性原则

尽管人们探索未来,也努力预测未来,但不可预测性始终是一个客观的存在。人们努力追求预测的准确性,以及对实际绩效和差异情况了解的准确性,并努力提高所采取的措施的准确性,但不准确总会存在。如果控制不具有弹性,则在执行时难免陷于被动。为了使控制与实际相吻合,应考虑多种方案及可以允许变动的幅度,从而使控制具有一定的灵活性。所以,控制应当从实现目标的目的出发,采用多种灵活形式达到控制的目的。同时,控制应允许意外的变化或情况发生,过于死板反而会破坏控制的有效性。

(四)经济性原则

任何控制都需要一定费用,衡量工作成绩,分析偏差产生的原因,以及为了纠正偏差而采取的措施,都需支付一定的费用;同时,任何控制,由于纠正了组织活动中存在的偏差,都会带来一定的收益。一项控制,只有当它带来的收益超出其所需成本时,才是值得的。控制费用与收益的比较分析,实际上是从经济角度去分析上面考察过的控制程度与控制范围的问题。图 12-5 说明了控制费用与收益是如何随控制程度而变化的。

从图 12-5 中可以看出,控制费用基本上随着控制程度的提高而增加,控制收益的变化则比较复杂。在初始阶段,较小范围和较低程度的控制不足以使企业管理者及时发现和纠正偏差,因此控制费用的需要会高于可能产生的收益。随着控制范围的扩大和控制程度的提高,控制的效率会有所改善,能指导管理者采取措施纠正一些重要的偏差，从而使控制收益能逐渐补偿并超过控制费用。图中，控制成本和收益曲线在 X_1 至 X_2 点的变化便反映了这种情况，在 E 点，控制净收益达到最大。X_2 点，控制收益与控制费用曲线再度相交，自此点开始，控制所需的费用重新超过其收益。之所以会出现这种情况，是因为组织活动的主要偏差在 X_2 点以前已经解决，这以后的控制只能解决一些次要的、影响不大的问题，因此带来的收益甚小；同时，由于过度的控制会抑制组织成员的工作积极性，从而影响劳动生产率和经济效益的提高。

从理论上讲，控制程度在与 X_1 和 X_2 相对应的 B、C 两点之间为适度控制；低于 B 点，为控制不足；高于 C 点，为控制过剩。虽然在实践中企业很难确定各种控制的费用与收益之比，但这种分析告诉我们，过多的控制并不总能带来较高的收益，企业应根据活动的规模特点和复杂程度来确定控制的范围和频度，建立有效的控制系统。

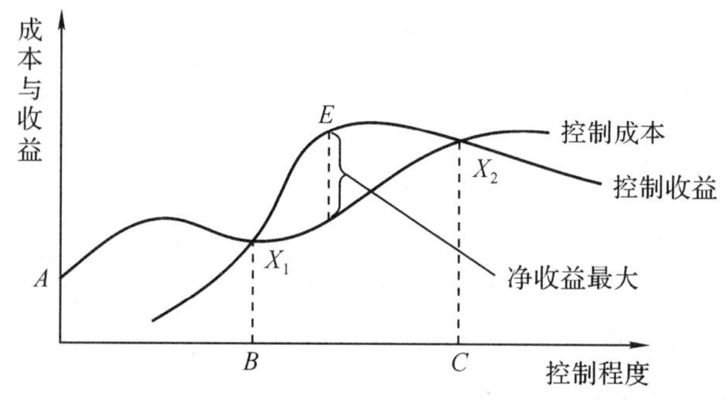

图 12-5 控制费用与收益变化

(五)客观性原则

客观性就是坚持实事求是，一切从实际出发的原则。在控制工作中难免会有许多主观因素在内，但是对一个下属工作的评价，不应仅凭主观来决定，不能只凭个人的主观经验或直觉判断来采取行动，而应坚持一切从实际出发来认识问题。有效的控制要求有客观的、准确的和适当的标准。这个标准可以是定量的，例如，每一个预防对象的费用或每日门诊病人数，或工作完成的日期。客观的标准也可以是定性的，例如，一项专门性的训练计划，或者是旨在提高人员素质的专门培训计划。问题的关键在于，在每一种情况下，标准应是可测定和可考核的。

第三节 控制的焦点

管理者控制什么？许多控制的努力总是使用在下面五个方面中的一个

上,即人员、财务、作业、信息和组织的总体绩效上。

一、人员控制

管理者是通过他人的工作来实现其目标的。为了实现组织的目标,管理者需要而且也必须依靠下属员工。因此,管理者使员工按照所期望的方式去工作是非常重要的。为了做到这一点,管理者最简明的方法就是直接巡视和评估员工的表现。

在日常工作中,管理者的工作是观察员工的工作并纠正出现的问题。比如,一位监工发现一位员工在操作机器不当时,就应该指明正确的操作方法并告诉员工在以后的工作中按正确的方式操作。

管理者对员工的工作进行系统化的评估是一种非常正规的方法,这样,每一位员工的近期绩效都可以得到鉴定。如果绩效良好,员工就应该得到奖励,如增加工资,从而使之工作得更好;如果绩效达不到标准,管理者就应该想办法解决,根据偏差的程度予以不同的处理。

表 12-1 列举出了一些行为控制手段。在实践中,管理者几乎用到了所有列举的方法来增大使员工按期望的方式去做的可能性。

表 12-1　行为控制手段

1. 甄选	识别和雇用那些价值观、态度和个性符合管理者期望的人
2. 目标	当员工接受了具体的目标,这些目标就会指导和限制他们的行为
3. 职务设计	职务设计的方式在很大程度上决定着人们可从事的任务,工作的节奏,人们之间的相互作用,以及类似的活动
4. 定向	员工定向规定了何种行为是可接受的或不可接受的
5. 直接监督	监督人员亲临现场可以限制员工的行为和迅速发现偏离标准的行为
6. 培训	正式培训计划向员工传授期望的工作方式
7. 传授	老员工非正式和正式的传授活动向新员工传递了“该知道和不该知道”的规则
8. 正规化	正式的规则、政策、职务说明书和其他规章制度规定了可接受的行为和禁止的行为
9. 绩效评估	员工会以使各项评价指标看上去不错的方式行事
10. 组织报酬	报酬是一种强化和鼓励期望行为和消除不期望行为的手段
11. 组织文化	通过故事、仪式和高层管理的表率作用,文化传递了什么构成人们的行为的信息

二、财务控制

企业的首要目标是获取一定的利润，在追求这个目标时，管理者借助于费用控制。比如，管理者可能仔细查阅每季度的收支报告，以发现多余的支出。也可能进行几个常用财务指标的计算，以保证有足够的资金支付出现的各种费用，保证债务负担不至于太重，并且所有的资产都得以有效的利用，这就是财务控制，降低成本，并使资源得以充分利用。

预算是一种控制工具，财务预算为管理者提供了一个比较与衡量支出的定量标准，据此能够指出标准与实际花费之间的偏差。

表 12-2 中概括出一些组织中常用的财务比率指标，它们是组织中的各种财务报表（资产负债表和损益表）中的一对有意义的数据比较，并据此计算出的百分比或比率。

表 12-2　常用财务比率指标

目　的	比　率	计算公式	含　义
流动性检验	流动比率	$\frac{\text{流动资产}}{\text{流动负债}}$	检验组织偿付短期债务的能力
	速动比率	$\frac{\text{速动资产}}{\text{流动负债}}$	对流动性的一种更精确的检验，尤其当存货周转缓慢和难以售出时
财务杠杆检验	资产负债比率	$\frac{\text{负　债}}{\text{企业自有资本}}$	企业生产经营活动所投入的资本的主要来源及其安全程度
	已获利息倍数	$\frac{\text{纳税付息前利润}}{\text{全部利息支出}}$	反映企业获利能力对债务偿还的保证程度
运营检验	存货周转率	$\frac{\text{销货成本}}{\text{平均存货}}$	衡量企业销货能力，说明企业的销售效率
	总资产周转率	$\frac{\text{销售收入}}{\text{总资产}}$	用于获取一定销售收入水平的资产越少，管理当局利用组织全部资产的效率越高
盈利性	销售利润率	$\frac{\text{税后利润率}}{\text{销售收入}}$	说明各种产品产生的利润
	投资收益率	$\frac{\text{税后净利润}}{\text{总资产}}$	度量资产创造利润的效率

单个地去考虑反映经营成果的某个数据，往往不能说明任何问题。企业本年度盈利 100 万元，某部门本期生产了 5000 个单位产品，或本期人工支出费用为 85 万元，这些数据本身没有任何意义。只有根据它们之间的内在关

系，相互对照分析才能说明某个问题。比率分析就是将企业资产负债表和收益表上的相关项目进行对比，形成一个比率，从中分析和评价企业的经营成果和财务状况。利用财务报表提供的数据，可以列出许多比率。常用的有两种类型：财务比率和经营比率。

（一）财务比率

财务比率及其分析可以帮助我们了解企业的偿债能力和盈利能力等财务状况。

1.流动比率

流动比率是企业的流动资产与流动负债之比，反映了企业偿还需要付现的流动债务的能力。一般来说，企业资产的流动性越大，偿债能力就越强；反之，偿债能力则弱，这会影响企业的信誉和短期偿债能力。因此，企业资产应具有足够的流动性。资产若以现金形式表现，其流动性最强。但要防止为追求过高的流动性而导致财务资源的闲置，避免使企业失去本应得到的收益。

2.速动比率

速动比率是流动资产和存货之差与流动负债之比，该比率和流动比率一样是衡量企业资产流动性的一个指标。当企业有大量存货且这些存货周转率低时，速动比率比流动比率更能精确地反映客观情况。

3.负债比率

负债比率是企业总负债与总资产之比，反映了企业所有者提供的资金与外部债权人提供的资金的比率关系。只要企业全部资金的利润率高于借入资金的利息，且外部资金不在根本上威胁企业所有权的行使，企业就可以充分地向债权人借入资金以获取额外利润。一般来说，在经济迅速发展时期，债务比率可以很高。20世纪60年代到70年代初，日本许多企业的外借资金占全部营运资金的80%左右。但是，过高的负债比率对企业的经营不利。

4.盈利比率

盈利比率是企业利润与销售额或全部资金等相关因素的比例关系，反映了企业在一定时期从事某种经营活动的盈利程度及其变化情况。常用的比率有销售利润率和资金利润率。

销售利润率是销售净利润与销售总额之间的比例关系，它反映企业从一定时期的产品销售中是否获得了足够的利润。将企业不同产品、不同经营单位在不同时期的销售利润率进行比较分析，能为经营控制提供更多的信息。

资金利润率是指企业在某个经营时期的净利润与该期占用的全部资金之比，它是衡量企业资金利用效果的一个重要指标，反映了企业是否从全部投入资金的利用中实现了足够的净利润。同销售利润率一样，资金利润率也要同其他经营单位和其他年度的情况进行比较。一般来说，要为企业的资金利润率规定一个最低的标准。同样一笔资金，投入到企业营运后的净利润收入，至少不应低于其他投资形式（比如购买短期或长期债券）的收入。

（二）经营比率

经营比率是与资源利用有关的几种比例关系，它们反映了企业经营效率的高低和各种资源是否得到了充分利用。常用的经营比率有三种。

1. 库存周转率

库存周转率是销售总额与库存平均价值的比例关系，它反映了与销售收入相比库存数量是否合理，表明投入库存的流动资金的使用情况。

2. 固定资产周转率

固定资产周转率是销售总额与固定资产之比，它反映了单位固定资产能够提供的销售收入，表明企业资产的利用程度。

3. 销售收入与销售费用的比率

这个比率表明单位销售费用能够实现的销售收入，在一定程度上反映企业营销活动的效率。由于销售费用包括人员推销、广告宣传、销售管理费用等组成部分，因此还可进行更加具体的分析，比如，测量单位广告费用能够实现的销售收入，或单位推销费用能增加的销售收入，等等。

反映经营状况的这些比率通常需要进行横向的（不同企业之间）或纵向的（不同时期之间）比较，才更有意义。

三、作业控制

一个组织的成功，在很大程度上取决于它在生产产品或提供服务的效率和效果。作业控制方法是用来评价一个组织的转换过程的效率和效果问题的。

典型的作业控制包括：监督生产活动以保证其按计划进行；评价购买能力，以尽可能低的价格提供所需的质量和数量的原材料；监督组织的产品或服务的质量，以保证满足预定的标准；保证所有的设备得到良好的维护。

四、信息控制

管理者需要信息来完成他们的工作。不精确的、不完整的、过多的或延迟的信息将会严重阻碍他们的行动。因此应该开发出这样一种管理信息系统，使它能在正确的时间，以正确的数量，为正确的人提供正确的数据。

管理信息的方法在最近几年发生了很大的变化。比如，在若干年前，一个大组织的管理者依靠一个集中的数据处理部门为其提供所需的信息。如果他需要将一个每周的总销售额分解成按地区汇总的销售额，他们不得不专门向数据处理经理专门提出这项要求。一个幸运的经理可能会在一周开始的早些时候拿到上周的计算机打印的销售数字。而今天，管理者通常在他们的办公桌上就有一台计算机，他们可以在任何时候输入他们的要求，调出按地区划分的销售结果，过去他们要花几天才能得到的数据，现在只需要几秒钟。

五、组织绩效控制

许多研究部门为衡量一个组织的整体绩效或效果作着不懈的努力，当然管理者关心他们组织的绩效，但他们并不是唯一衡量其组织绩效的人。顾客和委托人在他们选择生意对象时也会对此作出判断。证券分析师、潜在的投资者、潜在的贷款者和供应商(尤其是以信用方式交易的供应商)也会作出判断。为了维持或改进一个组织的整体效果，管理者应该关心控制。但是衡量一个组织的效果并没有一个单一的衡量指标。生产率、效率、利润、员工士气、产量、适应性、稳定性，以及员工的旷工率等毫无疑问都是衡量整体绩效的重要指标。但是其中任何一个单独的指标都不能等同于组织的整体绩效。一个组织的绩效要通过下列三种基本方式之一来进行评价。

(一)组织目标法

组织目标法 (Organizational Goals Approach) 就是以组织最终完成其目标的结果来衡量其效果，而不是以实现目标的手段。也就是说，只考虑终点时冲线的结果。

我们是采用宣称的目标还是实际的目标？谁的目标？短期的还是长期的目标？由于组织具有多重目标，那么这些目标如何按其重要性进行排序？如果管理者敢于面对组织目标的内在复杂性，他们就可以获得评价组织的合理信息。

(二)系统方法

一个组织可以描述成这样一个实体，即获得输入、从事转换过程和产生输出。从系统的角度看，一个组织可以通过下述这些方面的能力进行评价：获得输入的能力、处理这些输入的能力、产生输出的能力和维持稳定与平衡的能力。输出产品或服务是目的，而获得输入和处理过程的效率是手段。如果一个组织要想长期生存下去，必须保证其健康的状态和良好的适应能力。组织效果评价的系统方法(Systems Approach To Organizational Effectiveness)主要集中考虑那些对生存有影响的因素,即目标和手段。

系统方法所考虑的相关标准包括:市场份额、收入的稳定性、员工旷工率、资金周转率、用于研究和发展方面的费用的增长情况、组织内部各部门的矛盾冲突情况、雇员的满意程度,以及内部交流的通畅程度。值得注意的是,系统方法强调那些影响组织长期生存和兴旺发展的因素的重要性,而这些因素对短期行为可能并不是特别的重要。比如,用于研究和发展方面的费用是一种对未来的投资,管理层可以削减这里的费用并且立即就会增加利润或减少损失,但这种行为将会影响到组织以后的生存能力。

系统方法的主要优点在于防止管理层用未来的成功换取眼前的利益;另一个优点是当组织的目标非常模糊或难以度量时,系统方法仍然是可行的。比如,公共部门的管理者采用"获得预算的增长能力"作为衡量效果的标准。也就是说,他们用一种输入标准来取代输出标准。

(三)战略伙伴法

战略伙伴法(Strategic Constituencies Approach)是假定一个有效的组织能够满足顾客群体的各种要求,并获得他们的支持,从而使组织得以持续地生存下去。

可以将战略伙伴法适用于企业。比如,一个公司如果有很强的资金实力,就不必关心银行家所采用的效果标准。然而,假如你领导的公司有2亿美元的银行贷款将于下一个季度到期,你就不得不请求银行对这笔债务进行重新安排,因为你不可能按期归还贷款。毫无疑问,在这种情况下,银行用来衡量你公司的效果指标就值得重视。如果不这样做将会威胁到你公司的生存。因此一个有效的组织是能够成功地识别出关键伙伴——顾客、政府部门、金融机构、证券分析家、工会等,并满足他们的要求。

值得注意的是使用战略伙伴法的基本前提条件。这里的假定是,一个组织面对的是一个来自有关利益集团的经常性的和有竞争性的要求。由于这些利益集团的重要性各不相同,因此组织的效果取决于它识别出关键性或战略性伙伴的能力,以及满足他们对组织所提要求的能力。更进一步,这种方法假定管理者所追求的一组目标是对某些利益集团要求的一种反映,是从那些控制了组织生存所需资源的利益集团中选择出来的。

虽然战略伙伴法非常有意义,但管理者在付诸行动时却非易事。在实践中,将战略伙伴从广泛的环境中分离出来就是一件非常困难的事。由于环境总是在不断地变化,昨天对一个组织来说还是很关键的,今天可能就已经不是了。采用战略伙伴法,管理者可以大大减少忽略或严重伤害那些利益集团的可能性，这些利益集团对阻碍组织的运转有着重要的影响。如果管理层知道谁的支持对组织的健康发展是必需的，他们可以修改目标重要程度的顺序，以反映他们与战略伙伴权力关系的变化。

第四节 控制的方法

一、控制的原理

管理控制的理论基础来源于控制论。它的基本原理是：

(1)任何系统都是由因果关系链联结在一起的元素的集合，元素之间的这种关系就叫耦合，控制论就是研究耦合运行系统的控制和调节的。

(2)为了控制耦合系统的运行，必须确定系统的控制标准 Z。控制标准 Z 的值是不断变化的某个参数 S 的函数，即 $Z=f(S)$。例如为了控制飞机的航行，必须确定航线，飞机在航线上的位置 S 的值是不断变化的，所以控制标准 Z 的值也必然是不断变化的。

(3)可以通过对系统的调节来纠正系统输出与标准值 Z 之间的偏差，从而实现对系统的控制。

企业也是一个耦合运行系统。企业生产经营活动的全过程就是由严密的因果关系链联结起来的，无论是整个过程或其中某个阶段、某个环节，为了得到一定的产出，就必须有一定的投入。通过控制投入生产过程的资金、人力、物资及管理和技术信息，就可控制企业生产经营活动的产出。

图 12-6 是一个极其简略的汽车制造厂耦合系统示意图。从图 12-6 中可

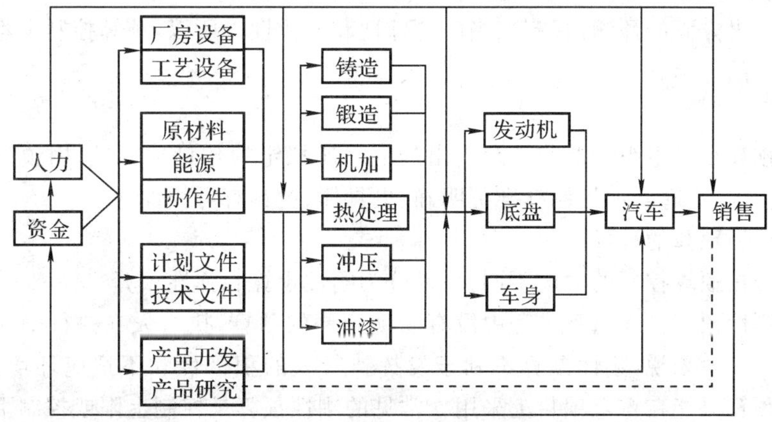

图 12-6 汽车制造厂耦合系统示意图

以看到，企业的最终产出——汽车的数量、质量和期限都受企业系统内一系列因素的影响，形成了一个严密的因果关系链。为了保证企业目标的实现，只是把生产过程组织起来并制订出严密的计划还不够。在计划执行过程中，由于受到企业系统内外各种干扰因素的影响，企业各生产环节的实践活动偏离预定计划的情况是经常发生的，也是不可避免的。这时就必须把计划作为控制标准值 Z，然后通过调节各子系统和各生产环节的活动来保证企业系统目标的实现。

二、预算控制

（一）预算的含义

所谓预算就是用财务数字的形式来描述组织未来的活动计划，它预估组织在未来时期的经营收入和现金流量，同时也为各部门或各项活动规定了在资金、劳动、材料、能源等方面的支出的额度。预算控制就是根据预算规定的收入与支出标准来检查和监督各个部门的生产经营活动，以保证各种活动或各个部门在完成既定目标、实现利润的过程中对经营资源的利用，从而使费用支出受到严格有效的约束。

（二）预算的特点

1. 计划性

预算是一种特殊的计划，其主要构成内容是各种数字，包括数量目标、对目标数字的说明、预算时间。

2. 预测性

预算从字面上来理解就是预先测算，因而它也属于预测的内容，是关于收入与支出方面的预测，具有相当的特殊性和专业性。所以，预算控制少不了预测方法的运用。

3. 控制性

预算是对组织涉及收入及支出的活动所拟定的数量化标准，用预算作为控制标准，比起其他控制标准更明确、更具体、更具有可控性。

（三）预算的种类

1. 按预算控制的力度不同，可以分为刚性预算和弹性预算

刚性预算指在执行进程中没有变动余地的预算，执行人在执行中无活动余地。一般来说，刚性预算不利于发挥执行人的积极性和不适应环境变化。刚性预算只能在重点项目上采用。常见的刚性预算是控制上限或控制下限的预算，如严格要求的财政支出预算和财政收入预算。

弹性预算指预算指标有一定的调整余地,执行人可灵活地执行预算。这种预算的控制力稍弱,但有较强的环境适应性,能较好地适应控制的要求,在预算控制中弹性预算比较常见。

2.按预算的内容不同,分为支出预算和收入预算

支出预算指为完成组织活动所支付货币的多少的预算。一个组织,可以没有收入预算,但不可能没有支出预算。

收入预算指对组织活动可带来货币收入进行的预算。一般来说,只有企业性质的组织和政府才有收入预算。

收入预算与支出预算是密切相关的。一般原则是:以收定支,在收入预算的基础上确定支出预算。

3.按预算的范围不同,分为总预算和部门预算

总预算指以组织整体为范围,由组织的最高管理机构批准的预算。

部门预算指各部门在保证总预算的前提下,根据本部门的实际情况安排的预算。

总预算与部门预算不是简单的总体与部分的关系,而是相互支持、相互补充的关系。有的部门预算是全包含在总预算之中的,有的并不全包括在总预算之中。并且,不同的组织对预算的分类也不一样,如企业常常把财务预算称为总预算。

(四)预算的目的

1.为战略计划做进一步安排

战略计划在年初制定,是以当时可供使用的信息为基础,由相对较少的管理者制定的,而且范围较广。预算是在预算年度开始前一些时候制定的,使用的是最新的信息,而且以各层次管理者的判断为基础。

2.协调

组织中的每个责任中心的管理者参加预算编制。当他们意见汇总时,可能会存在不协调的地方。最可能的情况是,总量上,或者就某些产品系列而言,产销量不吻合。在组织中,成品发运计划与生产该产品所需零部件到货计划不吻合。又如,直线制组织内需要支持性机构提供的服务水平比它们计划要提供的服务水平高。在预算的编制过程中,这些不一致的地方要找出来并解决。

3.指定责任

审批后的预算应明确每个管理者的责任。预算也授权责任中心管理者可自由支配一定数量的开支。

4.业绩评估的基础

预算是预算人员对其上级的承诺，因此它是评价业绩的尺度。这一承诺可能因为其基础的改变而改变，但无论如何它是业绩评估的最好的起点。

（五）企业预算的内容

1.销售预算

指的是以市场预测为依据，根据市场要求对企业生产经营年度要实现的销售额，及其所决定的各种产品和服务的销售量所作的预算。在市场经济条件下，销售预算是企业预算的基础和前提，因为企业必须以市场为导向，以销定产。

2.生产预算

生产预算指在销售预算的基础上，根据企业的现实生产条件和要实现的利润目标，对生产过程中所消耗的各种生产要素，以及产品等进行的预算，又可分为直接材料消耗预算、人工费用预算和制造费用预算。

3.销售与管理费用预算

指的是根据企业的销售额和利润目标，配合生产预算，对企业销售过程和企业管理活动中费用支出所作的预算。按会计的国际惯例，企业销售费用和管理费用不能摊入产品成本，而要直接计入当期损益，能否控制销售和管理费用支出，对实现预算目标就有相当大的影响。

4.投资预算

指企业根据市场需求和企业生产能力，在固定资产投资支出方面的预算。按会计的国际惯例，资本支出与生产支出应当分开，投资预算必须单独列出。

5.成本预算和现金预算

成本预算主要是指以企业生产预算为基础，对各种产品的成本进行的预算，其目的是要控制每一种产品的成本。现金预算指对企业在日常经营活动中所需要的现金做出的预算安排。因为现金支付比较难控制，一旦失控，就会影响预算目标，故要单独预算。

上述各种预算共同构成企业的预算体系，它们之间的关系可用图 12-7 加以概括说明。

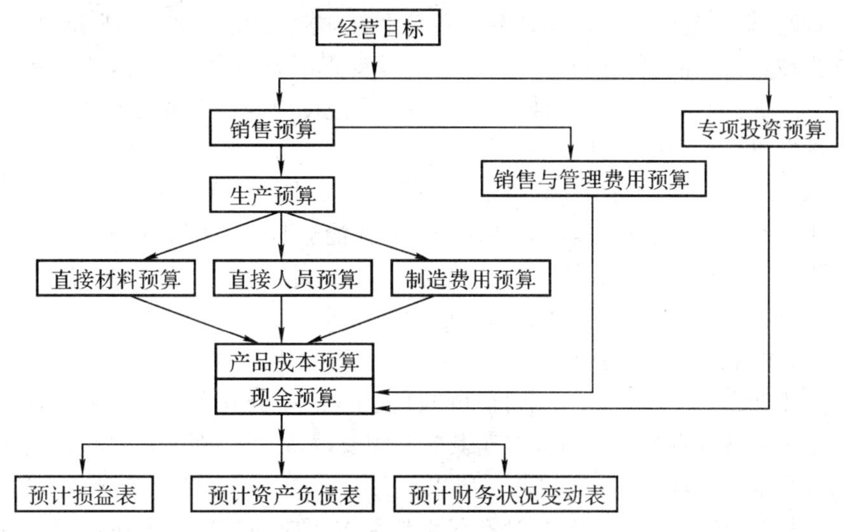

图 12-7　企业的预算体系

(六)预算的作用及其缺点

由于预算的实质是用统一的货币单位为企业各部门的各项活动编制计划,因此它使得企业在不同时期的活动效果和不同部门的经营绩效具有可比性,可以使管理者了解企业经营状况的变化方向和组织中的优势部门与问题部门,从而为调整企业活动指明方向;通过为不同的职能部门和职能活动编制预算,也为协调企业活动提供依据,更重要的是,预算的编制与执行始终是与控制过程联系在一起的,编制预算是为企业的各项活动确立财务标准,用数量形式的预算标准来对照企业活动的实际效果,大大方便了控制过程中的绩效衡量工作,也使之更加客观可靠;在此基础上,很容易测量出实际活动对预期效果的偏离程度,从而为采取纠正措施奠定基础。

由于这些积极作用,预算手段在组织管理中得到广泛运用。但在预算的编制和执行中,也暴露了一些缺点。主要表现在:

(1)它只能帮助企业控制那些可以计量的,特别是可以用货币单位计量的业务活动,而不能促使企业对那些不能计量的企业文化、企业形象、企业活力的改善予以足够的重视。

(2)编制预算时通常参照上期的预算项目和标准,从而会忽视本期活动的实际需要,因此会导致这样的错误:上期有的而本期不需要的项目仍然沿用,而本期必需上期没有的项目会因缺乏先例而不能增设。

(3)企业活动的外部环境是在不断变化的,这些变化会改变企业获取资源的支出或销售产品实现的收入,从而使预算变得不合时宜。因此,缺乏弹性、非常具体、特别是涉及较长时期的预算可能会过度束缚决策者的行动,使企业经营缺乏灵活性和适应性。

(4)预算,特别是项目预算或部门预算,不仅对有关负责人提出了希望他们实现的结果,而且也为他们得到这些成果而能够开支的费用规定了限度,这种规定可能使得主管们在活动中精打细算,小心翼翼地遵守不得超过支出预算的准则,而忽视了部门活动的本来目的。

(5)在编制费用预算时通常会参照上期已经发生过的本项目费用,同时主管人员也知道,在预算获得最后批准的过程中,预算申请多半是要被削减的。因此他们的费用预算申报数要多于其实际需要数,特别是对于那些难以观察、难以量化的费用项目,更是如此。所以,费用预算总是具有按先例递增的习惯,如果在预算编制的过程中,没有仔细地复查相应的标准和程序,预算可能成为低效的管理部门的保护伞。

只有充分认识了上述局限性,才能使预算这种控制手段发挥最大的效用。

三、作业控制

作业控制主要包括采购、库存、质量和成本的控制。

(一)对供应商的控制

供应商供货及时与否、质量的好坏、价格的高低,都对企业最终产品产生重大影响。因此,对供应商的控制可以说是从企业运营的源头抓起,能够起到防微杜渐的作用。

目前比较流行的做法是在全球范围内选择供应商,其原因是为了能够有保障地获得高质量低价格的原材料,同时也可避免只选择少数几个供应商可能构成的威胁。

许多企业正在改变与供应商之间的竞争关系,试图建立一种长期的、稳定的、合作的双赢局势。传统的做法是在十多家、甚至数十家供应商中进行选择,鼓励他们互相竞争,从中选取能够提供低价格高质量产品的供应商。现在企业也在更广范围内挑选供应商,但是,一旦选定两三家供应商,就要和他们建立长远的、稳定的联系,并且帮助供应商提高原材料的质量,降低成本。这时企业和供应商就形成相互依赖、相互促进的新型关系,双方都降低风险,提高效益,真正做到双赢。

另外一种控制供货商的方法是持有供货商一部分或全部股份,或由本企业系统内部的某个子企业供货，这常常是跨国公司为了保证货源而采用的做法，很多日本的大型企业都采用这种方法控制供货商。

(二)库存控制

库存控制主要是为了减少库存，降低各种占用，提高经济效益。管理人员使用经济订购批量模型（Economic Order Quantity，EOQ）计算最优订购批量，使所有费用达到最小。这个模型考虑三种成本：一是订购成本，即每次订货所需的费用（包括通信、文件处理、差旅、行政管理等费用）；二是保管成本，即储存原材料或零部件所需的费用（包括库存、利息、保险、折旧等费用）；三是总成本，即订购成本和保管成本之和。

当企业在一定期间内总需求量或订购量为一定时，如果每次订购的量越大，则所需订购的次数越少；如果每次订购的量越小，则所需订购的次数越多。对第一种情况而言，订购成本较低，但保管成本较高；对第二种情况而言，订购成本较高，但保管成本较低。通过经济订购批量模型，可以计算出订购量多大时，总成本（订购成本和保管成本之和）为最小。图 12-8 为经济订购批量示意图。

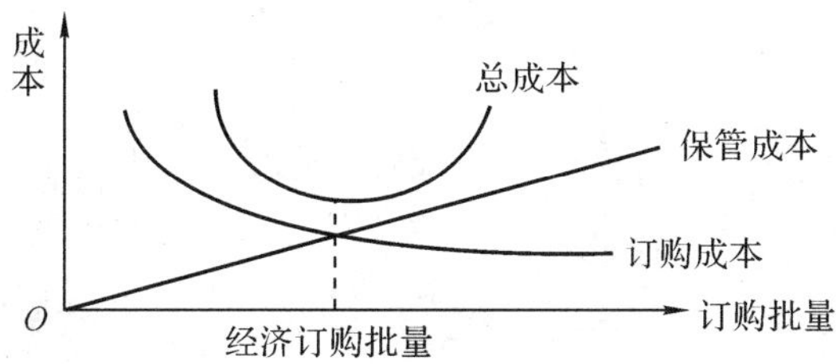

图 12-8　经济订购批量示意图

假定企业在一定期间内总需求量为 D，每次订购所需的费用为 O，库存物品单价为 P，保管成本与全部库存物品价值之比为 C，则最优订购批量为

$$\mathrm{EOQ}=\sqrt{\frac{2\times D\times O}{P\times C}}$$

假设某企业一年对某种材料的总需求量为 5000 件，每件价格为 20 元，每次订购所需的费用为 250 元，保管成本与全部库存物品价值之比为 12.5%，则最优订购批量为

$$\mathrm{EOQ}=\sqrt{\frac{2\times D\times O}{P\times C}}=\sqrt{\frac{2\times 5000\times 250}{20\times 0.125}}=1000(\text{件})$$

因此，一年最优订购批量为 5 次，每次 1000 件，此时，订购成本为 1250 元，保管成本为 1250 元，总成本最低，为 2500 元。

一般说来，企业除了最优订购批量外，为了预防万一会保留一个额外的储存量，这个储存量被称为安全库存。

日本企业发明了一种准时制库存系统(Just-in-time Inventory Systems)，其目标是实现零库存。它的基本思路是：企业不储备原材料库存，一旦需要时，立即向供应商提出，由供应商保质保量按时送到，生产继续进行下去。具体做法如下：企业收到供应商送来的装有原材料的集装箱，卸下其中的原材料准备用于生产装配，同时把箱中的"看板"(Kanban，日语中卡片或标牌的含义)交还给供应商；供应商接到"看板"后立即进行生产，并将新生产出来的原材料再送来。如果双方衔接得好的话，这时，上次的原材料刚好用完。

准时制库存系统可以减少库存，降低成本，提高效益。但是，该种方法对供应商提出了很高的要求。供应商必须在规定的时间，按照规定的质量和数量，将原材料或零部件生产出来，并且准确无误地运输到规定的地点。但是许多研究指出，准时制库存系统事实上将库存带来的风险转嫁给了供应商，供应商所能做的是自己消化或再次转嫁给那些为自己供货的供应商。另外，准时制库存系统对企业选择和控制供应商提出了更高的要求。

(三)质量控制

1. 质量控制的内容及意义

质量具有两个方面的含义，一是产品的质量，二是指工作的质量。两者既有联系，又有区别：产品的质量是工作质量的体现，工作质量是产品质量的保证。质量控制既包括对企业产品或服务质量的控制，又包括对工作质量(包括制度、标准等)的控制。

产品质量是指产品适合社会和人们一定用途和需要所具备的特性。它包括产品的结构、性能、精度、纯度、物理化学性能，以及产品的外观、形状、色彩、手感、气味等，总而言之，可影响产品使用价值的一切方面。对产品质量进行控制是企业生产出合格产品、减少无效劳动的重要保障。在市场经济中，产品的质量控制应达到两个方面的目标：一是使生产出来的产品达到产品质量标准，二是使企业以最低的成本生产出符合产品质量标准的产品。这两个方面是相辅相成的，企业生产出的产品符合质量标准是产品能为市场所接受的必要条件，而企业只有在低于社会平均劳动时间的条件下生产出合格产品，其产品才有竞争力。

工作质量就是企业为了保证和提高产品质量在经营管理和生产技术工作方面所要达到的水平。工作质量的好坏，是通过企业内各单位、各部门以及企业每一个职工的工作态度、工作绩效、产品质量等反映出来的。工作质量是产品质量的保证，在一定意义上讲，提高工作质量比提高产品质量更重要。

2. 产品质量控制方法

产品质量控制运用的主要是数学方法。在产品质量控制中，质量数据可分为计量值数据和计数值数据。计量值数据是指可连续取值的数据。计数值数据是指可以用个数计数的数据，是非连续性数据。无论是计量值数据还是计数值数据，都具有波动性与规律性。波动性是指质量数据不是一个固定数值，有大有小，数据分布有离散性；规律性是指数据经过整理后，可以发现它们的分布具有一定的规律性，不是杂乱无章的。

由质量数据反映的质量波动因素可分两类：一类是偶然因素，这是造成质量正常波动的因素。这些因素在技术上难以消除，也不值得消除，在质量控制中是允许存在的。另一类是系统因素，这是造成质量异常波动的因素。生产中如果存在这类因素，质量数据就会出现异常大的散差，产品质量不稳定。因此，必须及时发现，加以控制和消除。

在无系统因素起作用的情况下，质量数据呈正态分布（见图 12-9）。

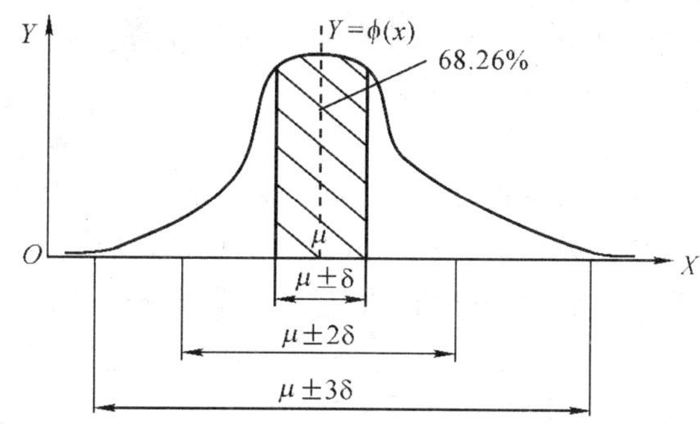

图 12-9 正态分布图

其中各部分的概率分别为：曲线与横坐标轴所围成的面积等于 1，其中在 $\mu\pm\delta$ 范围内的面积占 68.26%；在 $\mu\pm2\delta$ 范围内的面积占 95.45%；在 $\mu\pm3\delta$ 范围内的面积占 99.73%。

因此，在远离平均 μ 一定的范围以外（如 $\pm3\delta$ 以外），出现的概率很小。一般在有限次的实测中，可以认为它不会出现。根据以上数据分布特点，就可以分析是否有异常因素存在。

迄今为止，质量管理和控制已经经历了三个阶段，即质量检验阶段、统计质量管理阶段和全面质量管理（Total Quality Management，TQM）阶段。质量检验阶段大约发生在 20 世纪 20 至 40 年代，工作重点在产品生产出来之后的质量检查。统计质量管理阶段发生在 20 世纪四五十年代，管理人员主要采用统计方法作为工具,对生产过程加强控制,提高产品的质量。

从 20 世纪 50 年代开始的全面质量管理是以保证产品质量和工作质量为中心,企业全体员工参与的质量管理体系。它具有多指标、全过程、多环节和综合性的特征。如今,全面质量管理已经形成了一整套管理理念,风靡全球。

(四)成本控制

当一个企业的经营设计、产品设计、设备装置、作业设计等已确定,并按规范投入各生产要素时,成本管理的中心是成本的控制,即要使经营活动的各环节、各方面实现目标成本,低于目标成本。具体方法为:

1. 制定控制标准

确定目标成本。确定目标成本有计划法、预算法和定额法等。

2. 根据原始记录进行成本核算

统计资料,进行成本核算。成本统计所用的原始记录是反映核算期人力、物力、财力等支出的全部原始记录,是进行成本核算和控制最基本的依据。进行成本控制所要进行的成本核算有可比产品总成本、可比产品单位成本、商品产品成本、主要产品单位成本、可比产品成本降低率等。通过成本核算,了解实际成本,并为分析改进提供数据资料。

3. 差异分析

将实际成本与目标成本相比较,就会发现差异。分析就是通过比较,找到实际成本与目标成本的差异、发展趋势,找出控制和降低成本的措施。差异分析的主要内容有直接材料费用分析、直接人工费用分析、管理费用分析、销售费用分析等。

4. 采取措施,降低成本

一旦发现实际成本高于目标成本,就应积极采取措施,控制成本上升趋势。一般来说可采用的方法有价值工程,严格投入管理;改进产品设计或生产工艺,精简机构等。

四、程序控制

(一)程序的控制作用

程序规定了办事的时间顺序及其相应的内容,它规定先办后办的顺序和先办后办的衔接。程序的控制作用则表现在它为全体成员提供一个必须共同遵守的规范,这是一个严格的规定,人人都必须遵守。利用这个规范,为控制提供标准,防止发生偏离轨道的情况,使违反和不遵守程序的行为得到制止。利用这个规范,可以为各方面工作的协调提供保证,防止疏忽和遗漏,以免出现“考虑不周”的差错。利用这个规范,可以使管理人员了解办事应经过的过程,作出合理安排,提高办事效率。如果缺乏明确而合理的程序,将会出现办事混乱、互相扯皮、不讲效率的现象。由此可见,程序对形成必要的控制,促进工作的条理化和高效率有重要作用,成为改善控制工作的重要作用。

(二)程序控制失灵的原因

一般来说,管理者总是希望利用程序来实现控制,使控制工作做得更好、更有效。但事实上,缺乏程序、无视程序的情况仍大量存在。其原因主要在以下几个方面:

1.程序之间的不协调

运用程序的方法来实现控制,简便而有效,因此受到欢迎和广泛应用。同时也产生新的问题:各个部门都从各自的需要出发来制定程序,造成各种程序之间的重复、甚至矛盾的情况,使程序无法顺利执行。对一个程序的服从,会造成对另一个程序的违反,使管理人员无所适从。或者,不同程序都规定提供某方面情况的要求,但在具体表格要求上又有若干的不同,从而造成一些不必要的重复工作,增加工作负担,降低工作效率。

2.程序制定的高成本

要求为组织各方面工作制定出统一的、合理的、互相协调的一套程序并非易事,需要做大量的调查研究和综合分析,要付出很大的代价。而这一点并非每个组织都能承担得起。

3.程序的滥用

程序是控制的有效工具,但未必每件事都得制定详尽的程序,甚至规定到细枝末节。滥用程序,有时也会使简单问题复杂化,造成对程序的厌恶和反感。

4.程序的陈旧和僵化

程序的制定必须严格执行,以体现控制的作用,但在另一方面则意味着可能导致部门活动的僵化。人们对程序的适应为工作的顺利开展创造了条件。但久而久之由这种适应形成的习惯,往往会成为部门或个人顽固抵制改革的根深蒂固的阻力,妨碍创新和不利于对变动做出反应。人们虽然不一定非常喜欢老程序,但因为习惯了,不想改,就会抵制适应新情况的新程序的贯彻。

5.程序制定的盲目性

程序制定得草率从事,程序制定后不能得到严格的贯彻执行,种种不遵守程序的情况也没有加以指正和批评,于是一方面是程序资深问题很多,另一方面即使是好的程序也会成为一纸空文,形同虚设。而且有些程序的制定,由于种种原因,可能从一开始就只打算挂在墙上而不执行的。

(三)程序控制工作的改进

为了使程序在控制工作中充分发挥应有的作用,可以通过以下要求的落实来加以改进。

1. 程序的简化

首先要控制程序的数量。是否任何事都要制定程序呢?看来未必,既不必要也无可能。其次要控制程序的简繁。尽管有些程序是要规定得细些,但并非每个程序都需那么详尽。再次,程序的表达应力求简洁明了,使人一目了然。程序的规定是为了促进工作的开展,不必要的程序不仅会妨碍工作的开展,而且会使人们因为厌恶程序而无视程序,结果是"有法不依"使程序无法得到应有的遵守和起到应有的控制作用。由于畏惧法院的诉讼程序的复杂而非法"私了"纠纷,由于畏惧医院的医疗程序复杂而找人"非法"治病等,这些例子都说明程序简化的重要性。

2. 程序的合理

程序是否合理,是程序能得以被人们接受而有助于工作的另一关键。首先,程序的内容应符合组织目标的要求,程序是为目标的实现服务的,而不是为程序而程序,用程序来阻挠工作的顺利进行。无视组织目标的程序,就本末倒置了。其次,所制定的程序应是可行的。实际上做不到或难以做到的程序,也难以有效地贯彻执行。

3. 程序的协调

不但要分析个别程序的合理,而且要分析各程序之间的协调一致,从而尽可能把程序之间的重复和交叉矛盾的情况减少到最低限度。各项程序的分别制定,均应由"总部"作最后核准,以便达到协调的目的。

4. 程序的经济

不仅程序的制定需要付出成本,而且程序的执行也要有大量的投入。比如填写一系列的表格和票据、审批的等候以及可能由此而坐失良机所带来的损失。因此,有时规定在某种特殊情况下可以急事急办,就是为了克服由于正常程序的制定而可能带来的不经济。

5. 程序的监督

再好的程序若不实行就无法起到控制的作用,因此要监督程序的执行。首先要宣传程序,务必使有关人员都清楚程序的内容和设置的必要。其次应为程序的执行提供必要的条件和方便,包括对有关人员的培训和指导。再次应切实了解程序的执行情况,对不执行程序的行为提出严肃的批评,以防止此类错误的再犯和蔓延。

五、经营审计

审计是对反映企业资金运动过程及其结果的会计记录及财务报表进行审核、鉴定，以判断其真实性和可靠性，从而为控制和决策提供依据。根据审查主体和内容的不同，可将审计划分为三种主要类型：一是由外部审计机构的审计人员对财务报表及其反映的财务状况进行的外部审计，二是由内部专职人员对企业财务控制系统进行全面评估的内部审计，三是由外部或内部的审计人员对管理政策及其绩效进行评估的管理审计。

（一）外部审计

外部审计是由外部机构（如会计师事务所）选派的审计人员对企业财务报表及其反映的财务状况进行独立的评估。为了检查财务报表及其反映的资产和负债的账面情况与企业真实情况是否相符，外部审计人员需要抽查企业的基本财务记录，以验证其真实性和准确性，并分析这些记录是否符合公认的会计准则和记账程序。

外部审计实际上是对企业内部虚假、欺骗行为的一个重要而系统的检查，因此起着鼓励诚实的作用。由于知道外部审计不可避免地要进行，企业就会努力避免做那些在审计时可能会被发现的不光彩的事。

外部审计的优点是审计人员与管理当局不存在行政上的依附关系，不需看企业经理的眼色行事，只需对国家、社会和法律负责，因而可以保证审计的独立性和公正性。但是，由于外来的审计人员不了解内部的组织结构、生产流程的经营特点，在对具体业务的审计过程中可能会遇到困难。此外，处于被审计地位的内部组织成员可能产生抵触情绪，不愿积极配合，这也可能增加审计工作的难度。

（二）内部审计

内部审计提供检查现有控制程序和方法能否有效地保证达成既定目标和执行既定政策的手段。例如，制造质量完善、性能全面的产品是企业孜孜以求的目标，这不仅要求利用先进的生产工艺、工人提供高质量的工作，而且对构成产品的基础——原材料提出相应的质量要求。这样，内部审计人员在检查物资采购时，就不仅限于分析采购部门的账目是否齐全、准确，而且试图测定材料质量是否达到要求。

根据对现有控制系统有效性的检查，内部审计人员可以提供有关改进公司政策、工作程序和方法的对策建议，以促使公司政策符合实际，工作程序更加合理,作业方法被正确掌握,从而更有效地实现组织目标。

内部审计有助于推行分权化管理。从表面上来看,内部审计作为一种从财务角度评价各部门工作是否符合既定规则和程序的方法,加强了对下属的控制,似乎更倾向于集权化管理。但实际上,企业的控制系统越完善,控制手段越合理,越有利于分权化管理。因为主管们知道,许多重要的权力授予下属后,自己可以很方便地利用有效的控制系统和手段来检查下属对权力的运用状况,从而可能及时发现下属工作中的问题,并采取相应措施。内部审计不仅评估了企业财务记录是否健全、正确,而且为检查和改进现有控制系统的效能提供了一种重要的手段,因此有利于促进分权化管理的发展。

虽然内部审计为经营控制提供了大量的有用信息,但在使用中也存在不少局限性。主要表现在:

(1)内部审计可能需要很多的费用,特别是如果进行深入、详细的审计的话。

(2)内部审计不仅要搜集事实,而且需要解释事实,并指出事实与计划的偏差所在。要能很好地完成这些工作,而又不引起被审计部门的不满,需要对审计人员进行充分的技能训练。

(3)即使审计人员具有必要的技能,仍然会有许多员工认为审计是一种"密探"或"检查"工作,从而在心理上产生抵触情绪。如果审计过程中不能进行有效的信息和思想沟通,那么可能会对组织活动带来负激励效应。

(三)管理审计

外部审计主要核对企业财务记录的可靠性和真实性,内部审计在此基础上对企业政策、工作程序与计划的遵循程度进行测定,并提出必要的改进企业控制系统的对策建议。管理审计的对象和范围则更广,它是一种对企业所有管理工作及其绩效进行全面系统的评价和鉴定的方法。管理审计虽然也可组织内部的有关部门进行,但为了保证某些敏感领域得到客观的评价,企业通常聘请外部的专家来进行审计。

管理审计的方法是利用公开记录的信息,从反映企业管理绩效及其影响因素的若干方面将企业与同行业其他企业或其他行业的著名企业进行比较,以判断企业经营与管理的健康程度。

反映企业管理绩效及其影响的因素主要有:

(1)经济功能。检查企业产品或服务对公众的价值,分析企业对社会和国民经济的贡献。

(2)企业组织结构。分析企业组织结构是否能有效地达到企业经营目标。

(3)收入合理性。根据盈利的数量和质量(指盈利在一定时期内的持续性和稳定性)来判断企业盈利状况。

(4)研究与开发。评价企业研究与开发部门的工作是否为企业的未来发展进行了必要的新技术和新产品的准备,管理当局对这项工作的态度如何。

(5)财务政策。评价企业的财务结构是否健全合理,企业是否有效地运用财务政策和控制来达到短期和长期目标。

(6)生产效率。保证在适当的时候提供符合质量要求的必要数量的产品,这对于维持企业的竞争能力是相当重要的。因此,要对企业生产制造系统在数量和质量的保证程度以及资源利用的有效性等方面进行评估。

(7)销售能力。销售能力影响企业产品能否在市场上顺利实现,这方面的评估包括企业商业信誉、代销网点、服务系统以及销售人员的工作技能和工作态度。

(8)对管理当局的评估。即对企业的主要管理人员的知识、能力、勤奋、正直、诚实等素质进行分析和评价。

管理审计在实践中遭到许多批评,其中比较重要的意见认为,这种审计过多地评价组织过去的努力的结果,而不致力于预测和指导未来的工作,以至于有些企业在获得了极好的管理审计评价后不久就遇到了严重的财务困难。

尽管如此,管理审计不是在一两个容易测量的活动领域进行比较,而是对整个组织的管理绩效进行评价,因此可以为指导企业在未来改进管理系统的结构、工作程序和结果提供有用的参考。

【案例研究】

百安居的花钱艺术

对企业来说,成本决定效益。然而对于零售行业来说,成本意味着生存还是死亡。当今的零售行业,在利润微薄的同时还要快速扩张,如果不实行良好的成本控制,就很难在市场上立足。位列世界500强企业的大型家装超市百安居将节俭原则贯穿到企业发展的战略中,成为成本控制的典范之一。

(一)节俭体现于细节

如果有人梦想享受大公司的高级办公环境而到百安居去工作的话,现实会给他当头一棒。与明亮宽敞的卖场相比,百安居办公区显得寒碜。

华北区的百安居总部就借居在北京四季青桥百安居一楼卖场偏僻的西南角。华北区总经理办公室可以用简陋形容:一张能容6人的会议桌,毫无档次可言的普通灰白色的文件柜。没有老板桌,总经理坐的椅子甚至连扶手都没有。

总经理手中的签字笔只要1.5元,由行政部门按不高于公司的指导价统一采购。“既然都能写字,为什么要用贵的呢?”百安居员工回答道。这就是百安居的节俭原则:企业的所有支出,都是建立在可以给客户提供更多价值的基础之上。换句话说,企业所有的投入都应该为客户服务,以提供客户更多的让渡价值为本。

节约还体现在人力成本控制上。百安居对人事的成本控制的是总量,特别是员工数量,而对员工的个人收入不加限制。百安居北京金四季店2万多平方米的卖场,只有230多名员工,平均100平方米配置1名。顾客所看到的店员由三部分人组成,固定员工、供应商派过来的促销员、配送和收银中的部分小时工,临时工占员工总数的20%～30%,目前主要在部分配送和收银工作中使用。

人员配置的调整,主要以部门、全店、全国人力效率(每小时的销售额)的对比来考虑。在运营过程中,有关部门会设置以各部门为纵向坐标,“标准配置、实际配置、建议配置、销售达成、员工效率”等项为横向坐标的表格进行分析汇总。而对防损、物业、行政、团购等支持部门,主要采取定岗编制。

正是这种节约的意识,使百安居的营运费用占销售额的百分比远低于同行。以百安居北京金四季店为例,京城另一家营业面积同样为2万平方米的建材超市,销售额只有金四季的1/2,营运费用却比金四季店多出一倍。

(二)多方位支持节约行动

成本控制需要高科技的数据系统的支持。百安居的人力成本控制正是在价值分析坐标下计算出来的。价值分析就是从客户的角度评估企业的所有支出。“百安居的数据库不会让客户多花一分冤枉钱”,一位相关负责人说。

据了解,百安居搜集全球范围内的经营活动数据,并据此形成各种费用在不同情况下的不同标准。其中包括核心城市、二类城市;单层店、二层店等不同参考体系。在已有的控制体系中,当标准同实际实施情况比较时,任何有助于降低成本的差异都能够被用来作为及时更正的依据。

好的标准更需要好的操作规范。对直接的、显性的成本项目,“每一项费用都有年度预算和月度计划,财务预算是一项制度,每一笔支出都要有据可依,执行情况会与考核挂钩。”

“员工工资、电费、电工安全鞋、推车修理费,神秘顾客购物……”5月份的营运报表上记录着137类费用单项。其中,可控费用84项,不可控费用53

项。尽管单店日销售额曾突破千万元，但有的营运单月费用仍被细化到不及100元。每个月、每个季度、每一年都会由财务汇总后发到管理者的手中，超支和异常的数据会用红色特别标识，管理者会对报告中的红色部分相当留意，在会议中，相关部门需要对超支的部分作出解释。

此外，一套成型的操作流程和控制手册在百安居被使用，将节俭费用用制度固化下来。该手册从电能、水、印刷用品、劳保用品、电话、办公用品、设备和商店易耗品八个方面提出控制成本的方法。比如将用电的节俭规定到了以分钟为单位，如用电时间控制点从7:00到23:30，依据营业、配送、春夏秋冬季和当地的日照情况划分为18个时间段，相隔最长的7个小时，相隔最短的仅有两分钟。

节俭成为百安居的一种企业组织行为，甚至融入员工的文化血脉中。"我们希望所有员工不要混淆'抠门'与'成本控制'的关系，'要花该花的钱，少花甚至不花不该花的钱'，我们要讲究花钱的效益。"百安居《营运控制手册》如是说。

——《中国财经报》，2006年8月11日

【思考题】

1. 控制的前提和作用是什么？
2. 有效控制的基本原则是什么？
3. 控制的过程有哪些？
4. 控制的焦点在哪里？
5. 控制的方法有哪些？

第十三章
变革与创新管理

【内容提要】

本章主要阐述组织变革的理论模型,分析组织变革的阻力和动力,介绍管理变革的类型与方法,阐述管理创新的过程及作用。

【本章重点】

1. 组织变革的动力和阻力。
2. 管理变革的类型与方法。
3. 管理创新的过程及作用。

第一节　组织变革的原理及动力

在今天高度复杂的社会中,组织为了生存和发展就必须不断地适应新环境。组织发展的最新趋势是转向学习型组织,它是组织不断变革和成长的结果。学习型组织以实践为基础并使每位员工都参与到解决问题和不断改善之中。

学习型组织要同时经历两类计划性变革:运营变革和组织转型变革。前者是指以组织改善基本工作和不同业务领域的组织过程为基础的变革;后者是指对整个组织进行重新设计和更新的变革。

一、组织变革的理论模型

组织变革是一个复杂、动态的过程,需要有系统的理论指导。管理心理学对此提出了行之有效的理论模型,适合于不同类型的变革任务。其中影响最大的有:Lewin 变革模型、系统变革模型和 Kotter 变革模型。

(一)Lewin 变革模型

Lewin(1951)提出一个包含解冻、变革、再冻结等三个步骤的有计划组织变革模型,用以解释和指导如何发动、管理和稳定变革过程。

1. 解冻(unfreezing)

这一步骤的焦点在于创设变革的动机。鼓励员工改变原有的行为模式和工作态度,采取新的适应组织战略发展的行为与态度。为了做到这一点,一方面,需要对旧的行为与态度加以否定;另一方面,要使广大员工认识到变革的紧迫性。可以采用比较评估的办法,把本组织的总体情况、经营指标和业绩水平与其他优秀组织或竞争对手加以一一比较,找出差距和解冻的依据,帮助员工"解冻"现有态度和行为,迫切要求变革,愿意接受新的工作模式。此外,应注意创造一种开放的氛围和心理上的安全感,减少变革的心理障碍,提高变革成功的信心。

2. 变革(changing)

变革是一个学习过程,需要给员工提供新信息、新行为模式和新的视角,指明变革方向,实施变革,进而形成新的行为和态度。这一步骤中,应该注意为新的工作态度和行为树立榜样,采用角色模范、导师指导、专家演讲、群体培训等多种途径。Lewin 认为,变革是个认知的过程,它由获得新的概念和信息得以完成。

3. 再冻结(refreezing)

在再冻结阶段,利用必要的强化手段使新的态度与行为固定下来,使组织变革处于稳定状态。为了确保组织变革的稳定性,需要注意使员工有机会尝试和检验新的态度与行为,并及时给予正面的强化;同时,加强群体变革行为的稳定性,促使形成稳定持久的群体行为规范。

(二)系统变革模型

系统变革模型是在更大的范围内解释组织变革过程中各种变量之间的相互联系和相互影响关系。这个模型包括输入、变革元素和输出等三个部分。

1. 输入

输入部分包括内部的强点和弱项、外部的机会和威胁。其基本构架则是组织的使命、愿景和相应的战略规划。企业组织用使命表示其存在的理由;愿景是描述组织所追求的长远目标;战略规划则是为实现长远目标而制订的有计划变革的行动方案。

2. 变革元素

变革元素包括目标、人员、社会因素、方法和组织体制等元素。这些元素相互制约和相互影响，组织需要根据战略规划，组合相应的变革元素，实现变革的目标。

3. 输出

输出部分包括变革的结果。根据组织战略规划，从组织、部门群体、个体等三个层面，增强组织整体效能。

（三）Kotter 组织变革模型

领导研究与变革管理专家 Kotter 认为，组织变革失败往往是由于高层管理部门犯了以下错误：没有能建立变革需求的急迫感；没有创设负责变革过程管理的有力指导小组；没有确立指导变革过程的愿景，并开展有效的沟通；没能系统计划，获取短期利益；没有能对组织文化变革加以明确定位等。Kotter 为此提出了指导组织变革规范发展的八个步骤：建立急迫感；创设指导联盟、开发愿景与战略；沟通变革愿景；实施授权行动、巩固短期得益、推动组织变革、定位文化途径等。Kotter 的研究表明，成功的组织变革有 70%～90%由于变革领导成效，还有 10%～30%是由于管理部门的努力。

（四）Bass 的观点和 Bennis 的模型

管理心理学家 Bass 认为，按传统方式以生产率或利润等指标来评价组织是不够的，组织效能必须反映组织对于成员的价值和组织对于社会的价值。他认为，评价一个组织应该有三个方面要求：一是生产效益、所获利润和自我维持的程度；二是对于组织成员有价值的程度；三是组织及其成员对社会有价值的程度。

Bennis 则提出，有关组织效能判断标准，应该是组织对变革的适应能力。当今组织面临的主要挑战，是能否对变化中的环境条件作出迅速反应和积极适应外界的竞争压力。组织成功的关键是能在变革环境中生存和适应，而要做到这一点，必须有一种科学的精神和态度。这样，适应能力、问题分析能力和实践检验能力是反映组织效能的主要内容。在此基础上，Bennis 提出有效与健康组织的标准：

1. 环境适应能力

环境适应能力是指解决问题和灵活应付环境变化的能力。

2. 自我识别能力

自我识别能力是指组织真正了解自身的能力，包括组织性质、组织目标、组织成员对目标理解和拥护程度、目标程序等。

3. 现实检验能力

现实检验能力是指准确觉察和解释现实环境的能力，尤其是敏锐而正确地掌握与组织功能密切相关因素的能力。

4.协调整合能力

协调整合能力是指协调组织内各部门工作和解决部门冲突的能力，以及整合组织目标与个人需求的能力。

二、组织变革的动力

组织变革的动力，不仅来自组织的外部环境，而且来自组织内部。

(一)外部变革推动力

组织变革的外部环境推动力包含政治、经济、文化、技术、市场等方面的各种因素和压力，其中与变革动力密切相关的有以下几方面。

1.社会政治特征

国家的经济政策、企业改革发展战略和创新思路等社会政治因素是最为重要的因素，对各类组织形成强大的变革推动力。国有企业转制、外资企业竞争、各种宏观管理体制改革、加入 WTO 和开发西部地区，都成为组织变革的推动力。

2.技术发展特征

机械化、自动化，特别是计算机技术对于组织管理产生广泛的影响，成为组织变革的推动力。由于高新技术的日益采用，计算机数控、计算机辅助设计、计算机集成制造以及网络技术等的广泛应用，对组织的结构、体制、群体管理和社会心理系统等提出了变革的要求。尤其是网络系统的应用显著缩短了管理和经营的时间与距离，电子商务打开了新的商业机会，也迫使企业领导人重新思考组织的构架和员工的胜任力要求，知识管理成为重心。

3.市场竞争特征

全球化经济形成新的伙伴关系、战略联盟和竞争格局，迫使企业改变原有的经营与竞争方式。同时，国内市场竞争也日趋激烈，劳务市场正在发生深刻的变化，使得企业为提高竞争能力而加快重组步伐，大量的裁员和并购，管理人才日益成为竞争的焦点。

(二)内部变革推动力

组织变革的内部推动力包括组织结构、人力资源管理和经营决策等方面的因素。

1.组织结构

组织变革的重要内部推动力是组织结构。由于外部的动力带来组织的兼并与重组，或者因为战略的调整，要求对组织结构加以改造。这样往往还会影响到整个组织管理的程序和工作的流程。因此,组织再造工程也成为管理心理学与其他学科研究的新领域。

2. 人员与管理特征

由于劳动人事制度的改革不断深入,管理者员工来源和技能背景的构成更为多样化,企业组织需要更为有效的人力资源管理。管理无疑成为组织变革的推动力。为了保证组织战略的实现,需要对企业组织的任务作出有效的预测、计划和协调,对组织成员进行多层次的培训,对企业不断进行积极的挖潜和创新,等等。这些管理活动是组织变革的必要基础和条件。

3. 团队工作模式

各类组织日益注重团队建设和目标价值观的更新,形成了组织变革的一种新的推动力。组织成员的士气、动机、态度、行为等的改变,对于整个组织有着重要的影响。随着电子商务的迅猛发展,虚拟团队管理对组织变革提出了更高的要求。

第二节　组织变革的阻力

一、组织变革的阻力

组织变革作为战略发展的重要途径,总是伴随着不确定性和风险,并且会遇到各种阻力。管理心理学研究发现,常见的组织变革阻力可以分为三类。

1. 组织因素

在组织变革中,组织惰性是形成变革阻力的主要因素。这是指组织在面临变革形势时表现比较刻板、缺乏灵活性,难以适应环境的要求或者内部的变革需求。造成组织惰性的因素很多,例如,组织内部体制不顺、决策程序不良和文化陈旧等,都会使组织产生惰性。此外,组织文化和奖励制度等组织因素以及变革的时机也会影响组织变革的进程。

2. 群体因素

组织变革的阻力还来自群体方面。研究表明,对组织变革形成阻力的群体因素主要有群体规范和群体内聚力等。群体规范具有层次性,边缘规范比较容易改变,而核心规范由于包含着群体的认同,难以变化。同样,内聚力很高的群体也往往不容易接受组织变革。Lewin 的研究表明,当推动群体变革的力量和抑制群体变革的力量之间的平衡被打破时,也就形成了组织变革。不平衡状况"解冻"原有模式,群体在新的、与以前不同的平衡水平上重新"冻结”。

3.个体因素

人们往往会由于担心组织变革的后果而抵制变革。一是职业认同与安全。在组织变革中,人们需要从熟悉、稳定和具有安全感的工作任务,转向不确定性较高的变革过程,其“职业认同”受到影响,从而对组织变革产生抵制。二是地位与经济上的考虑。人们会感到变革影响他们在组织中的地位,或者担心变革会影响自己的收入。或者,由于个性特征、职业保障、信任关系、职业习惯等方面的原因,产生对于组织变革的抵制。

对具体的人来说,变革意味着利益的重新分配,旧的利益分配平衡被打破,需要建立新的利益平衡格局。一般地说,如果变革带来的预期收益,包括显性收益与隐性收益、物质收益与非物质收益,扣去变革所分摊的成本后大于原来的收益,人们便会支持变革。否则,便会反对变革。在两者平衡的情况下,则采取中立态度。对于普通员工来说,如果变革成功可以分享到变革后增加的收益,不过那是远期的、间接的,而变革所带来的成本是即期的、直接的,如岗位变动,权力削弱,工作负担增加,甚至可能下岗失业,等等,许多员工感到缺乏安全感,权衡利弊得失后会选择宁愿维持现状。

变革的阻力可能以两种方式发挥作用。一种是积极地阻挠变革的进行,他们公开发表反对意见,与变革者展开争论,有时还可能掺杂个人情感,表现出对抗性或攻击性的行为。另一种则消极地阻挠变革,他们虽不公开表示反对,却采取不合作的态度,甚至采取扣压、延误或封锁消息的方式。不论何种方式,对变革都是有害的。

二、克服对组织变革的抵制

管理者确定变革阻力的原因以后,可以采取以下措施予以克服。

1.参与和投入

参与涉及变革的当事人和潜在的抵制者。研究表明,人们对某事的参与程度越大,就越会承担工作责任,支持工作的进程。因此,当有关人员能够参与有关变革的设计讨论时,参与会导致承诺,抵制变革的情况就显著减少。参与和投入方法在管理人员所得信息不充分或者岗位权力较弱时使用比较有效。但是,这种战术耗时很多,在变革计划不充分时,有一定风险。

2.沟通和教育

加强沟通和教育,是克服组织变革阻力的有效途径。这种方法适用于信息缺乏和对环境未知的情况,其实施比较花费时间。通过沟通和教育,分享情报资料，不仅带来相同的认识，而且在群体成员中形成一种感觉，即他们在计划变革中起着作用，他们会有一定的责任感。同时，在组织变革中加强培训和信息交流，对于成功实现组织变革是极为重要的。这既有利于及时实施变革的各个步骤，也使得决策者能够及时发现实施中产生的新问题、新情况，获得有效的反馈。这样才能随时排除变革过程中遇到的抵制和障碍。

3.组织变革的时间和进程

即使不存在对变革的抵制，也需要时间来完成变革。广大员工需要时间去适应新的制度，排除障碍。如果领导觉得不耐烦，加快速度推行变革，下级会产生一种受压迫感，产生以前没有过的抵制。因此，管理部门和领导者需要清楚地懂得人际关系影响着变革的速度。

4.群体促进和支持

许多管理心理学家提出，运用"变革的群体动力学"，可以推动组织变革。这里包括创造强烈的群体归属感，设置群体共同目标，培养群体规范，建立关键成员威信，改变成员态度、价值观和行为等。这种方法在人们由于心理调整而不良产生并抵制时使用比较有效。

5.谈判

变革推动者处理变革潜在阻力的另一方式是，以某种有价值的东西来换取阻力减低。比如，如果阻力集中在少数有影响力的个人中，可以通过谈判形成某一奖酬方案使这些人的需要得到满足。谈判作为一种策略，尤其在阻力来自某权力源(如工会)时更为适用。但其潜在的高成本是不可低估的。这种策略还有一个危险，即一旦变革推动者为克服阻力而作出让步，他也就可能面临其他权势者的勒索。

6.强制

克服变革阻力的最后一种策略是强制，即直接对抵制者使用威胁力和控制力。如一个公司管理当局真正下定决心，如果员工们不同意削减工资就关闭这家工厂。这时就是使用强制策略。强制的其他举措包括调换工作、不予升职、负面绩效评估及不友善的推荐信等。但强制通常是不合法的，即便是合法的强制也容易被看成是一种暴力，从而有损变革者的威信。

表 13-1　克服变革阻力的战术

战　术	应用时机
沟通和教育	变革是技术性的
	使用者需要准确的信息和分析来理解变革
参与	使用者要主动参与
	设计需要其他方面的信息
	使用者要有抵制的权力
谈判	团队有实施的权力
	团队可能在变革中受到损失
强迫	存在危机
	提出者确实具有权力
	其他实施技术都失败了
高层经理支持	变革涉及多个部门或者资源的再分配
	使用者怀疑变革的合理性

第三节　管理变革的类型与方法

管理者能对什么进行变革？其选择方案基本上有如下几种：技术变革、产品变革、结构变革及文化与人员变革。结构变革包括改变组织的复杂性、正规化、集权化程度、职务再设计及其他结构因素。技术变革包括工作过程、所使用方法和设备的改变等。人员变革则是指员工工作态度、期望、认知和行为的改变。组织文化变革是指组织成员共有价值体系的改变。

一、技术变革

技术变革与组织的生产工艺，即组织如何完成其工作是相关的。技术变革的目的是为了使产品或服务的生产更有效率。通用汽车公司利用机器人来改善生产效率就是技术变革的一个例子，超级市场利用激光扫描结账系统也是技术变革的例子。

一般来说，技术变革都是自下而上发生的，这意味着新思想起源于较低的组织层次，然后反映到高层寻求批准。位于较低层次的技术专家充当了变革先驱——他们发明并支持技术变革,低层次上的员工理解技术而且拥有提出变革的经验。一个松散、灵活、分权的结构使员工有发动持续变革的自由和机会,而一个僵化、集权和标准化的结构则会扼杀技术革新。管理者所要做的就是促使组织中最重要的资源——生产流程中各自领域的专家来提升技术变革的水平。

自上而下的技术变革方式通常不会起作用。高层管理者远离生产过程,缺乏技术开发的经验。高层强制下达的技术变革通常是产生更少而不是更多的技术革新,创新思想的火花是从贴近技术的员工中产生的。摩托罗拉的"参与管理项目"的理论基础就是鼓励从组织低层员工中产生新的技术思想。

二、新产品变革

产品变革是指变革组织的产品或服务产出。新产品革新对组织来说有重要意义,因为它们通常意味着一个新战略的产生或者是一个新市场的出现。此外,由于产品生命周期变得越来越短,企业要不断提出产品和服务的革新思想以满足市场需求。产品革新是许多组织适应市场、技术和竞争的主要方式。

不过,推出新产品并不容易,但每天仍有数百种新产品问世。大多数新产品在市场上都将失败,有数据表明,最乐观的估计只有 1/5 的成功率,最悲观的估计则是 1/671。所以,产品开发对组织来说是高风险活动,能够成功开发新产品的企业一般有如下特征:

(1)市场部人员对客户需求有很好的理解。

(2)技术专家清楚最新技术发展并能有效利用新技术。

(3)关键部门如研发、制造、市场部的成员在开发新产品时通力合作。

这些发现表明,新产品思想和技术变革一样,一般来说源于组织的低层,区别在于新产品思想会在部门间水平流动,而产品革新同时需要几个部门专家的合作。新产品开发的失败往往是合作失败的结果。

今天,日益成熟的顾客在产品开发和市场方面占有越来越重要的地位。在激励的竞争环境下,新产品开发过程中的参与已经超出了员工的范围,扩展到了供应商和客户。比如像汽车制造业这样的整个行业都在积极征求客户对新产品的反馈并在设计之初就请消费者参与。市场部门对客户进行数年的调查来确定他们的需求,他们使用的一个新方法是,在日常活动中实际观察客户使用产品和服务的情况,以搜集无法明确的客户愿望。

同时,在产品革新的过程中,更快地交付产品和服务也成为一个主要的竞争武器。比如惠普公司将开发新型打印机的时间由 4.5 年缩短到 22 个月;快速将新产品推向市场需要部门间平行合作或并行合作，因此，团队工作是运用快速革新在速度上击败竞争者的重要部分。

三、结构变革

结构变革涉及权力层级、目标、结构特征、管理程序和管理系统。一个组织的结构是由其复杂性、正规化和集权化程度决定的。管理者可以对这些结构要素的一个或多个加以变革。例如，可将几个部门的职责组合在一起，或者精简某些纵向层次、拓宽管理跨度，以使组织扁平化和减少官僚机构。为提高组织的正规化程度，可以制定更多的规则和制度。而通过提高分权化程度，则可加快决策制定的过程。几乎所有的关于如何进行管理组织的变革都可以归入结构变革。比如 IBM 由职能制到产品结构制的改变是一种结构变革。

成功的机构变革是通过自上而下的方式实现的，这与技术变革（自下而上）和新产品变革（水平）不同。结构变革自上而下进行是因为管理变革的经验来自组织的中高层结构，结构变革的拥护者是中高层管理者。低层技术专业人员对管理程序既无兴趣也无经验。如果组织结构在低层员工中引起负面效果，他们的抱怨和不满会提醒管理者。员工不满是变革的内在动力，高层管理者察觉到变革需求，然后开始提出和实施变革。

自上而下的过程并不意味着强迫是最佳战术。具体的实施策略包括教育、参与和与员工谈判。除非情况紧急，管理者不应将结构变革强加给员工。因为他们可能会加强抵制，从而导致变革失败。总之，自上而下的变革意味着新的思想源于高层并向下实行，但这并不意味着低层员工不用接受有关的教育或不用参与其中。

四、文化与人员变革

文化与人员变革指的是员工价值、标准、态度、信仰和行为方面的变革。文化和人员变革与员工如何思考有关，这是在思想领域而不是技术、产品或结构领域的变革。人员的变革只与少量员工有关，如少数中层管理者去接受培训以改善领导技能。文化变革与组织整体性关联。比如，有的组织采用团队工作和员工参与来减少官僚主义，促使员工更重视客户服务和质量。一般来说，培训是变革组织思想最常用的工具，组织可以向大量的员工提供关于团队、倾听技能、质量循环和参与管理等方面的培训。

此外，文化与人员变革的主要方式是组织发展，它已经发展成为大规模组织变革的独立领域。

组织发展(Organizational Development,OD)是指组织利用其应付环境变革、改善内部关系和提高解决问题的能力,应用行为科学的知识来改善其自身的状况和效率。组织发展可以改善员工间的工作关系。

以下三类组织发展可以帮助管理者解决现有的问题。

(1)合并/并购。在并购时,决策者可能只注意技术、产品、市场和控制系统的潜在融合而没有意识到两个企业在价值、信仰和实践上可能存在的广泛差异。这些差异可能会使员工产生紧张和焦虑,消极的情绪影响了未来的运作。组织应该在并购过程中评估文化差异,并利用组织发展专家的帮助使并购顺利进行。

(2)组织衰退/复兴。处于衰退和复兴阶段的企业面临一系列问题,包括信任水平低、缺乏创新、员工跳槽率高、高度的紧张和冲突。这一转变时期要求实施与平时相反的行为,包括正视压力问题、创造公开的沟通和支持创新以提高生产率。组织发展技术可以通过对冲突的管理、支持献身精神为文化复兴做出贡献。

(3)冲突管理。冲突可以在一个健康的组织内的任何时间、任何地点发生。组织发展就是努力帮助解决这些冲突。

常见的组织发展方法包括敏感性训练、调查反馈、过程咨询、团队建设和组际发展等。贯彻这种变革方法的共同主线是,它们都设法带来组织人员内部或相互关系的改变。

(一)敏感性训练

敏感性训练(Sensitivity Training)是通过非结构化的群体互动来改变人的行为的一种方法。该群体是由一位职业行为学者和若干参与者共同组成,并不对群体规定某种议事日程,职业行为学家(不具有领导角色)也仅仅是为参与者创造表达自己思想和情感的机会。会谈自由而奔放,参与者可以探讨他们喜欢的任何议题。讨论中所注重的是个人的积极参与及其互动的过程。

敏感性训练作为一种变革方法的效果,实证研究已经表明它具有多种结果。从正面看,这种方法表现出对沟通技能的迅速改善,以及对提高认知的准确性和个人参与的意愿有促进的作用。然而,这些改变对工作绩效有什么影响还没有结论,且这种方法还不能避免心理方面的风险。

(二)调查反馈

调查反馈(Survey Feedback)是对组织成员的态度进行评价,确定其态度和认识中存在的差距,并使用反馈小组中得到的调查信息帮助消除其差距的一种方法。调查问卷通常分发给组织或单位的所有成员填写。问题包括成员对诸如决策制定、沟通效果、单位间的协调、组织的满意度、工作、同事及直接上司等广泛议题的认识与看法。将调查问卷统计处理后得到的数据制成表格分发给有关的员工，使所提供信息成为人们确定问题和解决问题的一个跳板。

（三）过程咨询

过程咨询（Process Consultation）是依靠一外部咨询者帮助管理者对其必须处理的过程事件形成认知、理解和行动的能力。这些过程事件可能包括工作流程、单位成员间的非正式关系，以及正式的沟通渠道等。咨询者帮助管理者更好地认识他的周围、其自身内部或与其他人员之间正在发生什么样的事情。咨询者并不负责解决管理者的问题。相反，咨询者只是作为教练，帮助管理者诊断哪些过程需要改进。如果管理者在咨询者的帮助之下还不能解决问题，咨询者将协助管理者给自己配备一名具有适当技术知识的专家。

（四）团队建设

团队建设（Team Building）是使工作团队的成员在互动中了解其他人是怎么想和怎么做的。通过高强度的互动，团队成员学会形成相互的信任和开诚布公。团队建设方案中的活动可能包括团队目标的确定、团队成员间人际关系的开发、明确各成员任务和职责的角色分析以及团队过程分析等。

（五）组际发展

组际发展（Intergroup Development）是试图改变不同工作小组成员之间的相互看法、认知和成见。例如，两个小组一直存在不良的工作关系。可以让它们分别开列出一份清单，说明有关如下方面的认识：我们如何看待我方？我们如何看待对方？我们认为对方小组如何看待我方？然后，交换两个小组的清单，讨论有什么相似的认识及不同之处。不同点将得到特别的注意。接着，两个小组考察存在差异的原因，并努力制定出解决办法改进小组间的关系。

第四节　创新及管理创新

一、创新及管理创新的含义

“创新”（innovation）是指形成创造性思想并将其转换为有用的产品、服务或作业方法的过程。所谓管理创新，就是按照现代企业经营管理的客观规律，结合具体的实际情况，客观实际地分析企业内部资源和外部环境，对企业的生产要素和各项职能在内容和形式上做出适当的调整和新的组合，以实现管理效益的最大化。管理之所以要创新，是因为外部环境的变化、消费者需求的个性化和多样化，以及环境的变化对企业既定的制度、技术、文化的要求，只有管理创新才能使企业得到发展。

管理是为了有效地实现组织目标，这个过程必然表现在具体的成果上。创新管理的成果与维持管理的成果相比，具有这样一些特征：

（1）首创性。创新是解决前人没有解决的问题，它不是模仿、再造，而包含着过去所没有的新的因素或成分。

（2）未来性。创新是面向未来、研究未来、追求未来和创造未来的活动。

（3）变革性。创新是一种变革旧事物的活动，创新的成果也就表现为变革旧事物的产物。

（4）时间性。对创新成果的确认，与时间有着密切的关系。相同或相似的成果是否被确认，以时间的先后为界。因此，创新的关键在于一个“新”字，是以新思想、新观念和新成果为组织输入活力的活动。

二、管理创新的作用

（一）提高企业经济效益

管理创新的目标是提高企业有限资源的配置效率。这一效率虽然可以在众多指标上得到反映，例如资金周转速度加快，资源消耗系数减小，劳动生产率提高，等等，但最终还要在经济效益指标上有所体现，即提高了企业的经济效益。提高企业经济效益分为两个方面，一是提高目前的效益，二是提高未来的效益即企业的长远发展。管理诸多方面的创新，有的是提高前者，如生产组织优化创新，有的是提高后者，如战略创新与安排。无论是提高当前的效益还是未来的效益，都是在增强企业的实力和竞争力，从而有助于企业下一轮的发展。

（二）降低交易成本

管理层级制的创新，使得现代企业可以将原本在企业之外的一些营业单位活动内部化，从而节约企业的交易费用。交易费用的节约表现在由于生产单位和采购及分配单位的管理连接在一起，获得市场和供应来源信息的成本降低。最重要的是，多单位的内部化使商品从一单位至其他单位的流量得以在管理上进行协调。对商品流量的有效安排，可以使生产和分配过程中使用的设备和人员得到更好的利用，从而得以提高生产率并降低成本。此外，管理上的协调可使现金的流动更为可靠稳定，付款更为迅速。这种协调所造成的节约，要比降低信息和交易的成本所造成的节约大得多。

（三）稳定企业、推动企业发展

管理创新的结果是为企业提供更有效的管理方式、方法和手段。管理创新对稳定企业、推动企业发展的作用可以从诸多方面来看。比如，管理层级制一旦形成并有效地实现了它的协调功能后，层级制本身也就变成了持久性、权力和持续成长的源泉。因为用来管理新型多单位企业的层级制，具有持久性，它超越了工作于其间的个人或集团的限制。当一名经理去世、退休、升职或离职时，另一个人已做好准备，他已受过接管该职位的培训。因而人员虽有进出，其机构和职能却保持不变。管理层级制的这一创新，不但使层级制本身稳定下来，也使企业发展的支撑架构稳定下来，而这将有效地帮助企业长远的发展。

（四）拓展市场，帮助竞争

管理创新若在市场营销方面进行，则将帮助企业有力地拓展市场、展开竞争。企业在进行市场竞争和市场拓展时，将遇到众多竞争对手即厂商和顾客。因此这一竞争过程实为多个博弈对象的动态博弈过程，一个企业如果能在这一过程中最先获得该博弈的均衡解，即管理创新具体方案，便能战胜对手，获得博弈的胜出。这个解无非是在能预见对手们的相应对策条件下寻找出最佳的、新的市场策略和运行方式而已，这就是一种管理的创新。

（五）有助于企业家队伍的形成

职业经理即企业家阶层的形成对组织发展至关重要，因为这一阶层的产生一方面使企业的管理处于专家的手中从而提高资源的配置效率，另一方面使企业的所有权与经营管理权发生分离，推动企业更健康地发展。同时，职业经理人由于知道管理创新的功效，因此他们往往成为管理创新的重要主体。

三、促进组织创新的因素

（一）结构因素

这一因素主要表现在：一是有机式结构对创新有正面的影响。因为其纵向变异、正规化和集权化程度低，有机式结构可以提高组织的灵活性、应变力和跨职能工作能力，从而使创新更易于得到采纳。二是拥有富足的资源能为创新提供另一重要的基石。组织资源充裕，就使管理当局有能力购买创新成果，敢于投下巨资推行创新并承受失败的损失。三是单位间密切的沟通有利于克服创新的潜在障碍。像委员会、任务小组及其他此类机制都可促进部门之间的相互交流，从而得到创新成功组织的广泛采用。

(二)文化因素

富有创新力的组织,通常具有某种共同的文化,如鼓励试验,赞赏失败,不论成功还是失败都给予奖励,等等。充满创新精神的组织文化通常有如下特征:接受模棱两可,容忍不切实际,外部控制少,接受风险,容忍冲突,注重结果甚于手段,强调开放系统。

(三)人力资源因素

有创造力的组织积极地对其员工开展培训和发展,以使其保持知识的更新。同时,它们还给员工提供高工作保障,以减少他们担心因犯错误而遭解雇的顾虑。组织也鼓励员工成为革新能手。一旦产生新思想,革新能手们会主动而热情地将思想予以深化、提供支持并克服阻力,以确保创新得到推行。一般来说,革新能手们有一些共同的个性特征:高度自信,有持久力,精力旺盛,敢于冒风险。同时,革新能手们也显示出一些相似的特征,如他们会以其对创新成功的潜在可能的认识,以及他们个人对其使命的坚信不疑来激励和鞭策他人,并善于从他人那里争取支持的力量。另外,创新能手们一般拥有提供相当大决策自主权的职位,这使得他们能在组织中引入并推行所提供的创新。

四、创新的过程

要有效地组织系统的创新活动,就必须研究和揭示创新的规律性。关于创新有无规律的问题是一个带有争议性的问题,有人认为创新是一个杂乱无章的过程。因为创新意味着对原有制度、原有秩序的破坏以及对新事物的探索。在这一个过程中,创新者只能在不断的尝试中去寻找新的程序、新的方法,在最终的成果取得之前,可能要经历无数次反复、无数次失败,因此,它看上去必定是杂乱的。但这种杂乱无章性是相对于旧制度、旧秩序而言的,是相对于个别创新而言的。就创新的总体来说,它们必然依照一定的步骤、程序和规律。

总结众多组织的经验,成功的创新要经历以下几个阶段。

1. 寻找机会

创新是对原有秩序的破坏。原有秩序之所以要破坏,是因为其内部存在着或出现了某种不协调的现象。这些不协调对系统的发展提供了有利的机会或造成了某种不协调的现象或某种不利的威胁。创新活动正是从发展和利用旧秩序内部的这些不协调现象开始的。不协调为创新提供了契机。

旧秩序中不协调既可存在于系统的内部,也可产生于对系统有影响的外部。就系统的外部来说,有可能成为创新契机的变化因素有:

(1)技术的变化。从而可能影响企业资源的获取、生产设备和产品的技术水平。

(2)人口的变化。从而可能影响劳动市场的供给和产品销售市场的需求。

(3)宏观经济环境的变化。迅速增长的经济背景可能给企业带来不断扩大的市场,而整个国民经济的萧条则可能降低企业产品需求者的购买能力。

(4)文化与价值观念的转变,从而可能改变消费者的消费偏好或劳动者对工作及其报酬的态度。

就系统内部来说,引发创新的不协调现象主要有:

(1)生产经营中的瓶颈,可能影响劳动生产率的提高或劳动积极性的发挥,因而始终困扰着企业的管理人员。

(2)企业意外的成功和失败往往可以改变企业原先的思维模式,从而可以成为企业创新的一个重要源泉。

企业的创新,往往是从密切地注视、系统地分析社会经济组织在运行过程中出现的不协调现象开始的。

2. 提出构想

敏锐地观察到不协调现象的产生以后,还要透过现象究其原因,并据此分析和预测不协调的未来变化趋势,估计它们可能给组织带来的积极或消极后果,并在此基础上,努力利用机会或将威胁转换为机会,采用头脑风暴法、德尔菲法等方法提出多种解决问题、消除不协调、使系统在更高层次实现平衡的创新构想。

3. 迅速行动

创新成功的秘密主要在于迅速行动。提出的构想可能还不完善,甚至可能很不完善,但这种并非十全十美的构想必须立即付诸行动才有意义。光想不干就等于没想,构想不能等到完美时才行动,有可能坐失良机,把创新的机会白白地送给自己的竞争对手。

4. 坚持不懈

构想要经过尝试才可能成熟,而尝试是有风险的。创新是不断尝试、不断失败和不断提高的过程。因此,创新者在开始行动以后,为取得最终的成功,必须坚定不移地继续下去,绝不能半途而废,否则便会前功尽弃。要在创新中坚持下去,创新者必须有足够的自信心,有较强的忍耐力,能正确对待尝试过程中出现的失败,并不断采取为减少失误或消除失误后的影响采取必要的预防或纠正措施。总之,创新中不可避免产生失败,最终的成功就在坚持之中。

五、如何成为具有创新活动的组织

要成为一个具有创新活动的组织，最重要的是考虑创新的必备条件；因为没有这些必备条件，即便有好的创新欲望或创新意识和想法，也都将成为空中楼阁。那么组织创新的必备条件有哪些呢？从东西方管理创新差异的原因中可以找到一些必备条件。

（一）创新主体应具有创新意识

实施企业管理的创新，需要有一个创新主体，而且这一主体应具有创新意识。熊彼特认为创新主体就是企业家，这个企业家不是退出企业生产经营管理领域的企业资产的终极所有者，而是那些在企业中从事最高领导的管理者。而一般认为，创新主体包括企业家、管理者和作为群体的企业员工。对一个创新主体而言，创新意识首先反映在其远见卓识上。这种远见卓识就是能够敏锐地判断企业与管理发展的大趋势，能够在现实的问题中找到关键性的东西并能看到其背后的深层原因，能够结合本企业的特点提出一些有价值的创意，作为创新的萌芽。例如，生活形态正在发生变化，企业如何变革以适应这种变化；员工希望工作内容更有意义，用什么方法可以创造出来；在技术革命速度加快的情况下，投资方式是否要改变，等等。

其次，创新意识还反映在创新主体的文化素质和价值观上。这是因为创新主体能够产生创新意识，一定与其文化素质及其对本业务的精通有关，也与创新主体的价值观导向有关。一些好高骛远的人可能不把某个小问题放在眼里，然而创新主体却能发现其潜在价值。

（二）创新主体应具有创新能力

创新主体的创新能力成为管理创新的必备条件之一。由于创新主体可以是个人也可以是一个群体，所以创新能力在个人方面与某个人的天赋有很大关系，在群体方面则与群体中员工的智能结构、员工的关系程度，以及组织结构等密切相关。熊彼特认为企业家应具有创新能力，企业家的创新活动是经济增长的一大重要因素。他所提到的企业家创新内容之一是创造新的生产函数。实际上，新的生产函数本身含有生产技术创新和管理创新两个方面，而这恰恰是一个成功企业家应具有的素质和能力。

（三）创新主体应具有基础管理条件

现代企业中的基础管理主要是指一般的最基本的管理工作，如基础数据、技术档案、统计记录、信息搜集归档、工作规则、工艺流程安排、员工奖罚办法与规则、会计核算、岗位职责标准等。一个企业基础管理工作好，表明这个企业管理水平较高。事实上，创新往往是在基础管理较好的基础上才有可能。比如，为什么日本企业管理模式创新的成功是在学习美国企业管理之后才发生呢？因为美国企业管理中基础管理一环是相当好的，学好美国企业管理的基础环节，为日本企业基础管理方面打下了扎实的基础，使更上一层楼成为可能。另一方面，基础管理好可以提供许多必要的准确的信息、资料和规则，这本身将有助于创新的顺利进行。

(四)组织应创造促进创新的氛围

创新主体能够有创新意识，能有效发挥其创新能力与拥有一个良好的创新氛围有关。在好的氛围下，人就思想活跃，新点子产生得多而快，不好的氛围则可能导致人思想僵化、思路堵塞，头脑里空白一片。日本企业中实行提案给奖制、提建议有奖制，鼓励员工出主意、想新点子，由此形成了一种创新的好氛围，于是各种创新主意不断涌现。而在我国的一些企业中，提建议的员工被领导看作有“刺”、不安分，并加以约束，其结果就是无人提意见、出点子，自然也不会有任何创新思路产生。

(五)创新活动应把握本组织的特点

创新并不是一种抽象的东西，而是十分具体的事件。现代企业之所以要进行创新，是为了更有效地整合本企业的资源以完成本企业的目标和责任。因此，这样的创新就不可能脱离本企业和本国的特点。事实上，创新的成功正是由于这一创新本身抓住了特点。日本企业管理方面的诸多创新是与他们把握东方文化的特点、日本民族的特点以及日本企业的特点分不开的。把握自己的特点并加以提炼，往往是创新成功的开始。

斯隆在美国通用汽车公司进行组织结构改革，创造事业部制时，是以通用汽车公司规模巨大、产品众多、管理复杂这一特点为基础的；日本设立终身雇用制是以日本文化中的家庭亲情、归属感等特点为前提的。由于这些特点代表了一种趋势或一种样式，因此一个企业的创新成果就能被社会和其他企业所肯定，最终成为普遍接受的创新事实。

(六)创新活动应设立创新目标

具体地说，创新目标是一项创新活动意欲达到的状态。具体的创新目标与具体的创新领域相一致。例如，创设连锁店式的商业服务形式是与便利顾客、便利公司(因为可以统一进货发货从而降低成本)、争取效益的目标有关。而创设目标管理方法，则与寻找一个更好的控制与激励员工方法的目标相关。

然而，创新目标比一般的目标更难确定，这是因为创新活动及创新目标更具不确定性。所以，确认创新目标是一件很困难的事。但是，如果没有一个恰当的目标会浪费企业资源，这本身又与管理的宗旨不符。现代企业对管理创新的目标确认多半带有弹性，以解决这一目标本身难以确认的问题。

(七)建立合理的奖惩制度

创新的原始动机也许是个人的成就感、自我实现的需要，但是如果创新的努力不能得到组织或社会的承认，不能得到公正的评价和合理的奖酬，则继续创新的动力就会渐渐失去。促进创新的奖酬制度至少要符合以下条件：一是物质奖励与精神奖励应该相结合。奖励不一定是金钱上的，精神上的奖励也许比物质报酬更能满足驱动人们创新的心理需要。二是奖励不能视作是“不犯错误的报酬”，而应是对特殊贡献、甚至是对希望作出特殊贡献的努力的报酬；奖励的对象不仅包括成功以后的创新者，而且应当包括那些成功以前、甚至是没有获得成功的努力者。就组织的发展而言，也许重要的不是创新的结果，而是创新的过程。如果奖酬制度能促进每个成员都积极地去探索和创新，那么对组织发展有利的结果就必然产生。三是奖励制度要既能促进内部竞争，又能保证成员间的合作。内部的竞争与合作对创新都是重要的：竞争能激发每个人的创新欲望，从而有利于创新机会的发现、创新构想的产生；而过度的竞争则会导致内部的各自为政，互相封锁；协作能综合各种不同的知识和能力，从而可以使每个创新构想都更加完善，但没有竞争的合作难以区别个人的贡献，从而会削弱个人的创新欲望。

【案例研究】

史密斯“土星计划”的创新改革

第二次世界大战后，美国人普遍的富裕和对汽车需求的急剧增长造成了汽车的短缺，通用汽车公司取得快速发展。20世纪60—70年代，来自西欧共同市场和日本汽车制造商的竞争越来越激烈，结果使美国汽车在世界市场上所占份额从1955年的72%降到1970年的36%。而在那一年，美国国内的汽车市场被外国汽车制造商占去的份额已达到16%，美国通用、福特、克莱斯勒三大汽车公司无一例外地陷入财政困境。通用汽车公司的利润在1979年比上年减少17%之后，1980年第一季度的利润额比上年同期又下降88%，第二季度出现4.12亿美元的亏损，1980年全年亏损7.7亿美元。这是1921年以来近60年期间第一次出现全年亏损的局面。

通用汽车公司陷入严重困境，既有外部原因，也有内部根源。外部原因除经济危机、通货膨胀等以外，首先是能源问题。过去由于油价低廉，通用汽车公司的产品大都是费油和利润较高、价格昂贵的大型车。20 世纪 70 年代世界汽油短缺，特别是 1979 年以来油价猛增，因此消费者需要选购省油和质量高的小型汽车。但是，通用汽车公司在这重要的转折时期，缺乏正确的判断和迅速调整的能力。与此同时，从外国进口的省油小汽车则在增加。1980 年进口的汽车大约占美国市场的 27%，其中日本进口汽车的市场份额由 1978 年的 12%激增到 22%。日本生产的汽车能够大量输入美国，主要是日本的小汽车油耗低，大约为美国汽车耗油量的 1/3。日本汽车坚持严格的规定和标准，质量高价格又低，日制小型车售价比美国大型车低 1/4～1/3。1980 年美国的汽车产量比 1979 年减少 26%，仅生产 624.7 万辆，这是 20 年来美国轿车产量最低的一年。通用汽车公司产量也大幅度减少。

通用汽车公司的衰落除了外部原因外，还有其深刻的内在根源。体制开始出现僵化，最高领导层不思进取，产品结构与市场脱节。种种迹象表明，通用汽车公司患了典型的“大企业病”。对于日本汽车业的竞争，公司高层领导人麻木不仁。不愿承认日本人确实生产出品质更为优良的汽车的事实，甚至看不起作为强有力竞争对手的日本。他们无法将记忆中被打败、受屈辱的日本，与现实生活中在原来属于自己统治的美国汽车市场上充当主角的日本画等号。

为了对付日本汽车的竞争，通用汽车公司投巨资开发两种型号的小型车。第一种是 X 型车，前轮驱动，立式发动机，性能极佳，因而使得排气量低，节省燃料。小型车必须采取前轮驱动，这样就能加大车内空间，减少自重，便于操纵。这项技术革新需要很大的投资，一般公司难以负担。人们普遍认为 X 型车有很大潜力。1979 年 4 月，这种车投放市场，因为当时美国正面临第二次能源危机，一开始，这种车供不应求。但好景不长，由于这种车存在着质量问题，不久便陷入市场滞销，库存积压。第二种是 J 型车。认为它是“进口汽车的克星”，抱有很大希望。但这种投资 50 亿美元的 J 型车没有多少创新，只是将就要过时的 X 型号车换上豪华的外衣。J 型号车刚推向市场，就遭到日本进口车的冲击：其命运比 X 型号汽车更悲惨，销量不及原来预测的 1/4。当 X 型和 J 型号汽车在市场上碰壁时，通用汽车公司投巨资研制 S 型汽车。正在研制的 S 型汽车每部成本费用是 5731 美元，而日本五十铃制造同级汽车的每部成本费用是 2857 美元，相差 2 倍还要多。

罗杰·史密斯就是在这样内外交困的局面中走马上任的。他深知唯有创新改革才是矫治“大企业病”的“灵丹妙药”，于是他以惊人的魄力，力挽狂澜，把通用汽车公司这艘衰老的“航空母舰”带出险滩，乘风破浪地驶向胜利的彼岸。

罗杰·史密斯的创新改革从重新制定企业战略开始。罗杰·史密斯认为，公司前进道路上最大的障碍之一就是缺乏全面的、具有未来意识的战略规划。没有公司全面发展的战略，通用汽车公司就无法在全球汽车市场不断变化的潮流中立于不败之地。因此，他着手制定指导通用汽车公司迈向21世纪的发展战略。罗杰·史密斯成立了一个由四位部门经理组成的班子，并亲任组长。这个小组称为"通用汽车公司方向小组"，任务是负责制定关于公司未来的主体规划。在罗杰·史密斯的参与下，确定要解决的三个重点问题：①找出并取消那些本不属于"通用汽车"的业务；②使国内汽车部着眼于世界；③找出那些"通用汽车"应该参与的业务。同时，重点在以下方面进行分析与预测，并提出相应对策：

一是产品质量战略。研究小组分析了美国汽车存在的质量问题以及原因，指出通用汽车公司应突出产品质量的战略地位。二是产品开发战略。研究报告指出，公司迫切需要确定老产品的寿命周期，积极组织科研力量，落实新产品的升级换代，适时投放市场，争取战略上的主动地位。三是科技发展战略。通用汽车公司作为一个老企业，许多生产技术远远落后于日本等汽车工业同行的水平。例如，公司在底特律有两个生产凯迪拉克的历史悠久的工厂。一个建造于1915年，另一个建造于1919年，两个工厂的设施都明显过时了。如果要使这两个工厂符合现代化的要求，公司必须投资2亿美元去旧翻新。论证结果，公司应关掉这两个工厂，并另行找一个地方建一个现代化的新工厂。科技发展战略促使罗杰·史密斯推动通用汽车公司加快自动化、高科技化的进程。四是市场战略。市场是企业生存的空间，企业失去市场就意味着失去生存的空间。公司的部分市场被日本丰田公司等占领，因此提出了夺回失去市场的方略。五是合并战略。研究成果提出公司应走以汽车制造为基础、多元化发展的道路，选择适当对象，采取兼并、合并方式是实现多元化发展的捷径。正是这一战略的提出，推动了通用汽车公司兼并电子数据公司和休斯公司的事件的进展。六是竞争战略。研究报告指出，公司的竞争对手已不仅是福特、克莱斯勒等国内同行，日本丰田、本田公司、德国大众公司的侵入将对公司构成重大威胁，并据此提出了不同的竞争方针。

通用汽车公司发展战略的每一个方面都需要体制创新改革才能实现。公司的战略规划进一步坚定了罗杰·史密斯的创新改革的决心，他认为："改革本身是困难的。人们都已经习惯在原有的体制模式上办事。可是，现有的体制模式已经被证明是过时了。通用汽车公司必须创新改革。尽管创新改革会非常艰难,我们还是必须知难而进。”罗杰·史密斯求助于麦卡锡咨询公司,制订一项为期两年的全公司“反省改造计划”,向公司520余名经理人员提出了一些根本性的问题,要求检查自己工作中的缺点、错误及改进方法。“反省改造计划”由一个特别工作小组监督执行。经特别工作组提议,罗杰·史密斯于1984年1月推行了一项大刀阔斧的改革计划。改革的总方针是扩大各级的决策权限,放松纵向控制,使下属人员与掌握决策权的经理之间减少层次,直接接触。新的体制便于最高领导层对各级管理人员的能力和实绩的了解,做到赏罚分明;更为重要的是可保证全体工作人员“参与管理”,即直接参与决策或在决策中发挥更大的作用。罗杰·史密斯在管理体制上尽管刻意改革,但他也十分谨慎,注意传统与创新相结合。他注意不要全盘否定公司体制,他在号召进行大胆创新的同时,对他的前任们倍加赞颂。他还保留了公司的许多老传统,罗杰·史密斯希望在大动荡时代继续维护公司形象的一致性和内部团结。

调整产品结构是整个20世纪80年代通用汽车公司发展战略措施之一。公司董事长罗杰·史密斯主要采取了四大措施:

第一个举措是改革生产X型和J型车计划。罗杰·史密斯上任不久,便痛下决心,停止这两种车的生产。尽管这一举措遭到公司生产管理人员的非议,但罗杰·史密斯坚持这样一个信念:只要是消费者不欢迎的车,不管当初投入多少钱,都应毫不吝惜地淘汰。

第二个举措是封杀研制S型汽车的项目。罗杰·史密斯发现S型号汽车与X型号和J型号汽车构造上雷同化的问题后,下令停止S型号汽车的研制。造成雷同化的原因在于产品设计过于分散化。自20年代公司实行分权化管理后,公司把控制市场的主要任务交给了各家工厂,让他们占领从最低廉到最高级轿车的所有市场。到20世纪70年代,每家工厂都设计、生产小型、中型和大型汽车,为了控制投资成本,只得相互购买汽车零部件,从而造成产品雷同问题。

第三个举措是改革GM-10汽车。通用汽车公司原来一直生产大量的中型轿车。1981年初,原有的中型轿车趋于过时,公司决定投资70亿美元研制新型号中型轿车。由于GM-10中型轿车是跟在福特后面推出的,且某些设计与福特Taurus相似,GM-10不得不重新做一些改装才能出场,从而加大了GM-10汽车的生产成本。罗杰·史密斯不得不采取断然措施,指示技术部门对GM-10汽车构造和主要零部件重新审查,来一番彻底的更新改造。这一产品改造计划花了近两年才告完成。新的GM-10中型车面貌一新,推出市场后销路看好。

第四个措施是抢救凯迪拉克汽车。凯迪拉克汽车一直是通用汽车公司的主导产品。但是到了20世纪70年代末和80年代初，该种车受到消费者的非议。凯迪拉克工厂生产的V-864变换式发动机惹来了麻烦。众多的机械毛病使顾客认为是它的设计有问题，各种投诉使舆论界为之大哗，作为骨干企业的凯迪拉克工厂被搞得威信扫地。研制这种V-864发动机是为了减少通汽生产的豪华车油耗过大的问题，其设想是，必要时才向所有8个汽缸供油，平时只有一部分汽缸做功。遗憾的是，产品质量不过关，有些电子元件失灵。大量消费者离开凯迪拉克而去选择其他型号的汽车。罗杰·史密斯下令调查凯迪拉克的结构和技术缺陷。报告总结了各式各样的凯迪拉克车存在着不下15种重大缺陷。罗杰·史密斯为了挽救凯迪拉克江河日下的威望，找到意大利的皮宁法丽亚公司，请它提供一个旨在与欧洲名牌汽车竞争的设计方案，同公司内部的设计师竞争投标。这家欧洲公司拿出一种似乎能同奔驰560SL双座活顶轿车匹敌的设计图，公司决定采用。罗杰·史密斯还策划改组主要的生产组织体系，决定把原有的七大部门合并为两个集团。1984年，罗杰·史密斯正式宣布开始实施雄心勃勃的内部改革方案：将车体生产部门合并，组建成两个新的生产集团。一个由别克、奥兹莫比尔、凯迪拉克等工厂组成，简称BOC；另一个集团由雪佛莱、庞迪亚克及加拿大的通汽分厂组成，简称CPC。BOC将开发、生产传统的常规汽车和大型汽车；CPC则集中生产小型车。改革获得了预期效果，凯迪拉克车以崭新的面貌出现在市场上，通用汽车公司的产品结构逐步趋于合理化，市场销售稳步上升。

罗杰·史密斯在调整产品结构和机构改革措施初战获胜的基础上，推出了在整个美国汽车业掀起九级风暴的"土星计划"。

在罗杰·史密斯主政时期，包括通用汽车公司在内的美国汽车行业对日本汽车的大举入侵深恶痛绝。大多数人都希望罗杰·史密斯带领他们与日本人大干一场。出人意料的是，罗杰·史密斯认为："如果你不能战胜魔鬼，那就与魔鬼合作。"于是作出了要与竞争对手——日本丰田公司及其他国外汽车公司联手合作的决定。1983年，罗杰·史密斯和日本丰田公司签订了协议，在加利福尼亚的佛垒芒联合生产"丰田"设计的小型客车，以通用汽车公司的"雪佛莱"的牌子在美国市场出售。此外，还与日本的"铃木"、韩国的"大宇"和"现代"等汽车厂家签订协议，用通用汽车公司的牌子出售这些厂家的产品。这种做法，可以避免通用汽车公司在缺少替代产品时，被挤出传统的汽车市场的危险。但根本的办法是要在公司内部筹建新的工厂，开发新一代具有国际竞争力的产品。这就是“土星计划”。由“土星计划”研制出来的汽车将打上“土星”标记。之所以将此行动命名为“土星”,原因是在20世纪50年代太空竞争中,美国第一颗卫星发射火箭的名字就叫做土星。当时美国的太空计划是赶超苏联。很明显,通用汽车公司“土星计划”的目标是赶超日本。

“土星计划”规模宏伟。初步计划投资50亿美元,生产的小汽车应价格便宜、性能优良,以占领美国以及海外市场为目标。公司希望通过产品革新使超小型汽车的制造成本降低2000美元,并且每年能够销售40万部。罗杰·史密斯认为“土星汽车”的意义完全超出了与进口车的竞争,他相信在公司发展史上,“土星汽车”将是超越传统、大胆创新的榜样。

公司于1985年为生产“土星汽车”专门成立了公司,并计划新建一家专门工厂。1985年7月,罗杰·史密斯宣布土星工厂选定在田纳西州的春山,这是纳什维尔以南30英里处一个人口仅1.1万人的小镇。最后选择是基于对60多项各种因素的综合考虑,这些因素包括这个小镇作为美国中部地区交通运输枢纽所具有的吸引力。新公司的总经理是比尔·霍格伦德,这是一位颇有威望和独立见解的领导者,他给公司带来一股新风。由于韩国等国的汽车进入国际市场引起的市场变化,公司的“土星计划”在执行中有所修正,即提高汽车的档次,提高汽车的质量,当然也提高汽车的价格。车型的体积相应增大,价格属于中档,比原计划高出数千美元。对于销量的估计也有所降低,第一条生产线的年产量计划为25万辆,如果销路看好再增加一条生产线。1990年12月第一批“土星汽车”投放市场后,销路出奇的好,第一个月销量为641部,第二个月达到1520部,甚至还出现了脱销现象。“土星计划”获得了成功。

“土星计划”成功的秘诀在于与之配套的创新改革措施。

(1)建立严格的员工培训制度。“土星汽车”的开发成功因素之一在于公司内部建立了严格的员工培训制度,它启用了与其他汽车制造公司不同的员工责任制。土星公司对员工的培训是全面而严格的。新员工必须接受五天的思想培训,其目的是让他们能在团队精神下工作并做到能互相合作。除此之外,还有100～750小时的业务培训,内容甚至包括学习分析财务报表,这是因为土星公司在内部公开账目,以便员工们了解他们的工作对汽车具体成本的影响程度。

(2)在土星公司建立了崭新的劳资伙伴关系。总经理比尔·霍格伦德和汽车工人工会副主席唐纳德·伊弗林共同商讨劳工合同草案,以确保工人和管理职员能够成为平等的伙伴,齐心协力搞好生产。草案提议工厂管理应打破传统的等级结构,以管理职员和工人组成的联合委员会取而代之。其中包括:一是负责制订长期规划的战略咨询委员会。二是负责监督生产的咨询委员会。三是负责协调厂级经营活动的业务委员会。四是生产单位的分支机构——各部门的生产小组结构,由3～6个小组的生产单位组成,负责人的头衔为“生产单位顾问”。五是生产小组。若干由6～15名工人组成的生产机构,负责人为汽车工人工会顾问。这种机构模式受到普遍好评。土星公司工资制度也颇具特点。员工的基本工资相当于其他汽车制造部门的90%,当小组完成任务目标后,员工们可以得额外的奖金。各级管理人员不仅在工作上,而且在生活中与工人们融为一体。

(3)土星公司赋予员工更大的权力参与产品的质量控制。为实现公司产品的质量承诺,土星公司建立了创造性的工作协议制度。它使公司的白领员工与蓝领工人成为合作伙伴,并赋予每一名员工解决质量问题的权力,包括通知原料供应商、纠正原料缺陷,以及改造设备、提高生产质量和效率。它还通过奖金制度,调动了员工们的积极性。

(4)生产过程推行生产集成化。与公司其他生产厂不同,土星公司生产过程已超出了一般的喷漆与组装生产线的模式。它的高集成化厂房包括发动机、换挡设备的组装调试车间、塑模车间以及仪表盘的组装车间。生产的高度集成化使主要部件不致因运输延误而增加成本。在实施“土星计划”的同时,罗杰·史密斯支付25亿美元的巨款买下“达拉斯电子数据系统公司(EDS)”,利用电子数据系统的电脑技术,推进“土星计划”;使公司的咨询部门作业流水化,避免积压大量的公文卷和报表,方便了查询,使公司的决策迅速准确。收购EDS公司后,通用汽车生产的自动化发展很快,不仅用电脑控制自动化生产线,还大量使用机器人从事焊接和喷漆工作。

(5)加强严格的质量控制。公司强调“土星汽车”的高性能与低频率故障。由于顾客大多是进口车的偏爱者,这一点就显得尤为重要。对消费者满意程度的调查表明,“土星汽车”基本上达到了目标。土星公司非常重视顾客对产品的质量投诉。虽然消费者对“土星汽车”的抱怨不多,但公司鼓励顾客监督产品的质量改进。在解决客户投诉时,土星公司更为强调的是与顾客的关系以及对质量的承诺。在“土星汽车”开始投放市场几个月后,公司曾向1836名顾客发出信函,通知他们因为冷却剂的原因“土星汽车”的散热器有质量缺陷,因此售出的车辆必须召回。这样的产品召回在美国汽车行业并不鲜见,但土星公司的做法与众不同。他们并不是修理汽车,而是为顾客免费更换一部新车。不管每辆车行驶了多少公里,都一视同仁。毋庸置疑,土星公司的做法密切了与消费者的关系,树立了自己良好的形象。

(6)采用新的代理商策略。土星公司采取的另一项措施是争取代理商的支持。公司宣布将向每位代理商提供300～400万美元的优惠,争取100名"土星汽车"的销售代理商。为此,公司还专门组织了一个工作小组进行规划,该小组被称为"雷顿小组"。设计者强调建立汽车销售网络的必要性,提出新确定的销售商必须是"亲客户的",而不是传统的对客户冷漠的"玻璃房式的"。代理商不仅要对客户态度热情,还应努力使客户产生购车欲望。许多想加入这一网络的销售商向土星公司提出了申请。1992年每位代理商平均每月的销售数是115部,超过丰田代理商的一倍多。土星公司在建立代理商销售网络时,不追求代理商数量增多,重视稳定代理商队伍,与代理商建立长期合作关系。到1992年底,"土星汽车"的代理商控制在200家以内,从而避免了代理商销售网络内部的竞争。这与其他公司在市场上寻求大量代理商的传统战略有所区别。

(7)采取灵活的广告策略。通用汽车公司为"土星汽车"投入可观的广告费用,使得一大批广告代理商围着土星公司转。据估算,这笔广告费用每年超过1亿美元。为了挑选适合公司发展的广告代理商,通用汽车公司和土星公司还成立了包括美国汽车工人工会的一名代表和一位销售商在内的广告代理选择小组成员。这种广告商选择方式获得了成功,使土星公司一开始就与广告业建立了良好的关系。许多被选上的广告代理商主动降低通常不可更改的15%的佣金,以帮助土星公司降低生产成本,更好地开展业务活动。广告强调消费者的生活情调,突出安全性、实用性以及物有所值。土星公司通过广告树立了自己标新立异的形象,同时,它在价格上的策略又强化了这一点。

(8)采用新的定价方式和策略。土星公司一改公司传统的定价方式,其定价策略,可称为汽车行业的一场革命。土星公司采用固定价格策略。不管何地的经销商都采用统一的零售价。如果特殊地区需要特殊销售费用,土星公司将给予补偿,不允许经销商加价销售。这样,顾客不需要也不可能与经销商讨价还价。1992年底,"土星汽车"因款式更新提价8%以后,它的零售价也只有9195美元。顾客们喜欢这种销售方式,因为他们不必担心比别人多花钱。

"土星计划"遏止了通用汽车公司20世纪80年代初的衰退趋势,成为90年代公司发展的支柱。"土星汽车"深受顾客欢迎,产品供不应求。1992年7月,"土星汽车"代理商共计销售22305部,超过丰田公司一倍之多。尽管一些北美国家制造商不断将各种新型号的产品推入市场,但"土星汽车"已站在前沿,成为性能最高、毛病最少的美国品牌轿车,与本田以及尼桑汽车不相上下。一份调查表明,在顾客满意度方面,"土星汽车"在所有美国制造的汽车和大多数进口车中排在前列。1994 年 6 月 17 日，通用汽车公司宣布土星项目当年创利超过前四年的任何一年，销售量预计为 27 万部，比上年的 23 万部有所增加。公司市场销售部预测“土星汽车”的年销售量以后将达到 50 万辆，其中 10 万辆销往海外市场。

罗杰·史密斯成功的创新改革，使通用汽车公司得以发展迅速。罗杰·史密斯上任前的 1980 年，通用汽车公司亏损近 8 亿美元。1984 年，通用汽车公司售出的各类型车 830 万辆，总销售额达 839 亿美元，获利达 45 亿美元，在美国 500 家大工业公司的名单中跃居第二，仅次于埃克森石油公司。罗杰·史密斯本人也跃入世界最伟大的企业家行列。

——通用汽车：创新激发“汽车巨头”企业活力，http://blog.chelder.com.cn，2006 年 7 月 15 日

【思考题】

1. 管理变革的动力有哪些？
2. 管理变革的阻力来自哪里？
3. 如何克服对组织变革的阻力？
4. 管理变革的类型有哪些？
5. 管理创新的过程是什么？
6. 如何成为具有创新活动的组织？

参考文献

1.[美]斯蒂芬·P.罗宾斯著.管理学(第4版).北京:中国人民大学出版社,1997

2.[美]理查德·L.达夫特著.管理学(第5版).北京:机械工业出版社,2005

3.[美]赫伯特·A.西蒙著.管理行为(第4版).北京:机械工业出版社,2004

4. [美]丹尼尔·A.雷恩著.管理思想的演变.北京:中国社会科学出版社,1997

5.[美]阿尔弗雷德·D.小钱德勒著.管理学历史与现状.大连:东北财经大学出版社,2001

6. [美]威廉·大内著.Z理论——美国企业界怎样迎接日本的挑战.北京:中国社会科学出版社,1984

7.[美]阿尔文·托夫勒著.财富的革命.北京:中信出版社,2006

8. [美]哈罗德·孔茨等著.管理学(第9版).北京:经济科学出版社,1993

9.彼得·德鲁克著.管理的实践.北京:机械工业出版社,2006

10.孔耀君主编.西方管理学名著提要.南昌:江西人民出版社,1995

11.邢以群著.管理学.杭州:浙江大学出版社,2005

12.周三多等编著.管理学——原理与方法(第3版).上海:复旦大学出版社,2000

13.芮明杰主编.管理学:现代的观点.上海:上海人民出版社,1999

14.徐国华等编著.管理学.北京:清华大学出版社,1998

15. 谭力文等编著.管理学(第2版).武汉:武汉大学出版社,2004

16.刘云柏著.中国古代管理思想史.西安:陕西人民出版社,1997

17.李长武著.近代西方管理思想史.长春:吉林大学出版社,1991

18.孙耀均主编.西方管理学名著提要.南昌:江西人民出版社,1995

19.邹宜民编著.比较管理学.南京:南京大学出版社,1993

20.艾尔弗雷德·斯隆著.我在通用汽车的岁月.北京:华夏出版社,2005

21. F.W.泰罗.科学管理原理.北京:中国社会科学出版社,1994

22. [法]H.法约尔著.工业管理与一般管理.北京:中国社会科学出版社,1998

23. E.梅奥.工业文明的人类问题.北京:中国社会科学出版社,1994

24. 彼得·德鲁克著.卓有成效的管理者.北京:机械工业出版社,2005

25. J.P.科特著.企业文化与经营业绩.北京:华夏出版社,1997

26. M.E. 波特著.竞争战略.北京:华夏出版社,1997

27. H.A.西蒙著.管理行为(第4版).北京:机械工业出版社,2004

28. 彼得·德鲁克著.管理:使命、责任、实务.北京:机械工业出版社,2006

29. 彼得·圣吉著.第五项修炼.上海:上海三联书店,1998

30.[美]吉姆·柯林斯著.从优秀到卓越.北京:中信出版社,2005

31.[美]杰瑞·W.吉利,安·梅坎尼克著.超越学习型组织.北京:经济管理出版社,2003

32.刘熙瑞,张康之主编.现代管理学.北京:高等教育出版社,2005

33.刘仲康,郑明身主编.企业管理概论.武汉:武汉大学出版社,2006